职业发展与创新创业系列创新型规划教材
“互联网+”新形态融媒体精品系列教材

大学生创新创业教育

主 编 龙瑞兰 陈 德 何家霖
副主编 吴国彬 李 炎 李 辉 王文静
编 委 荆 婷 钟林信 成 萍 陈星宇

中国社会出版社
国家一级出版社 · 全国百佳图书出版单位

图书在版编目（CIP）数据

大学生创新创业教育 / 龙瑞兰，陈德，何家霖主编. —北京：中国社会出版社，2021. 4

ISBN 978-7-5087-6525-9

Ⅰ. ①大…　Ⅱ. ①龙…　②陈…　③何…　Ⅲ. ①大学生—创业　Ⅳ. ①G647. 38

中国版本图书馆 CIP 数据核字（2021）第 062180 号

书　　名： 大学生创新创业教育

主　　编： 龙瑞兰　陈　德　何家霖

出 版 人： 浦善新

终 审 人： 王　前

策划编辑： 许　畅

责任编辑： 张　迟

出版发行： 中国社会出版社　邮政编码：100032

通联方式： 北京市西城区二龙路甲 33 号

电　　话： 编辑室：（010）58124856

销售部：（010）58124841

（010）58124842

网　　址： www. shcbs. com. cn

shcbs. mca. gov. cn

经　　销： 各地新华书店

中国社会出版社天猫旗舰店

印刷装订： 北京市京宇印刷厂

开　　本： 185 mm×260 mm　1/16

印　　张： 19

字　　数： 470 千字

版　　次： 2021 年 4 月第 1 版

印　　次： 2021 年 4 月第 1 次印刷

定　　价： 49. 80 元

中国社会出版社微信公众号

前言 | Preface

2020年，全国大学生应届毕业生人数达到874万，同比增长40万，加上突如其来的新冠肺炎疫情，更是让就业形势雪上加霜。如何让大学生顺利找到工作成为社会各界热议的话题。为此，国家相继出台了一系列关于创新创业的优惠政策，为大学生们走向社会、应对巨大就业压力提供了一项绝佳的选择。因此，我们特编写本书，希望能够通过理论结合实践的方式，为莘莘学子创新创业给予专业性的指导和帮助。

本书具有以下六个特点。

一、涵盖范围广泛，全面指导了创新创业的过程。本书主要从创新创业概述、创新思维与意识、创新精神与能力、创业者能力、创业机会、创业资源、市场营销、企业经营管理、创业实务九个方面对大学生进行创新创业指导。

二、采用循序渐进、深入浅出的方式，将创新创业知识由浅入深地传授给广大有志于创新创业的学生，帮助他们走好每一步。

三、理论紧密联系实际，可操作性强。以最新的社会环境、就业环境、创业环境、政策环境等为切入点，让理论在新环境下得以升华，更贴切地去指导实践操作。

四、大量运用案例，从不同角度阐述创新创业知识的要点，并辅以详细的讲解分析，使学生能够在案例中更加深刻地领会创新创业知识。

五、创新与创业完美融合，充分体现了创新创业的主旨和特点。本书特别突出创新在创业过程中所起到的重要作用，明确指出创新之于创业的重要意义，为广大毕业生做好创新创业的准备指明了方向。

六、受众范围广。本书既适合高等院校学生使用，又适用于企事业单位的创新创业能力训练，也适合拟投身于创新创业事业的人自学使用。

本书在编写过程中借鉴了众多专家学者的研究成果，在此一并谢忱。由于编写者能力有限，本书中所存在的不足之处，还望广大读者予以指正。

编　者

目录

CONTENTS

项目 7　市场营销

项目 8　企业经营管理

项目 9　创业实务

创新创业概述

名言点津

抓创新就是抓发展，谋创新就是谋未来。不创新就要落后，创新慢了也要落后。

——习近平

当今时代，创业创新不再是少数人的专业，而是多数人的机会，要通过“双创”使更多的人富起来，实现人生价值。

——李克强

起点导航

王兴的创业之路：同向为竞，相向为争

2018年9月，创立8年的美团在香港上市。今天，美团的市值为1.4万亿港元（约1806亿美元），在中国互联网上市公司中排名第三，仅次于阿里和腾讯，超过百度（436亿美元）和京东（1211亿美元）。而它的创始人——王兴，从25岁开始创业，从一个青涩的稚嫩青年成长为一位叱咤风云的互联网枭雄，从一个屡屡失败的连续创业者成为一位上市公司总裁。

从保送清华到辍学创业

王兴出身于书香门第，从小生活过得比较优越，没有为钱发过愁。王兴的姐姐是一位超级学霸，从龙岩一中考入清华电子工程系。1997年，王兴被保送清华，成了姐姐的同门师弟。上了大学后，王兴对功课毫无兴趣，每天就是玩游戏和研究Linux。结果，学习成绩一塌糊涂。在大学时，王兴有模模糊糊的创业想法，但是具体要做什么，却不知道，每天都过得浑浑噩噩。一直到大四，他还没想清楚以后究竟要干什么。因为姐姐出国，一路对姐姐亦步亦趋的他，也就跟着出国了。

2003年3月，一家名叫Friendster的网站在美国上线，这是全球首家SNS（Social Network Service，社交服务）网站。Friendster很快走红，在大洋彼岸的中国也出现了一些模仿者，其

中一个是清华科创协会首任会长慕岩创立的 Uuzone。11 月，王兴在水木清华 BBS 上看到了 Uuzone，敏锐地觉察到这是一个巨大的机会。他马上给自己的 5 个同学、朋友发了邮件，邀请他们一起创业。并立即和导师说，博士不念了，要回去创业。

屡败屡试，永不言弃

决定创业后，王兴团队经过 4 个月昏天暗地的开发，第一个产品终于出炉了，叫“多多友”，是一个社区网站。王兴深信六度空间理论（即一个人最多只要经过 5 个中间人，就能认识世界上任何一个陌生人），认为他们做的“多多友”，大有发展前途。但现实是，一个月过去，两个月过去，“多多友”依然门庭冷落。后来，他们每过一两个月就要换一个方向，就这样摸索了一年了，所有的项目都失败了，有的项目是没有市场，有的项目是他们技术不够，有的项目是时机还不成熟。最后，他们还是什么都没有折腾出来，团队陷入了第一次危机。一直到“校内网”的上线，他们终于找到了“金矿”。有了好产品，加上大力推广，“校内网”迅速在学生群体中扩散，半年多时间，用户突破了 100 万。投资人也找上门来了。但是，“校内网”最终还是被竞争对手陈一舟收购，与 5Q 合并改名为“人人网”。王兴团队也就此解散而去。

重整旗鼓，拨云见日

痛定思痛的王兴，开始了新的转型。有一天，王兴把小伙伴召集到客厅，兴奋地在小白板上画了一张表。这张表只有四纵列、三横行，非常简单，却集中了王兴那段时间思考的核心成果。日后，它被称为“王兴的四纵三横理论”。美团网，就这样诞生了。2010 年 3 月 4 日，美团网正式上线，一个全新的消费时代在中国拉开序幕。如果说马云开创的是把制造业产品搬到互联网，那么王兴开创的（或者说拷贝的）则是把服务业产品搬到网上。这种模式门槛极低，两三个人、一个网站就可以启动，而且和做社交网站不一样的是，它可以马上收到钱。看到这一发展趋势的不止王兴一个。美团上线后的 11 天，窝窝团上线；14 天，拉手网上线；3 个月后，老牌网站大众点评也搞起了团购业务，24 券、糯米网上线……到 2011 年 5 月，中国市场上大大小小的团购网站，达到了惊人的 5000 多家。这时期，业界称为“千团大战”。已经脱胎换骨的王兴，对形势看得非常清楚。现在，他有了充分的耐心，对市场也有了深刻的洞察。王兴坚持每天只上线一个新产品，把所有流量都引入到同一家去，让商家体会到和美团合作的好处。他在业内第一个提出团购费用过期自动退款，这引起了竞争对手的群起而攻。当时，由于团购还是新鲜事物，媒体和用户还不明白到期退款的意义所在，王兴专门花了 4 天时间，向外界讲述为什么要这样做、对消费者有什么好处。这一举措，让美团在消费者心中口碑急剧上升。当所有其他对手都大量烧钱打品牌广告时，王兴岿然不动。面对内部的疑虑，他解释说：品牌广告不能转化为有效流量，只是起到教育消费者、培育市场的作用，我们没必要去跟风烧钱，只要把产品做好，消费者自然会过来。在融资阶段，王兴吸取上次融资失败的教训，拿到了红杉和阿里巴巴投资，从“千团大战”脱颖而出，成为赢家。

王兴的美团日益壮大，并不断尝试跨界合作。例如：在 2012 年 6 月，美团接入了酒店团购业务，正式加入酒旅行业；2013 年 11 月，美团又上线了外卖；2015 年，美团和团购领域的最后一个重要对手大众点评合并，改名为美团点评；2017 年，美团上线打车业务；2018 年 4 月收购了摩拜单车；2019 年 5 月，美团又在 17 个城市上线“聚合打车”……

王兴曾说，很多人对“竞争”二字理解错了。他认为，“竞”和“争”是不同的概念，同向为竞，相向为争。

分析讨论

1. 王兴的创业故事给了你哪些启示？
2. 王兴创业成功的因素有哪些？
3. 大学生创业有哪些优势，又有哪些劣势？
4. 谈一谈你对创业的认识。

任务1 创新概述

任务导引

近年来创业公司创新商业模式代表案例

在互联网思维被赋予多重定义的时代，商业模式和传统的商业模式最大的区别在于，不再是关于成本和规模的讨论，而是关于重新定义客户价值的讨论。商业模式就是如何创造和传递客户价值和公司价值的系统。可见，客户价值以及客户价值主张的重要性非同一般。

随着众多创业企业爆发，各种各样的创新型商业模式出现在市场中。在此，梳理了2015年以来各行各业的创业企业中具有代表性的创新商业模式案例，供参考学习。

滴滴巴士——定制公共交通

企业介绍：2015年7月15日，继快车、顺风车之后，滴滴快的旗下巴士业务“滴滴巴士”也正式上线。目前滴滴巴士已经在北京和深圳拥有700多辆大巴、1000多个班次。

创新性：滴滴巴士是关于定制化出行的城市通勤定制服务。它根据大数据测算并推出城市出行新线路。滴滴巴士还第一个将巴士进行多场景应用，比如旅游线路定制、商务线路定制等扩展了巴士出行的场景。

案例解读

是百花齐放的共享巴士，还是捉对厮杀的共享巴士？

短评：城市通勤定制服务出现的时间并不长，却发展很快。它是关于定制化出行的一种初步尝试。事实上，做定制服务的门槛是极高的，而滴滴巴士母公司滴滴出行的互联网技术和用户基础为其创造了有利条件。

科大讯飞——人工智能挑战传统行业

企业介绍：1999年，26岁的中国科技大学博士二年级学生刘庆峰带领十几名同学创立科大讯飞。当时创业的初衷很简单，就是让机器设备像人一样能听会说。目前，在2B领域，科大讯飞在教育、医疗、汽车、客服四个领域已经有不少积累和优势。

创新性：科大讯飞将人工智能带到了可以广泛使用的场景中，因为便利智能，未来越来越多复杂的高级脑力活动可以被人工智能替代，这将是人工与机器的博弈。

案例解读

科大讯飞：探寻人工智能的实现路径

短评：今天我们正在开始一个全新的人工智能新10年，国家不断加大人工智能和大数据领域的应用。人工智能把现在互联网最热最精尖的技术全集合在了一起，将生态完善化繁为简，可见未来该技术在解决社会刚需上有着迫切需求。

映客——直播行业才刚刚开始

企业介绍：全称“映客直播”，移动端直播平台。2016年6月17日，腾讯应用宝发布星App5月榜，映客直播成功上榜，上线以来，曾创造过6个月下载量超1亿的历史纪录。

创新性：紧抓机遇，开拓直播场景，围绕平台调性打造丰富的内容与氛围，形成用户黏性。例如：多房间直播，打造全新互动体验；推出潮流厂牌计划，形成完整的节目矩阵。

案例解读

直播破圈加速：映客坚守创新策略，多赛道价值显现！

短评：如何避免平台同质化、工具化是映客下一步的破圈思考重点，战略定力与对未来机会的准确判断，坚守价值与布局创新，这是每一个上升期企业都要面对的难题，而映客已经给出了答案。

e袋洗——力图用一袋衣服撬动一个生态

企业介绍：e袋洗是由20余年洗衣历程的荣昌转型而来的O2O品牌，采取众包业务模式，以社区为单位进行线下物流团队建设，即在每个社区招聘本社区中40、50、60个人员作为物流取送人员。

创新性：e袋洗是第一个以洗衣为切入点进入整个家政领域的平台。e袋洗的顾客主要是80后，洗衣按袋计费：99元按袋洗，装多少洗多少。e袋洗致力于将幸福感作为商业模式的核心和主导，推了新品小e管家，通过邻里互助去解决用户需求，满足居民幸福感。小e管家在小e管洗、小e管饭的基础上，计划推出小e管接送小孩、小e管养老等服务，以单品带动平台，从垂直生活服务平台转向社区生活共享服务平台，以保证C2C两端供给充足。

案例解读

e袋洗陆文勇：怎么把洗衣服变成互联网产品

短评：e袋洗在搭建成熟的共享经济平台后，不断延伸出更多的家庭服务生态链，打造一种邻里互动服务的共享经济生态圈。集合社会上已有的线下资源，通过移动互联网实现标准化、品质化转变，帮助人们在生活中获得更便利、个性的服务。

实惠App——团购不彻底，直接免费

企业介绍：实惠App是一款基于移动端，主打社区的生活服务类App。用户通过入驻实惠App上自己工作的写字楼或居住的社区，可以领取实惠或商家提供的优惠礼品，享用身边的生活服务和便利商品，同时进行邻里间的社交，让用户生活更便捷更实惠。

创新性：实惠商业模式的创新之处是做免费的团购——颠覆团购低价模式直接0元团购。

通过平台将商家提供的免费福利派发给参与中奖的用户。它以城市的上班族为主要对象，可以在写字楼或者社区的位置信息中录入其位置附近的商家名称和商品的福利活动，并通过附近福利、免费抢福利、幸运老虎机、品牌大乐透等趣味方式推送给用户，使用户既能得到实惠，又得到良好的游戏体验。

案例解读

【CXO 说】实惠杨熙：免费社区 App 的“不断增重”跟讨巧省钱之法

短评：实惠 App 开启的创新“免费 O2O”模式促进了商家和用户的良性互动，把用户、商户、物业连成一个有机整体，不仅和大型商户开展合作，更包含在社区间的居民、商户、物业等基于地理位置的连接，可看成一个小的社群系统，并围绕这个小的系统展开线上订单和线下服务。

干净么——餐饮界的 360，免费还杀毒

企业介绍：干净么是一个基于移动互联网并连接各个环节、各个部门的第三方卫生监管平台，同政府、媒体、商家、用户等多方互动来进行监管。目前在干净么的 App 上有几百万条数据，包含 15 万家餐厅的食品安全等级评价。

创新性：它是第一家利用互联网思维来打食品安全这场仗的第三方平台，不仅对餐饮商家进行测评、监管，还包含学校、幼儿园、单位食堂等在内，用户可以查阅自己感兴趣商家的卫生安全等级，从而判断是否就餐。

案例解读

干净么亮剑：剑指大众点评、美团、饿了么三巨头

短评：干净么就好比餐饮界的 360，免费还杀毒，目标就是通过扬善惩恶使餐饮行业进入良性竞争循环。食品安全需要社会共治，干净么就是连接政府、媒体和消费者的一个纽带。

松鼠 AI——上门服务中的垂直环节

企业介绍：松鼠 AI（原乂学教育）2015 年成立，与斯坦福研究中心（SRI）成立了人工智能联合实验室，成功开发了国内第一个拥有完整自主知识产权、以高级算法为核心的自适应学习引擎。一年不到的时间乂学教育就已经在全国发展了 100 多家门店，分布在北上广一线及江浙、中原等地区的大中型城市，线下培训中心收获了良好的口碑。

创新性：一是核心技术拥有完整自主知识产权；二是专注学生个性化教学，通过大数据分析，能为学生精准推荐最优学习路径，尊重每个学生的宝贵个性；三是线上与线下有机结合的教学模式，社区式的互动学习环境，最大限度提升学习效果。

案例解读

国内第一家 K12 中小学智适应教育辅导品牌

短评：大国之强，在于强教育；教育之难，难在个性化。通过大数据分析，给每个学生推荐最优的学习模式，建立线上的互动社区，适应多场合多情景教学，能赢得广大家长和学生的好评认可；同时，结合当下互联网+大时代趋势，抓住机遇，具有远大的发展前景。

小结：对上述商业模式进行梳理不难发现，“成功商业模式”可进一步划归为“基于技术突破与创新”和“主要依托产业价值链融合与分解”两类，并在不同的领域与产业价值链条上作出了不同程度的创新。

这表明，成功的商业模式非常一样而又非常不一样。非常一样的是创新性地将内部资源、外部环境、盈利模式与经营机制等有机结合，不断提升自身的盈利性、协调性、价值、风险控制能力、持续发展能力与行业地位等。非常不一样的是在一定条件、一定环境下的成功，更多地具有个性，不能简单地拷贝或复制，而且必须通过不断修正才能保持企业持久的生命力。

想要创新商业模式只研究商业模式是远远不够的，不懂经济法则，不懂社会潮流，不懂人文需求，还是不能创新模式。借鉴基础上的创新永远是商业模式中商业智慧的核心价值。

一、创新的定义和作用

（一）创新的定义

创新是指以现有的思维模式提出有别于常规或常人思路的见解为导向，利用现有的知识和物质，在特定的环境中，本着理想化需要或为满足社会需求，而改进或创造新的事物、方法、元素、路径、环境，并能获得一定有益效果的行为。

创新是以新思维、新发明和新描述为特征的一种概念化过程。它起源于拉丁语，原意有三层含义：第一，更新；第二，创造新的东西；第三，改变。创新是人类特有的认识能力和实践能力，是人类主观能动性的高级表现形式。

准确地说，创新是创新思维蓝图的外化、物化。

创新是指人们为了发展的需要，运用已知的信息，不断突破常规，发现或产生某种新颖、独特的有社会价值或个人价值的新事物、新思想的活动。创新的本质是突破，即突破旧的思维定式、旧的常规戒律。创新活动的核心是“新”，它或者是产品的结构、性能和外部特征的变革，或者是造型设计、内容的表现形式和手段的创造，或者是内容的丰富和完善。

（二）创新的作用

创新是一个民族进步的灵魂。一个民族要想走在时代前列，就一刻也不能没有创新思维，一刻也不能停止创新。创新在经济、政治、军事、商业、技术等各个领域的研究中有着举足轻重的分量，是一个国家兴旺发达的不竭动力。

创新创业概述

二、创新的核心和关键

（一）创新的核心

创新的核心是创新思维，是指人类思维不断向有益于人类发展的方向动态化地改变，也就是在现有基础上，创造、创作、制作出来比原来更好的、基于实用的、可以实现的、高效率的方法论、理念、流程等。

（二）创新的关键

创新的关键是理念创新。创新就是改变，向新的方向、有效的方面进行量和质的变化。

三、从不同角度对创新的认识

（一）哲学角度

创新是认识论层次上的表现形式，而人类能够创新的事物和法则原本客观存在。所谓创新的无限性在于物质世界的无限性。恩格斯认为，哲学的重大基本问题，是思维和存在的关系问题。人的思维的最本质和最切近的基础，正是人所引起的自然界的变化，而不仅仅是自然界本身；人在怎样的程度上学会改变自然界，人的智力就在怎样的程度上发展起来。自然条件决定人的历史发展，同时人也反作用于自然界，改变自然界，为自己创造新的生存条件。我们由此可见，人的思维能力的提高需要创新，为了更好地生存而改变自然界需要创新，这都是认识论层次上的表现形式；但是人类只能根据自然规律来改变自然界，自然规律和自然界本身是本体论层次上的客观存在。

（二）经济学角度

创新是指新产品、新过程、新系统和新服务的首次商业性转化。美籍经济学家熊彼特认为，创新是指把一种新的生产要素和生产条件的“新结合”引入生产体系，包括引入一种新产品，引入一种新的生产方法，开辟一个新的市场，获得原材料或半成品的一种新的供应来源。也就是说，创新是重新组织生产条件和要素，建立起效能更强、效率更高和费用更低的生产经营方法，从而推出新的产品、新的生产（工艺）方法，开辟新的市场，获得新的原材料或半成品供给来源或建立企业新的组织，它包括科技、组织、商业和金融等一系列活动的综合过程。

（三）文化角度

即从作为人的思维和行为总和的大文化角度来看，创新是人类社会发展的核心动力。创新是对陈旧的一种否定。如果说，一切发展，不管其内容如何，都“以一个否定另一个的方式彼此联系着”，那么换一个角度来看，一切发展，不管其内容如何，都是在创新的基础上不断再创新所推动着。人类社会发展的最终目标是实现每个人的全面而自由发展。这需要文化的进步和创新的推动。“文化上的每一个进步，都是迈向自由的一步”，而“自由就在于根据对自然界的必然性的认识来支配我们自己和外部自然界”。创新在增加一些东西的同时也在减少一些东西，比如在增加自觉和智慧的同时也在减少盲目和愚昧。创新需要激情迸发，也需要人性回归。就像文化是人化一样，创新能力也是人所特有的一种能力，而具有创新能力的人本身属于自然、存在于自然，是自然界的产物。正是在人性的自然回归中，我们才能真正理解，以创新为核心动力的科学文化，它所揭示、反映、转化和体现的是不受任何地域局限、不以任何人的意志为转移的自然法则。以创新为核心动力的科学文化是人类的创造，而这种动力源来自客观存在的自然法则，它“绵绵若存，用之不勤”，它“独立而不改，周行而不殆”。因此，创新的最高境界就是“道法自然”。

任务2 创业概述

任务导引

李俊生的创业故事

李俊生，男，25岁，2009年毕业于某科技大学国际经济与贸易专业，如今是上海一家贸易公司的经理。李俊生从上大学的那一天起，心里就有一番创业计划。上大学期间，他就在一家贸易公司里做推销员。毕业后，他萌生了创办一家贸易公司的想法。但是，为了积累足够的经验和人脉，提高创业的成功率，他沉下心来又做了两年。两年后，他跟几个志同道合的朋友一起创办了自己的公司，经过一年多的运转，公司的状况逐渐好转。回想自己的创业成功之路，李俊生感慨万千。

“创业要懂行”

要想在一个行业里做好，首先要充分了解这个行业。我毕业以后在一家贸易公司干了两年，目的就是为了深入地了解行业状况，尽可能多地接触到公司运营管理的各个环节。一个公司的运转涉及很多个环节，如果有一个环节没有弄懂，就会把你弄得焦头烂额。要善学、好学、多观察、多请教。没有充分的准备必定会给日后创业带来麻烦，甚至会导致创业的失败。

“要研究政策与法规，要少走弯路”

不了解政策是个大问题。如单是办证就涉及工商、国税、地税、劳动、社保、银行、街道等很多个部门。我们从3月开始办，来来回回跑了数十趟，到了12月才算办妥。应该说，各个单位对自己的业务还是比较负责的，但每个办事窗口往往都只管自己的事，有时下一个步骤就在旁边的窗口办，但由于没人指点，结果又要多跑一趟。我们收集的各种办事指南叠起来足有砖头厚，缺的就是一个总体的指引。

“有目标，不怕吃苦”

其实，创业挺苦的。开业时投资了15万多元，现在一个月的销售额有1万多元，还只能说处于前期投入阶段，赚的一分一毫都是“血汗钱”。有时为了省100元的运费，我就要自己去拉货，完全没有“老板”的模样。不过，我干得很开心。过去创业的目标比较简单，就是当老板赚很多钱。现在观念也变了，创业的乐趣在于“能干事情”。我们的目标并不小，希望通过正正当当、踏踏实实做生意，把公司打造成以上海为基地、面向全国的大型贸易公司，我们要做的是“百年企业”。

“大学里应该多学些创业知识”

大学生在基本素养上有相当优势。比如，现在做生意掌握信息很重要，大学使我们得以自如地开发互联网资源，这就是一种优势。但很多大学生在心态上比较浮躁，匆匆忙忙就去创业，总认为失败了还可以重来，结果浪费了很多时间和精力。所以，大学生应该多学习一些创业知识，这样不仅能够避免走弯路，而且能够帮助自己像指挥一场战争一样，放眼全局，运筹帷幄。多接触一些创业知识，有助于创业意识的形成。很多大学生都有兼职的经历，但只是想赚些钱，如果他们从一开始就有了创业的意识，就相当于比别人多了 4 年的准备时间，将来创业成功率就会高一些。

分析讨论

1. 李俊生的创业故事给了你哪些启示？
2. 大学生创业有哪些优势，又有哪些劣势？

创业的类型

一、认识创业

在当今中国及至全世界，创业越来越成为经济发展的强劲推动力。同时，创业也是个人潜在价值自我实现的一条重要通道。一个创业者通过成功的创业活动，在使自己得到丰厚的经济回报的同时，也使自己的潜在价值社会化，因而赢得了地位、荣誉、尊重，从而也使个人自我实现的高层需求得到满足。所以我们说，创业是开拓，创业是贡献，创业也是收获。

（一）创业的含义

创业是创新的实际运作流程，这种流程往往以实体业态或虚拟业态而存在，是以经济社团组织形式运作的，即不同规模不同形态的企业。

创业是一个人发现了一个商机并加以实际行动转化为具体的社会形态，获得利益，实现价值的行为。也就是说，一个人利用自己掌握的知识、技能、信息、资源，建立一个实体的或者虚拟的平台，通过这个平台将资源整合，进行创造与再创造的活动，从而获取更多更大的财富，实现某种价值或目的。

创业有广义和狭义之分。狭义的创业是指创业者从事生产经营活动，开创个人或家庭的家业。广义的创业是指创业者从事各种社会活动，对社会产生积极影响，对国家、集体和群体作出贡献的事业。

创业必须贡献出时间、付出努力，承担财务的、精神的或社会的风险，并获得金钱的回报或个人的满足。创业是就业的另一种表现形式，创业不但为自己创造了就业机会，而且也为他人提供了就业岗位。

（二）创业的类型

按照不同的划分标准，创业可以分为以下不同的类型。

1. 根据创业者的数量，可分为独立型创业和合作型创业。

独立型创业，是指创业者独立创办属于自己的企业。这里的独立，包括两层含义：一是指产权属于创业者独有，企业大小决策都由创业者自己决定；二是指在创业过程中的一切风险都要由创业者独自承担。此类创业的优点是创业者获得最大利润、决策迅速，缺点是企业发展更多地受到创业者个人素质的影响，甚至企业成败与否也由创业者的能力大小来决定。

合作型创业，是指两个或两个以上的人共同创办企业。与独立型创业恰好相反，它的优势在于能够发挥集体的智慧和力量，风险也不必由个人承担。缺点在于拥有决策权的人较多，权力互相制衡，决策速度慢。

2. 根据创业者的创业动机，可分为生存型创业与机会型创业。

生存型创业，是指创业者为了解决生存问题而从事的创业活动。在创业活动中创业者把创业作为其不得不作出的选择，属于被动创业，他们并不创造新的市场机会，而是在现有的市场中寻求创业机会。此举会进一步加大市场竞争，很难将企业带向成熟。

机会型创业，是指创业者不仅是为了谋生，更是为了追求某一个商业机会进行的创业活动。机会型创业不仅以现有的商品或服务为创业目标，更是着眼于新的市场机会，或创造潜在的市场需求。这样，不仅能够满足自身发展的需求，还能在缓解社会就业压力方面作出贡献。

虽然决定创业类型的创业动机有很强的主观性，但是创业者自身的素质、能力、外部环境的影响也会左右创业类型的选择。因此，政府可以通过培训和教育来提高创业者的综合能力，增加机会型创业，既有利于提高企业的创新精神，也有利于经济结构的调整。

3. 根据创业项目性质，可分为传统技能型创业、高新技术型创业和知识服务型创业。

传统技能型创业，指利用传统技术和工艺进行创业的项目。一般情况下，既然是传统的，就是经过时间的考验和淘洗却经久不衰的，具有永恒的生命力和艺术魅力。尤其是那些与人们的生活密切相关的行业，它们更是具有极强的竞争优势，例如中医中药、食品加工等行业。

高新技术型创业，指以高新技术为依托进行的创业。它的特点是知识密集、技术密集。创业所需的关键技术极难开发，且资金投入较大，但只要开发成功，就具有较高的经济效益和社会效益。

知识服务型创业，指以为人们提供知识和信息来创业的项目。在这个知识大爆炸的时代，知识更新换代的速度越来越快，以知识咨询为主的机构将会越来越多，且越来越完善。这类创业的特点是启动资金少、获得收益快且回报高。如会计事务所、专业的服务性网站。

4. 根据创业者对市场或风险的影响程度，可分为依附型创业、复制型创业、独创型创业和对抗型创业。

依附型创业，可分为两种情况：一种是将企业的经营活动嫁接在某个大企业或集团之上，成为其生产链条的一部分。如有一个汽车制造厂需要零部件，创业者投资创办一个生产该零部件的工厂就属于依附型创业。另一种是使用特许经营权或连锁加盟的形式，如星巴克。这种形式的创业经营风险较小，在一定程度上提高了创业成功的可能性。

复制型创业，即在创业过程中无论是产品的生产，还是经营管理模式都仿照着市场上现有的同类产品，没有自主创新，这种创业模式属于稳扎稳打的经营策略。在创业之初只解决企业的生存问题，随着企业的发展成熟，再进一步将企业做大做强；而且不求在市场上独占鳌头，只求有生存空间即可。此类型的创业只能称为“如何开办新公司”。

独创型创业，指企业所提供的产品或服务是目前市场上没有的，能够填补市场在某一方面的空白。无论是填补商品服务的空白，还是在现有商品上进行技术革新都属于独创。独创企业的兴起给人们的生活带来了一定的便利，人们的生活对其依赖性也越来越强。但是，这些企业在创业之初都要面临巨大的风险，因为人们对新事物有一个接受的过程，而这个过程时间的长短是无法确定的，即商品或服务被市场接受存在时间的不确定。但是，只要它被消费者接受了，就会具有很大的生命力，拥有强大的竞争力。

对抗型创业，指某个企业已经在成熟的市场上形成垄断地位，创业者选择进入市场与之对抗。这种类型的创业要承担的风险是最高的，不仅要求创业者自身有较强的能力素质，能够承受巨大的心理压力，还要能够知己知彼，及时而准确地抓住市场机遇，突出自己的优势。例如，号称“一站式购物”的大型百货公司，商品、人气、资金都比其周边的小商店雄厚，小商店要想在其阴影下生存下来就要依靠自己的特色，可以将商品细分，将自己的顾客群固定在某一个年龄段，营造出符合他们消费心理的氛围，而不是像大百货公司一样面对所有的消费者。

另外，还有一些不常用的分类方式。如，按照创业的融资形式可以将创业分为合资创业和独资创业；按照创业机遇的选择可以分为边学习边创业、先就业后创业、先学习后创业；按照创业主体可以将创业分为兼职者创业、失业者创业、大学生创业；按照创业者与事业的关系可以分为参与创业、合伙创业、家族创业、个人创业；按照创业的行业领域可以分为餐饮、娱乐、法律服务、信息咨询、电子信息技术等。

总之，无论创业类型有多少种，大学生要根据自身的条件和所处的实际环境选择适合自己的行业和类型。

知识链接

大学生创业起步阶段什么是关键

大部分生意在初始发展阶段都大同小异。首先是找到某种顾客想要购买的服务或产品。然后就是计划——不管是否以书面形式——购买或生产此产品，或是发展这项服务；购置设备，雇用员工，创建体系，筹集资金，开拓市场，销售产品，售后服务。其中，在创业的起步阶段最重要！哪方面是关键呢？

（一）占有资源

为了推销自己的产品，赵延忱在1996年到1998年曾经参加了8次博览会。每次博览会结束的那个下午，一般都是参展者以货易货的时刻——让你仿佛身处没有货币的时代，其原因是参展厂家都不会把货再运回去。赵延忱告诉家住深圳会展中心附近的朋友，每次展会的最后一天，低价收购参展品再卖掉，结果这个朋友挣了不少钱。

（二）发挥优势

要是你拥有某方面的特长，那就从事此项服务或培训。北京林业大学的老师陆军博士，组织学生把本校的农业、林业技术推广到他们的家乡。如果你对电脑病毒有研究，那你不妨高举“反毒王”的旗帜，上门服务杀毒、防毒。

（三）结合兴趣

如果能把兴趣同创业目标结合，那将是非常幸运的，那是快乐创业、快乐人生。如果你有绘画和设计方面的兴趣，可以搞个专业工作室，从事家庭装潢设计，或是网页美术设计。

（四）修正缺陷

许多产品在漫长的岁月里拥有了稳定的消费群体，但这些产品往往也存在一些缺陷，只要你从成熟产品的薄弱处入手，强化、优化、细化某些功能，就有可能能推出一件新产品，你还可以争取到原产品长期培育的客户资源。

（五）无本经营

创业初期，往往面临资金缺乏问题，不妨找一找不用花钱的创业方式。比如，生活节奏的加快，使舍得花钱“买时间”的人大有人在，由此城市速递业务应运而生。那么，类似业务可不可以扩展呢？扩展到一切为别人节省时间的领域，比如代人购物、接人等。

（六）寻求结盟

假如你具备某些优势，但独立操作还面临一定困难，不妨寻求与自己相关的企业结盟，实现彼此的优势互补。比方你有保健品的新技术，可以与现有的知名企业结盟，借助他们的管理、资金和销售渠道，推出产品。这样可以达到资源共享、降低投资风险之效果。

（七）善于学习

在某个行业创新是不容易的，因此要学会利用他人成功的范例和创意。在学习的过程中寻找适合自己的创业之路，不失为明智的选择。

（八）虚拟销售

怎样销售自己缺乏知名度的产品？这可以通过“虚拟销售”做到。比如你掌握了某种药品的关键技术，你不妨先进入其他知名药品的销售领域做代理。

（九）创业的意义

苏宁电器董事长张近东曾经说过这样一句话：“创业，其实就是想做事，想做实事，但不一定是什么惊天动地的事，而是把自己的事做好，一点一滴累积，到一定程度就是大事了。”

在就业压力愈演愈激烈的今天，大学生改变传统的就业观念，不做现有工作岗位的竞争者，而是利用自己的知识、才能和技术创造新的就业机会，不论对大学生自己，还是对社会都具有重要意义。具体来说，大学生自主创业的意义主要体现在以下四个方面：

1. 有利于缓解与日俱增的就业压力。事实上，大学生就业形势日趋严峻，已是不争的事实。国务院新闻办公室发表的《中国的就业状况和政策》白皮书显示：中国劳动力供求总量矛盾和就业结构性矛盾并存，新成长劳动力就业和失业人员再就业交织。据相关数据表明，近几年城镇每年需要就业的人数保持在2400万人以上，而在现有经济结构下，每年大概只能提供1100万个就业岗位，年度就业岗位缺口在1300万左右。2020年全国高校毕业生总数达到874万，2021年将突破1000万，毕业生的求职竞争凸显激烈，就业难已成为社会共同关注的问题，而大学生创业也就具有非常重要的现实意义。

大学生创业成功的前提是“能创业”即创业能力的培养。创业能力是一个人在创业实践活动中的自我生存、自我发展的能力，它包括专业技术能力、市场驾驭能力、经营管理能力、外贸业务流程知识、社交沟通能力和风险承受能力等。一个大学毕业生如果具备了这样的能力，那么他不但不会增加社会的就业压力，相反能通过自主创业来增加就业岗位，以缓解与日俱增的就业压力。

2. 有利于帮助大学生实现自我价值。创业是一个复杂、艰辛的历程，不管是在中国还是在美国，创业能做到一个小成功，大概只是1/10，中成功是1/100，大成功大概是1/1000。据美国相关统计数据表明，已经成为企业家的只有1%能在市场上生存5年或更长时间。但是既然创业成功的前景看起来如此暗淡，为什么还有众多的人选择了这条前途未卜的路径呢？

这是因为创业是一个人对社会、对自然、对自我的挑战。首先，谋求生存乃至自我价值的实现可能是创业最主要的原动力；其次，开创自己的事业是最有希望实现致富目标的，很少有人靠为别人工作而变得惊人富有；再次，创业使得创业者能够自己控制自己的工作，自己决定何时何地怎样工作；最后，成功者总是勇于挑战失败。因为创业失败所带来的有益经验会使创业者学会更好地应对失败，变得比以前更坚强，而这正是企业家所需的品质之一。

在欧美一些发达国家，大学生的学费主要靠自己打工赚取，依靠父母被看作是件“不光彩”的事。相比而言，我们一些大学生把“啃老”当成理所当然。正是由于国家教育体制的弊端和大学生自身的一些原因，才使得“灵活工作、打工助学、自强自立”这些西方发达国家大学生习以为常的观念成了当今大学生的梦想。然而，随着社会改革的进一步深化和市场经济的发展，当代大学生的思想观念渐渐发生了变化，一部分人开始崇尚自立，渴望并试图通过“兼职”“创业”实现自己的致富梦。

3. 有利于促进中小企业的快速发展。21 世纪的经济将是以现代化高新技术为主导的经济。高新技术的发展必然提高劳动效率，降低生产成本，大企业所需要的劳动力会越来越少。随着社会需求的日益多样化，中小企业发展呈现出快速增长的趋势。从国际经验来看，等量资金投资于小企业，它所创造的就业机会是大企业的 4 倍。一个国家 99.5%的企业属于小企业，65%~80%的劳动者在其中就业。据来自 APEC 的 21 个成员国统计表明，中小企业占各自企业总量的 97%~99.7%，吸纳就业占 55%~78%，各国、地区无不把中小企业作为扶持的重点。例如，英国政府把发展中小企业作为经济战略重点之一，并在法律保障、金融支持、创业意识和人员培训、产品销售、出口和对外投资等各个环节对中小企业给予支持，使中小企业逐步成为英国经济的中坚力量。

我国中小企业的基本特点是以非公有经济为主，主要分布在劳动密集型、多品种、小批量等与人民生活密切相关的轻纺行业。从地区分布看，中小企业在西部比重偏低，规模较小。由于机制灵活、激励较强，中小企业技术创新的产出率较高。中国中小企业在社会经济中的作用主要表现为产值比重不断提高、吸纳就业人数多、出口数最大，并且是改革的先导力量。

4. 有利于培养大学生的创新精神。创新是一个民族的灵魂，是一个国家兴旺发达的不竭动力。青年大学生作为中国最具活力的群体，如果失去了创造的冲动和欲望，那么中华民族最终将失去发展的不竭动力。大学生的创业活动，有利于培养勇于开拓创新的精神，把就业压力转化为创业动力，培养出越来越多的各行各业的创业者。

总之，在政府鼓励和支持大学生自主创业的背景下，大学生是选择做一个求职者，还是“自主创业”，需要作出理性抉择。尤其是要充分认识到大学生创业有明显优势：

具有较高的文化水平，对事物较有领悟力；

自主学习知识的能力强；

接受新鲜事物快，甚至是潮流的引领者；

思维普遍活跃，不管是敢不敢干，至少是敢想；

运用 IT 技术能力强，能够在互联网上搜寻到许多信息；

自信心较足，对认准的事情有激情去做；

年纪轻，精力旺盛，故有“年轻是最大的资本”之说；

没有成家的大学生暂无家庭负担，其创业很可能获得家庭或家族的支持。

知识链接

创业与就业的区别

创业和就业，前者是自己创造事业，为自己打工；后者是在别人的事业中寻找工作机会，为别人打工。两者的区别在心态、在态度、在思维。那么，你是属于哪一类呢？

经常听到有的创业者抱怨创业太艰难了，那么请你反思一下你是否在用就业的心态创业，是否只是得过且过，是否只是静等奇迹的出现。反之，如果抱着一种创业的心态去就业的话，那么请相信，不仅本职工作可以完美地驾驭，而且保持着这颗创业的心，你终将可以拥有自己的事业。曾任谷歌中国区总裁后主动辞职创办创新工场的李开复，他的人生经历似乎在诠释着就业和创业的关系：说远，如天各一方；说近，如唇齿相连。

创业和就业的区别，将它归结为以下七点，如果你愿意，请对照自己是否一个合格的创业者。

（一）是否具有长远的目标和思维的高度

马云说，人一定要想清楚三个问题：一是你有什么，二是你要什么，三是你能放弃什么。想清楚这三个问题，你就拥有了长远的目标和一定的人生高度，那么当下的工作不论是创业还是就业不再毫无意义，而是你的人生理想、人生征程上不可或缺的一步。作为一个真正意义上的创业者，知道自己最终想要什么，知道要达到目标需要经过哪些过程，具备长远眼光，拥有战略意识，而作为就业者，着眼点也就是当前这两三年，往往第一考虑的还是安全感，如何保住现有的稳定饭碗，自然不会想得太远，也不会太高。而且，很少有就业者能进行换位思考，站到老板的角度去考虑问题，也就造成很多就业者很难跳出自己的思维模式而终其一生。

（二）是否拥有梦想

只是为了生存、只关心生活、只满足享受，恐怕称不上有梦想。安于就业的人往往在日复一日的工作中沉沦，就是因为没有梦想可以激发他们的想象力和创造力。而且没有梦想的人往往不能坚持，在失败的路上一蹶不振的都是夭折的创业者。真正的创业者为了梦想而活，不在乎初期的艰难、不在乎别人的流言蜚语、不在乎失败的重创，他们享受创业的过程，如同上瘾，他们觉得创业的人生才是有价值的人生。梦想如同一道分水岭，就业者在那边，创业者在这边。

（三）对完成的定义

创业者对一件工作完成的定义是指把某件事彻底解决，考虑到方方面面所有的可能性，而且今天能做完的一定不拖到明天。而就业者会习惯性地把工作按照天数来分解，每天只完成“八小时”，下班时间一到心里就习惯性地结束手头的工作，剩下的明天再做也无妨，觉得在公司里多待一分钟都不愿意。试想，这样的完成有何意义？可是对于创业者来说，事业就是生命，工作就是生活。

（四）是整体思维还是局部思维

就业者在接到一个指派工作任务后，往往是直接进行处理或是分解后转交给其他同事，在他看来，这事就差不多算完了，反正他负责的这块已经做完了，至于转交出去的工作任务是否被保质保量按时间地完成了，那就不在他所要操心的范围之内了。长此以往，许多就业者已经习惯只管自己的一亩三分地，转交给别人的事就让别人操心去吧，严重缺少整体系统概念。而创业者则不同，他走出的每一步都是经过了深思熟虑的，他们惯用全局的思维，整合可以利用的一切资源。不要用多管闲事来搪塞自己，你的事业是和你的视野相关的，你看得越远，可能得到的资源越多。

（五）是否具有责任感

在公司或企业中，一旦出现事故，我们最常见到的情况是老板要追查责任，大家异常统一、步调一致地互相推卸责任，极少有人会站出来承认是自己工作的不足，反而都强调自己肯定是把属于自己的那个环节做好了，至于前后衔接人员所出的问题，和我一点关系也没有。就业思维深了，遇到问题首先想到的是回避，或者是设法推给别人。这样一来，就业者也就越加不可能从失败和失利中学习、吸取到教训了。创业者则不一样，他们习惯分析事故、失败的原因，在今后的道路上尽量避免。失败并不可怕，可怕的是逃避。创业者们的成长也就是从一个个自己经历的失败中总结分析了问题原因所在，积累了经验。有时候，这样的反思和承担，有可能推动社会的发展，所以，责任感，对于每个人来说，不仅具有个人意义，更具有社会意义。

（六）是否具有成本概念

作为创业者，每一分钱的支出都会算作成本，省下来的就是利润，所以，精打细算是许多老板的习惯性思维和动作，这是在创业过程中养成的习惯，绝对不是一个“抠”字能概括得了的。而就业者们却很是“大方”，他们不把自己和工作或是公司融为一体，总觉得公司是老板的，又不是自己的，花的钱是公司的又不是自己的。这样的思维模式虽然不能说不对，但确实是狭隘和自私的，以至于许多就业者在自己创业的时候，还改变不了在就业时养成的“大手大脚”的习惯。想创业没有很好的成本观念，就难以实现财富的积累。

（七）定式思维和创新思维

就业者很容易形成一种思维定式，即遇到某一类事情就要用这一种特定的处理方法，这样的方法不一定不好，但你主动舍弃很多的可能，也可能舍弃了最简洁最有效的方法。所谓条条大路通罗马，完成一种工作不止一种方法，如果人类只满足于用一种方式解决问题，那么世上再没有创业者这个名称；如果人类只满足于用一种方式解决问题，那么社会就会停滞不前。来势汹涌的创业者团队都是带着创新的思维、精益求精的做事态度去解决问题！创新是创业者最珍贵的品质，创新也是对创业者最崇高的赞美！

二、企业

创新能形成一个崭新的产业，但更多的情况下，创新导致创业，创业促成一个企业的产生。

（一）企业的概念与特征

“企业”一词是外来语，由日本借鉴而来。而日本则是在明治维新以后，引进西方的企业制度过程中，从西文翻译而成。

1. 企业的含义。企业是从事生产、流通、服务等经济活动，以生产或服务满足社会需要，实行自主经营、自负盈亏、独立核算、依法设立，具有经济法人资格的一种营利性的经济社团组织。

依照我国法律规定，公司是指依法设立、以营利为目的、独立承担民事责任的、从事生产或服务性业务的社会组织。主要包括有限责任公司和股份有限责任公司两种，具有企业的所有属性。因此，公司与企业是种属关系，凡公司均为企业，但企业未必都是公司。公司只是企业的一种组织形态。

2. 企业的特征。

（1）企业是社会经济的基础单位。

（2）企业的技术和组织特征。企业具有两重性，它首先是生产力组织形式，同时又体现一定的生产关系。

第一，企业是从事生产、流通、服务等活动的经济组织；第二，通过交换生产经营的成果与消费者或其他生产单位发生经济联系，满足一定的社会需要（即企业的社会责任），同时获得盈利（创建企业的目的）；第三，企业具有独立的经济利益，自主经营，自负盈亏；第四，企业要依法设立；第五，企业是社会经济力量的基础，企业生产力的总和构成社会生产力。

（3）企业的发展状态影响整个社会经济生活发展水平。

第一，在制造领域，企业是制造的现场。

第二，在交换领域，企业是实现交换的基本环节。

企业的特征概论与类型

第三，在分配领域，职工要从企业得到工资、奖金、津贴等，每个职工的最终收入，很大程度上取决于企业的经营活动成果。国家要从企业得到税金，国家的政治、经济、文化生活等，很大程度上也受到企业经营活动成果的影响。

（二）企业的类型

1. 根据企业的经营领域划分。根据企业生产经营领域分类，可分为生产型企业、流通型企业、服务型企业和金融型企业。

2. 按企业的经济成分划分。根据企业的经济成分的不同，可分为私营企业、集体企业、国有企业、合资企业及外商独资企业。

（1）私营企业是指由个人投资经营的企业。我国私人投资办企业的积极性空前高涨，私营经济得到了长足的发展。私营企业为创造税收、繁荣经济、增加就业等方面作出了一定贡献。

（2）集体企业是指由集体投资经营的企业。集体企业的收入不由国家分配，而应由集体企业自己决定分配方案。集体企业除按章纳税，将自己的一部分收入交由国家集中支配外，其余的收入，用来增加集体企业成员的福利和满足他们的需要。

（3）国有企业是指由国家全资经营的企业。国有企业作为一种生产经营组织形式同时具有营利法人和公益法人的特点。其营利性体现为追求国有资产的保值和增值。其公益性体现为国有企业的设立通常是为了实现国家调节经济的目标，起着调和国民经济各个方面发展的作用。

（4）合资企业是指由中国投资者和外国投资者共同出资、共同经营、共负盈亏、共担风险的企业。双方采用股权形式，按合营各方的投资比例分担盈亏。

（5）外商独资企业是指外国的公司、企业、其他经济组织或者个人，依照中国法律在中国境内设立的全部资本由外国投资者投资的企业。

3. 按企业的组织形式划分。根据企业组织形式的不同，可分为个体企业、合伙企业、股份制企业。

（1）个体企业是由业主个人出资兴办，业主自己直接经营的企业。业主个人享有企业的全部经营所得，同时对企业的债务负有完全责任。个体企业一般规模较小，内部管理机构简单。

(2) 合伙企业是由几个人甚至几十人联合起来共同出资创办的企业。它通常是依合同或协议凑合组织起来的，结构较不稳定。合伙人对整个合伙企业所欠的债务负有无限连带责任。合伙企业不如独资企业自由，决策通常要合伙人集体做出，但它具有一定的规模优势。

(3) 股份制企业是指两个或两个以上的利益主体，以集股经营的方式自愿结合的一种企业组织形式。它是适应社会化大生产和市场经济发展需要、实现所有权与经营权相对分离、利于强化企业经营管理职能的一种企业组织形式。股份制企业由股东大会作为企业的经营机构。按照股东承担的责任不同，又分为无限责任公司、有限责任公司和股份有限公司。

4. 按企业的规模划分。按企业规模大小，分为大型企业、中型企业和小型企业。其主要依据企业的经营规模、资金的投入多少、管理人员的数量等情况进行划分。

其中，小型企业是促进市场竞争和市场经济的基本力量，是经济增长的重要推动力，也是增加就业的主要渠道、稳定社会的重要力量。几乎在所有国家，小企业都是创业者的乐园，培育企业家的摇篮和推动技术创新的重要源泉。

小企业是指劳动力、劳动手段或劳动对象在企业中集中程度较低，或者生产和交易数量规模较小的企业。小企业和大企业相比的基本特点是企业数量众多，分布面广；体制灵活，组织精干；管理水平相对较低；产出规模小，竞争力较弱；“家族”色彩浓。

5. 按企业资源的密集程度划分。按企业资源的密集程度划分为劳动密集型企业、资金密集型企业和技术密集型企业。

(1) 劳动密集型企业，又称为劳动集约型企业，是指生产需要大量的劳动力，也就是说产品成本中劳动量消耗占比重较大的企业。在劳动密集型企业里平均每个工人的劳动效率不高，比如纺织业、服务企业、食品企业、日用百货等轻工企业及服务性企业等。

(2) 资金密集型企业，又称资本密集型企业，是产品成本中物化劳动消耗所占比例较大或资金有机构成较高的企业。资金密集型企业的特点是：投资大，占用资金多，现代化技术装备程度高，容纳劳动力相对少，劳动生产率高。如钢铁、机械制造、汽车、石油化工、电力等，均属于资金密集型行业。

(3) 技术密集型企业是指技术装备程度比较高、所需劳动力或手工操作的人数比较少的企业。技术密集型企业的单位产品所需资金投资较多，也需要集中熟练的较多的技术人员，同时耗费原材料较少。也就是说，这类企业的技术密集程度与企业的机械化、自动化水平成正比，同企业的手工操作人数成反比。技术密集型企业是综合运用先进的、现代的科学技术成就的工业企业。

（三） 企业的作用

1. 企业是市场经济活动的主体。市场经济活动的顺利进行离不开企业的生产和销售活动，离开了企业的生产和销售活动，市场就成了无源之水、无本之木。因此，企业的生产和经营活动直接关系着整个市场经济发展。

2. 企业是社会生产和流通的直接承担者。社会经济活动的主要过程即生产和流通，这些都是企业来承担和完成的。离开了企业，社会经济活动就会中断或停止。企业的生产状况和经济效益可直接影响国家的经济实力的增长、人民物质生活水平的提高。

3. 企业是社会经济技术进步的主要力量。企业在经济活动中通过生产和经营活动，在竞争中不仅创造和实现社会财富，而且也是先进技术和先进生产工具的积极采用者和制造者，这在客观上推动了整个社会经济技术的进步。我们从企业在社会经济活动中的作用不难看出，企业就好比国民经济的细胞，我国的国民经济体系就是由数以百万计的不同形式的企业组成的，千千万万个企业的生产和经营活动，不仅决定着市场经济的发展状况，而且决定着我国社会经济活动的生机和活力。所以，我们说企业是最重要的市场主体，在社会经济生活中发挥着巨大作用。

知识链接

中小企业优劣势分析

（一）中小企业的优势

管理费用较低。不同规模企业长期并存的现象说明，企业对最优规模的要求是不同的。美国经济学家科斯从企业管理费用与交易费用的关系角度认为，企业边界取决于企业和市场的均衡，即企业的边际管理费用等于边际交易费用。尽管企业规模的扩大有利于降低外部交易费用，但随之而来的是内部管理费用递增，因而企业的最优规模不一定就是规模大。这为中小企业的存在与发展提供了依据。相比大企业，中小企业规模不大，组织结构简单，管理内容相对较少，管理难度相对较低，从而管理费用也相对较低，这就使得中小企业在管理费用方面具有较强的竞争优势。

经营机动灵活。企业内部信息传递因企业规模不同而要求不同。相对大企业，中小企业管理跨度较小，职能部门较少，内部信息对称程度较高，因而决策链短，协调简单，信息上下传递速度快、失真度低，在企业快速决策和准确决策方面具有自身的优势。此外，中小企业所需投入较少，进入门槛较低，资本和技术构成较低，因而产品生产及投放市场时间短、见效快，产品转型成本低，适应新环境较为容易，在生产经营上具有很大的弹性。

满足市场特定需求。随着经济社会的发展，人们生活水平不断提高，需求多样化明显，市场日益细分。中小企业能凭借其在技术、资源方面的特有优势，按特定顾客群的需求提供具有针对性的商品和服务，满足市场化的特定需求。在技术革命的推动下，专业化分工日益细化，产业链不断延伸，中小企业能够发挥其在某一领域的技术与经验优势，承接其他企业零配件的生产或为其他企业提供服务，从而发挥其生产经营特定商品的优势，与其他企业形成互惠共生关系。

内部激励相容。企业内部激励相容主要是指企业中经营者追求自身利益的行为与实现所有者利益最大化的目标相吻合。在企业所有权与经营权分离的情况下，所有者和经营者之间目标是不一致的，由此产生了委托-代理问题。其中，所有者是委托人，经营者是代理人。由于信息不对称，所有者难以掌握经营者的所有信息并进行有效监督，因而经营者有通过损害所有者利益来增加自身利益的动机。中小企业的所有者和经营者多是合为一体的，因而所有者与经营者的目标没有偏差，不存在内部激励相容问题。即使在所有权与经营权分离的中小企业，由于内部信息量较少，所有者监督经营者的效率远比大企业要高。可见，在内部激励相容方面，中小企业是有优势的。

（二）中小企业的劣势

抗风险能力较低。随着市场经济的发展，在大多数领域形成了买方市场，市场竞争日益激烈。中小企业在利用经济资源、获取市场信息、争取外部支持等方面明显比大企业逊色。

同时，中小企业生产经营领域的技术、资本等进入壁垒较少，竞争主体多，大量中小企业的存在使其之间的竞争也日益激烈。因而，在市场出现剧烈动荡的时候，在金融危机出现的时候，受到冲击最重的往往是中小企业。抗风险能力较低的劣势使得中小企业，尤其是创办时间不长的中小企业失败率较高。

资金不足。中小企业在贷款方面，由于资本实力较弱，符合银行偏好的抵押物或质押物不足，使得中小企业信用等级普遍偏低，取得银行贷款困难较大。与大企业相比，中小企业贷款规模不大，银行对中小企业贷款缺乏规模经济效应，单位经营成本相对较高，这无疑降低了银行向中小企业提供融资的积极性。此外，中小企业不惜通过损害自身信用来获取短期利益，存在欠息、逃债、赖债、恶意偷税欠税等行为，从而影响了中小企业的整体信用形象，进一步加重了中小企业的融资难度。

人才缺乏。中小企业人数较少，实力较弱，社会影响力较小，相比大企业缺乏吸引高素质人才的优势，造成员工素质较低，管理和技术人才匮乏。大量中小企业属于家族式企业，企业决策、管理等重要岗位通常都由企业主及其家族成员，或是关系密切人占据，企业用人的封闭性特征较为明显，外部人才遭到一定程度的排斥。其结果是，独断决策、经验管理较普遍，现代管理、民主管理、战略管理较缺乏。随着企业的发展，人才缺乏带来的中小企业经营管理水平不高、业务能力不强等问题凸显出来。

三、环境对创业的影响

创业环境是指那些与创业活动相关联的因素的集合，主要包括宏观环境和微观环境两个大的方面。宏观环境又叫总体环境，是指那些给企业造成市场机会或环境威胁的主要社会力量，内容包括文化、政治、经济、社会、技术、自然和法律等因素。微观环境是指消费者需求、竞争者、商品等对创业活动有直接影响的各种因素。

（一）宏观环境

无论从事个体经营，还是创办私营企业，都必然处于国家的一个大环境中。因此，创业者必须对社会大环境有一个整体的把握。

1. 文化环境。文化环境因素，即社会的文化风貌，如价值观、价值标准、风俗习惯、生活方式、消费心理等因素，这些因素对创业活动会产生很大影响。

文化环境体现在社会文化教育的总水平，人们的价值观念、审美观念、风俗习惯、道德观念及精神境界等方面。文化环境影响着消费者的购买心理，潜移默化地规划着人们的社会生活方式和行为准则。因此，企业必须了解目标市场的文化环境，以便采取相应的经营策略，开发适销对路的产品或服务。

2. 经济环境。经济环境因素，即国家或地区经济发展总体水平、收入分布状况、生活水平、人员状况、经济结构、产业结构、利率、汇率、原料供应和能源供应状况等因素。

随着国民经济的发展，经济体制的变革，人们消费水平的提高，消费内容日趋多样化，创业者必须改变经营思想和经营方式，适当调整商品生产和销售的时机、地点、价格，在信息传递、目标市场、售后服务等方面都要与经济环境相适应，否则会影响到企业的发展及收益。

国家宏观经济状况和发展趋势常常是创业者在创业过程中调整战略的重要依据，认真分析经济因素可以准确地预测将来的发展趋势。

3. 政法环境。政法环境由影响和制约企业营销活动的政治和法律因素所构成，通常包括国家制定的有关方针、政策、法律、条例及社会政治局势。

（1）政治环境因素，主要指国家的政治形势、管理体制的变化因素，它对创业活动往往产生巨大影响。政局稳定会促进经济繁荣，反之，则阻碍经济发展。政策是政法环境的重要内容。党和国家在不同的历史时期制定了不同的经济政策，这些经济政策常常直接对企业的经济行为发挥作用，产生市场机会和导向。但是，产业倾斜政策、宏观调控政策、资金紧缩政策等也可能给创业者带来一定风险。所以，对于与创业有关的国家政策，创业者要给予足够的关注和了解。

（2）法律环境因素，即国家有关经济、环保、广告、消费者保护、食品卫生、产品质量、商标、专利、劳动保障等法律保障因素。世界各国都通过颁布法令法规来制约企业的经营活动，从而形成法律环境。国家的有关法律、法令、法规、条例，特别是经济法规，调节着企业与社会方方面面的经济关系，保证了企业间的公平交易和平等竞争，规范了企业的市场经营活动。

4. 自然环境。企业经营不但需要一定的社会经济条件，更重要的还要有一定的自然条件。自然环境与自然资源有着密切的关系。人类长期的生产实践证明，自然资源的丰富程度和分布状况是政府制定经济发展战略的重要依据，同样也是一个企业制定其市场经营战略的方向。

5. 技术环境。技术环境因素，即技术发展动态、本人的专业特长、竞争对手应用技术的情况、国家的技术投资重点和倾斜政策、专利保护、技术转移及商品化速度、技术创新带来的经济效益等因素。

科学技术是生产力。通过技术创新和技术进步来推动经济的发展已经成为一种世界性的潮流。在市场竞争日趋激烈的今天，谁能首先拥有和利用新的技术，并迅速将其转化为商品满足市场的新需求，谁就能在市场中立于不败之地。所以，作为创业者必须特别注意国内外科技发展的新变化及新趋势。

6. 社会环境。社会环境包括人口状况、社会阶层、相关群体等因素，它是企业目标市场定位的重要依据。

（1）人口状况。人口的年龄结构、分布、人口密度、流动性等状况，会对市场需求格局产生深刻影响。因为市场是由那些想购买产品又具有购买力的人构成的。所以，创业者应当密切注意企业所处社会环境下的人口特征及其发展动向，不失时机地辨明和利用人口状况带来的市场机会，及时、果断地调整市场经营活动。

（2）社会阶层。社会阶层是指将社会成员按照收入、财产、文化水平、职业和社会名望等标准划分的若干社会等级。同一阶层通常有相同的价值观念、生活方式和相似的购买行为。将自己的目标市场准确地定位于某一社会阶层，往往是创业者的成功之道。

（3）相关群体。相关群体是指与购买者有社会联系的个人或团体。相关群体由于存在攀比、仿效等消费倾向，往往制约着某一消费者群体对产品品种、商标和使用方式的选择，引起该群体购买方式的趋向性。所以，相关群体的分析也有助于经营者扩大市场，从而增加企业的收益。大多数的宏观环境因素对企业的影响是间接的，但社会环境有所不同，它对企业的影响是直接的。

（二）微观环境

创业的微观环境因素，即创业主体在创业活动中所面临的企业竞争环境、市场需求状况和产品价格及其生命周期的状况。

1. 竞争环境。

（1）竞争来自同行。同行之间的竞争手段主要有价格、新产品开发、服务质量水平、促销情况等。同行竞争总是由一个或几个企业认为存在改善其市场地位的机会而引发的。显然一个企业挑起的竞争行为会迅速导致其他企业的报复性反应，而竞争的结果可能会两败俱伤，甚至是多败俱伤。

（2）竞争来自替代产品的威胁。创业企业将要生产的产品，可以被其他行业的企业所生产的产品所替代。这些替代品往往由那些高盈利的行业所提供，它们表现为一种价格优势，从而限制了企业所在行业的产品价格，抑制了行业利润水平。例如，近几年我国的电动自行车对普通自行车和摩托车的冲击就是一个明显的例子。尽管这种竞争并不像同行业竞争那样直接，但威胁同样很大，有时需要联合同行其他企业一起来应对。

研究竞争环境主要是为了分析竞争对手的数量、经营状况、竞争能力、企业规模、技术水平、技术装备、在市场中的口碑及其经营策略等方面。通过对竞争对手的上述分析，创业者可以发现自己的创业机会，从而制定切实可行的创业战略。

2. 市场需求环境。随着人们购买力的提高，人们的需求层次将由注重吃的消费转向注重穿、住、用等方面的消费。因此，对市场需求环境的分析，主要是研究创办企业所处的市场环境及目标消费群在需求上的特点，从现有的市场需求信息中归纳出发展趋势，以便为创业作出决策。

3. 产品价格及生命周期。任何产品从开始试制、投入市场，到被市场淘汰，都有一个产生、发展到消亡的过程，这个过程称为产品的生命周期。创业者应该注重对产品生命周期的分析，否则就跟不上时代的步伐，过时的服务或产品会迅速被市场淘汰，所以忽视这方面的分析，有时会给自主创业带来致命的打击。

4. 创业风险环境。通过预测创业风险有多大、风险来自哪个方面，并根据风险性质制订出不同的实施方案，从而确定自己的目标市场并为之量身打造专门的服务或商品。创业者只有具备了敏锐的观察力，才能在激烈的市场竞争中发现创业机会并形成创意构想。分析环境的变化，适应环境的变化，及时调整创业战略。此外，通过分析产业与市场结构变迁的趋势、新知识的产生，也能够发掘创业机会。

总之，自主创业离不开企业所处环境提供的各种条件。离开创业环境，一切创业活动便无从谈起。正确地认识、适应、利用和改造环境是自主创业的前提，很多成功的创业者就是通过对创业环境的认识、分析，从而制定创业战略，最终实现自己的创业目标的。

知识链接

2020年大学生创业最新优惠政策

大学生创业需要梦想，也需要激情，然而梦想与激情的延续，实现创业的成功，则要求创业者具备必要的创业知识和相应的经营管理知识。近些年来，国家出台了一系列鼓励大学生创业的优惠政策，主要包括以下几个方面。

（一）创业培训补贴

具有创业需求和培训愿望并具备一定创业条件的在校大学生及高校毕业生，在创业培训定点机构参加创业培训并取得合格证书的，可给予创业培训补贴，其中创办企业培训每人最高可补贴1200元，网络创业培训每人最高可补贴2000元。创业培训机构向当地人力资源社会保障部门办理开班申请，经批准同意组织学员免费创业培训并取得培训合格证书后，应于证书核发之日起12个月内向所在地人力资源社会保障部门提出补贴申请。

（二）一次性创业资助

在校大学生及毕业5年内高校毕业生成功创业（在本省领取工商营业执照或其他法定注册登记手续，本人为法定代表人或主要负责人）的，正常经营（未被市场监管部门列入“经营异常名录”）6个月以上的，可申请1万元的一次性创业资助。符合条件人员只能享受一次创业资助。符合条件人员应于相关创业主体登记注册之日起3年内，向登记注册地人力资源社会保障部门提出补贴申请。

（三）租金补贴

在校大学生及毕业5年内高校毕业生创办初创企业（在本省领取工商营业执照或其他法定注册登记手续，本人为法定代表人或主要负责人）并租用经营场地的，可申请租金补贴。补贴标准为：珠三角地区每年最高6000元，其他地区每年最高4000元。补贴期限累计不超过3年。补贴对象向登记注册地人力资源社会保障部门提出补贴申请。首次补贴申请应于相关创业主体登记注册之日起3年内提出。

（四）创业带动就业补贴

初创企业（所有股东均为法人股东的企业除外）吸纳就业，按其吸纳就业人数（签订1年以上期限劳动合同、缴纳社会保险费满6个月且申请补贴时仍在本企业就业，法定代表人或主要负责人除外）给予创业带动就业补贴。招用3人（含3人）以下的按每人2000元标准给予补贴；招用3人以上的每增加1人给予3000元补贴，总额最高不超过3万元。首次补贴申请应于相关创业主体登记注册之日起3年内提出，最后一次申请时间不得超过登记注册之日起4年。

（五）创业担保贷款

在校和毕业大学生自主创业资金不足的，可申请创业担保贷款，其中个人贷款额度最高30万元；合伙经营或创办小企业的可按每人最高30万元、贷款总额最高300万元实行“捆绑性”贷款；对符合条件的劳动密集型和科技型小微企业，贷款额度最高为500万元。个人创业担保贷款在贷款基础利率上浮3个百分点标准（即贷款基础利率+3%）内据实贴息，小微企业贷款按贷款基准利率的50%给予贴息，每次贴息期限最长不超过3年。对还款积极、带动就业能力强、创业项目好的重点扶持对象借款人和小微企业，可继续提供创业担保贷款及贴息，累计次数不得超过3次。

（六）优秀创业项目资助

被省级人力资源社会保障部门评定为省级优秀创业项目的，可享受5万~20万元资助。优秀项目可通过以下三种途径产生：一是大赛选拔。在广东省人力资源和社会保障厅牵头举办的创业创新大赛获得特定奖项的优秀项目。二是落地注册。获得省级以上创业创新大赛前三名，并于获奖后两年内在广东省行政区域内登记注册的优秀项目。三是社会征集。通过公开征集、社会推荐、专家评审等方式确定的优秀项目。省人力资源和社会保障厅每年6月底前根据年度预算和工作计划，确定当年度优秀项目产生途径（可采取一种或一种以上途径）、重点行业和评审标准等相关事宜。

以上优惠政策是国家针对所有自主创业的大学生所制定的，各地政府为了扶持当地大学生创业，也出台了相关的政策法规，而且更加细化，更贴近实际。了解这些优惠政策，会让大学生感受到国家和政府的支持力度，更加坚定创业的决心。

| 创业故事汇 |

90后女大学生毕业回乡经营农场 两年营业额上千万

何叶丹是个90后，也是浙财大东方学院2014届金融学专业的一名毕业生。她个头不高，出身农家，不是"富二代"，也不是"官二代"。这样的一个小姑娘，迈出学校大门一年多就能创下上千万元的年营业额并获教育部部长高度好评！在大学生就业形势非常严峻的今天，身为90后的海宁学子何叶丹仅仅毕业一年多是如何创造这一奇迹的？她的成功创业又能给当今大学生创业带来哪些启示？

用金融学经营农场

何叶丹是个90后，杭州富阳人，2014年夏天从浙财大东方学院金融学专业毕业。关于她的很多传奇一直都在母校流传。"她在大学读书时就和别的同学不一样，别的同学大多学什么专业考什么证，她却除了考会计上岗证、证券从业资格证，还拥有着农民技师、高级农村管理经纪人这些资质（资格证）。"不少同学都知晓，除这些，何叶丹在校期间还参加了"农村实用人才带头人培训班"等多个培训班，都获得了结业证书。

拿了这么多资格证的何叶丹，何以会想到回乡搞农业？"我做农业，其实和家里有关。我生长在富阳农村，从小就经常帮父母干农活，熟悉一些农产品的生产和制作。"何叶丹说，读大学后，由于学习了丰富的金融知识，她就开始用相关知识帮助父母经营鲜桃专业合作社，慢慢地有了感觉。"读大一时，我在校园里听了一节就业指导课，由于之前有类似经验，我打算去尝试一下，于是在家里的农场里帮忙，这为我首次创业做了很好的积累。"

还没毕业，何叶丹就开始参与农场经营，并特别注重融资和财务管理问题。"在我们那里，农场主对于财务报表方面都不怎么重视，差不多每季度或者半年才做一次。我接手农场后每个月都会做财务报表，这样可以很好地进行资金控制。"何叶丹说，财务预算报表很重要，"有了这个，除天灾不能预测，基本上可以预测到下一阶段的销量、管理费用等。"

何叶丹说，由于大学所学的扎实知识都能运用于实践，她所经营的农场资金链通畅，一直没有遇上资金短缺等问题。

看准目标不畏艰险

"近年，国家明确支持发展家庭农场，我觉得机会来了。"何叶丹说，这一年，尽管还在海宁读书，但她还是回到老家富阳，通过土地流转承包了200多亩地，开办起喜乐家庭农场。

何叶丹年龄小、个头小，在很多人的印象里，承包土地办农场都是一些五大三粗的大老爷们儿干的事，当她开始创业时，很多人都不信任她，甚至一些农户看到她前来承包土地，都觉得她是一时心血来潮，肯定坚持不下去。但何叶丹的想法是，她的创业不是儿戏，她就是要证明给所有人看，“不做出成绩，决不罢休”。

何叶丹从承包竹山开始，但前年一场突如其来的干旱，让鞭笋绝产，冬笋也损失严重，直接导致当年这两批笋几乎没有盈利。她没有因此退却，而是在一番分析后，赶快造起了蓄水池等设备，防止来年再次出现同样的情况。

“这次教训，让我懂得了做事要未雨绸缪。”何叶丹说，在她的不懈努力下，她的这个农场成为2013年“首批省级示范性家庭农场”。她还为自己的家庭农场注册了公司。

转变思路大获丰收

何叶丹承包竹山后，就把山下稻田围住了，拥有稻田的农户觉得种稻子赚不到钱，就把这些稻田都流转给了何叶丹。何叶丹想，“如果我也跟他们一样单种稻子肯定没收益，必须改变种植模式。”

于是，一直在学农业知识的她看到有人在搞稻鳖共养、稻鱼共养时，就有了新的灵感。为不破坏现有环境生态链，还能赚钱，她觉得这片稻田最适合养蛙。去年上半年，何叶丹的130亩稻蛙共生项目启动了。“刚准备蛙稻共养的时候，我信心十足，具体实践起来，其实是非常辛苦的，但为梦想买单嘛，我也就豁出去了……”何叶丹说，刚开始，她也因为没经验，不了解蛙的习性，死了不少蛙。

为此，她一个人偷偷掉下了眼泪。她说：“我从不当着员工的面哭，必须自己咬牙坚持。既然选择了创业，前期投入这么大，岂能轻易放弃，放弃的结果就是对不起员工，对不起承包给你土地的农户。”对此情况，她没有灰心，而是到处查资料，请教专家，终于走出困境，在当地的农场主圈子里小有名气。

现如今，她的杭州绪凡农业科技有限公司在成立不到两年的时间里，已完成了从传统粗放型农业到自动化现代型农业的转变，也从一开始就不被大家所看好的公司，成为年营业额不菲的明星农场。

据了解，何叶丹农场的竹笋销售遍及省内外50多家企业，如富通集团、富春江集团、世纪华联超市等，营业额达到上千万元；由于成为“杭州市国际商会会员”，她就有了更好的资源，何叶丹计划将产品推向国际市场，目前正准备接受美国3年的质量检测。

教育部部长高度赞赏

10月下旬的一个下午，教育部党组书记、部长袁贵仁莅临浙江大学考察调研，就浙江省推进“大众创业、万众创新”及吸引民间资本进入教育领域等主题召开座谈会。这场座谈会分别听取了政府、高校、社会力量办学、创业学生等各界代表的汇报，并进行了深入交流，何叶丹经东方学院推荐，被浙江省教育厅指定作为我省仅有的5位大学生创业优秀典型之一参加座谈会，并与浙江大学博士生创业代表分别单独发言，向与会领导介绍了她如何在学院创新创业教育的引领下，立足三农展开创业的故事。

座谈会上，何叶丹向教育部长等领导汇报，她的父亲是她人生的第一位创业导师，大学是她创业梦想开始的摇篮，“我在创业实训课上产生了我的创业项目，在学院推荐参加的各类竞赛中逐步历练，在导师结对帮扶下逐步完善与成熟……未来，我将不懈努力，描绘美好的创业新蓝图。”

何叶丹生动的发言受到与会各级领导的肯定和关注。会后，袁贵仁与何叶丹亲切交谈，并对何叶丹“女大学生扎根三农”创业的事迹大为赞赏，对浙江财经大学东方学院的创新创业工作给予了充分肯定，同时勉励她要坚持不懈，把这份事业做好做大。

据了解，在东方学院，何叶丹的创业项目是在“大学生就业创业模拟经营实训”课程实践活动中形成和确立下来的。之后，东方学院专门为她配备了数位校内外创业导师，并积极为她提供科创竞赛、项目孵化、企业注册、资源整合、校企合作等各方面的全程支持，经过不断完善和实践运营，其企业年产值已突破1000万元。何叶丹先后获得浙江省“挑战杯”大学生创业计划竞赛一等奖、中国杭州第四届大学生创业大赛100强项目等荣誉。去年，浙江省副省长朱从玖等领导在考察时也曾对何叶丹创业给予高度肯定。

分析讨论

1. 创新的核心和关键是什么？
2. 如何认识创新？
3. 大学生自主创业有什么意义？
4. 你会选择何种创业类型来开始自己的创业生涯？为什么这样选择？

项目2

创新思维与意识

名言点津

观念创新就是目标创新，目标创新就是提出别人认为不可能达到的目标，并用创新的办法实现它。

——张瑞敏

起点导航

任正非的华为创新哲学

1987年9月15日，43岁的任正非集资2.1万元在深圳创立华为公司，经过30多年的艰苦奋斗，华为从一个小作坊成长为全球通信技术行业的领导者和世界500强前百强企业，业务遍及170多个国家和地区，服务30多亿人口。华为的成功靠的是什么？

创业者都知道一个道理：不创新就是等死，越大的公司越是如此。曾经响彻全球的品牌如诺基亚、柯达为什么黯然谢幕？因为创新动能不足！而华为，正是因为大胆创新，一步步走到了今天。任正非说："创新虽然很难，但它是唯一的生存之路，是成功的必经之路。"

技术上：将每年销售额的10%投入研究

华为18万名员工中，从事研究与开发的人员约8万名，占员工人数的45%，是全球各类组织中研发人数最多的公司。

从1992年开始，华为就坚持将每年销售额的至少10%投入研发，什么钱都可以省，什么事都可以打折，但"研发的10%投不下去是要被砍头的"。

截至2017年底，华为共有74307件授权专利。仅2018年上半年，就产生授权专利1775件。在中国企业中，发明专利排名第一。

制度上：让知识管理者和劳动者为自己打工

华为在管理领域最大的制度创新就是"全员持股"。这是华为最大的颠覆性创新，也是华为创造奇迹的根本所在。作为一家民营企业，任正非完全可以拥有华为的绝对控股权，但任正非一反常理，从华为创立的第一天起，就让知识管理者和劳动者为自己打工。

华为现有将近8万股东，可谓"工者有其股"，是员工持股人数最多的企业，毫无疑问，这是一种释放生产力的创举。

营销模式上：跟客户零距离沟通

任正非常说一句话："客户是我们的衣食父母，你们的工资收入和各项福利不是我给的，而是客户给的，客户才是你们真正的老板。"早期，华为做代理商起步。为了客户和市场，华为颠覆了传统的营销模式，由代理模式走向了直销模式，核心就是贴近客户去服务。

正是华为跟客户零距离地沟通，改变了西方公司独霸市场的格局，这也是华为和竞争对手的重大区别。

市场开发上："一点两面三三制""重装旅"

任正非的管理带有鲜明的军人特色。如"一点两面三三制"，尖刀队先前面撕开口子，两翼部队蜂拥而上，把这个口子从两边快速拉开，然后，"华尔街就是你的了"。

"一点两面三三制"是华为公司的一种经典的市场作战方式，对华为20多年的市场成功助益甚多，至今仍然被市场一线的指挥官们奉为经典。

除此之外，华为还有"重装旅"。一线营销人员发现机会后，立即报告给公司。总部马上成立商务、技术等专家组成的小组（重装旅）奔赴前线。

研发体制上："模块研发+系统集成模式""修长城+海豹突击队模式"

模块研发+系统集成模式。如固定网络研发，把产品分解成不同的功能模块，成立模块小组，每个组织由4~5个专家组成，分头进行技术攻关，然后模块集成。大大提高了研发速度，降低了开发错误率。

修长城+海豹突击队模式。如无线研发，底层架构研发强调修长城。面向客户的应用平台研发推行海豹突击队模式。实现了整体作战能力和快速反应能力的有效结合。坚固的万里长城上跑的是"海豹突击队"，则无往不胜。

决策体制上：轮值CEO制度

在企业决策机制上，最大的创新就是"轮值CEO"。七位副总裁轮流担任CEO，每半年轮值一次。轮值CEO制度，是对传统管理理论的颠覆性创新，

任正非认为，一个企业领袖，应该是头脑越来越发达、四肢越来越萎缩。脑袋要发达，聚焦于思想和文化。四肢不萎缩，喜欢指手画脚，下面的人就会无所适从。

轮值CEO制度，从体制上避免了山头问题，为公司包容、积淀了很多杰出人才。同时这种创新体制也使整个公司的决策过程越来越科学化和民主化。

分析讨论

1. 从华为的变革之路可以总结出哪些创新哲学思维？
2. 分析创新变革可以给企业带来哪些利好之处。
3. 指出本案例中的创新意识与创新思维是怎样表现的。

任务1 创新思维

任务导引

从大学时代的创新思维到世界500强——联邦快递创业之路

联邦快递（Federal Express）公司成立于1973年，全球总部设在美国的田纳西州孟菲斯，另在中国香港、加拿大安大略、多伦多和比利时布鲁塞尔设有区域总部。目前，联邦快递在全球拥有148000名员工，拥有大约1200个服务中心，超过7800个授权寄件中心，435000个投递地点，45000辆货运车，662架货机，服务机场覆盖全球365座大小机场，服务范围遍及全世界210多个国家和地区，日平均处理的货件量多达330万份。

联邦快递以其无可比拟的航空路线权以及强固的信息技术基础设施，在小件包裹速递、普通递送、非整车运输、集成化调运系统等领域占据了大量的市场份额，成为全球快递运输业泰斗，并跃身为世界500强企业。

联邦快递公司的创立者、总裁弗雷德·史密斯的父亲是位企业家，创立了一家经营得很好的巴士公司。20世纪60年代，弗雷德在耶鲁大学读书。他撰写过一篇论文，提出一个超越传统上通过轮船和定期的客运航班运送包裹，建立一个纯粹的货运航班，用以从事全国范围内的包裹邮递的设想。这是一个开创性的创业设想。弗雷德在论文中提出，在小件包裹运输上采纳“轴心概念”理念，并利用寂静的夜晚通过飞机运送包裹和邮件。可是老师并未认可这个创新理念，这篇论文只得了个C。

毕业后弗雷德曾在越战中当过飞行员。回国后他在可行性研究基础上，把从父亲那里继承的1000万美元和自己筹措的7200万美元作为资本金，建立了联邦快递公司。田纳西州的孟菲斯之所以被选择作为公司的运输中央轴心所在地，首先，孟菲斯为联邦快递公司提供了一个不拥挤、快速畅通的机场，它坐落在美国中部地区；其次，孟菲斯气候条件优越，机场很少关闭。正是由于摆脱了气候对于飞行的限制，联邦的快递竞争潜力才得以充分发挥。

实践证明，弗雷德的“轴心概念”将货物集中于转运中心后再出货的经营构想，的确能为小件包裹运输提供独一无二、有效的、辐射状配送系统，是联邦快递创业成功的关键因素。弗雷德的出奇之处不仅在于小件包裹运输采纳“轴心概念”的营销模式创新，更在于他能够把人们忽略的时间运用起来，把本来是低谷的时段变成一种生意的高峰期。

成功的选址也许对其安全纪录有着重大贡献，在过去的30多年里，联邦快递从来没有发生过空中事故。联邦快递的飞机每天晚上将世界各地的包裹运往孟菲斯，然后再运往联邦快递没有直接国际航班的各大城市。虽然这个“中央轴心”的位置只能容纳少量飞机，但它能够为之服务的航空网点要比传统的A城到B城的航空系统多得多。另外，这种轴心安排使得联邦快递每天晚上飞机航次与包裹一致，并且可以应航线容量的要求而随时改道飞行，这就节省了一笔巨大的费用。此外，联邦快递相信：“中央轴心”系统也有助于减少运输上的误导或延误，因为从起点开始，包裹在整个运输过程都有一个总体控制的配送系统。

分析讨论

1. 弗雷德的出奇之处在哪里?

2. 说说创新思维在联邦快递创业之路上发挥了什么作用。

当今社会竞争日益激烈，大学毕业生就业难已经成为不争的事实。《周易·系辞下》有云：“穷则变，变则通，通则久。”因此，许多大学生转变思想，选择创业，然而思路决定出路，要想成功创业首先要有创新思维。创新思维是创业的重要基石，也是创业机会的最重要来源。

一、创新思维的定义

（一）创新思维

创新思维是指以新颖独创的方法解决问题的思维过程，通过这种思维能突破常规思维的界限，以超常规甚至反常规的方法、视角去思考问题，提出与众不同的解决方案，从而产生新颖的、独到的、有社会意义的思维成果。一个人如果具有创新思维就能够打破常规、突破传统，具有敏锐的洞察力、直觉力、丰富的想象力、预测力和捕捉机会的能力等，从而使思维具有一种超前性、变通性。

（二）创新思维的本质

创新思维的本质在于将创新意识的感性愿望提升到理性的探索上，实现创新活动由感性认识到理性思考的飞跃。创新精神属于科学精神和科学思想范畴，是进行创新活动必须具备的一些心理特征，包括创新意识、创新兴趣、创新胆量、创新决心，以及相关的思维活动。

二、创新思维的特征

（一）概括性特征

概括性是思维最显著的特点。感觉、知觉只能反映个别事物或事物的个别属性；而思维则能反映一类事物的本质和事物之间的规律性的联系。概括性是人们形成或掌握概念的前提。概括性也是一切科学研究的出发点。

（二）问题性特征

思维总是指向于解决某个任务或问题。当人们在实践活动中接触到某种新的、不太理解的事物时，就必须去认识、揭示和理解它，以便完成任务、解决问题。

1. 发现问题，也叫提出问题。

2. 明确问题。

3. 提出假设。

4. 检验假设。

思维的特征

（三）创新性特征

1. 独创性：是指独立于前人、他人，没有现成的规律可循。

2. 新颖性：是对于新情况、新问题，力求找到它新的本质、新的解决方法，表现出不同于一般之处。求异思维的创新并不是无中生有、凭空捏造，而是有其客观根据的，其客观根据就是事物的特殊性。

（四）超越性特征

创新即突破、超越。思维的本质即是超越的，因而，才有创新性思维，才有创新性思维对客观事物和对象的超越。

1. 对于过去的超越。

2. 对于将来的超越。

3. 对空间的超越。

4. 对具体事物、具体现象、具体物品等的超越。

5. 对“有”与“无”的超越。

6. 对“传统”的超越。

三、创新思维的类型

创新思维的类型

创新思维的类型多种多样，一般分为以下几种：

（一）发散思维

又称辐射思维、放射思维、扩散思维或求异思维，是指大脑在思维时呈现的一种扩散状态的思维模式，它表现为思维视野广阔，思维呈现出多维发散状。从一点出发，向不同方向辐射，产生大量不同设想的思维方式。如“一题多解”“一事多写”“一物多用”等方式，培养发散思维能力。不少心理学家认为，发散思维是创造性思维的最主要特点，是测定创造力的主要标志之一。运用发散思维可以产生大量设想，提供更多选择机会，摆脱习惯性思维束缚，破除思维定式。

1. 发散性思维的特点。

（1）流畅性：流畅性就是观念的自由发挥。指在尽可能短的时间内生成并表达出尽可能多的思维观念以及较快地适应、消化新的思想观念。机智与流畅性密切相关。流畅性反映的是发散思维的速度和数量特征。

（2）变通性：变通性就是克服人们头脑中某种自己设置的僵化的思维框架，按照某一新的方向来思索问题的过程。变通性需要借助横向类比、跨域转化、触类旁通，使发散思维沿着不同的方面和方向扩散，表现出极其丰富的多样性和多面性。

（3）独特性：独特性指人们在发散思维中作出不同寻常的异于他人的新奇反应的能力。独特性是发散思维的最高目标。

（4）多感官性：发散性思维不仅运用视觉思维和听觉思维，而且也充分利用其他感官接收信息并进行加工。发散思维还与情感有密切关系。如果思维者能够想办法激发兴趣，产生激情，把信息感性化，赋予信息以感情色彩，会提高发散思维的速度与效果。

2. 发散性思维举例：立体思维。

思考问题时跳出点、线、面的限制，立体式进行思维。

立体绿化：屋顶花园增加绿化面积、减少占地，改善环境、净化空气。

立体农业、间作：如玉米地种绿豆、高粱地里种花生等。

立体森林：高大乔木下种灌木、灌木下种草、草下种食用菌。

立体渔业：网箱养鱼充分利用水面、水体。

立体开发资源：利用煤、石头开发产品。

你还能想出什么样的立体思维形式？

3. 发散性思维的方法。

材料发散法——以某个物品尽可能多的“材料”，以其为发散点，设想它的多种用途。

功能发散法——从某事物的功能出发，构想出获得该功能的各种可能性。

结构发散法——以某事物的结构为发散点，设想出利用该结构的各种可能性。

形态发散法——以事物的形态为发散点，设想出利用某种形态的各种可能性。

组合发散法——以某事物为发散点，尽可能多地把它与别的事物进行组合成新事物。

方法发散法——以某种方法为发散点，设想出利用方法的各种可能性。

因果发散法——以某个事物发展的结果为发散点，推测出造成该结果的各种原因，或者由原因推测出可能产生的各种结果。

4. 集体发散思维：发散思维不仅需要用上我们自己的全部大脑，有时候还需要用上我们身边的无限资源，集思广益。集体发散思维可以采取不同的形式，比如我们常常戏称的“诸葛亮会”。在设计方面，我们通常要采用“头脑风暴”，每个人不论可能性地说出自己的想法，只要自己能说通了，都可以被大家认同，而且被采纳，最后总结出结论。这个方法就叫作“头脑风暴”。

（二）逆向思维

也叫求异思维，它是对司空见惯的似乎已成定论的事物或观点反过来思考的一种思维方式。敢于“反其道而思之”，让思维向对立面的方向发展，从问题的相反面深入地进行探索，树立新思想，创立新形象。当大家都朝着一个固定的思维方向思考问题时，而你却独自朝相反的方向思索，这样的思维方式就叫逆向思维。人们习惯于沿着事物发展的正方向去思考问题并寻求解决办法。其实，对于某些问题，尤其是一些特殊问题，从结论往回推，倒过来思考，从求解回到已知条件，反过去想或许会使问题简单化。

1. 逆向思维的特点。

（1）普遍性：逆向性思维在各种领域、各种活动中都有适用性，由于对立统一规律是普遍适用的，而对立统一的形式又是多种多样的，有一种对立统一的形式，相应地就有一种逆向。逆向思维也有无限多种形式。如性质上对立两极的转换：软与硬、高与低等；结构、位置上的互换、颠倒：上与下、左与右等；过程上的逆转：气态变液态或液态变气态、电转为磁或磁转为电等。不论哪种方式，只要从一个方面想到与之对立的另一方面，都是逆向思维。

（2）批判性：逆向是与正向比较而言的，正向是指常规的、常识的、公认的或习惯的想法与做法。逆向思维则恰恰相反，是对传统、惯例、常识的反叛，是对常规的挑战。它能够克服思维定式，破除由经验和习惯造成的僵化的认识模式。

（3）新颖性：循规蹈矩的思维和按传统方式解决问题虽然简单，但容易使思路僵化、刻板，摆脱不掉习惯的束缚，得到的往往是一些司空见惯的答案。其实，任何事物都具有多方面属性。由于受过去经验的影响，人们容易看到熟悉的一面，而对另一面却视而不见。逆向思维能克服这一障碍，往往是出人意料，给人以耳目一新的感觉。

2. 逆向思维的三大类型和举例。

（1）反转型逆向思维法：这种方法是指从已知事物的相反方向进行思考，产生发明构思的途径。

事物的相反方向常常从事物的功能、结构、因果关系三个方面做反向思维。比如，市场上出售的无烟煎鱼锅就是把原有煎鱼锅的热源由锅的下面安装到锅的上面。这是利用逆向思维，对结构进行反转型思考的产物。

（2）转换型逆向思维法：这是指在研究一问题时，由于解决该问题的手段受阻，而转换成另一种手段，或转换思考角度思考，以使问题顺利解决的思维方法。如历史上被传为佳话的司马光砸缸救落水儿童的故事，实质上就是一个转换型逆向思维法的例子。

由于司马光不能用爬进缸中救人的手段解决问题，因而他就转换为另一个手段，破缸救人，进而顺利地解决了问题。

（3）缺点逆向思维法：这是一种利用事物的缺点，将缺点变为可利用的东西，化被动为主动、化不利为有利的思维发明方法。这种方法并不以克服事物的缺点为目的，相反，它是将缺点化弊为利，找到解决方法。

例如金属腐蚀是一种坏事，但人们利用金属腐蚀原理进行金属粉末的生产，或进行电镀等其他用途，无疑是缺点逆向思维法的一种应用。

3. 逆向思维哲理故事。

（1）有一家人决定搬进城里，于是去找房子。全家三口，夫妻两个和一个5岁的孩子。他们跑了一天，直到傍晚，才好不容易看到一张公寓出租的广告。他们赶紧跑去，房子出乎意料的好。于是，就前去敲门询问。这时，温和的房东出来，对这三位客人从上到下地打量了一番。丈夫鼓起勇气问道："这房屋出租吗？"房东遗憾地说："啊，实在对不起，我们公寓不招有孩子的住户。"丈夫和妻子听了，一时不知如何是好，于是，他们默默地走开了。那5岁的孩子，把事情的经过从头至尾都看在眼里。那可爱的心灵在想：真的就没办法了？他那红叶般的小手，又去敲房东的大门。

这时，丈夫和妻子已走出5米来远，都回头望着。

门开了，房东又出来了。这孩子精神抖擞地说："老爷爷，这个房子我租了。我没有孩子，我只带来两个大人。"

房东听了之后，高声笑了起来，决定把房子租给他们住 。

（2）某时装店的经理不小心将一条高档呢裙烧了一个洞，其身价一落千丈。如果用织补法补救，也只是蒙混过关，欺骗顾客。这位经理突发奇想，干脆在小洞的周围又挖了许多小洞，并精于修饰，将其命名为"凤尾裙"。一下子，"凤尾裙"销路顿开，该时装商店也出了名。逆向思维带来了可观的经济效益。

无跟袜的诞生与"凤尾裙"异曲同工。因为袜跟容易破，一破就毁了一双袜子，商家运用逆向思维，试制成功无跟袜，创造了非常好的商机。

（3）一种高产量的土豆刚传到法国时，法国农民并不感兴趣。为了提倡种植这种土豆，法国政府花了大气力搞宣传，但效果甚微。优良土豆被冷落。

后来，有人出了一个"怪招"。不多久，人们突然发现，在各地种植土豆的试验田边，都有全副武装的哨兵日夜把守。一块庄稼地怎么会有哨兵把守呢？周围的农民觉得奇怪，他们判断：这里种植的东西一定非常金贵。于是，他们经常趁着士兵"疏忽"时溜进试验田，去偷土豆，然后小心翼翼地把偷来的土豆拿回家去种在自家的地里，用心侍弄。一个季节下来，这种土豆的优点广为人知。新土豆就这样被推广到法国各地，成为最受法国农民欢迎的农作物之一。

启示：

一切事物都有两面性，从相反的角度去思考，有时会有出人意料的效果。

逆向思维的最大特点，就在于改变常规的思考轨迹，用新的角度、新的方式研究和处理问题。

（4）20世纪60年代中期，当时在福特一个分公司任副总经理的艾科卡正在寻求方法，改善公司业绩。他认定，达到该目的的灵丹妙药在于推出一款设计大胆、能引起大众广泛兴趣的新型小汽车。在确定了最终决定成败的人就是顾客之后，他便开始绘制战略蓝图。

以下是艾科卡如何从顾客着手，反向推回到设计一种新车的步骤：顾客买车的唯一途径是试车。要让潜在顾客试车，就必须把车放进汽车交易商的展室中。吸引交易商的办法是对新车进行大规模、富有吸引力的商业推广，使交易商本人对新车型热情高涨。说得实际点，他必须在营销活动开始前做好小汽车，送进交易商的展车室。为达到这一目的，他需要得到公司市场营销和生产部门百分之百的支持。同时，他也意识到生产汽车模型所需的厂商、人力、设备及原材料都得由公司的高级行政人员来决定。艾科卡一个不漏地确定了为达到目标必须征求同意的人员名单后，就将整个过程倒过来，从头向前推进。

几个月后，艾科卡的新型车野马从流水线上生产出来了，并在20世纪60年代风行一时。它的成功也使艾科卡在福特公司一跃成为整个小汽车和卡车集团的副总裁。

（5）茱莉亚是一个具有犹太血统的老人，退休后，在学校附近买了一间简陋的房子。住下的前几个星期还很安静，不久有三个年轻人开始在附近踢垃圾桶闹着玩。老人受不了这些噪声，出去跟年轻人谈判。

“你们玩得真开心。”他说，“我喜欢看你们玩得这样高兴。如果你们每天都来踢垃圾桶，我将每天给你们每人一块钱。”三个年轻人很高兴，更加卖力地表演“足下功夫”。不料三天后，老人忧愁地说：“通货膨胀减少了我的收入，从明天起，只能给你们每人五毛钱了。”

年轻人显得不大开心，但还是接受了老人的条件。他们每天继续去踢垃圾桶。一周后，老人又对他们说：“最近没有收到养老金支票，对不起，每天只能给两毛了。”“两毛钱？”一个年轻人脸色发青，“我们才不会为了区区两毛钱浪费宝贵的时间在这里表演呢，不干了！”

从此以后，老人又过上了安静的日子。

启示：管理血气方刚的年轻人，强制性的命令只会让他们变本加厉适得其反，利用逆向思维，把面子给足他们，才能将其控制在股掌之中，事情的结果才能按照自己的意愿发展。

（三）联想思维

是指人脑记忆表象系统中，由于某种诱因导致不同表象之间发生联系的一种没有固定思维方向的自由思维活动。主要思维形式包括幻想、空想、玄想。其中，幻想，尤其是科学幻想，在人们的创造活动中具有重要的作用。联想思维是指时间上或空间上的接近都可能引起不同事物之间的联想。比如，当你遇到大学老师时，就可能联想到他过去讲课的情景。联想思维是指由外形、性质、意义上的相似引起的联想。如由照片联想到本人等。联想思维是由事物间完全对立或存在某种差异而引起的联想。其突出的特征就是悖逆性、挑战性、批判性。联想思维是指由于两个事物存在因果关系而引起的联想。这种联想往往是双向的，既可以由起因想到结果，也可以由结果想到起因。

1. 联想思维的特征。

（1）连续性：联想思维的主要特征是由此及彼、连绵不断地进行，可以是直接的，也可以是迂回曲折的闪电般的联想链，而链的首尾两端往往是风马牛不相及的。

（2）形象性：由于联想思维是形象思维的具体化，其基本的思维操作单元是表象，是一幅幅画面。所以，联想思维和想象思维一样显得十分生动，具有鲜明的形象。

（3）概括性：联想思维可以很快把联想到的思维结果呈现在联想者的眼前，而不顾及其细节如何，是一种整体把握的思维操作活动，因此可以说有很强的概括性。

2. 联想思维的作用。

（1）在两个以上的思维对象之间建立联系。通过联想，可以较短时间内在问题对象和某些思维对象间建立起联系来，这种联系，就会帮助人们找到解决问题的答案。正如《科学研究的艺术》一书的作者贝佛里奇在书中所说，独创性常常在于发现两个或两个以上对象或设想之间的联系或相似点，而原来以为这些对象或设想彼此没有联系。

（2）为其他思维方法提供一定的基础。联想思维一般不能直接产生有创新价值的新的形象，但是，它往往能为产生新形象的想象思维提供一定的基础。

（3）活化创新思维的活动空间。联想，就像风一样，扰动了人脑的活动空间。由于联想思维有由此及彼、触类旁通的特性，常常把思维引向深处或更加广阔的天地，导致想象思维的形成，甚至灵感、直觉、顿悟的产生。

（4）有利于信息的储存和检索。思维操作系统的重要功能之一，就是把知识信息按一定的规则存储在信息存储系统，并在需要的时候再把其中有用的信息检索出来。联想思维就是思维操作系统的一种重要操作方式。

3. 联想思维的类型。

（1）相似联想。是指由一个事物外部构造、形状或某种状态与另一种事物的类同、近似而引发的想象延伸和连接。

（2）相关联想。是指联想物和触发物之间存在一种或多种相同而又具有极为明显属性的联想。例如看到鸟想到飞机。

（3）对比联想。指联想物和触发物之间具有相反性质的联想。例如看到白色想到黑色。

（4）因果联想。源于人们对事物发展变化结果的经验性判断和想象，触发物和联想物之间存在一定因果关系。如看到蚕蛹就想到飞蛾，看到鸡蛋就想到小鸡。

（5）接近联想。指联想物和触发物之间存在很大关联或关系极为密切的联想。例如看到学生想到教室、实验室及课本等相关事物。

4. 联想思维的方法。

（1）类比法：是把陌生的对象与熟悉的对象、未知的东西与已知的东西进行比较，从中获得启发而解决问题的方法。如：蛋卷为什么会碎？浙江省某食品机械厂的技术人员一次去贵阳某糕点厂安装蛋卷机，在本厂总装试车很满意的蛋卷机，在贵阳却不听使唤了，蛋卷坯子出来后，都在卷制过程中碎掉了。他们在原料、配方、卷制尺度等很多方面花了许多精力也解决不了问题。后来，他们看到在贵阳即便是阴天，晾在外面的湿衣服半天也能干，想起丝绸厂空气湿度不当会造成断丝，蛋卷在卷制过程中碎掉可能也与空气湿度有关，于是，他们采取了在车间及机器内保湿加湿的措施，漂亮的蛋卷终于做出来了。

类比法的实施分为：直接类比、仿生类比、因果类比、对称类比。

直接类比：根据原型的启发，直接将一类事物的现象或规律用到另一类事物上。如日本在扣子上戳个小洞注入香水，成为“香扣子”。

仿生类比：根据气步甲虫（当它遇敌时会喷出一种液体“炮弹”）德国科学家研制了世界上最先进的二元化学武器。狗鼻子灵敏，人们发明了“电子警狗”，灵敏度达到狗鼻子的1000倍。

因果类比：这是根据某一事物的因果关系推出另一个事物的因果关系，而产生新成果。如，美国一教授根据放浴池里水流旋向的研究，推断出台风旋向的结论。

对称类比：这是利用对称关系进行类比而产生新成果。如：原来化妆品都是女人的专用品，根据对称类比，男士化妆品应运而生了。

（2）移植法：是指把某一事物的原理、结构、方法、材料等转到当前研究对象中，从而产生新成果的方法。

移植法的实施分为：原理移植、结构移植、方法移植、材料移植。

原理移植：就是将某种科学技术原理转用到新的研究领域。如：根据贺卡，台湾一位业余发明家将其移植到汽车倒车提示器上，“倒车请注意”。

结构移植：就是将某事物的结构形式和结构特征转用到另一个事物上，以产生新的事物。如，拉链，某公司为暴发口蹄疫地区的动物做了数双短筒拉链靴。美国将拉链移植到外科手术的缝合上。

方法移植：就是将新的方法转用到新的情景中，以产生新的成果。如香港一集团的老总根据参观的荷兰的“小人国”——荷兰风光的缩影，建成了“锦绣中华园”，年收入1000万元。

材料移植：亚硫酸锌具有白天能吸收光线、夜间发光的特性，有人将它制造成电器开关、夜光工艺品、夜光航标灯、夜光门牌等。

（四）组合思维

组合思维又称“连接思维”或“合向思维”，是指把多项貌似不相关的事物通过想象加以连接，从而使之变成彼此不可分割的新的整体的一种思考方式。例：在一次国际酒类展销会的酒会上，各国代表都拿出自己国家的名酒展示：中国——茅台酒、俄国——伏特加、德国——威士忌、意大利——葡萄酒、法国——香槟、美国——鸡尾酒。

1. 组合思维的特征。

（1）创新性：许多科学家认为知识体系的不断重新组合是人类知识不断丰富发展的主要途径之一，从这一角度看，近现代科学的三次大创造是由三次大组合所带来的。

第一次大组合是牛顿组合了开普勒天体运行三定律和伽利略的物体垂直运动与水平运动规律，从而创造了经典力学，引起了以蒸汽机为标志的技术革命。第二次大组合是麦克斯韦组合了法拉第的电磁感应理论和拉格朗日、哈密顿的数学方法，创造了更加完备的电磁理论，因此引发了以发电机、电动机为标志的技术革命；第三次大组合是狄拉克组合了爱因斯坦的相对论和薛定谔方程，创造了相对量子力学，引起了以原子能技术和电子计算机技术为标志的新技术革命。

（2）广泛性。

（3）时代性和继承性：例：电视+电话=可视电话；多媒体=数据+文字+图像+声音；集成电路=电子管+电阻+电容；台秤+电子计算机=电子秤；飞机+飞机库+军舰=航空母舰；手枪+消音器=无声手枪；自行车+电机+蓄电池=电动自行车。

2. 组合思维的形式。

（1）同类组合：同类组合是若干相同事物的组合。参与组合的对象在组合前后基本原理和结构一般没有根本的变化，往往具有组合的对称性或一致性的趋向。

例如双向拉锁、三合米、鸡尾酒、双排订书机、多缸发动机、双头液化气灶、双层文具盒、三面电风扇、双头锈花针、3000 个易拉罐组合在一起的汽车、1000 只空玻璃瓶组合在一起的埃菲尔铁塔等。

（2）异类组合：异类组合是两种或两种以上不同领域的技术思想的组合、两种或两种以上不同功能物质产品的组合。组合对象（技术思想或产品）来自不同的方面，一般无主次关系。参与组合的对象从意义、原子、构造、成分、功能等任一方面和多方面互相渗透，整体变化显著。异类组合是异类求同的创新，创新性很强。

例如，我国云南哀牢山彝族将火药、铅块、铁矿石碴、铁锅碎片等物放入一个掏尽籽的干葫芦里，在葫芦颈部塞入火草作为引火物，把葫芦装进网兜。这就是一个异类组合创造——“葫芦飞雷”，“葫芦飞雷”被称为世界上最早的手榴弹。被组合的东西（火药、铅块、铁矿石碴、铁锅碎片等物）是旧的，组合的结果（“葫芦飞雷”）是新的。把旧变新、由旧出新这就是创造。

（3）重组组合：重组组合就是在事物的不同层次分解原来的组合，然后再按照新的目标重新安排的思维方式。

重组作为手段，可以更有效地挖掘和发挥现有技术的潜力。如飞机的螺旋桨装在尾部就是喷气式飞机，装在顶部为直升机。企业的“资产重组”等说明重组可以引发质变。

例：积木、变形金刚、七巧板等玩具，都有利于儿童建立重组意识，培养重组能力。

重组练习：中国的汉字重组。请给下面每个字各配一个字，再将两字拆一拆、拼一拼，变成一个常用语。

例：註+（吾）=（主）（语）

勋+（　）=（　）（　）	汗+（　）=（　）（　）
夯+（　）=（　）（　）	汕+（　）=（　）（　）
杆+（　）=（　）（　）	杏+（　）=（　）（　）
柱+（　）=（　）（　）	洽+（　）=（　）（　）

（4）共享与补代组合：共享组合是指把某一事物中具有相同功能的要素组合到一起，达到共享之目的。例如吹风机、卷发器、梳子共用同一带插销的手柄。补代组合是通过对某一事物的要素进行摒弃、补充和替代，形成一种在性能上更为先进、新颖、实用的新事物。例如拨号式电话改为键盘式、银行卡代替存折。

（5）概念组合：概念组合就是以词类或命题进行的组合。

例：绿色食品、阳光拆迁、阳光录取、音乐餐厅、裴多菲俱乐部等。

（6）综合：综合是指为了完成重大课题，在已有的学科、原理、知识、方法、技术不能解决时，创造出新的学科、新的原理、新的方法和新的技术，并对其进行重新组织和安排的思维过程。

肯尼迪召集美国各有关部门头脑们商量对策，宣布：“美国最终将第一个登上月球。”1961 年 5 月 25 日，肯尼迪在题为“国家紧急需要”的特别咨文中，提出在 10 年内将美国人送上月球。他说：“我相信国会会同意，必须在本 10 年末，将美国人送上月球，并保证其安全返回”“整个国家的威望在此一举”。于是，美国宇航局制订了著名的“阿波罗”登月计划。

阿波罗是古代希腊神话传说中的一个掌管诗歌和音乐的太阳神，传说他是月神的同胞弟弟，曾用金箭杀死巨蟒，替母亲报仇雪恨。美国政府选用这位能报仇雪恨的太阳神来命名登月计划，其用意可想而知。

在美国宇航局组织下，动员了2万多家厂商、120多个高等院校和科研所、400多万人参加，开发项目1300多个，共耗资250亿美元，历时9年，整个系统共使用300多万个零部件。

3. 组合思维的方法。

（1）主体附加法是指以某一特定的对象为主体，通过置换或插入其他技术或增加新的附件而使发明或创新诞生的方法。

例如：电扇加定时器、电冰箱加温度显示器、彩色电视机上附加一遥控器、带橡皮头的铅笔、含微量元素的食品等。

江苏省常熟中学的庞颖超发明了一种能够让色盲识别的红绿灯，在现行的纯红绿颜色的灯中加入一些白色的有规则形状的图形。如红色圆形中间加入一条横着的白杠，绿色圆形中间加入一条竖着的白杠，以此来让色盲进行识别。“我们现在的交通灯都是红绿色，而那些有色盲的人不能分辨出这两种颜色，这就给他们的生活带来了极大的不便。”为了证明这种不便性有多大，庞颖超列举了一个数据：世界人口中色盲占到了5.6%。“有一次，我看到交警抓了一个闯红灯的人，结果发现他是色盲，分辨不出红绿灯，于是我就有了做这个红绿灯的想法。”

（2）二元坐标法。二元坐标法就是借用平面直角坐标系在两条数轴上标点（元素），按序轮番地进行两两组合，然后选出有意义的组合物的创新方法。

（3）焦点法。焦点法是以一预定事物为中心、为焦点，依次与罗列的各元素一一构成联想点，寻求新产品、新技术、新思想的推广应用和对某一问题的解决途径。

例：玻璃纤维和塑料结合，可以制成耐高温、高强度的玻璃钢。

（4）形态分析法。形态分析法就是通过对研究对象相关形态要素的分列和重新组合，全面寻求各种解决问题方案的方法。例如：为公园游人设计出新颖别致的小游船。首先分析独立要素：船的外形、动力、材料。找出每一独立要素的解决途径：如材料可以选用木材、钢材、玻璃钢、塑料、水泥、铝合金、橡胶板等。动力可以采用划桨、脚踏螺旋桨、电动螺旋桨、明轮、喷水。外形可以用鸳鸯、鹅、龙、画舫、鱼等。然后把这三种要素的各种方案再进行组合。

（五）延伸思维

所谓延伸式思维，就是借助已有的知识，沿袭他人、前人的思维逻辑去探求未知的知识，将认识向前推移，从而丰富和完善原有知识体系的思维方式。

1. 延伸思维的特征。延伸思维是对某一事物认识上纵向伸展、延长的一种思维方式。其特征有二：一是前瞻性，能够预见出某一事物未来发展变化的趋势；二是深入性，能够洞察到某一事物在更深层次上的内涵。如果具体到新闻发现而言，延伸思维的前瞻性，即是对那些已经发生或还只是处于苗头状态的新闻事件，能够有一个比较准确的预测，知道下一步将会怎样变化，以便有意识地捕捉到更多有价值的新闻素材，并在第一时间写出读者需要的稿件。

思维通过对事物的联系方式和相互作用的认知，表现为一种见微知著、见局部知整体、见个别知全貌、见过去知未来、见已知洞悉未知的能力。

2. 延伸思维的案例。用产品的质优、服务的良好、成本的低廉、宣传的大力度等去赢得市场，已经是经营者们普遍采用的营销策略。倘若你想在赢得市场中独占鳌头，你必须有自己独特的思维方法。大家记得，在美国当年的淘金热中，做着淘金致富美梦的淘金者何止千万。然而哈默尔看到成千上万的淘金者需要喝水时，他当机立断，放弃淘金，改为卖凉水。延伸思维让哈默尔变成了富翁，哈默尔也成了用延伸思维捕捉市场的典型。

（六）综合思维

1. 综合思维的含义。作为一种思维方式，综合思维是把某一事物的某些要素分离出来，组接到另一事物或事物的某些要素上的创造性、创新性思维的过程。

综合思维是掌握系统、整体及其结构层次上的综合，有着更高层次的认识基点。在综合基础上的分析，即从综合到综合分析，才是认识的制高点。因此，综合思维把相关事物的整体作为认识的前提和起点，对事物的整体进行分析以达到对事物整体的把握。综合思维中的分析是综合的分析，以综合为认识的起点，并以综合作为认识的归属，是“综合—综合分析—新的综合”的思维逻辑。

任何事物都是作为系统而存在的，都是由相互联系、相互依存、相互制约的多层次、多方面的因素，按照一定结构组成的有机整体。这就要求创新者在思维时，将事物放在系统中进行思考，进行全方位多层次多方面的分析与综合，找出与事物相关的、相互作用、相互制约、相互影响的内在联系，而不是孤立地观察事物，也不只是利用某一方法思维，应是多种思维方式的综合运用。不是只凭借一知半解、道听途说，而是详尽地占有大量的事实、材料及相关知识，运用智慧杂交优势，发挥思维统摄作用，深入分析、把握特点、找出规律。

这种“由综合而创造”的思维方式，体现了对已有智慧、知识的杂交和升华，不是简单地相加、拼凑。综合后的整体大于原来部分之和，综合可以变不利因素为有利因素，变平凡为神奇。是从个别到一般、由局部到全面、由静态到动态的矛盾转化过程，是辩证思维运动过程，是认识、观念得以突破从而形成更具普遍意义的新成果的过程。

“瞎子背瘸子”就是综合思维的形象事例。瞎子看不见，瘸子跑不动，房子着了火谁也跑不掉。但是瞎子背瘸子，二人都发挥了自己的优势，不仅可以跑还可以看，还比常人“站得高看得远”。

2. 综合思维的特征。

（1）综合思维方式的对象是外在客观事物，综合思维把外在客观事物看作多种要素相互联系、相互作用的有机整体。

（2）综合思维是多角度、多途径的想象组合。

（3）综合思维是超越时空、大范围、大跨度的想象组合，是思维想象的飞升。

（4）综合思维渗透着非逻辑因素，可以是基本逻辑框架内超常规的甚至非逻辑的要素组合。

综合思维是把不同领域中的几种原理或技术置于正在思考的创造对象中去，组合形成了一种新的综合型产品。这里所说的综合，可以从以下四个方面进行思考。

一是多角度、多途径的综合。这是从不同角度、不同途径构成的想象组合，可以是同类的组合，也可是异类的组合。美国《读者文摘》创刊是“组合”成果的一个例子。第一次世界大战后，沃利斯将各种杂志中最优秀文章的精华汇集在一本期刊中，创刊后至今一直深受读者欢迎。有 110 年历史的可口可乐饮料是可可树叶和可可树脂的提取物混合，并加入99.7%的水和砂糖的“综合”。

二是超时空的组合，这是一种大范围、大跨度的组合，是组合思路的深化，虽然组合的技法难度加大，但组合结果更为新颖。如儿童“少帅服装”以及仿唐服饰等，是与历史结合的结果。

创造性思维是高级综合性的思维活动。这里提到的“创造活动”是广义的，应当包括：给出新的概念，作出新的判断，提出新的假设、新的方法、新的理论，有新的发现，产生新的技术、新的产品等。“创造过程”应从整体进行系统综述。

（七）纵向思维

1. 纵向思维的定义。所谓纵向思维，是指思维从对象不同层面切入，纵向跳跃、突破性、递进性、渐变的联系过程特点。具有这种思维特点的人，对事物的见解往往入木三分、一针见血，对事物动态把握能力较强，具有预见性。纵向思维是指在一种结构范围内，按照有顺序的、可预测的、程式化的方向进行的思维形式，这是一种符合事物发展方向和人类认识习惯的思维方式，遵循由低到高、由浅到深、由始到终等的顺序，因而清晰明了，合乎逻辑。我们平常的生活、学习中大都采用这种思维方式。与横向思维相对应。所谓横向思维，是指突破问题的结构范围，从其他领域的事物、事实中得到启示而产生新设想的思维方式，它不一定是有顺序的，同时也不能预测。

2. 纵向思维的特点。

（1）由轴线贯穿的思维进程。当人们在对事物进行纵向思维时，会抓住事物的不同发展阶段所具有的特征进行考量、比照、分析。事物体现出发生发展等连续的动态演变特性，而所有片段都由其本质轴线贯穿始终。如人类历史由人类的不同发展历史串联而成。这里的时间轴是最常见的一种。特别是在各种各样的专项研究中，轴的概念类型就非富多了，如物理研究中水在不同温度中表现的物理特性，则是由温度轴来贯穿的。

（2）清晰的等级、层次、阶段性。纵向思维考察事物背景参数量变到质变的特征，能够准确把握临界值，清晰界定事物的各个发展阶段。

（3）良好的稳定性。运用纵向思维，人们会在设定条件下进行一种沉浸式的思考，思路清晰连续单纯，不易受干扰。情感上呈现阶段性的平淡，但因为宗心不变，随着时间的推移日久弥坚，越陈越香，达到阈值就会产生质的飞越。

（4）目标性方向性明确。纵向思维有着明确的目标，执行时就如同导弹根据设定的参数锁定目标一样，直到运行条件溢出才会终止。一旦条件满足时机成熟就会死灰复燃，不死不休。《大话西游》演绎紫霞和悟空之间穿越时空的千年之恋就是一种纵向思维剧情设计脚本之银幕展现。

（5）强烈的风格化特点。纵向思维本身的种种专精特质，决定其具有极高的严密性、独立性，个性突出，难于被复制广泛流传。于人性情方面显得泾渭分明，甚至格格不入，很多专家都是这种性格。

3. 纵向思维贯穿轴线的类型。

（1）按结构分：骨头上长肉型，召唤聚合型，回心，离心。

（2）按虚实分：物质的、现实的、经验的、文化的、精神的、想象的。

（3）按主体分：主流、官方、正规、山寨、成熟、潮流、边缘、传统。

（4）按价值分：投资型、消费型、增长型、衰变型。

（5）按审美分：时尚、经典、通俗。

事物发展的过程性是纵向思维得以形成的客观基础，任何一个事物都不会无中生有，它本身有一个萌芽、成长、壮大、发展和衰亡的过程，并且在这个发展过程中可捕捉到事物的规律性，纵向思维就是对事物发展过程的反映。所以，纵向思维是我们在日常生活、形势分析、科学研究中经常用到的方法。

（八）横向思维

1. 横向思维的定义。横向思维是指这个人的思维有其横向、往宽处发展的特点。具有这种思维特点的人，思维面都不会太窄，且善于举一反三。有一个形象的比喻，这种思维就像河流一样，遇到宽广处，很自然地就会蔓延开来，但欠缺的是深度不够。

一个横向思维的人，他的思路打开了，有的会很有逻辑性，有的则可能较散漫无序，这就需要通过他字体结构的稳定与否来判断。

横向思维的缺点是深度不够，但这只是一般性，一个具有横向思维笔迹特征的人，如果他的笔画富有弹性，且都有一个统一的重心和指向的话，那么这个人则可能是一个既思路宽广又很有深度的人。

2. 横向思维的主要方法。

爱德华·德波诺（Edward de Bono）提出了一些促进横向思维的方法：

（1）对问题本身产生多种选择方案（类似于发散思维）；

（2）打破定式，提出富有挑战性的假设；

（3）对头脑中冒出的新主意不要急着做是非判断；

（4）反向思考，用与已建立的模式完全相反的方式思维，以产生新的思想；

（5）对他人的建议持开放态度，让一个人头脑中的主意刺激另一个人头脑里的东西，形成交叉刺激；

（6）扩大接触面，寻求随机信息刺激，以获得有益的联想和启发（如到图书馆随便找本书翻翻；从事一些非专业工作等）。

（7）横向思维正好与逻辑思维对立，逻辑思维发现有不符合逻辑的就停止思考，而横向思维则继续延伸；

（8）逻辑思维的特征是分析，横向思维的特征是寻找更多答案。

3. 横向思维案例。

（1）两个妇女被带到所罗门（Soloman）王面前，她们都自称是一个婴儿的母亲。所罗门下令拟将那个婴儿切成两半，给两个妇女一人一半。所罗门的本意是要处以公正，将婴儿救下，但这条命令乍听起来显然与此背道而驰。然而最终的结果是发现了真正的母亲：她宁愿让另一个母亲占有自己的孩子也不愿让他死去。纵向思维是需要步步正确，但横向思维可能绕个弯甚至是逆向而行，却有效地解决了棘手的难题。战国时代齐将田忌与齐王赛马，孙膑所出主意“今以君之下驷与彼之上驷，取君上驷与彼中驷，取君中驷与彼下驷”，终使田忌三盘两胜，得金五千。这也是横向思维所生妙想之实例。

（2）在美国的一个城市里，地铁里的灯泡经常被偷。窃贼常常拧下灯泡，这会导致安全问题。接手此事的工程师不能改变灯泡的位置，也没多少预算供他使用，但他提出了一个非常好的横向解决方案，是什么方案呢？

这位工程师把电灯泡的螺纹改为左手方向或者是逆时针方向，而不再用传统的右手方向或顺时针方向。这意味着当小偷认为他们正在试图拧下电灯泡时，实际上他们反而是在拧紧它们。

（3）许多商店把价格定得略微低于一个整数，9. 99 美元而不是 10 美元，或者 99. 95 美元而不是 100 美元。通常假设这样做会使顾客觉得价格看起来更低。但是这并不是这种做法开始的原因，那么这种定价方式最初始的目的是什么呢?

一开始的做法是为了保证店员不得不在每笔交易中打开放钱的抽屉，找零钱给顾客。这样就会把销售收入记录下来，并且使得店员不能把这些钱据为己有。

（4）在加利福尼亚淘金热期间，一位年轻的创业者怀着把帐篷卖给矿工的想法来到此地。他认为，成千上万的人聚集在一起找金矿，那里肯定会有一个非常好的帐篷市场。不幸的是，天气非常温暖，矿工们都是露天睡觉，没有多少人买他的帐篷。他该怎么办呢?

他把他帐篷上的粗棉布割下来，然后用它做成裤子卖给矿工们。这个人的名字叫莱维·施特劳斯。通过适应市场环境和创新，他得以创造了一个一直持续到今天的品牌。

创新思维形式是多种多样的，我们只有真正理解、掌握创新思维的多样性，在实践中灵活运用创新思维的多种形式，才能自由地步入创新王国，获取创新的丰硕成果。

知识链接

何为“创客”

“创客”一词来源于英文单词“Maker”，是指出于兴趣与爱好，努力把各种创意转变为现实的人。创客以用户创新为核心理念，是创新 2.0 模式在设计制造领域的典型表现。Fab Lab 及其触发的以创客为代表的创新 2.0 模式，基于从个人通信到个人计算，再到个人制造的社会技术发展脉络，试图构建以用户为中心的，面向应用的融合从创意、设计到制造的用户创新环境。

创客运动最重要的标志是掌握了自生产工具，他们是一群新人类：坚守创新、持续实践、乐于分享并且追求美好生活的人。简单地说就是：玩创新的一群人。

在中文里，“创”的含义是：开始做，创造，首创，开创，创立。它体现了一种积极向上的生活态度，同时有一种通过行动和实践去发现问题和需求，并努力找到解决方案的含义在里面；“客”则有客观、客人、做客的意思。客观，体现的是一种理性思维。客人、做客则体现了人与人之间的一种良性互动关系，有一种开放与包容的精神在里面，而开放与包容体现在行动上就是乐于分享。

没有分享，就没有人类社会的整体进步，作为人类社会的一分子，分享和传播知识是每个人应尽的义务，将分享作为乐趣则是一种良好的品格和习惯，但分享绝不意味着不尊重别人的劳动成果，或鼓励抄袭和盗版，恰恰相反的是，分享必须建立在尊重首创精神的坚实基础上，否则创新会变成建立在流沙上的建筑。创客鼓励创新各种分享盈利模式，在分享的同时，保护首创者的利益和积极性。

“玩”是一种状态：放松、惬意、自由。

“玩”是一种实践：不但要动手，还要动脑。

“玩”是一种分享：与他人一起玩，才更有趣、更有意义。

“玩”是一种境界：当越来越多的人加入创客一起玩时，世界将因“玩”而改变。

创客的标准定义其实是未经最终确认的，有着多元化的理解，目前所说的中国创客不仅包含了“硬件再发明”的科技达人，还包括了软件开发者、艺术家、设计师等诸多领域的优秀代表。

任务 2 创新意识

任务导引

95 后“创客” 陈博群：不负韶华好时光 创新创业我先行

大众创业，万众创新。李克强总理在今年政府工作报告中多次谈及创业创新。新学期伊始，很多大学生又开始了艰辛的求职历程。陈博群，安徽师范大学 2013 级空乘专业学生，曾参加大学生创业网举办的 2014CNCC 大学生创业奖暨第四届 CCF 青年互联网创业大赛，现为芜湖博旺凌网络技术有限公司、芜湖徽传文化传媒有限公司创始人。

“我一直都在为创业做准备”

作为一名大二学生，身边同学还在为蓝天梦努力时，陈博群已经在互联网市场闯出了自己的一片天。在交谈的过程中，他的脸上还带着大学生的些许青涩，但言语中却透着同龄人少有的沉稳和冷静。为山九仞，岂一日之功。虽然自己的公司成立还不到一年，但为创业所做的准备早在高中时期就已开始。

高中时的陈博群便对互联网产生了极大的兴趣，他从中看到了一线商机。他说：“我在 2011 年发的微博中就提到了电商，在做了相关了解的基础上就准备做这个试试。”高考一结束，陈博群便开始在不同的行业打工，做过车间工人、做过西餐厅后厨、做过法院书记员助理等，不断充实自己、积累经验。

大学期间，陈博群更是为自己的创业时刻准备着，活跃在学生社团组织里，利用了学校提供的种种创业资源，还结识了两个志同道合的同学相约一起创业。有心人，天不负。在担任校学工处助理期间，陈博群从就业指导中心的老师那里得知学校将和弋江区政府合作共建一个大学生创业孵化基地——创意设计园。陈博群团队的“BWL 互联网服务平台”的电商运营概念，最终顺利通过甄选，入驻创意设计园。在这里，他带着创业梦想继续扬帆起航。

“很不容易，但我从没想过要放弃”

首先，他选择投资之前较为熟悉的家装业，不料对方企业的突然破产让所有资金血本无归。本来是打算用这笔钱投资自己的网站做电商生意，这样一来，之前的计划都化为泡影。之后，陈博群不想自己和创业的第一次亲密接触就这样不了了之，他又发现了另一个商机，就是芜湖市的餐饮外卖网上业务。通过和外校同学合作，他创建了名为“点小二”的餐饮 O2O 平台。在寻找风险投资吃了很多次闭门羹之后，他终于打动了一家创业投资企业，拿着这家企业给的 20 万元，陈博群于 2014 年 3 月开辟了“点小二”在芜湖高校的市场，他介绍说：“当时我们的用户增长率都保持在每个月 240%以上，发展得非常好。”4 月份他的网上订餐业务已经覆盖整个芜湖市区了。到 5 月份，陈博群说在线交易额已经达到了 10 万元。然而就在陈博群对自己的创业前景满怀信心时，随着中国两大餐饮 O2O 平台“饿了么”和“美团外卖”相继进入芜湖市场，在两大强手的夹击下，他倾注心血打造的“点小二”于去年 6 月份正式宣布停止运营。

“‘点小二’停运了之后我非常彷徨，压力很大”，这次创业的失败对于陈博群而言是个不小的打击。然而山重水复疑无路，柳暗花明又一村，陈博群了解到学校为支持大学生就业创业又提供了新的平台，他便和合作的伙伴拟定了他们的创业策划书，在学校的政策支持和指导老师的帮助下，他的团队成功入驻了位于高新开发区内的创意产业园。之后，陈博群也积极利用校内资源，助力完成自己辛苦拿下的各个电商项目。公司在自己和另两个合伙人的精心运营之下渐渐有了起色。

“对未来我有信心”

创业的过程中可以说是一路艰辛一路歌。在学校，有良好的就业创业氛围和相关政策支持，指导老师的贴心帮助也让陈博群对未来总是充满信心。

在经历了之前的失败之后，陈博群说：“当时，最大的鼓励就是我的创业指导秦枫老师让我尽管去做，学校是我强大的后盾，虽然还没有实体项目，但通过参加各种就业创业的活动和比赛肯定会有收获。”之后，他听从老师的建议放缓了创业实践的脚步，通过参加各种创业比赛、活动来了解现在的中国互联网市场环境，也给自己带来学习新概念和开阔新视野的机会。在 2014 年 8 月份中国大学生创业网举行的 CNCC 大学生创业奖暨第四届 CCF 青年互联网创业大赛上，陈博群通过阐释他的“BWL 互联网服务平台”这一创业概念获得了安徽省第二名、华东地区第五名的优异成绩。他还参加了芜湖市青年企业家协会和新五四创业联盟举办的交流活动，建立自己的人脉网络并寻找客户。学生工作处副处长张玉新老师肯定了陈博群在创业中所做的努力，并强调学校多年来一直在推进大学生的创业工作，希望能通过创业模拟实训培训和与政府合作共建等方式为学生的创业实践提供更有力的支持。

陈博群介绍说，自己的创业实践在经过一段时间的休整之后又有了新的进展。在去年 12 月份他拿下了腾讯地图街景安徽区数据供应商的独家代理权；今年 2 月份他的团队开发的一款社交 App“微遇”已经在安卓平台上正式上线；前不久给南陵县的一家农产品企业做了电商转型，目前也进行得十分顺利。除此之外，陈博群还在策划成立一个互联网创业协会，为更多想要用互联网创业的同学提供资源和帮助。

出于兴趣、爱好并通过自己的努力将创意变作现实的人现如今被称为“创客”，而陈博群正是这样的一个 95 后“创客”。立志欲坚不欲锐，成功在久不在速，陈博群一直坚信，创业并不只是为了淘金，也是为了实现自我、追求梦想，既然选择了创业，便只顾风雨兼程。

分析讨论

1. 陈博群具有哪些创新意识？
2. 怎样培养自己的创新意识？

一、创新意识的含义

所谓创新意识是人们对创新与创新的价值性、重要性的一种认识水平、认识程度以及由此形成的对待创新的态度，并以这种态度来规范和调整自己的活动方向的一种稳定的精神态势。创新意识总是代表着一定社会主体奋斗的明确目标和价值指向性，成为一定主体产生稳定、持久创新需要、价值追求和思维定式以及理性自觉的推动力量，成为唤醒、激励和发挥人所蕴含的潜在本质力量的重要精神力量。

二、创新意识的作用

创新意识的作用

（一）创新意识是决定一个国家、民族创新能力最直接的精神力量

在今天，创新能力实际就是国家、民族发展能力的代名词，是一个国家和民族解决自身生存、发展问题能力大小的最客观和最重要的标志。

（二）创新意识促成社会多种因素的变化，推动社会的全面进步

创新意识根源于社会生产方式，它的形成和发展必然进一步推动社会生产方式的进步，从而带动经济的飞速发展，促进上层建筑的进步。创新意识进一步推动人的思想解放，有利于人们形成开拓意识、领先意识等先进观念；创新意识会促进社会政治向更加民主、宽容的方向发展，这是创新发展需要的基本社会条件。这些条件反过来又促进创新意识的扩展，更有利于创新活动的进行。

（三）创新意识能促成人才素质结构的变化，提升人的本质力量

创新实质上确定了一种新的人才标准，它代表着人才素质变化的性质和方向，它输出着一种重要的信息：社会需要充满生机和活力的人、有开拓精神的人、有新思想道德素质和现代科学文化素质的人。它客观上引导人们朝这个目标提高自己的素质，使人的本质力量在更高的层次上得以确证。它激发人的主体性、能动性、创造性的进一步发挥，从而使人自身的内涵获得极大丰富和扩展。

三、创新意识的内涵

创新意识包括创造动机、创造兴趣、创造情感和创造意志。

创造动机是创造活动的动力因素，能推动和激励人们发动和维持进行创造性活动。

创造兴趣能促进创造活动的成功，是促使人们积极探索新奇事物的一种心理倾向。

创造情感是引起、推进乃至完成创造的心理因素，只有具有正确的创造情感才能使创造成功。

创造意志是在创造中克服困难、冲破阻碍的心理因素，创造意志具有目的性、顽强性和自制性。

创新意识与创造性思维不同。创新意识是引起创造性思维的前提和条件，创造性思维是创新意识的必然结果，两者之间具有密不可分的联系。创新意识是创造人才所必须具备的。创新意识的培养和开发是培养创造人才的起点，只有注意从小培养创新意识，才能为成长为创造人才打下良好的基础。教育部门应以此为教学改革的重点之一，一个具有创新意识的国家才有希望成为知识经济时代的科技强国。

四、创新意识的特征

（一）新颖性

创新意识或是为了满足未来的社会需求，或是用新的方式更好地满足当下的社会需求。创新意识是求新意识。

（二）历史性

创新意识是以提高物质生活和精神生活水平需要为出发点的，而这种需要很大程度上受

具体的社会历史条件制约。人们的创新意识激起的创造活动和产生的创造成果，应为人类进步和社会发展服务；创新意识必须考虑社会效果。

（三）差异性

各人的创新意识和他们的社会地位、环境氛围、文化素养、兴趣爱好、情感志趣等方面都有一定的联系，这些因素对创新意识的产生起到重大影响作用。而这类因素也是因人而异，因此对于创新意识既要考察社会背景，又要考察其文化素养和志趣动机。

创新故事汇

头脑风暴法——直升机扇雪

有一年，美国北部下大雪，积雪压断了高压电线，造成巨大损失。为此美国通用电力公司召开会议，以期通过集体智慧找出解决方案。参加会议的都是不同专业的技术人员，在宣布会议的原则和目的后，大家便七嘴八舌议论开来。有人提议用线路加温器消融积雪，有人则提议安装震荡器以抖掉积雪，有人提议设计一种专用的电线清雪机清除积雪，也有人幽默地提出："能不能带上几把大扫帚，乘坐直升机去清扫电线上的积雪?"各种各样的方案提了出来，对于那种"坐直升机扫雪"的设想，大家心里尽管觉得滑稽可笑，但在会上也无人提出批评。相反，有一工程师在百思不得其解时，听到用飞机扫雪的想法以后，大脑突然撞击出思想的火花，一种简单可行且高效率的清雪方法冒了出来。他想，每当大雪过后，出动直升机沿积雪严重的电线飞行，依靠高速旋转的螺旋桨即可将电线上的积雪迅速扇落。他马上提出用"直升机扇雪"的新设想，顿时又引起其他与会者的联想，有关用直升机扇雪的主意一下子又多了七八条。不到一小时，与会的10名技术人员共提供出90多条新设想。

会后，公司组织专家对设想进行分类论证。专家们认为设计专用清雪机。采用电热或电磁震荡等方法清除电线上的积雪在技术上虽然可行，但研制费用大、周期长，一时难以见效。那种因"坐飞机扫雪"激发出来的几种设想，倒是一种大胆的新方案。如果可行，将是一种既简单又高效的好办法。经过现场试验，发现用直升机扇雪真能奏效，一个久悬未决的难题，终于在思想碰撞中得到了巧妙的解决。

分析讨论

1. 创新思维有什么特点?
2. 创新思维有哪些类型?
3. 什么是创新意识？如何培养创新意识?
4. 创新意识有哪些作用和特征?

项目3

创新精神与能力

名言点津

生活从不眷顾因循守旧、满足现状者，从不等待不思进取、坐享其成者，而是将更多机遇留给善于和勇于创新的人们。惟创新者进，惟创新者强，惟创新者胜。

——习近平

起点导航

输液器指环

有一个小学四年级的学生，生病了去医院输液。因为等得太无聊，想从书包里掏书本出来看，身子一动，输液针头就滑了出来，妈妈赶紧请来护士帮他重新扎针，还用胶带把手整个绑在一块小木板上。多挨了一针，还挨了批评。小孩子心里挺不是滋味。事实上，我们很多人输液时也会遇到同样的麻烦。

回到家，电视播放电影《指环王》，小孩看了又看妈妈手上戴的戒指，就想到手指上戴着戒指，一点儿不影响手指活动，于是他找来一根较细的 pvc 管，切成一些指环大小的圆圈，然后用强力胶水固定在输液器下方的粗导管和细导管的连接器上，做成了一个指环式固定器，在静脉针固定好后，再将指环套在指头上。这样，输液器的细软管就不会移位，针头自然稳固，不会脱落了。人的手指有粗有细的，他又尝试着将指环剪断，让它有了一个口，不管是大人还是小孩，都能轻松地戴在任何一根手指上，同时塑料的材质不会对手指产生任何挤压。戴上它，手指还可以弯曲，要看看书、发发短信、拿个水杯，甚至是上厕所，都很方便。他的父亲将这一发明申请了专利，并且转让给了生产输液器的厂家。小孩因为专利也获得了不少的报酬。

分析讨论

1. 故事中的小朋友是怎么样发明输液器指环的？
2. 你从这个故事中受到哪些启发？

3. 创业者有哪些需要向故事中的小朋友学习的地方？

4. 结合故事说说创新是怎么产生的。

任务1 创新精神

任务导引

关于创新精神的五个故事

创新是世界进步的动力。有了创新精神，那么就有了前进的希望。小鸟飞行需要翅膀，世界要进步需要创新，创新就是进步的翅膀。

一

从前有一种病，只要人得了这种病，便无药可治，只能慢慢地被病魔折磨至死。有一位化学家，他不幸得了这种病，他四处求医，也没有将病治好。有一天，他听说有个村子里有一口井，只要喝了井中的水，便能治好这种病。化学家喝了水后不久便药到病除了。化学家对井水产生了兴趣，对井水进行了研究。他发现井水中含有一种化学物质——芒硝，对这种病有神奇功效。

中国有句古话，常有所疑，是创新的开端。勇于破疑，是创新的动力。就是说一个人如果能用疑惑的眼光观察周围的现象，就会产生破疑的动力。常年喝井水的村民没有因为井水能治病产生疑问，而化学家则对井水产生了疑惑，最终发现了井水的秘密。如果说化学家仅仅因为井水治好病感到庆幸，那么发现其中的奥妙的人就不是他了。

二

袁隆平，农学家、杂交水稻育种专家。

袁隆平长期从事杂交水稻育种理论研究和制种技术实践。1964 年首先提出培育“不育系、保持系、恢复系”三系法利用水稻杂种优势的设想并进行科学实验。1970 年，与其助手李必湖和冯克珊在海南发现一株花粉败育的雄性不育野生稻，成为突破“三系”配套的关键。1972 年育成中国第一个大面积应用的水稻雄性不育系“二九南一号 A”和相应的保持系“二九南一号 B”，次年育成了第一个大面积推广的强优组合“南优二号”，并研究出整套制种技术。1986 年提出杂交水稻育种分为“三系法品种间杂种优势利用、两系法亚种间杂种优势利用到一系法远缘杂种优势利用”的战略设想。袁隆平被同行们誉为“杂交水稻之父”。

三

五易画风的齐白石老人本是个木匠，靠着自学，成为画家，荣获世界和平奖。然而，面对已经取得的成功，他永不满足，而是不断汲取历代名画家的长处，改变自己作品的风格。他 60 岁以后的画，明显地不同于 60 岁以前。70 岁以后，他的画风又变了一次。80 岁以后，他的画的风格再度变化。据说，齐白石的一生，曾五易画风。正因为齐白石老人在成功后仍然马不停蹄，所以他晚年的作品比早期的作品更为成熟，形成独特的流派与风格。

四

日本日立公司在北海道有一家专门制造电扇的工厂，由于产品单调，销路不好，一直亏损。该工厂的经理发现在这里很多农民靠塑料大棚种植农作物，而大棚需要换气用的风扇，因此就自作主张生产换气扇。

一次，日立的总裁来到这里考察，看见此“不务正业”的现象，就问是怎么回事，该经理很巧妙地答道：这也是电扇啊。

总裁没太在意。

结果若干年过去了，该工厂一跃成为日本专营各类工业用风扇的唯一厂家！

五

25 岁的爱因斯坦敢于冲破权威圣圈，大胆突进，赞赏普朗克假设并向纵深引申，提出了光量子理论，奠定了量子力学的基础。随后又锐意突破了牛顿的绝对时间和空间的理论，创立了震惊世界的相对论，一举成名，成了一个更伟大的权威。

分析讨论

1. 结合案例说说你理解的创新精神。
2. 如何发挥创新精神？

一、创新精神的意义

创新精神是一个国家和民族发展的不竭动力，也是一个现代人应该具备的素质。

创新精神是一种勇于抛弃旧思想旧事物、创立新思想新事物的精神。例如：不满足已有的认识（掌握的事实、建立的理论、总结的方法），不断追求新知；不满足现有的生活生产方式、方法、工具、材料、物品，根据实际需要或新的情况不断进行革新，不墨守成规（规则、方法、理论、说法、习惯），敢于打破原有框框，探索新的规律、新的方法；不迷信书本、权威，敢于根据事实和自己的思考，质疑书本和权威；不盲目效仿别人的想法、说法、做法，不人云亦云、唯书唯上，坚持独立思考，说自己的话，走自己的路；不喜欢一般化，追求新颖、独特、异想天开、与众不同；不僵化、呆板，灵活地应用已有知识和能力解决问题……都是创新精神的具体表现。

创新精神是科学精神的一个方面，与其他方面的科学精神不是矛盾的，而是统一的。例如：创新精神以敢于摒弃旧事物旧思想、创立新事物新思想为特征，同时创新精神又要以遵循客观规律为前提，只有当创新精神符合客观需要和客观规律时，才能顺利地转化为创新成果，成为促进自然和社会发展的动力；创新精神提倡新颖、独特，同时又要受到一定的道德观、价值观、审美观的制约。

创新精神提倡独立思考、不人云亦云，并不是不倾听别人意见、孤芳自赏、固执己见、狂妄自大，而是要团结合作、相互交流。这是当代创新活动不可少的方式：创新精神提倡胆大、不怕犯错误，并不是鼓励犯错误，只是强调错误认识是科学探究过程中不可避免的；创新精神提倡不迷信书本、权威，并不反对学习前人经验，任何创新都是在前人成就的基础上进行的；创新精神提倡大胆质疑，而质疑要有事实和思考的根据，并不是虚无主义地怀疑一切。总之，要用全面、辩证的观点看待创新精神。

只有具有创新精神，我们才能在未来的发展中不断开辟新的天地。

创新是适应信息化和经济全球化的客观要求。面对今天这个信息化、经济全球一体化时代，如果每个人与市场不结合在一起，不去创新，这个企业就没法生存。在信息化的时代，随着互联网的广泛应用，你所知道的信息，别人也都可能知道。谁能最快满足用户需求谁就赢得市场先机。

美国管理之父德鲁克有句名言：组织的目的只有一个，就是使平凡的人能够做出不平凡的事。让每个人直接面对市场，也就是每一个人都像老板一样，都像经营者，自己来经营他自己，来发挥他最大的创造力。

二、培养创新精神

创新精神提倡独立思考、团结合作、相互交流，这是当代创新活动必不可少的方式：创新精神提倡独具胆识、不怕犯错误，并不是鼓励犯错误，只是强调错误认识是科学探究过程中不可避免的；创新精神提倡不迷信书本、权威，并不反对学习前人经验，任何创新都是在前人成就的基础上进行的；创新精神提倡敢于质疑，而质疑要有事实和思考的根据，不是虚无主义地怀疑一切。总之，要用全面、辩证的观点看待创新精神。

（一）对所学习或研究的事物要有好奇心

心理学家指出，好奇与好奇心是人类的天性，人生而有之。好奇心是一个人寻求知识的动力，是个体学习的内在动机之一，发掘一个人的好奇心，驱动其学习动机，也是教育培养人的一个重要内容。就一个民族来说，是其幼儿教育少年教育的关键期主题。好奇心催发个体的指向性兴致，心理学家特别强调了兴趣是后天能力，是完全可以于后天精心培养的。

兴趣是在需要的基础上建立起来的，它是引起和维持注意的一个重要的内在因素，人对感兴趣的事物总会主动愉快地去探究它，使认识过程或活动过程不再是一种负担。所以，它是推动人们去积极寻求知识和从事某种活动的一种精神力量。

兴趣是探究某种事物或从事某种活动的意识倾向。所以，它使人们具有某种倾向的关注意识，并因此而获得灵感，成为产生创新思维的重要因素之一。

牛顿少年时期就有很强的好奇心，他常常在夜晚仰望天上的星星和月亮。星星和月亮为什么挂在天上？星星和月亮都在天空运转着，它们为什么不相撞呢？这些疑问激发着他的探索欲望。后来，经过专心研究，终于发现了万有引力定律。能提出问题，说明在思考问题。在学习过程中，自己如果提不出问题，那才是最大的问题。好奇心包含着强烈的求知欲和追根究底的探索精神，谁想在茫茫学海获取成功，就必须有强烈的好奇心。正像爱因斯坦说的那样："我没有特别的天赋，只有强烈的好奇心。"

（二）对所学习或研究的事物要有怀疑态度，不要认为被人验证过的都是真理

许多科学家对旧知识的扬弃、对谬误的否定，无不自怀疑开始的。伽利略则始于对亚里士多德"物体依本身的轻重而下落有快有慢"的结论的怀疑，发现了自由落体规律。怀疑是发自内在的创造潜能，它激发人们去钻研、去探索。对课本我们不要总认为是专家教授们写的不可能有误。专家教授们专业知识渊博精深，我们是应该认真地学习。但是，事物在不断地变化，有些知识现在适用，将来不一定适用。再说，现在的知识不一定没有缺陷和疏漏。老师不是万能的，任何老师所传授的专业知识不能说全部都是绝对准确的。对待我们所学习或研究的事物我们应做到：不要迷信任何权威，应大胆地怀疑。这是我们创新的出发点。

（三）对所学习或研究的事物要追求创新的欲望

如果没有强烈的追求创新欲望，那么无论怎样谦虚和好学，最终都是模仿或抄袭，只能

在前人划定的圈子里周旋。要创新，我们就要坚持不懈地努力，勇敢面对困难，要有克服困难的决心。不要怕失败，相信一点：失败乃成功之母。

（四）对所学习或研究的事物要有求异的观念，不要人云亦云

创新不是简单地模仿。要有创新精神和创新成果，必须要有求异的观念。求异实质上就是换个角度思考，从多个角度思考，并将结果进行比较。求异者往往要比常人看问题更深刻、更全面。

（五）对所学习或研究的事物要有冒险精神

创造实质上是一种冒险，因为否定人们习惯了的旧思想可能会招致公众的反对。冒险不是那些危及生命和肢体安全的冒险，而是一种合理性冒险。大多数人都不会成为伟人，但我们至少要最大限度地挖掘自己的创造潜能。

（六）对所学习或研究的事物要做到永不自满

一个有很多创造性思想的人如果就此停止，害怕去想另一种可能比这种思想更好的思想，或已习惯了一种成功的思想而不能产生新思想，结果这个人变得自满，停止了创造。

知识链接

众创空间的利用

众创空间是顺应创新 2.0 时代用户创新、大众创新、开放创新趋势，把握互联网环境下创新创业特点和需求，通过市场化机制、专业化服务和资本化途径构建的低成本、便利化、全要素、开放式的新型创业服务平台的统称。

发展众创空间要充分发挥社会力量作用，有效利用国家自主创新示范区、国家高新区、科技企业孵化器、高校和科研院所的有利条件，着力发挥政策集成效应，实现创新与创业相结合、线上与线下相结合、孵化与投资相结合，为创业者提供良好的工作空间、网络空间、社交空间和资源共享空间。

（一）概念提出

创新 2.0 时代的众包与众创技术的进步、社会的发展，推动了科技创新模式的嬗变。传统的以技术发展为导向、科研人员为主体、实验室为载体的科技创新活动正转向以用户为中心、以社会实践为舞台、以共同创新及开放创新为特点的用户参与的创新 2.0 模式。应对信息通信技术发展以及知识社会来临的机遇与挑战，不少国家和地区都在对以用户参与为中心的创新 2.0 模式进行探索。Fab Lab 及其触发的以创客为代表的创新 2.0 模式，基于从个人通信到个人计算，再到个人制造的社会技术发展脉络，试图构建以用户为中心，面向应用的融合从创意、设计到制造的用户创新、开放创新、大众创新、协同创新环境，引发了创新 2.0 时代的全球创客浪潮。创新 2.0 时代的创客浪潮进一步推动了众创空间的形成。2015 年 1 月 4 日，因为国务院总理李克强的关注，“创客”进入国内大众视野，并被赋予了代表创新前沿的标签。在深圳视察的过程中，李克强特意强调，“全民创新，万众创业，深圳能不能起一个表率作用？”并建议科研机构不要闭门造车，要学习民间创新，聆听市场需求。2015 年 1 月 28 日，国务院总理李克强主持召开国务院常务会议，部署加快铁路、核电、建材生产线等

中国装备“走出去”，推进国际产能合作、提升合作层次；确定支持发展众创空间的政策措施，为创业创新搭建新平台。

（二）要素特点

1. 开放与低成本。面向所有公众群体开放，采取部分服务免费、部分收费，或者会员服务的制度，为创业者提供相对较低成本的成长环境。

2. 协同与互助。通过沙龙、训练营、培训、大赛等活动促进创业者之间的交流和圈子的建立，共同的办公环境能够促进创业者之间的互帮互助、相互启发、资源共享，达到协同进步的目的，通过“聚合”产生“聚变”的效应。

3. 结合。团队与人才结合，创新与创业结合，线上与线下结合，孵化与投资结合。

4. 便利化。通过提供场地、举办活动，能够方便创业者进行产品展示、观点分享和项目路演等。此外，还能向初创企业提供其在萌芽期和成长期的便利，比如金融服务、工商注册、法律法务、补贴政策申请等，帮助其健康而快速地成长。

5. 全要素。提供创业创新活动所必需的材料、设备和设施。

（三）主要做法

发展众创空间，要坚持政府引导和市场主导，充分发挥社会力量的主力军作用，释放创新创业政策集聚和“互联互通”的系统有效性，有效利用国家自主创新示范区、国家高新区、大学科技园和高校、科研院所的有利条件，盘活利用政策工具、仪器设备、闲置厂房等资源，进一步降低创业成本和门槛，释放蕴藏在大众创业、万众创新之中的无穷创意和无限财富，培育新的经济增长点，打造新常态下经济发展的新引擎。支持众创空间发展的措施包括：

一要在创客空间、创新工厂等孵化模式的基础上，大力发展市场化、专业化、集成化、网络化的众创空间，实现创新与创业、线上与线下、孵化与投资相结合，为小微创新企业成长和个人创业提供低成本、便利化、全要素的开放式综合服务平台。

二要加大政策扶持。适应众创空间等新型孵化机构集中办公等特点，简化登记手续，为创业企业工商注册提供便利。支持有条件的地方对众创空间的房租、宽带网络、公共软件等给予适当补贴，或通过盘活闲置厂房等资源提供成本较低的场所。

三要完善创业投融资机制。发挥政府创投引导基金和财税政策作用，对种子期、初创期科技型中小企业给予支持，培育发展天使投资。完善互联网股权众筹融资机制，发展区域性股权交易市场，鼓励金融机构开发科技融资担保、知识产权质押等产品和服务。

四要打造良好的创新创业生态环境。健全创业辅导指导制度，支持举办创业训练营、创业创新大赛等活动，培育创客文化，让创新创业蔚然成风。

（四）重要意义

Fab Lab 及其触发的以创客为代表的创新 2.0 模式，基于从个人通信到个人计算，再到个人制造的社会技术发展脉络，试图构建以用户为中心，面向应用的融合从创意、设计到制造的用户创新、开放创新、大众创新、协同创新环境，推动了创新 2.0 时代众创空间的形成。而创客浪潮以用户创新为核心理念，是创新 2.0 模式在设计制造领域的典型表现。

顺应创新 2.0 时代推动大众创业、万众创新的形势，构建面向人人的众创空间等创业服务平台，对于激发亿万群众创造活力，培育包括大学生在内的各类青年创新人才和创新团队，带动扩大就业，打造经济发展新的“发动机”，具有重要意义。

（五）发展现状

经过多年的发展，国内外已经把众创空间发展推到了一个比较成熟的阶段。在十多年前，国外 Fab Lab、Hackspace、TechShop、Makerspace 等各种类似形式的众创空间就已经逐步形成，对科技创新产生了深刻的影响。应对知识社会创新 2.0 机遇，国内也就用户参与创新、构建开放众创空间进行了积极探索，早期的“三验”应用创新园区（AIP）探索还与 Living Lab、Fab Lab 一起被称为三大典型的创新 2.0 模式。随着 Fab Lab、Maker 等概念被引入中国，更多创客空间开始涌现，如北京创客空间、上海新车间、深圳柴火空间、杭州洋葱胶囊等，大小和背景各不相同。

1. 国际发展现状。

（1）Fab Lab。Fab Lab 即微观装配实验室（fabrication laboratory），是美国麻省理工学院（Massachusetts Institute of Technology，简称 MIT）比特与原子研究中心发起的一项新颖的实验——一个几乎可以制造任何产品和工具的小型的工厂。Fab Lab 的最初灵感来源于哲申费尔德教授于 1998 年在 MIT 开设的一门课程——“如何能够创造任何东西”，这很快成为他最受欢迎的一门课。没有技术经验的学生们在课堂上创造出很多令人印象深刻的产品，如为鹦鹉制作的网络浏览器、收集尖叫的盒子、保护女性人身安全的配有传感器和防御性毛刺的裙子等。可以制造任何想要的东西，学生们为此而兴奋不已，而这种可以实现随心所欲的个性化需求的目标，也逐渐成为 Fab Lab 萌芽的创新研究理念，引领了从个人通信、个人计算迈向个人设计、个人制造、群体创造的创新 2.0 浪潮。

（2）c-base。c-base 是一个设在德国柏林的非营利性协会，成立于 1995 年，目前约 450 名成员。该协会的目的是提升计算机软件、硬件和数据网络的知识和技能。成立以来，c-base 从事了大量的相关活动。例如，一般的节假日，如儿童节，他们会在那里给小朋友介绍机器人和计算机辅助设计等主题。c-base 的总部，有时也会为柏林附近的其他团体活动提供支持。c-base 被确认为世界上第一个独立、单机的 Hackerspaces，因为它不隶属于任何学校或企业。

（3）Hackspace。Hackspace 的概念始于欧洲程序设计师（以前称之为“黑客”）的聚会。2007 年 8 月（欧洲掀起这波潮流 12 年后），一群北美的黑客到德国参加 Chaos Communication Camp（混沌通信营）。他们在当地燃起想在美国设立同类场所的决心，于是就在回国后创办了许多黑客空间，NYC Resistor（2007）、HacDC（2007）和 Noisebridge（2008）等都包括在内。这些地方很快就用来设计及制造电子回路（从他们原本就感兴趣的程序设计起步），顺应自身兴趣做出实体原型，开设教室，发展活动以募集会费，添购使用的工具。

Hackspace 在中国被叫作创客空间，2010 年创客空间进入中国，向硬件高手、电子艺术家、设计师、DIY 爱好者和所有喜欢自己动手捣鼓各种东西的人提供了一个开放式社区，根据兴趣共同开发有趣和富有意义的项目，同时还举办电子、嵌入式系统、编程和机器人等不同主题研讨会和培训，并提供运营代理、融资支持和销售平台等运营服务，使得项目能够产品化，走进人们的日常生活。据估算，目前全球已经有 1000 多家创客空间，在中国有六七家，分布在北京、上海、杭州、深圳等地。

（4）TechShop。TechShop 是一家基于会员制工作坊而组成的社区，可以为会员提供可供使用的工具、设备，教学、创作以及支持人员，以便创造他们一直想创造的东西。这里的器具包括铣床、车床、焊接台、离子切割机、金属板材加工设备、钻孔机、锯、工业缝纫机、手工具、塑料加工设备等。对于那些喜欢自己动手做东西，或者是做些发明创造，却苦于找不到合适的器材的人而言，TechShop 是一个理想的地方。它聚集了众多来自民间的创新想法，让创新者把原始的想法做成原型，甚至做成一个完整的产品。

（5）Metalab。在维也纳，Metalab 作为一个成功的 Hackerspace 名震一时。它成立于 2006 年，现在已经成为维也纳的一个高科技社区聚会场所。Metalab 的主要项目包括提供基础设施，提供 IT、新媒体、数字艺术、网络艺术和黑客文化等领域的物理空间，为技术创意的爱好者、创客、创始人和数字艺术家之间的合作提供服务。如今，Metalab 已经成为全球 Hackerspace 运动的催化剂，是多家互联网创业公司的发源地。

（6）Makerspace。Makerspace 就是一个配备工具的社区中心。它为社区提供了制造设备，并为社区成员进行必要的培训，帮助他们利用现有资源进行设计、建模，并制作出那些无法靠个人力量完成制作的作品。Makerspace 可以是一群有相同兴趣的人互相分享空间和工具的兴趣团体，也可以是商业公司或非营利公司，还可以是学校或图书馆等的附属组织。所有类型的 Makerspace 都是为了能整合制造设备资源，形成社区，进行相关培训，但其组织形式却迥然不同。

2. 国内发展现状。

北京在应对知识社会的下一代创新机遇、打造创新 2.0 时代的开放创新空间方面，一直走在全国前列。早在 2006 年就启动了“三验”应用创新园区（AIP）的探索，探索通过体验、试验、检验“三验”在城市管理领域打造覆盖整个城市的开放众创空间。北京市还依托国家自主创新示范区、国家高新区、科技企业孵化器、高校和科研院所等丰富的科技创新创业资源，成为我国众创空间发展最快的城市。

除北京以外，在上海、广州、深圳、杭州、南京、武汉、苏州、成都、重庆等创新创业氛围较为活跃的地区，也都顺应创新 2.0 时代用户创新、大众创新、开放创新、协同创新形势，逐渐涌现了一大批各具特色的众创空间。比如上海的新车间、深圳的柴火创客空间、杭州的洋葱胶囊、南京创客空间等。

（1）“三验”应用创新园区。城市管理“三验”应用创新园区（AIP）是国内首个应用创新园区实践，也是我国对开放众创空间建设的较早探索。早在 2006 年，北京就启动了“三验”应用创新园区（AIP）的探索，探索通过体验、试验、检验“三验”在城市管理领域打造覆盖整个城市的开放众创空间。“体验”指用户体验，这是创新 2.0 以人为本、以用户为中心的核心体现；“试验”指研发单位试验，这是一个与用户共同试验的互动过程；“检验”指第三方检验，实现与标准化工作的对接，突出其中立性，以利于对创新成果价值的公正评估，为新技术、新应用、新模式的推广应用、科学决策提供参考。AIP 贯彻最终用户参与产品、技术研发、设计过程与创新扩散全过程的创新 2.0 理念，通过“三验”机制贯穿需求孵化、需求实现、需求验证全过程，推动以“三验”为核心的技术研发与试点示范活动，构建以用户为中心、以需求为引导、以技术为推动，需求与技术充分互动的大众各方参与的开放众创空间。应用创新园区（AIP）被北京市科委和北京市市政管委于 2008 年 5 月联合授牌，并与 Living Lab、Fab Lab 一起被称为三大典型的创新 2.0 模式。

（2）北京的创客空间。北京创客空间的前身是 FlamingoEDA 开放空间，成立于 2011 年 1 月。当时的空间位于北京宣武门附近的一个小屋内，只有 20 平方米左右。空间每周举办工作坊，通过豆瓣等社交网站发出活动邀请。3D 打印机、多点触摸桌这些在外人眼里看着特别“神秘”的新新技术产品，都能被这些 DIY 爱好者拆解并制作出样品。王盛林就是在那里结识了创客空间的另一位创始人肖文鹏，并发掘到自己的兴趣所在。此后，北京创客空间在开源精神的指导下，对试图建立一个开源生态系统进行尝试，让空间兼备了社区与孵化的双重功能。他们想让更多的人加入到更多的项目中去，并且使得部分项目成果产品化，从而让科技真正改变人们的生活。

（3）深圳的柴火创客空间。柴火创客空间寓意“众人拾柴火焰高”，为创新制作者（Maker）提供自由开放的协作环境，鼓励跨界交流，促进创意的实现以至产品化。空间提供基本的原型开发设备、电子开发设备、机械加工设备等，并组织创客聚会和各种级别的工作坊。柴火创客空间现在拥有开源硬件、Linux 及嵌入式开发、物联网、绿色能源、城市农场等多个主题，并在不断增加中，成立 4 年已经吸引 1 万多人参加活动。2015 年初，李克强总理的到访使这里人气大增。李总理表示，愿意成为柴火创客的荣誉会员，“为你们添把柴!”

（4）上海的新车间。上海的新车间成立于 2010 年 10 月，是向硬件高手、电子艺术家、设计师、DIY 爱好者和所有喜欢自己动手捣鼓各种东西的人提供的一个开放式社区，当然同样具有实验空间和基础设备。在这里，大家不仅可以和兴趣相投的人一起拆装各种电子和物理产品，而且还可以共同实施一些好的设计和想法。新车间将工作空间提供给人们来实施自己脑海中的项目，举办包括电子、嵌入式系统、编程和机器人等不同主题的研讨会和培训班。此外，新车间也还将成为一个融资和管理平台，来支持人们实施自己的作品和项目。

（5）杭州的洋葱胶囊。洋葱胶囊（Onion Capsule）成立于 2011 年 11 月，是国内首个由艺术院校建立的创客空间，由几位来自中国美术学院跨媒体艺术学院的学生创建。洋葱胶囊在保留它的开放性、创造性以及友好交流环境的同时，还希望将创客空间逐渐发展成一个作品的发布平台（但不是产品）。工作坊的成熟作品，会定期被放到洋葱胶囊的网站上。这样的发布方式，需要参与者用创作艺术品的态度去工作，而不同于以往的项目跟踪式发布方式。

（6）重庆的“华新智慧经济产业园”。2015 年 6 月 3 日，“重庆江北华新智慧经济产业园·互联网+”落户江北区华新街。五大组团 6 万余平方米的“创业航母”扬帆起航，推动重庆市“大众创业、万众创新”取得新突破，再上新台阶。该园提出了以“智慧经济产业”为牵引，以“人才带项目、人才带技术、人才带点子、人才带创意、人才带作品”为抓手，以现代生产性服务业为业态定位，以“市场主导、企业营运、政府服务”为运作模式，打造高中低端人才创业、功能布局联动、线上线下结合的重庆首个众创空间——“华新智慧经济产业园”。

（六）重点任务

2015 年 3 月 2 日，国务院办公厅印发《关于发展众创空间推进大众创新创业的指导意见》，指出推进大众创新创业要坚持市场导向、加强政策集成、强化开放共享、创新服务模式，重点抓好八个方面的任务：

一是构建一批低成本、便利化、全要素、开放式的众创空间。

实现创新与创业相结合、线上与线下相结合、孵化与投资相结合，为广大创新创业者提供良好的工作室间、网络空间、社交空间和资源共享空间。

二是降低创新创业门槛。

深化商事改革，为创业企业工商注册提供便利。对众创空间等新型孵化机构的房租、宽带接入费用和公共软件等给予适当财政补贴。

三是鼓励科技人员和大学生创业。

加快推进中央事业单位科技成果使用、处置和收益管理改革试点，完善科技人员创业股权激励机制。推进实施大学生创业，为大学生创业提供场所、公共服务和资金支持。

四是支持创新创业公共服务。

支持中小企业公共服务平台和服务机构建设，促进科技基础条件平台开发共享，加强电子商务基础建设。完善专利审查快速通道。对小微企业核心专利申请予以优先审查。

五是加强财政资金引导。

发挥财政资金杠杆作用，通过市场机制引导社会资金投入，培养发展天使投资群体，支持初创科技型中小企业发展。

六是完善创业投融资机制。

开展互联网股权众筹融资试点。规范和发展服务小微企业的区域性股权市场。鼓励银行业金融机构为科技型中小企业提供金融服务。

七是丰富创新创业活动。

继续办好中国创新创业大赛等赛事和创业培训活动。建立健全创业辅导制度。鼓励大企业建立服务大众创业的开放创新平台。

八是营造创新创业文化氛围。

积极倡导敢为人先、宽容失败的创新文化，树立崇尚创新、创业致富的价值导向，大力培育企业家精神和创客文化。

任务2　创新能力

任务导引

资源可以无中生有

王均瑶，1966年9月15日出生在浙江省温州市苍南县大渔镇，温州人的商业眼光在他身上一览无遗。“资源可以无中生有。”王均瑶说。某种程度上，均瑶集团的成功，部分是出于王的“不安分”的气质。

1991年，一句玩笑改变了王均瑶的生活。那时他只是一个在湖南长沙讨生活的温州小商人。1991年春节前夕，王均瑶赶回家过年因买不到火车票，就与几位朋友从长沙包了一辆豪华大巴回温州。在车上，他无意中说了句汽车太慢了，同行的一位老乡便挖苦道，飞机快，你坐飞机回去好了。说者无意，听者有心，这句别人听后就作罢的“笑话”却让王均瑶琢磨起来：是啊，能包车、包船，为何不可以包飞机？

敢想的王均瑶也敢为。于是春节刚过，王均瑶便带着奇想斗胆跨进了中国民航湖南监管局的门槛。他先向民航局的领导询问，为何不开通“温州—长沙”的航班。对方告知，温州机场是新建机场，这条航线客源尚不足，开了要亏本。王均瑶不相信，他知道有1万左右的温州人在长沙做生意。他知道，温州人不仅把时间看作金钱，还把精力消耗列作一项经营成本。比如，往返长沙备受旅途之苦，就是一项不小的经营成本开支。如果乘飞机走这条路线，虽然机票是一项高成本，但把时间、旅行费用、精力消耗等因素并在一起考虑，其综合成本反而比坐长途火车再转长途汽车低得多。因此，他认为在长沙经营的温州人一定看好这条空中走廊。基于这种分析，他大胆地抛出一句惊人之语：我要承包这条航线！民航局的人听罢，认为王均瑶简直是异想天开。

但王均瑶不气馁，他恳切地说，你们考虑的核心问题是经营风险，这个险我来冒。我先把几十万元钱押给你们，等于每次先付钱，后开飞。我不押钱就不飞，这样你们就“旱涝保收”了。这句话着实打动了对方的心。包机的突破口就从这里打开了。尔后，双方的合作就在这个“先付钱，后开飞”的支点上一步步活转起来，最后，双方达成了共识。跑了无数个部门、盖了无数个图章后，“温州—长沙”的包机航线终于开通。

1991年7月28日，一架“安24”型民航客机从长沙起飞，平稳地降落于温州机场。25岁的王均瑶首开中国民航史私人包机的先河，承包了长沙至温州的航线，成为中国私人包机第一人，并创办了中国第一家民营包机公司——温州天龙包机有限公司。这次跳跃还意味着中国的民营经济首次介入国家专控领域。1992年，王均瑶组建国内第一家民营包机公司，至今开通50多条包机航线。然而由于国内民航业是较为特殊的、垄断性的、半军事化的行业，王均瑶的民间包机经营业务在客观上也受到很大的限制，在许多方面很难掌握经营的主动权，从而一度导致经营亏损。

面对出现的问题，王均瑶没有动摇，一方面他不断地调整经营策略，开始了以地面（产业）养空中（产业）的探索；另一方面他积极开始了“当家做主，入组航空”的攻垒行动。王均瑶抓住武汉航空公司改制的机会，开始与武航、东航及武汉市政府所属的武汉高科集团公司进行合作接触。

武航改制重组，是一块“空中肥肉”，争相入股者趋之若鹜。在这梦寐以求的重大商机面前，王均瑶与公司副总裁王均金为之倾注了满腔的心血。他们频频往返于“北京—上海—武汉—温州”之间，向国家民航总局与武汉市政府以及东航、武航恳切表达自己的入股心愿，并充分宣传自己的合作优势。

功夫不负有心人。均瑶集团终于靠着其10年来积累的航空经营经验和“近水楼台先得月”的优势，赢得了武航、国家民航总局与武汉市政府的信任。为了表示自己的诚意和决心，四方合作意向甫定，王均瑶就像10年前为争得“包机权”而果断地先向湖南省民航监管局汇进几十万元“保证金”一样，即向武航打入首批5000万元入股资金。由此，参股之事“一锤定音”，王均瑶稳操了入主民航业的胜券。

在商品贸易中，工业品占绝对多数，不了解产品的性能、生产制造情况，就很难保证在贸易中得到收益。工科学习不仅是知识技能的培养，而且能帮助建立一套严谨求实的思维体系。清楚的推理分析能力、脚踏实地的工作态度，正是经商所需要的。王均瑶虽然很早就辍学但是他广泛接触商业领域，这些知识在他后来的商业活动中发挥了举足轻重的作用。

在市场经济下，一切经济活动都通过商业活动来实现，不了解经济规律，不学习经济学知识，就很难在商场立足。在准备包机前，王均瑶掌握了经济学的基本知识，搞清了影响商业活动的众多因素，还认真学习了有关法律和微观经济活动的管理知识。几年下来，他对会计、财务管理也较为精通，在知识上已完全具备了经商的素质，为创立民营航空公司做了铺垫。

经商必须有很强的人际交往能力，要想在商业上获得成功，必须深知处世规则，善于与人交往，建立诚信合作关系。这种开拓人际关系的能力只有在社会工作中才能得到提高。在环境的压迫下，王均瑶养成了强烈的自我保护意识，由稚嫩的热血青年成长为一名老成、处变不惊的商人，并结识了各界人士，建立起一套关系网络，为后来的发展提供大量的信息和便利条件。

时机成熟后，应果断决策，切忌浪费时间，应抓住契机实现计划。可见，王均瑶的举措体现了他强大的创业能力、决策力、经营管理能力、专业技术能力和交往协调能力。

分析讨论

1. 王均瑶为什么能创业成功？
2. 创新精神有什么作用？

创新能力的表现形态

一、创新能力的表现形态

提起企业创新，人们往往联想到技术创新和产品创新，其实企业创新的形态远不止这些。一般地，企业创新主要有发展战略创新、产品（服务）创新、技术创新、组织与制度创新、管理创新、营销创新、文化创新等。

（一）发展战略创新

发展战略创新是对原有的发展战略进行变革，是为了制定出更高水平的发展战略。实现企业发展战略创新，就要制定新的经营内容、新的经营手段、新的人事框架、新的管理体制、新的经营策略等。

企业普遍面临发展战略创新的任务。例如，当前有些企业经营策略明显过时，有些企业经营范围明显过宽，有些企业经营战线明显过长，还有些企业经营内容本来就与自身特长严重脱节。诸如此类的企业如果不重新定位，发展前景堪忧。再如，很多企业都需要重新解决靠什么经营的问题。靠垄断地位？靠行政保护？靠资金实力？靠现有技术？这些恐怕都逐渐靠不住了，为了从根本上改善经营状况，只能另谋新的依靠。

（二）产品（服务）创新

这对于生产企业来说，是产品创新；对于服务行业而言，主要是服务创新。例如手机在短短的几年时间已从模拟机发展到数字机、可视数字机、可以上网和可以拍照的手机等。手机的更新换代，生动地告诉我们产品的创新是多么迅速。

（三）技术创新

技术创新是企业发展的源泉、竞争的根本。就一个企业而言，技术创新不仅指商业性地应用自主创新的技术，还可以是创新地应用合法取得的、他方开发的新技术或已进入公有领域的技术，从而创造市场优势。例如沃尔玛（Wal-mart）1980 年就全球率先试用条形码即通用产品码（UPC）技术，结果使他们的收银效率提高了 50%，并极大地降低了经营成本。

（四）组织与制度创新

组织与制度创新主要有三种：一是以组织结构为重点的变革和创新，如重新划分或合并部门、组织流程改造、改变岗位及岗位职责、调整管理幅度等。二是以人为重点的变革和创新，即改变员工的观念和态度，包括知识的更新、态度的变革、个人行为乃至整个群体行为的变革等。例如 GE 总裁韦尔奇在上任后就曾采取一系列措施来促进 GE 这家老企业重新焕发创新动力。有一个部门主管工作很得力，所在部门连续几年盈利，但韦尔奇认为可以干得更好。这位主管不理解，韦尔奇建议其休假一个月，放下一切，等再回来时，变得就像刚接下这个职位，而不是已经做了四年。休假之后，这位主管果然调整了心态，像换了个人似的，对本部门工作又有了新的思路和对策。三是以任务和技术为重点的创新，即对任务重新组合分配，并通过更新设备、技术创新等，来达到组织创新的目的。

（五）管理创新

世上没有一成不变的、最好的管理方法。管理方法往往因环境情况和被管理者的改变而改变，这种改变在一定程度上就是管理创新。例如 Intel 总裁葛洛夫（Andrew Grove）的管理创新就是因环境情况和被管理者的改变而改变：实行产出导向管理——产出不限于工程师和工人，也适用于行政人员及管理人员；在英特尔（Intel）公司，工作人员不只对上司负责，也对同事负责；打破障碍，培养主管与员工的亲密关系等。

（六）营销创新

营销创新是指营销策略、渠道、方法、广告促销策划等方面的创新。如雅芳（Avon）和安利（Amway）的直销等都是营销创新。

（七）文化创新

文化创新是指企业文化的创新。企业文化的与时俱进和适时创新，能使企业文化一直处于一种动态的发展过程。这样不仅仅可以维系企业的发展，更可以给企业带来新的历史使命和时代意义。

二、影响企业创新能力提升的因素

（一）企业文化

企业文化是企业内部影响企业创新与变革的重要因素。企业文化是将企业凝聚起来的“胶水”，这种凝聚效应全面体现于企业的各个方面，任何为了提高企业创新能力的举措必然应该有相应的企业文化转型计划。

最有助于创新的企业文化应该是这样：更加外向型而非封闭型的文化；更加灵活、适应变化的文化而非一味求稳的文化；扁平化而非等级化管理的文化。企业文化中还应强调持续学习和不断适应。在支持和鼓励创新中，企业文化如想起到关键作用，就必须着力将文化的作用和影响渗透至企业战略的各个层面，如员工、政策、企业行为、激励机制、企业的语言和系统架构等。

全球著名的管理咨询公司合益咨询公司通过抽样调查，发现了全球领先的创新型企业具备 10 个特征，这 10 个特征分别是：愿景、气氛、有天赋的员工、训练有素的经理、培养的环境、耐心、对失败的包容、对研发的投资以及利于创新的良好的组织结构、流程和系统。这些特征往往意味着在这些企业里，人们希望能够做到最好，目标和期望界定得很明确，人们被给予适当的授权，以及新的创意易于被接受。最能促进创新的企业文化往往强调团队协作、以客户为中心、公平对待员工、采取主动等理念。

（二）领导风格

一个企业的领导者在推动创新方面起着至关重要的作用，而其中领导者的风格又直接决定企业创新能力的高低。因为领导风格往往塑造了企业的组织文化和气氛。那些卓有成效的领导者往往会提供创新的方向，建立有利于创新的组织文化和气氛，鼓励个人的高度主动性，推行有效的多功能团队的协作和融合，以确保最佳操作在公司中的推广和充分运用。

领导风格可以分为六种类型，分别是强制型、权威型、亲和型、民主型、领跑型和辅导型。Hay 集团总裁莫瑞博士（Murray Dalziel）认为，最具创新能力的企业的领导风格通常为权威型、亲和型和辅导型这三种类型。这三种类型的领导风格往往能够提供明晰的愿景与方向、培养团队的和谐以及关注个人的长期发展，因此更有利于企业的创新。

莫瑞博士认为："一线经理很容易通过改变自己来实现结果的改变，但企业的高级经理则需要通过改变领导风格来改变团队的氛围，从而影响团队里的成员。"

（三）员工的学习能力

不断学习和充电的员工构成了企业中创新能力的根基。企业必须有一个持续进行的培训项目来鼓励员工，告诉他们拥有创新思维对整个企业的发展前途至关重要。在这个持续进行的培训项目中，还必须应用各种工具，这些工具必须既能够促进分化又能够促进和谐。这里的分化是指要让不同意见无所保留地表达出来，好的理念能够形成头脑风暴；而和谐是指团队应有效协作来执行创新理念。在已经形成的技能训练项目中应考虑加入更宽泛层次的内容，让这些技能能够使员工注重直觉、形象思维和彼此之间的默契。

（四）创新的评价机制

在企业现有的绩效考核过程中，应该将创新纳入评价体系。如果将创新纳入个人和企业的绩效评估体系，就应该有相应的激励机制和奖励体系。而创新是否成功，往往要经过数年的考验才能被衡量。因此，短期和长期的评估体系应同时具备、同时到位。

（五）员工的主动性与合作精神

迅速采取行动，富有主人翁精神，并且员工之间具有良好的团队合作精神和进行充分沟通。典型例子是飞利浦公司。他们有两条产品线，分别是心脏复苏机和家庭医疗保健产品。以前，这两条产品线针对的客户一个是医院、一个是家庭，并没有什么重合之处。后来这两条产品线的负责人经常在一起开会研究，对产品进行创新，从而使得心脏复苏机也开始走进许多家庭，并实现了两条产品线的整合效应。

三、提升企业创新能力的对策

提升企业创新能力的对策

（一）推进企业领导者的创新观念

企业领导者要树立知识价值观念，确立"终身学习"理念，不断提高学习能力。企业领导者一方面要高度重视自身知识结构的更新，树立自身的知识价值观念；另一方面，要顺应企业的变化，不断改进思维方式和工作思路，重视企业的知识价值，并通过有效的激励促进企业所拥有的知识价值的增值。

（二）建立企业创新的激励机制

1. 实行新产品（服务）开发的项目负责制。其核心思路是：落实各类人员在项目开发中的责任和工作内容分工，同时体现责任大、贡献大、回报大的经济报酬原则。可以采取以技术入股、收入分成等方式调动员工参与创新的积极性。建立科技人才、科技成果的奖励和宣传制度，通过每年奖励、宣传几个重点项目和有突出贡献的人员来推动全员创新。

2. 推行岗位竞争末位淘汰制。鼓励和提倡在公平环境下的岗位竞争，技术人员和管理人员如果长期不努力，不能成为独当一面的人才，那么企业就要考虑调整岗位，否则新一代人才也成长不起来。

3. 推行人才合理流动制。在保证工作安排相对稳定的基础上，产品（服务）开发人员可以带着产品（服务）开发、市场难题参加企业内外的科研开发项目，企业外的科研人员也可以带着科研成果到企业做技术转化工作，建立这种人才流动机制，可以解决知识、技术、信息交流的障碍，有利于培养创新队伍。

4. 建立企业知识产权保护制度。知识、技术和信息都是无形物质，与材料、设备等有形物质有重大差别，其创造、管理、使用和交易过程都极易泄露，保护知识产权已刻不容缓。

（三）构建“鼓励冒险，宽容失败”的创新型企业文化

创新型企业文化表现为两方面：一方面，在企业内部营造崇尚创新的氛围，塑造创新的文化，让每一位员工都成为创新的源泉；另一方面，对于创新中遇到的挫折和失败，应采取大度和宽容的态度。培育一种创新的文化，使其成为企业员工不断提出科学的新设想、生产的新方案，创造出新知识、新产品，孕育出新观念、新思想的动力。企业必须抛弃传统呆板的管理方式，突破原有的思维方式，淡化员工与领导的距离，采用以支持和协调为主的领导方式。对员工建立在科学基础上的新颖想法，领导要积极支持，使员工在这种文化氛围中具有开阔的视野、丰富的想象力、锐意进取的雄心，使管理方式更为多元化、人性化、柔性化，以激励其主动献身与创新的精神。诺基亚公司之所以人才流失率较低，他们的经验就是宽容失败、鼓励冒险。诺基亚总裁曾说：“如果我的员工是生活在恐惧之中，那他就不会有创造力。”诺基亚为员工营造了一个发挥创造力，将自己的想法转换为集体行动的环境。

（四）加强员工培训

企业员工的创新能力并不是天生的，在很大程度上取决于后天的学习和训练。因此，企业应重视员工素质提升，加大员工学习培训经费投入，对员工加强创新能力方面的训练，提升创新技能，从而提高企业的创新水平和持续发展能力。

| 创新故事汇 |

创新源于生活

范云鹤：一个本科生拥有着30多项国家专利

范云鹤是四川大学水利水电学院2012级学生，在大一的物理课上，他发现一个实验仪器因存在构造问题，产生了不可避免的误差。当时很多人认为这个误差在实验可以接受范围之内。但范云鹤做了一个不同的决定，分析了原因后，他用5天时间改进思路，发现这个误差是可以避免的，并重新研制了一个物理仪器。后来，他申请了两项国家专利，其中一项已获得授权。

一次乘坐公交车，发动机因质量问题突然停止运行，当时车上乘客慌张逃生，后方有名乘客用安全锤砸玻璃，但多次锤击都未砸碎。尽管没有酿成大的事故，但范云鹤一直对此“耿耿于怀”。回学校后，他分析了安全锤不能有效破窗的缺陷，并基于此发明了一种取代安全锤的车内逃生装置以及一种弹射式固定破窗器。还有一次，他发现乘客使用小型行李推车下楼梯时会不慎摔倒，就有所“触动”，发明了一种爬楼搬运车。

张海龙：小小创新改变，拯救更多生命

有一次张海龙看电视新闻报道，一辆车因为后视镜的问题，倒车时造成了严重车祸，这对他触动很大。后来，他带领团队通过近一年对传统后视镜盲区进行理论分析与计算，成功研制出专利“可扫除盲区多角度调节的后视镜”，能够在最大限度上消除传统汽车后视镜盲区。当时，为了尽快完成项目，他索性和队友住在了实验室，饿了就吃碗泡面，累了就喝点咖啡，实在撑不住时就在地上铺张凉席小憩一会儿。

当看到新闻报道多个城市内涝导致车毁人亡时，他就想设计一种让车可在水中行驶、及时定位、方便救援的装置，从而挽救更多的生命，于是专利“带水情自救装置的汽车”新鲜出炉。

王世栋：创业能否成功，很大程度上取决于能否坚持

2012 年，王世栋在德国工业展看到 3D 打印机时，就对这种新型的制造方式着了迷。他 2007 年进入清华大学车辆工程专业学习，有制造专业背景的他，看到了“这是制造方式的革新”。“为什么这么好的东西没有走入百姓的生活?”

回国后，王世栋就开始调研，查询文献，暑假也没回家，一直躲在实验室捣鼓，准备做一台机器出来。他和团队从网上淘来很多机器零件，实验过程中换了很多次方案，最终做出第一个打印产品“小章鱼”。尽管精确度不够高，但“小章鱼”“诞生”时，王世栋形容那种成就感是从未有过的，“高兴得睡不着觉”。

2013 年 9 月，王世栋和团队研发的第一代 3D 打印产品进入市场。当时国内这方面的厂家比较少，并且生产的打印机价格较贵，在 3 万元左右，而他们的第一代产品售出价格是 3200 元，很有市场竞争力，一下就卖出去 200 多台。2014 年 3 月，他们成立了属于自己的公司，产品更新到了第四代，价格也降到 2300 元。

对王世栋来说，创业最大的压力是创新。他们每次生产更新一代产品之后，就考虑下一代产品。他们的产品努力方向是，提高“精度”“速度”，减少成本。

王世栋和团队研制的激光固化 3D 打印机，能把精度提高 10 倍以上，但这个领域对他来说一开始几乎是空白，后来，他就吃住在实验室，坚持了 1 个半月，才把打印机做出来。到目前为止，他的打印机已卖出了 1000 多台。

分析讨论

1. 什么是创新精神？如何培养？
2. 创新能力有哪些表现形态？
3. 影响创新能力提升的因素有哪些？
4. 怎样提升创新能力？

项目4

创业者能力

名言点津

不是因为有些事情难以做到，我们才失去了斗志，而是因为我们失去了斗志，那些事情才难以做到。

——张瑞敏

起点导航

微信小程序

微信小程序上线至今，用户数不断增加、功能持续迭代。很多创业者看中了其中的商机，渴望抓住小程序这波超强红利。小程序的红利点及盈利模式主要有以下几种。

纯小程序创业

对现有产品的功能进行延伸，开发一个与现有 App 相辅相成的小程序。通过小程序的高扩散性，解决 App 传播率低的问题。比如：摩拜、滴滴、打卡助手等。或者从零开始设计研发全新的小程序，一个小程序就一个功能。比如：亲戚关系、群 play、手持弹幕、形色识花等。小程序有大量的访问量后，再根据用户画像进行商业变现。比如手持弹幕的使用场景大部分是演唱会，用户群体基本属于粉丝群。小程序制作方可往明星周边等娱乐产业进行转移，最后实现转化变现。

小程序商店

也就是“小程序聚合平台”。前期收录所有小程序，进行免费展示。待知名度、访问量和转化量做起来后，转为收费模式（摊位费、推广费）。比如：手边平台小程序。

小程序服务商

这是目前市面上最普遍的小程序盈利模式。技术型公司利用已有的技术优势，迅速接入小程序技术，为企业/个人提供小程序开发服务，此外，还可衍生出招商加盟业务，为不懂技术的代理商提供技术支持。

内容电商

在公众号等内容平台发布优质内容，并在文章中插入小程序卡片或小程序码。通过内容激发读者的购买冲动，引导其进入小程序购买商品，从而实现“内容-购买”的转化。比如：美丽说、虎 Cares 职场物欲清单等。

社群电商

通过一系列社交玩法，让小程序在微信等社群中散发开来，从而引发购买行为。如 YOGAN 摇杆等。其实，内容和社交电商实质上是将以往的 H5 商城或第三方购物平台替换成小程序。但因小程序的触达更快更准确，所以内容和社交的引流效果会好很多。

O2O 服务

利用小程序线上的强引流性，将用户引导到线下门店，促成转化。以餐馆为例，消费者从附近的小程序、社交分享、文内广告等途径进到餐馆的小程序，领取抵扣券后前往餐馆消费。消费后，店家还能留存用户信息，建立会员体系，进一步了解用户的消费习惯、偏好等，最后有针对性地做喜好推荐、会员优惠等。目前，通过小程序发放优惠券引流的典型例子有：星巴克用星说、麦当劳等。

小程序周边服务

小程序的周边服务包括小程序行业数据统计分析、小程序资讯媒体、小程序联盟、小程序咨询服务等。比如：阿拉丁小程序统计平台。

私有化部署

私有化部署就是把应用的服务器端、客户端、管理后台，打包成一套解决方案交付给企业使用，也称为本地部署。简单地说，就是拥有私有的数据、私有的品牌、私有的服务器，直接成为微信官方的合作伙伴。

分析讨论

1. 上述的创业故事给了你哪些启示？
2. 分析一下创业成功的主要因素有哪些。
3. 创业者应该具备哪些素质和品质？
4. 说一说自己欠缺哪些创业品质，应该怎样弥补。

任务1 创业者应具备的品质

任务导引

微信卖水果

夏末秋初，正是瓜果集中上市的好时节。随着市民生活水平的提高，水果在绝大多数的家庭里已经不可或缺。过去，大家习惯在超市、菜市场、水果店购买水果。如今，在 O2O（线上到线下）商业模式的席卷下，手机电脑下单、在家收货，成为越来越多市民购买水果的首选方式。

北京的大学生宁帅豪也和同伴一起加入了“O2O 卖水果”的创业大军。他们创办的电商平台“果乐乐”，通过网站和微信公众号接受订单，每天的营业额最高可过千元。在激烈的市场竞争中，这群羽翼未丰的大学生创业者遇到了巨大的挑战。宁帅豪说，他们会尽全力坚持自己的梦想——把水果卖到纳斯达克!

中学创业梦

“我不是一个传统意义上的好学生。”宁帅豪透露。他说自己从高中开始就“不务正业”，涉足商业。那时候某品牌的智能手机还非常流行，不少中学生都渴望拥有一部手机，但又苦于囊中羞涩。宁帅豪瞅准商机，联系省城郑州的大批发商，批量进货，以远低于当地销售商的价格把手机卖给自己的同学。“挣了一万多块钱。”宁帅豪说，这是他人生的第一桶金。

2012 年，宁帅豪参加高考，毫不犹豫地选择来北京读书。“我当时就想得很清楚，要试着自己创业，上大学一定要去一线大城市，因为那里可以获得开阔的视野、第一手的商机。”宁帅豪说。最终他被北京一所高校录取。

大学三年，宁帅豪的能力得到了充分展现。大一时他创办了创业社团——大学生创业就业协会。三年间，协会从一个人发展到 200 多人。宁帅豪带领着协会里的同学，把商业实践发挥得淋漓尽致。愚人节时，他们组织了假面舞会，出售门票、酒水，用所得收入向学校的春季运动会赞助了 1000 瓶矿泉水，免费供同学饮用。自此，协会全校闻名。

启动创业

宁帅豪说，自己真正意义上的创业，得从一个名叫“北小财”的微信公众号说起。那是在 2013 年初，微信公众号刚刚开始流行，宁帅豪注册了一个公众号，命名为“北小财”，开始提供校内外商家的打折促销信息。“那应该是 O2O 的雏形。”宁帅豪说，公众号得到了同学的追捧，粉丝人数突破了 1000 人，“占到了我当时所在涿州校区全校人数的六成以上”。

这一年的暑假，宁帅豪和同学搬回了位于北京通州的校本部。起初，陌生的环境让他颇不适应，不知道哪里可以聚餐、购物。这时，他突然意识到商机来临了，“我不知道，同学也不知道，何不制作一个 App 软件，打造一个吃喝玩乐的平台?”他很快找到了附近高校软件专业的学生，寻求技术上的支持。

一番讨论下来，对方给宁帅豪泼了一盆冷水，“做一个好的 App 软件，前期投入的费用就得好几万，一旦定位不准，很容易血本无归”。宁帅豪说，这时他才意识到市面上那些五花八门的 App 软件，其实都是靠风险投资在支撑，“我也得找风投”，他暗下决心。

他给这个吃喝玩乐的平台做了详细的商业计划书，计划书将水果作为销售内容。“我最熟悉我的同学，水果对他们来说比粮食还重要，商机无限。”他们的方案很快获得了投资人的青睐，一位投资人给予了 20 万元的风险投资，另一位投资人则答应提供网站、微信公众号销售的技术支持。

2014 年 7 月，宁帅豪和伙伴们创立了北京创锐时光信息科技有限公司，并入驻中关村创业大厦。公司旗下建立了生鲜电商平台“果乐乐”，该平台基于网站、微信公众号，为用户提供鲜果当天下单、当天送达服务。

明确定位

“果乐乐”最先进入的高校是对外经济贸易大学。宁帅豪找到了靠近学生宿舍楼的水果店，和老板谈判后商定：学生下单付账，平台向水果店派单，水果店送货至宿舍楼下，学生收货，水果店获得货款和提成。

这一模式的好处是送货时间飞快，通常学生下单后一个小时内就能收到水果。但问题也很快出现，由于水果是由水果店采购，“果乐乐”无法控制其品质和价格，一些反映水果质量的投诉开始出现。宁帅豪和伙伴意识到这一问题后立即对营销模式进行了纠正，改为自营采购、自主送货。这样一来，虽然学生客户的收货时间从一个小时延长为“当天内”，但水果的品质大大提高。

宁帅豪说，为了保证水果有最低的价格、最优的品质，他和伙伴跑遍了丰台新发地、朝阳来广营等多家水果批发市场。“一样样品尝，从西瓜到榴梿，从苹果到杨桃，从捂着嘴吃完了吐到最后吃出了经验。”他笑着说。

在他们的努力下，“果乐乐”逐渐在高校站稳了脚跟。除了对外经贸大学，“果乐乐”还进入了中国农业大学、北京航空航天大学等高校，受到师生的普遍好评。生意最好时，平台每天收获超过300份订单，营业收入上千元。

抗压拼搏

“果乐乐”在高校的发展很快引起了竞争对手的关注。2015年下半年，各路风险投资人纷纷选择进入高校水果、零副食销售领域，一些App软件应运而生。宁帅豪坦言，与那些App软件相比，自己的资金实力完全不在一个档次，“我只有20万元的风投支持，对手的风投资金则是百万甚至千万元”。

价格战很快打响。之前宁帅豪和伙伴们通过精耕市场，少量进货快速销售，水果的平均价格能比水果店便宜20%~30%，但是“果乐乐”的竞争对手直接打出了“买一斤送一斤”的招牌，竞争最激烈时甚至是“买一斤送两斤”。“这样的价格战我们实在耗不起。”宁帅豪说，2015年下半年是他从高中有创业行动以来最艰难的一段时光。“每天晚上都睡不着，盘算着自己的资金还剩多少，还能撑多久。”他说。

除了深陷价格战，宁帅豪还发现自己的“果乐乐”品牌被一家大型果蔬物流企业使用。“我之前已经申请了商标专利。”宁帅豪说。他曾经上门试图和这家企业的负责人进行沟通，但财大气粗的对方似乎并未把这个大学生创业团队放在眼里。“没见到具体负责的人，更别说老板了。”宁帅豪说。

未来打算

为了节省成本，“果乐乐”在2016年初关闭了校园送货点，改为专攻天通苑、北苑家园等大型居民社区，送货方式也从上门送货改为小区自提。“既保证了水果的新鲜，也减少了我们的物流成本。”宁帅豪说。

如今，宁帅豪和创业伙伴们每天都会驾驶着一辆金杯面包车去批发市场进水果，然后根据互联网以及微信公众号上的订单情况进行送货。一有闲暇，他就会钻研市场行情的最新变化，及时判断并调整销售思路。“从2015年下半年到现在，一大批百万元级别风投的水果销售项目都已经死了，我们还活着。”宁帅豪说。

他也坦言：“现在明白了创业不是小打小闹，除了靠谱的项目之外，必须具备极其强大的抗压能力、永不放弃的精神以及缜密的分析判断能力，加上良好的团队支持，以及有一些好的运气，才有可能不断向前发展。”

在创业之初，宁帅豪的梦想是把水果“卖”到美国的纳斯达克股市，现在他仍然不忘初心。他表示，即使是重新回到起点，从一家小水果店起步，自己也会全力坚持走下去。他说：“无论创业的过程如何艰辛，无论项目最终能否走向纳斯达克，创业者永远都在痛中快乐前行。”

分析讨论

1. 案例中，体现出创业者哪些创业品质或精神？
2. 本案例中的创业者，具备哪些创业者基本能力？
3. 你从案例中的创业者身上学到了什么？

一、创业者的定义

所谓创业者就是指创造性地将商业机会转变为经济实体，并扮演经济实体中计划、组织、管理、控制、协调等关键角色的个人。

二、创业者必备的心理品质

创业者应必备的品质

（一）要有百折不挠的毅力

为贯彻落实国务院关于促进高校毕业生就业创业工作部署，引领和支持更多的大学生创业，2010 年起我国在全国范围内开展了大学生创业引领计划，第一个三年计划完成后，国务院九部门于 2014 年再次联合发文启动实施第二轮“大学生创业引领计划”，力争实现 2014—2017 年引领 80 万大学生创业的预期目标。通过实施“大学生创业引领计划”，进一步增强大学生的创业意识和创业能力，进一步完善支持大学生创业的政策制度和服务体系，政府激励创业、社会支持创业、大学生勇于创业的机制基本形成，大学生创业的规模、比例继续得到扩大和提高。但这并不意味着大学生创业就是一帆风顺的，大学生依然要面临资金短缺、经验不足、心理承受能力较脆弱等问题。

例如，在资金方面，现阶段扶持大学生创业的政策，基本上只在创业门槛、小额担保贷款、创业培训等方面给予优惠，且优惠力度有限，贷款额度不高、税收优惠额度小且品种少，不能完全满足大学生初创企业的所有需求。而且，小额担保贷款申请周期长，申请程序复杂，对担保人条件要求过高。除去这些客观因素，大学生自身能力也存在很大的提升空间。很多想创业的大学生都流于空洞的想法，缺少实际操作经验，管理能力不足，技能不足，资金不到位，团队成员理念也可能有冲突。

这些都是大学生在创业过程中切身面临的实际问题，如果这些问题处理不好极有可能导致创业的失败。因此，希望创业成功的大学生必须时刻准备接受失败和挫折的考验，脆弱或不良的心理，会给创业带来非常不利的影响。创业是一种现实的市场竞争，市场不会同情弱者，对抱怨、沮丧者只有淘汰和抛弃。因此，在目标方向确定后，创业者就必须朝着既定目标一步步走下去，遇到困难要想办法克服而不是逃避，用自己百折不挠的毅力在残酷的市场竞争中取得一席之地。只有这样，创业才可能成功。

（二）要有破釜沉舟的勇气

破釜沉舟是我们耳熟能详的故事，也是我国历史上著名的以少胜多的战役。当年项羽的部队与秦军的主力在巨鹿遭遇，项羽不畏强敌，率兵渡过漳水。渡河后，项羽命令全军："皆沉船，破釜甑，烧庐舍，持三日粮，以示士卒必死，无一还心。"以此断绝所有的退路，全军将士抱着誓死的决心大破秦军，巨鹿一战，项羽威震诸侯。

商场如战场，战场上拼命厮杀为的是疆土，而商场上明争暗斗为的是市场和利润，形式上不一样，本质上却是相同的，古今相通，上下一致，因此破釜沉舟在商场上一样适用。尤其对于初次创业的大学生而言，更是需要破釜沉舟的勇气。当今成功学界流行一个著名观点：成功来源于你是想要，还是一定要。说的就是在创业过程中要有破釜沉舟的决心和勇气。

挫折不仅是人生中不可避免的，也是创业过程中不容忽视的问题。企业定位越高，往往越容易受到挫折，从而给创业者带来越强的心理和发展压力。对于那些悲观、脆弱的人来说，在挑战来临时看到的只是危机，挫折更是其人生的巨大危机；而那些真正乐于创业的人，抱着"天生我才必有用"的坚定信念，往往能够在挫折和危机中看到转机，理性地认识挫折，分析挫折，从中寻找机遇、明确目标、坚定信念并汲取营养，从而生成知难而进的勇气和战胜挫折的意志，潜能被无限激发，取得傲人的成绩。因此，遇到困难的时候不要胆怯、不要退缩，不要给自己留退路，向前看，向前闯，才能守得云开见月明。

（三）要有坚持不懈的精神

相比欧美较为成熟的商业环境给企业家提供的便利，中国创业者的脚步则略显艰难。目前中国正处在社会转型期，创业所需要的各种政策制度、运行机制、金融环境以及融资环境等尚不完善，这些问题之于成熟的企业家都略显麻烦，而对于创业之初的创业者来说，更是面临极大的考验。但市场不是一个可以示弱的地方，任何年轻人一旦以创业者的姿态走上创业的道路，市场竞争的客观与残酷就绝不会考虑年龄的差距，绝不会以年轻作为理由而原谅创业者在创业过程中所犯下的错误和过失。

对于创业大学生，不可否认，激情与梦想是立志创业的原动力，也是他们应对上述种种难题的内在驱动力，但只凭着一腔的激情和梦想去创业是绝对不够的。激情必须沉淀为坚韧的创业意志，梦想必须转化为务实的创业行动，这些意志和行动才能真正伴随创业者走向成功。大学生既然选择将创业作为个人价值外化的一个载体，作为实现自我梦想的一种途径，就必须明确自己到底是为了单纯的利润欲望来创业，还是源自对创业和挑战的真正热爱。对于创业者而言，要背负外部和内部的双重压力。来自外部的不利因素，有制度的不完善、资金的缺乏、人员的不配合等一系列问题和现象，而内部的压力则主要源自家庭和团队成员两个方面，他们将家庭或者企业的未来都寄托在创业者身上，所以创业者必须承担多重责任，不能轻易放弃。因为一旦放弃将不是一个人的失败，而是所有的对创业者寄予期望的人的失败。

但是，创业又是一个需要长期坚持努力奋斗的过程，立竿见影、迅速见效的事儿是极少的。因此，创业者不仅要能够根据市场的需要和变化，确定正确且令人振奋的目标，还要能够带领员工战胜逆境实现目标。无论遇到什么样的困难，都要沉着冷静、思虑周全，一旦作出决定，便要积极行动，盯住目标，坚持不懈。如果创业者不能保持一颗永远持之以恒的进取心，三心二意，知难而退，虎头蛇尾，见异思迁，终将一事无成。

总之，创业者的恒心、毅力和坚忍不拔的意志，是十分可贵的个性品质。没有坚强的意志和坚持不懈的精神，创业的道路就不可能走得长远。许多事情的成功，往往就在于最后的坚持和努力之中。

（四）要有见微知著的细心

细心，简单地说就是心思缜密。一个人是否细心与性格有很大的关系，比如内向敏感的人，往往谨慎小心，但也会表现出放不开手脚；而外向粗犷的人，做事通常洒脱自在、不拘小节，但也会粗枝大叶、马虎大意。细心不是天生的，是一种习惯，还是一种心理素质。完全可以通过后天有意识地培养，逐步做到有条不紊、沉着稳当、明察秋毫。

细心对于创业者而言是非常必要的。细心作为一种个性特质，确实和先天气质有密切联系，然而有很多值得信赖的成功人士能够粗中有细，做到战略上藐视困难、战术上重视细节，因此常常能够运筹帷幄，把握机遇，同时又能精耕细作，处事圆满。从这个意义上说，创业者需要在实践中逐渐培养细心的素质，只有这样，才不会错过一丝机遇，也不会放过一丝可能导致创业失败的细节，才会有事业的深度与广度。

要真正做到细心，功夫往往在细心之外。首先要集中精力，重视眼前，重视当下所从事的事业，把企业现阶段的计划踏踏实实地落实，这样才能把握企业的内核，使企业的下一步计划顺利进行。其次需要排除干扰，稳定情绪。每个人的心理能量都是有限的，如果过多杂务干扰，心绪烦乱，情绪不稳，就容易注意力涣散，就很难做到全神贯注。尤其对于被各种事务缠身的创业者来说，要真正做到细心谨慎，必须处理好自身的各种心理困惑，保持一颗平静的心，正所谓“宁静而致远”。最后，要赋予自己责任感，切实用心。任何事情，都是事在人为。同样一件事，敢负责任，用心良苦，就可能成就一篇杰作；如果毫不在乎，不当回事，就可能竹篮打水一场空。只要能够负起责任，油然而生一种神圣的责任感和使命感，就有可能激发我们全部的智慧，调动我们无穷的潜力。因此，从这个意义上说，细心很大程度上依赖于责任心。创业者肩负着个人、企业，甚至是团队成员的命运，更要有高度的责任感。

“千里之堤，溃于蚁穴”，粗心大意会给企业带来无穷的祸患。细心作为、细心行动，企业才能避免不必要的损失，健康顺利地发展。成功学大师卡耐基曾说过：“一个不注意小事情的人，永远不会成就大事业。”

（五）要有诚实守信的美德

诚实守信，简称诚信。老子曾说过：“人无信不立，国无信则衰。”诚信是中华民族的传统美德，是一种修养、一种文明，是我们立身、修德、处世的根本，也是在商场上立足、发展壮大的根本。

在我国儒家传统文化中，诚实守信被视为“立人之本”“立政之本”。随着时代的进步，社会巨大而深刻的变迁赋予诚信这一传统美德与时俱进的时代内容，也促使人们对诚信的理解从伦理道德的范畴提升到了制度建设层面。大到一个社会的运行，小到一个企业的运转，诚信都是关键所在。政府的信用、企业的信用都是靠人去操作、去实现的。而操作者的品格是否诚实守信是信用秩序能否建立、企业能否正常运转的基础。因此，诚信不仅是一种责任的恪守，更是一种自律的承诺；不仅是一种价值理念的体现，更是一种民族文化的沉淀。一个人要想在社会上立足，就必须具有诚实守信的品德；一个企业要生存发展，就必须诚实无欺、恪守信誉。否则，个人就会失去立身之本，企业也会失去生存之源，社会则失去运行之规。

具体到市场经济条件下，诚信是指在交易中一方或双方因履行承诺而得到信任。具体讲就是一要言出即从、二要讲质量、三要以诚信服人。企业有了诚信，就会不断地赢得新的消费者，其产品才能不断开拓市场，这样才能获得更好的经济效益，继而在市场竞争中获胜。从这个意义上讲诚信是构成现代市场交易的一个必备要素。所以，创业者要重视诚信在现代市场竞争中的影响力。

知识链接

创业者应问自己的三个问题

对于创业者而言，不能简单地以他所创办的企业的成败来论他个人的得失。因为在企业创建之初，每个创业者都面临大量的问题，要作出大量的决策，只要创业者能分析其所处的环境，在面对的机会和问题中分清轻重缓急，作出关于未来的理性抉择，那么企业无论大小，对于他个人来说都是成功的。要做到这一点，创业者需要反复向自己询问以下三个问题：创业的目标是什么？怎样实现这个目标？是否有能力保证按预期的战略实现目标？

（一）要实现什么样的目标

创业者的个人目标与企业目标是密不可分的。创业者创建企业的目的是实现个人目标，所以创业者为企业确定目标之前，必须明确自己的个人目标，而且必须定期问自己这些目标是否发生了变化。许多创业者声称他们创建企业是为了实现独立和掌握自己的命运。这样的目标太模糊了。如果他们认真考虑此事，多数创业者都能确定更具体的目标，例如，获得施展艺术才华的机会，获得试验新技术的机会，过上丰富多彩的生活，或者渴望创建一家体现个人的深层价值观的机构。在经济上，一些创业者想一夜致富；一些创业者希望得到一个令人满意的现金流量；还有一些创业者则盘算着先建立企业后出售企业，从中获取资本收益。

（二）企业有多强大

企业实施战略的能力取决于其“硬”基础结构（组织结构和体系）和“软”基础结构（文化和规范）。如果业绩不佳，过多的规章制度和管理控制会使员工窒息。而如果企业增长很快，并获得市场份额，管理机制和控制手段的不足可能更会受到关注。不断发展的企业文化，也对企业战略实施成败产生深刻影响，文化填补了公司规章制度所没有涉及的空缺，决定了雇员个人和组织单位竞争与合作的程度，以及他们对待客户的态度。如果创业者没有停下来考虑文化问题，其公司文化肯定是随意形成，而非设计出来的。这种随意形成的文化可能并不符合企业创建者的目标和战略。

（三）能扮演好自己的角色吗

希望经营小企业，并且想亲自完成所有重要任务的创业者，不需要改变其角色。然而，如果创业者想将他创办的企业变成可以独立生存的实体，那么，随着企业经营的扩张，创业者的角色必须改变，他应当从亲自做业务工作发展到教给别人如何做，不断尝试新的工作和责任。

总之，持久的成功要求创业者不断向自己提问题：我的目标是什么？我所选择的道路是否能保证实现该目标？

任务2 创业者应具备的意识

任务导引

世界各地创业面面观

总体来说，国家越富裕发达，做生意的限制一般就越少。现今世界各地政府及各个机构组织提供便利条件、优惠政策，向学生、创业团队敞开大门。

美国。今天的美国，一半以上的公民要么自己创业，要么在创业型的中小企业工作。以前大型企业拥有最新的高科技，大家节省时间的工作方式是在一个大工作室里交流。但是现在每个人都有手机、电脑，最有效的工作方式是在家或小型工作室交流。现今，美国无论是创业硬件环境、创业资本环境，还是创业精神与创业内在机制都处于世界领先地位。

以色列。我们往往会用“坚韧、乐观”这两个词去看待以色列的过去、现在和未来。根据资料显示，78.8%的以色列人对未来很乐观，89%的以色列人认为在他们需要的时候会有人挺身而出。以色列历经的一系列战争与威胁让其变得更加坚韧，而且一点也没有减少以色列人的乐观。这种坚韧、乐观和幸福是孕育企业家的沃土。他们的创造性可以应对更大的挑战，也会培育出这个创业的国度里的创新性经济体。作为一个小国，以色列的创业故事有很多值得深思的地方。其创业精神或许并不全面，但也足以管中窥豹，并给人以借鉴和启迪。

英国。英国创业的优势很明显，门槛更低、政策更灵活、市场更透明。全球创业成本最低的国家中，英国排名世界第三。运营企业的便利性排名，英国位居世界第八。目前英国政府推出创业支持政策，学生在英国只要拿出富有创意的研究或工作成果，就可以此得到权威金融机构认可的风险投资公司，或政府相关部门（包括学校）的认可，并取得它们的5万英镑及资金担保信，帮助学生投资创业。

法国。据调查，37%的法国人希望创立一家属于自己的公司，更有10%已经着手进行实践。对自由的渴望和奋斗的乐趣是促使法国人创业的主要动力。据了解，吸引和留住欧洲创业企业的战争日渐白热化。法国各地公共和私人实业都摆出诚意姿态，向创业者提供有诱惑力的工作环境、特殊签证，甚至是国家补助。在法国，政府希望能通过新的商业发展拉动经济增长。

德国。德国人创业情绪普遍不高，只有不到50%的德国人在接受全球创业观察（GEM）调查时表示，创业对他们具有吸引力。而反观他们的邻国，约有65%的法国人、68%的波兰人和79%的荷兰人都对创业表示出了不小的兴趣。根据调查显示，德国自主创业意愿逐年降低的原因，首先是由于缺乏资金。小公司需要天使投资人和风险资本来生存发展，不过这些资源在德国非常有限。德国的风险投资者非常谨慎，并不期望公司呈现爆炸性的增长。此外，德国人墨守成规，比较安静、严谨和沉稳。但创业需要的恰恰是速度。德国社会对失败不够宽容，经营企业失败的人会受到来自社会的压力。约有42%的德国人远离创业就是因为这个原因，远远高于美国的32%。许多美国人反而自豪于他们曾有过失败的创业经历。但这些情况或将发生改变。如今的大学毕业生或将创业列入就业范围内，而德国政府也将对此提供适当的帮助。

新加坡。新加坡这个500多万人口的国家，以富裕、整洁、高效而闻名于世。这里的人们彬彬有礼，墙上找不到涂鸦；年轻人均受到良好教育，知书达理，毕业后可以到政府当公务员、到金融机构当高级白领、在国有企业或跨国公司里体面地任职，加之新加坡的市场太小，导致新加坡创业率与积极性一直不高。新加坡“麻雀虽小，五脏俱全”。现在政府对在新加坡的创业和投资非常支持，对于入驻新加坡的企业，政府一般会做天使和A轮的投资，天使投资的规模是50万美金，A轮政府一般会拿出1000万新币。政府鼓励机构一起来投资A轮，除了承诺给参与A轮投资的机构做有限合伙人（LP）之外，还会一起共担风险。因此大家往往会把新加坡当作一个中转点，在新加坡创业设立公司。

中国香港地区。香港是由一批胸怀大志、意志坚定的移民建立起来的，他们孜孜不倦地工作，改变了自己的生活；因此，创立企业一向受人钦羡，也得以蓬勃发展。但这种“起步”精神正在迅速衰落。香港总体创业活动率远低于世界平均水平，而且基本上局限在消费者服务行业。企业联盟盛行、租金成本过高和资金池缩小，增加了创业的障碍，令小本企业创业困难。但过去三年全球经济环境稳定，有利营商。且近年信息科技发展迅速，造就商机之余，亦大大减低创业及营商成本。另外，受到成功创业例子、政策配合和社会人士大力推动等因素影响，香港社会逐渐形成鼓励青年创业的风气。譬如香港青年协会为青年创业者提供创业启动金，成功申请者将可获得最高港币10万元免息贷款，作为开展业务的本金。香港青年协会还提供创业指导及专业咨询，安排工贸团体及商业服务机构，为青年创业者提供专业顾问服务，并为青年创业者提供或协助联系业务运作时所需的硬件、资源及支援，以及为青年创业者建立商业网络。

中国。根据中为咨询网调查，近9成中国人对创业持积极态度，62%的受访者想开创自己的事业，均远高于国际平均水平。对于中国受访者来说，“更好地兼顾家庭与事业，享受生活”“实现自我价值，完成个人目标”和“获得额外收入”是最吸引人们创业的前三大原因。同时，“不再受雇于人，做自己的老板”和“摆脱失业，重新工作”也是促使人们创业的原因。同时以世界13个国家的年轻人为对象进行了一项工作意识调查，结果显示，在调查中回答“对创业不感兴趣”的中国人仅为6%左右。此外，回答“考虑将来创业”的中国年轻人达40%。更重要的是，中国也在逐步降低市场准入门槛，通过企业登记制度改革，2013年新登记注册的公司呈现井喷式增长，新增企业数量较2012年增长了60%以上。

分析讨论

如何培养创业意识？

创业者意识

一、大学生应该具有十种较强的创业意识

（一）自主意识

任何一个创业者都应该具有独立自主的人格，坚信能够主宰自己的命运和企业的发展道路，能够正确地选择自己和企业的发展道路，为自己的行为负责。

要做到这一点，创业者首先应该做到不依附他人生活，只有做到在生活上独立，才能进一步谈就业。在创业过程中，要不断地学习和实践，要从模仿到创新，逐渐形成自己独特的思维模式和经营特色，使自己的产品或服务具有独创性，增加创业成功的可能性。

在创业过程中，自主意识主要体现在两个方面：一是在自主抉择方面，即在选择创业项目和创业目标时有自己独到的见解和主张；二是在自主行为方面，即在行动上不依附于他人的支配和影响，能按自己的主张决策，并将决策贯彻到底。

（二）主体意识

真正的创业过程并没有听起来那么风光，它是一项艰难的事业。因此，大学生创业者更要树立主体意识。

简单地说，主体意识是指主体的自我意识，是人对于自身的主体地位、主体能力和主体价值的一种自觉意识，是人具有主观能动性的重要根据。

创业者明确自己的创业主体意识，才能真正将创业当作自己的事情，进而衍生出独立的人格和责任心。当企业遇到困难或发展瓶颈时，主体意识将会成为创业者为企业拼搏的内在驱动力。

（三）资源整合意识

在全球经济一体化的今天，资源整合理念是创业者不得不熟悉的一种理念。这里说的整合，既包括物力、财力资源的整合，也包括人力资源的整合。简单说就是优化资源配置，就是有进有退、有取有舍，不追求局部利益的最大化，而是寻求整体上的最优，这也是现代营销学中的崭新理念。它是企业寻求最大利润空间的一种战略手段，是一种进攻能力。任何一个人创业都不可能完全凭借个人能力将创业过程中遇到的所有困难都解决，也不可能将创业所需的一切资源都准备齐全，此时，资源整合就显得尤为重要。创业者要学会资源整合，在创业中要借势发展，巧妙地利用资源，与他人或企业实现优势互补。

（四）战略策划意识

在某种意义上讲，市场竞争是创业者经营策略的较量。因此，为企业制订适时适当的战略计划在现代市场竞争中显得尤为重要。

战略策划是一种智力活动，是一种科学的思维方式。它是一个用动态的、发散的、辩证的思维来整合行为主体的各种资源和行动，使其达到最优的智力集聚过程。从本质上讲，企业策划就是对其发展经营进行战略设计的过程，也是对企业发展中的每一个具体事件和行动进行战略审视的过程。

俗话说“磨刀不误砍柴工”，对企业发展战略进行策划并不是一件费时费力没有成效的事情，相反，它更有助于创业者明晰地认识企业的未来，思考适合企业的发展方向。一个正确的发展战略对企业是有百利而无一害的。很多企业能够快速崛起，与其正确的策划密切相关。例如，寰昊科技有限公司当初计划投资 2000 万元上马 RO 膜中小生产线，但是总经理对此没有十足的把握，于是就聘请了研究生、博士生、专家等八人组成了策划班子，历经 30 余天，进行了大量的调查走访研究，最终确定了两万多字的项目策划方案。根据此方案，项目顺利实施，少走了很多弯路，也使得公司在两年之内迅速崛起。

可是，在现实创业中，更多的创业者，尤其是中小企业的创业者习惯于从早到晚处理各种具体事务，这是一种极其不科学的做法。作为创业者一定要有从宏观上把握整个企业发展方向，制定正确的发展战略的意识和能力。

（五）知识更新意识

很多大学生创业者在创业后面对的第一个也是最严重的问题就是知识恐慌。原有的教育所给予大学生的知识或技能已经不足以支撑其创业，这时大学生最需要的就是知识更新。这里的知识更新既指学习了解新的知识，也指将知识转化为现实的工具。

在创业过程中一定会遇到大量的新情况和新问题，解决方法是在学校中没有提及的，这时就需要大学生根据自己的学习能力，学习新的知识来解决问题。另外，面对世界上日新月异的变化，作为企业的决策者也应该随着时代的变化不断更新自己的知识，创业者做到不与时代脱节，才能保证其企业生产的商品或服务是当今社会需要的。

同时，大学生还要明确，在创业过程中，仅仅有知识是不够的，对创业没有价值，应该培养自己用所学的知识去解决实际问题的能力，即将知识转化为创业中实际需要的工具。

（六）合作意识

合作意识是指创业者能设身处地地为他人着想，善于理解对方、体谅对方，善于与他人合作共事的品质。在具体实践中主要体现在以下几个方面：

1. 与政府的合作意识。政府在宏观上调控整个国民经济，其制定的经济政策对企业的发展有直接或间接的影响，在一定程度上会影响企业的发展方向。

2. 与政府有关部门的合作意识。政府有关部门是国家宏观经济政策的执行者，因此，得到这些部门的理解与支持，从中得到对创业有益的信息指导对企业的发展很重要。

3. 与企业内部人员的合作意识。这里的内部人员分为主管人员和员工两部分。因此，企业内部应该处理好三种关系：

一是主管人员之间的关系。他们之间的关系处理好了，既可以使整个创业团队更有凝聚力，又可以提高企业的做事效率，同时还能够给员工树立好的榜样，有助于良好企业氛围的形成；

二是员工之间的关系。如果员工都能积极工作，共同为了企业的发展进步而努力，那整个企业迸发出的智慧和力量将是无穷的；

三是主管人员和员工之间的关系。两者如果能有效沟通、团结协作，将有利于维持企业的稳定，实现企业的目标。

一个成熟的企业家在与企业内部人员合作时最常用的方式是激励，成功的企业家愿意激励员工，以达到让员工愉快而有效地工作的目的。当然，这里的激励并不是创业者通过自己努力工作来激励他人，虽然这有一定的效果，但这并不是最好的方式。最成功的激励者应高度本着以人为本的原则，有以下几种简单易行的方法：

当员工有良好的工作表现时一定要给予表扬和肯定，让他们感受到自己的努力是有回报的、自己是被赏识的，从而提高员工的工作热情，树立员工的自信心和自尊心。

明确地告知员工他们需要完成的工作，良好的沟通是成功的基础。

在面对下属时，要明确自己的权威和责任。

以领导者的身份与所有员工保持个人接触。

奖励那些值得鼓励的行为，这样员工就会重复同样的行为。人们不会重复没有回馈的行为，因此不要吝啬奖励。

倾听员工的需求，并且要给予反馈。

设定具体、明确、可衡量的目标，并对之不断确认。

对于员工工作中表现出的消极方面，不要在公开场合批评，要在私下里沟通。

4. 与其他企业间的合作意识。如果企业之间能够相互合作，形成联盟，将有助于企业共同对抗风险，实现双赢的局面。因此，企业可以选择一个好的合作伙伴，进而形成互惠互利的关系。

5. 与科学界教育界的合作意识。企业可以和科研单位、高等院校合作，建立科研、开发、生产联合体，这样既有利于人才的培养，又有利于企业的创新。这也是现代市场竞争的客观要求。

那些创业成功的企业家多数是善于与人打交道的社会活动家，有一定的社会影响力，如俞敏洪。所以，大学生创业者更要培养自己与人合作的意识和能力，积极主动地与人交流、合作，取长补短，提高自己的素质。

（七）信誉意识

企业的信用指的是企业的信用和声誉。当今的市场竞争不仅仅指商品品种、质量、价格的竞争，也指企业在信誉方面体现的竞争力。从某种意义上说，后者更为重要。信誉是企业的商标，也是企业的生命。创业者一旦忽视了信誉，依靠假冒伪劣、缺斤短两等手段经营，虽然在短时期内会赚钱，但最终会搬起石头砸自己的脚。

企业信誉是创业者参与竞争的根本，有了信誉才能在开辟市场后长期占领市场。创业者应该以信誉为本，提高企业整体的诚信水平，从细微之处着手，持之以恒、坚持不懈地赢得市场信誉。信誉得之不易，要维护下去则更难。因此，企业还要注重维护自己的信誉，绝不能贪一时小利而损害企业的信誉，即使是采取低价、降价等促销手段也绝不能损害企业信誉。

（八）法律意识

法律意识是指人们对法律规范和法律行为的把握、评价和态度。创业者要明确市场经济本身也是法治经济，其正常运转需要整套科学并能严格执行的法律法规来维护。创业者增强法律意识既可以使自己的企业依据市场经济规律合法经营，减少不必要的纠纷，又可以运用相关法律知识，维护自己和企业的合法权益。

（九）服务意识

这里所说的服务意识，不是创业者要有生产服务的意识，而是创业者在创业之前选择创业地点时要有被服务的意识。一个优化的创业环境和创业空间，不仅可以帮助创业者，也可以帮助创业企业快速成长。例如，在联合国援建的天津市妇女创业服务中心，除了为创业者提供各种应该的、必需的服务，中心还请来了工商、税务、劳动、技监等部门的负责同志和企业家之间进行交流和沟通；建立和坚持了创业指导专家值班制度，使创业者感到 8 个创业指导专家就在自己的身边；把宝成集团、爱玻瑞咨询公司等社会上知名企业的创办者请来和中心的创业者进行交流，给创业者提供许多宝贵的经验；建立了“企业家沙龙”，使众多的创业者能进行心灵上的沟通，让企业家在交流和沟通中悟出道理得到启示。这种优化的空间，大大提高了创业者初次创业的成功率。可见服务对创业成功的重要性。以下是四类不利于创业的环境，创业者在选择创业环境时要慎重考虑：

如果只给创业者提供场地设施，分配公共使用空间，那是物业管理型优化；

如果只给入驻企业提供供热、供水、打印、传真等服务，那是宾馆服务型优化；

如果只给入驻企业提供办照、税务登记、年检等服务，那是窗口办公型优化；

如果只找几个教授按照书本上的内容讲上一通，不结合创业者的实际，不问创业者的需求，那是书斋式的优化。

（十）特色意识

在激烈的市场竞争中，企业要想立于不败之地，一定要有自己的特色，无论是产品、服务，还是核心技术。没有特色的企业是一家平庸的企业，早晚会被市场淘汰。所以，创业者一定要根据企业的实际情况，为企业制定适合的顾客群体、经营目标，走出一条特色之路。

二、大学生应具备的自我培养意识

微软联合创始人比尔·盖茨说过：想做事的人永远在找方法，不想做事的人永远在找理由；世界上没有走不通的路，只有想不通的人。成功开始于想法，但是，只有这样的想法，却没有付出行动，还是不可能成功的。

"原本每一粒珍珠都是沙子，但不是每一粒沙子最后都能成为珍珠。"大学生，是创业能力培养的对象，也是创业能力培养的主体。只有内在驱动与外因作用相结合，我们才能真正全面地提升自己的创业能力。

（一）端正态度，树立自我教育意识

一个人如果自己不往前走，别人又如何推着你走呢？积极主动的态度是自我能力培养的前提。积极的心理状态，让我们在创业能力培养过程中获得"选择的自由"。即选择为自己的行为负责，选择对知识的内化方式，选择对外界环境条件的态度和应对方法等。只有端正态度，才能更好地将知识内化，实现培养目标。我们要努力培养自己的创业兴趣、创业热情，创业能力的培养不仅是为了成功地创业，更是为了自我的完善。

（二）制订适合自己的创业能力培养计划

一个创业者，应具有"制定目标、控制过程、分析得失、完成目标"的规划能力。我们要制订自己的创业能力培养计划，有通过几年努力将自己的创业能力提高到某种程度的长期规划，也有多久读完一本书、参加一次培训、拟订一份创业计划书这样的短期目标。根据实施情况，调整自己的计划、分析自己的得失，总结经验教训。

（三）加强全方位、多角度、全过程的创业学习

创业学习是创业能力自我提升的基础，是一种全方位、多角度、全过程的学习。它体现为：

学习目的：以掌握创业知识与技能、获取商业信息与资讯、获得经营经验与教训，赢得客户资源与认可，并最终实现自主创业为目的。

学习前提：有一定的创业方向，分析自身能力特征，合理制订学习规划。

学习内容：既包含对专业知识的学习，也包含对人文知识的学习；既包含对书本知识、间接经验的学习，也包含对感性认识、直接经验的转化；既包含对创业技能的掌握，也包含对创业精神和创业意识的强化。

学习方式：可以是通过学校课堂教育，听取老师的讲授，完成书面练习；也可以是通过课外活动和校外实践，学做合一，"做"中"学"，"学"中"做"。"能到达金字塔顶端的动物只有两种，一种是雄鹰，一种是蜗牛。雄鹰是靠翅膀飞上去的，而蜗牛只能爬上去。蜗牛也许爬了很多年，经历了风雨的洗礼，停滞过、摔倒过，但只要爬到金字塔的顶端，它所到的世界、它所收获的成就与雄鹰是一模一样的。"学习的过程贵在坚持，我们或许不能获得雄鹰的天赋，但我们可以像蜗牛一样坚持。

（四）积极参加社会活动，全面提高个人的综合能力

创业能力作为一种综合能力，创业者的社会责任意识、人际交往能力、心理承受能力等“隐性知识”的获得来源于社会活动。

1. 积极参加学校举办的各类素质教育活动。很多同学说：“我没有特长，也不会什么，怎么去参加活动?”在活动中，我们不一定是主角，不一定会成功，但都能学会竞争与合作，学会控制自己的情绪，学会展示自己，学会正确对待成功与失败等。在活动中，我们还能开阔眼界、结交朋友、开朗性格、积累更多的社会资源。参加各类素质教育活动，以及参加一些志愿服务活动，增强自己的道德修养和社会责任感、使命感，培养企业家精神。

2. 争当一名学生干部，培养自己的领导才能。创业者是领导者、组织者、策划者和执行者。学生组织是优秀学生的群体，担任学生干部，可以更好地锻炼自己的独立思考能力、抗压能力、领导才能、管理才能等，全方位地塑造自己的品格，磨炼自己的意志，增加社会活动经验，培养自己的综合素质。

3. 参加创业类社团和创业计划大赛，强化创业专业能力。通过创业类社团活动和创业计划大赛，可以听到更多的创业讲座、接受更专业的创业能力培训，丰富自己的创业知识，提高创业实战能力；同时，还能认识很多有创业设想的朋友，分享心得，在创业联盟或团队中得到更多的机会。

（五）勇敢地投入创业实践活动，检验自己的创业能力

脱离创业实践的创业能力培养永远是纸上谈兵。树立创业信心，勇敢地投入创业实践活动是大学生创业能力自我培养的根本途径。当然，我们可以将创业实践活动分为几步：首先，利用课余时间先打工；其次，做一些有益的创业尝试，如制订创业计划书，申请在学校创业园中进行创业实践；最后，勇敢地创办自己的企业。比如：同学们可以申请参加所在学院的创业实践，或加入学校就业创业协会，或各类工作室。通过各类实践活动，发挥自己多方面的潜能，培养创新思维，提升创业技能，发掘创业机会。

知识链接

给创业大学生的几点建议

为支持大学生创业，国家各级政府出台了许多大学生创业优惠政策，涉及融资、开业、税收、创业培训、创业指导等诸多方面。对于打算创业的大学生来说，了解这些政策，才能走好创业的第一步。如果你选择了大学生创业这条艰辛的道路，你必须在心理、财力和才干各方面做好准备，否则，盲目投资开店、开工作室或开办小公司，将面临失败的危险。我们建议你首先了解投资所在地关于大学生创业的优惠政策，最好到创业教育培训中心做一个投资项目风险评估，最好能得到创业教育培训中心的指导。下面是给大学生创业投资的几条建议，仅供参考。

将创业资金降至最低

最好别举债，别把家庭全部储蓄都投在成功概率只有20%~30%的新事业上，它通常不值得你这样冒险。你计划的事业要将现有的构想和你个人才华及专长结合起来，而且只需要少许现金。

学会推销自己

身为小企业经营者，人们买的是你，不是你的产品。只要你知道如何销售自己，初期投资并不需要准备大笔资金。开业 30 天内，你就可以找到客户。

对客户要慷慨

新事业不宜对顾客收费过高，甚至可以提供免费服务给顾客，让他们知道你能做什么。就算后来没有签约，他们也会介绍其他付费客户给你。有时，你得用小鱼钓大鱼的方法吸引客户。

办公从简

工作的场所可以只占卧房一角，以一桌、一椅、一台电脑开创小公司。一切从小规模开始，逐渐扩大。

办公电脑化

公司从营业第一天起，即使用电脑办公。

超时工作

把会计、书信等行政工作留到夜晚。这些事绝对不能占用朝九晚五的时段，这个黄金时段只能用来建立人际关系，做简报，打电话，与客户会面交谈，回家后才从事不能产生收入的工作。

善待顾客

永远有礼貌地和顾客说话，不论他们有时多么令你生气。记住，顾客不仅是国王和王后，还是独裁者。没有人比小企业经营者更清楚这一点，要尽力使顾客满意。介绍上或合同上虽然指明了服务项目，但是小企业经常要多提供超过合同约定或与产品风马牛不相及的服务，超出顾客期望，获得好的口碑，这便是小企业主最好的广告方式。

不轻易放弃

绝对不要轻言放弃，成功经常就在失败的另一侧。失败代表你已经在正确的道路上，只要失败次数增加，努力的时间够长，你最终会成功的。

风险自担

刚开始创业时，尽量避免邀他人入伙。一般来说，如果你想创业，最好自己来。当然，这得由你自己投资的项目和财力等因素决定。

劳逸结合

尽管待办事项堆积如山，也要强迫自己星期六或星期日休息一天。你损失的那一天，会因为下周生产力增强而加倍补回，而且家人和顾客也希望你这样做，因为休假使人愉悦。抽出时间运动，和家人出游，或看场电影，让你暂时忘记业务，工作反而会更有效率。

任务3 创业者的能力结构

任务导引

创业倾向测试及其解读

自我创业倾向测试

本测试可以帮助你了解你的强项与弱项。请根据你在大多数情况下的反应，对每道题目选择“很少或从不”，或者“经常或完全是”。

	很少或从不	经常或完全是
1. 你会担心别人对你的看法吗？	______	______
2. 你是否经常读书？	______	______
3. 你在冒风险时会感到兴奋吗？	______	______
4. 你觉得让别人为你做事容易吗？	______	______
5. 在你的家庭中，有人曾和你谈论过有关创业的经历吗？	______	______
6. 你认为凡事在开始前就要把相关工作都安排好吗？	______	______
7. 你经常生病吗？	______	______
8. 你是否会从那些只为证明自己能力的事情中感受到快乐？	______	______
9. 你被别人辞退过吗？	______	______
10. 你发现自己经常能想出新主意吗？	______	______
11. 在社交活动中你更愿意让朋友来作出决定吗？	______	______
12. 你喜欢上学吗？	______	______
13. 你过去是一个非常好的学生吗？	______	______
14. 你在高中或大学时参加过社团活动吗？	______	______
15. 你参加过学校的文体活动吗？	______	______
16. 你经常关注细节吗？	______	______
17. 你是否认为未来的工作应该有保障？	______	______
18. 你会有意寻找一种直接的方式来得到想要的结果吗？	______	______
19. 你是家里的第一个孩子吗？	______	______
20. 你小时候父亲经常在家吗？	______	______
21. 你在10岁之前，家里人认为你该帮忙做些家务零活儿吗？	______	______

22. 你是否很容易厌烦？ ________ ________
23. 你是否会时不时为自己的成就感到骄傲？ ________ ________
24. 你是否能把精力长时间地集中在一件事情上？ ________ ________
25. 有时候你需要别人的鼓励来使自己继续前进吗？ ________ ________
26. 当你在做自己喜欢的事情的时候，你会从中发现意外的动力来源吗？ ________ ________
27. 你是否认为个人满意感不只意味着有足够的钱花在自己身上？ ________ ________
28. 你曾经着意在工作上越过自己的职权吗？ ________ ________
29. 你喜欢规则有序的社会吗？ ________ ________
30. 对于糟糕的处境，你会试图寻找它的好处吗？ ________ ________
31. 当事情进展不顺时，你会归咎于别人吗？ ________ ________
32. 你喜欢在没有了解所有潜在问题的情况下就去做事吗？ ________ ________
33. 你会把拒绝（被拒绝）归为个人原因吗？ ________ ________
34. 总体而言，你认为自己是因为有好运气才成功的吗？ ________ ________
35. 你愿意为了实现自己的目标而长时间工作吗？ ________ ________
36. 你喜欢自己能够在工作上作出决定吗？ ________ ________
37. 你大多数醒来的时候都很快乐吗？ ________ ________
38. 你能够接受失败而不被击垮吗？ ________ ________
39. 你是否有自己的存款账户及其他投资？ ________ ________
40. 你是否认为创业要承担巨大的风险？ ________ ________
41. 你认为成功的创业者一定要有大学学历吗？ ________ ________
42. 你是否会努力从过去的错误中学习？ ________ ________
43. 你是否更多地以人为导向而不是以目标为导向？ ________ ________
44. 你是否经常发现问题的答案无处不在？ ________ ________
45. 你喜欢给棘手的问题找出答案吗？ ________ ________
46. 你更愿意独自作出最终决定吗？ ________ ________
47. 你在聊天时，是否谈论人比谈论事件或观点的时候更多？ ________ ________
48. 尽管受到别人的批评，你是否仍然自我感觉很好？ ________ ________
49. 你是否会尽可能减少睡觉的时间来做事？ ________ ________

50. 当别人告诉你某件事情不可能做成的时候，你还会坚持吗？ ______

自我评估测试结果说明

RN＝很少或从不　　MY＝经常或总是

个人背景

5. MY（家庭训练）
7. RN（态度、精力、健康）
9. MY（生活经历）
12. MY（教育）
13. RN（大多是普通水平的）
14. RN（独立）
15. MY（成就需要）
19. MY（责任心）
20. RN（早期责任）
21. MY（早期经历）
42. MY（主动，乐观）
30. MY（乐观，灵活）
31. RN（个人责任，解决问题能力）
32. MY（多策略的，承担风险）
33. RN（灵活，自信）
34. RN（内部控制点）
36. MY（独立，责任心）
37. MY（乐观）
38. MY（果断，乐观）
40. RN（自信，内控力）
41. RN（多策略的，进取心）

行动方式

1. RN（自信，控制点）
3. MY（承担风险的能力，内部控制点）
4. MY（领导力）
44. MY（深谋远虑，有见解，执着）
45. MY（适应不明确的情境，进取心）
50. MY（乐观）

生活方式

6. MY（管理，目标设定）
8. MY（以成就为导向）
10. MY（创造性，创新）
16. RN（急躁，以风险为导向）
17. RN（内部控制点）
18. MY（果断，极度自信）
22. MY（急躁，精力旺盛）
23. MY（自信，独立）
24. MY（坚定不移，果断）
25. RN（自我激励，自控）
26. MY（精力旺盛，多策略的）
27. MY（自我中心）
28. MY（自信，极度自信）
2. RN（没有空闲时间）
11. RN（控制，责任心）
29. RN（以目标为导向，时间管理）
35. MY（执着，果断）
39. MY（以利润为导向）
43. RN（成就需要）
46. MY（独立，自信）
47. RN（以创意为导向，创造力）
48. MY（适应不明确的情境，自信）
49. MY（时间管理，精力旺盛）

分析讨论

1. 从测试中可以看出创业者需要具备哪些能力？
2. 通过测试，你觉得自己适合创业吗？

创业者能力

一、创业者需要具备的七种能力

如果大学生把自己的职业选择定位为自主创办一家企业，那就必须知道成为成功的创业者必备的条件。

成功的创业者所必需的主要能力为：知识+技能+特质。其中，知识是由一系列能够在适当的时候回忆起来的信息储备组成的；技能是指能够应用知识的能力；而特质则是指创业者特有的品质和特征组成的集合。

这三种能力对于创业者而言是密不可分、缺一不可的。缺少任何一种能力，企业都不太可能生存太长时间。如果没有特质，当面对主要障碍时，创业者可能只在短时间内坚持，不能在危机中发现转机，随之而来的可能是创业的失败。如果没有技能，知识和特质就没有应用价值了，这样的人若想创业就必须找到具有必备技能的合作者或员工。如果没有或不熟悉相关知识，如关于消费者或市场方面的知识，身处竞争的环境中，最终会导致创业的失败。知识是企业成功的基础。

这三种能力具体分为以下几种：

（一）领导力

美国前国务卿基辛格博士说：“领导就是要让他的人们，从他们现在的地方，带领他们去还没有去过的地方。”究其实质，领导力是决定领导者领导行为的内在力量，是实现群体或组织目标、确保领导过程顺畅运行的动力。创业者是创业过程的组织者、领导者，成功的创业者必须拥有领导能力。因为成功的领导者不是靠单打独斗，而是要依靠他人来实现目标。由于人的个性特征不可能完全相同，所以创业者的领导风格也不尽相同，创业者的领导风格体现在其对人力资源的有效调配上，使成员各尽其才，形成良好的企业向心力和凝聚力。简单地讲就是由他看待员工的态度决定的，这种风格又会进一步影响员工的表现，员工会按照创业者的期待去做事。换句话说，如果创业者纵容员工偷懒、不负责任，那么员工就更可能做出偷懒、不负责任的事情；如果创业者希望员工承担责任，员工就更可能有责任心。因此，如何让员工更好地按照创业者的期望做事，是衡量创业者领导能力强弱的一个标准。创业者要通过不断地学习和实践，提高自己的领导能力。

（二）决策力

决策力体现在创业者对重要环节和重要问题的全面认识、有效分析和科学决断，这是保障组织领导行为的科学性和合理性的关键。创业者的决策力对企业的发展有着举足轻重的作用。有一些原则、方法可以增加决策成功的可能性。其中最重要的一个方法就是实践，决策是一门艺术，实践越多就越老练。例如，美国国际商用机器公司于1982年用2.5亿美元从美国英特尔公司手中买下了12%的股权，此次购买是带有一定的风险的，决策者此举也带有一定的试探性，但结果却是很令人鼓舞的，此举使该公司足以对付国内外电脑界的挑战。有了这一成功经验，该公司的决策就大胆得多了。为了从规模上占领市场，在1983年，该公司大胆地以2.28亿美元收购了美国一家专门生产电信设备的企业罗姆公司15%的股权，从而维持了办公室自动化设备方面的“霸主”地位。可见，适当的实践对决策者正确决策有着至关重要的作用。因此，企业家一定要提高自己正确决策的能力。

成功的企业家最常采用七步决策法和决策表来提高自己的决策力。七步决策法即：定义主要问题，然后找出问题主要原因，确定可能的解决方案，评估可能的解决方案，选择最佳方案，执行方案，检验方案是否正确。

决策表的使用说明：找到决策问题的三个备选的解决方案，将其各自的优势、劣势及可能结果填入下表。

备选解决方案	潜在优势	潜在劣势	方案的可能结果

（三）风险承担力

这里所说的风险承担力，既包括预测的风险出现后创业者承受风险的能力，也包括创业者在风险出现前对风险的承担能力。虽然承担风险是创业者面对困难时责任心的体现，是创业中的一种个人行为，但是评估风险却是一种技能，可以通过学习实践来提高。创业者在作出承担风险的决定之前应该对自己的需求进行评估，以下这些问题需要考虑：

这个目标值得去冒险吗？

在达到目标的过程中，最大的障碍是什么？

怎样使风险最小化？

在决定承担风险前需要什么信息？

人力资源或其他资源如何有助于最小化风险？

在承担这个风险时我担心的是什么？

我愿意尽最大努力去实现这个目标吗？在实现目标的过程中，最大的障碍是什么？

承担风险能使我获得什么？

在承担风险之前，我需要做哪些准备？

有哪些衡量指标（数字量化）说明我的目标已经实现？

这些问题是进入风险情境之前需要考虑的基本问题，这种问题式思考对于风险承担过程非常重要。如果在回答这些问题前就决定承担风险，很可能会导致失败。

和在日常生活中一样，风险是无法逃避的，所以一定要提高自己评估和承担风险的能力。这种能力提高了，不仅有助于增强创业者的自信心，而且能够使创业者更好地控制自己的未来。这又会促使创业者以更积极的态度来应对风险，将其视为一种挑战，并尽自己最大的努力来实现目标，进而将企业的发展带向积极的方面。

大学生可以通过参加社会实践活动，与成功人士交谈向高人取经，做成功人士的助手实际锻炼，参加培训班接受培训等方式来制订未来企业计划，做好处理危机的准备，以此来提高自身的创业能力。

（四）经营管理能力

经营管理能力是管理实践在资金运筹和企业经营中的体现，主要包括投资理财能力、市场拓展能力、营销策划能力、资源配置能力等，是指创业者对人员、资金的管理能力。它既涉及人员的选择、使用、组合和优化，也涉及资金的聚集、核算、分配、使用、流动。经营管理能力是一种较高层次的综合能力，是运筹性能力。经营管理能力的形成要从学会经营、学会管理、学会用人、学会理财四个方面去努力。

1. 学会经营。企业的经营是根据企业的资源状况和所处的市场竞争环境对企业长期发展进行战略性规划和部署、制定企业的远景目标和方针的战略层次活动。它解决的是企业的发展方向、发展战略问题，具有全局性和长远性。创业者一旦确定了创业的项目，就要将其具体组织实施起来，为了在激烈的市场竞争中获取利润，就必须学会经营。

2. 学会管理。管理，是指管理者组织并利用其各个要素（人、财、物、信息和时空），借助管理手段，完成该组织目标的过程。企业的管理主要包括质量管理和效益管理两个方面。质量不仅是生产物质产品的生命，也是从事服务业和其他工作的生命，创业者必须树立牢固的质量观。要学会质量管理，始终坚持质量第一的原则。同时，创业者还要学会效益管理，始终坚持效益最佳原则，效益最佳是创业的终极目标。做到效益最佳要求在创业活动中对人、物、场地、资金、时间的使用，都要选择最佳方案。做到不闲人员和资金、不空设备和场地、不浪费原料和材料，使创业活动有条不紊地运转。

3. 学会用人。市场经济的竞争归根结底是人才的竞争，谁拥有人才，谁就拥有了市场和顾客。一个企业没有优秀的管理人才、技术人才、专业人才，这个企业就不会有好的经济效益；一个创业者单打独斗，不吸纳德才兼备、志同道合的人共创事业，创业就很难成功。因此，创业者必须学会用人，要学会吸纳比自己强或有某种专长的人共同创业。

4. 学会理财。具体讲，学会理财首先要学会开源节流。所谓开源就是培植财源，在创业过程中抓好主要项目创收之余，还要注意广泛开辟资金来源。而节流是指节省不必要的开支，即便是一滴水、一度电，只要是不必要的就不能浪费。但凡真正的成功人士，都经历了聚少成多、勤俭节约的创业历程。其次，要学会管理资金，具体操作分为三个方面：一是要做好资金的预算和决算，做到心中有数；二是要把握住资金的进出和周转，每笔资金的来源和支出都要做好明细，做到有账可查；三是做好资金投入的论证，每投入一笔资金都要进行可行性论证，有利可图才投入，大利大投入、小利小投入，保证每一笔资金都可以真正发挥其作用。总之，创业者心中时刻装有一把算盘，每做一件事、每用一笔钱，都要计算是否有利于事业的发展，这样才能理好财。

（五）专业技术能力

专业技术能力是创业者掌握和运用专业知识进行专业生产的能力。它的形成具有很强的实践性，许多专业知识和专业技巧要在实践中摸索，才能逐步提高、发展、完善。创业者要注重积累专业技术方面的经验，还要进行职业技能的训练。在实践中将书本上介绍过的知识和经验提高、拓宽；对于书本上没有介绍过的知识和经验要注重探索，在探索的过程中要详细记录、认真分析，进行总结、归纳，上升为理论，形成自己独特的经验，进而形成自己的专业技能体系。

（六）沟通协调能力

沟通能力是创业执行的保证，其组织领导的客体包括政府部门、客户、同事和员工，通过沟通，形成共识，明确发展目标、清晰工作职责，有效加强合作；协调能力即资源整合能力，确保有效资源的最大化。这里的沟通协调能力主要指能够妥善地处理与公众（政府部门、新闻媒体、客户等）之间的关系。创业不是在一个封闭的空间里生产商品或服务，而是要与各种各样的人打交道。因此，创业者应该做到妥当地处理与外界的关系，尤其要争取得到工商及税务等政府部门的理解与支持。同时要本着求同存异共同发展的原则，团结一切可以团结的人和力量，以达到双赢。总之，创业者处理好人际关系，有助于建立一个有利于自己创业的和谐环境，为成功创业打好基础。沟通协调能力是营造和谐创业环境的重要保证。

（七）创新能力

创新能力是指人们用已经积累的丰富知识，通过不断地探索研究，发现新问题，提出新方法，创造新事物，获得新价值的能力，是取得竞争优势的必备素质之一。创业者的创新能力主要体现在对专业技术、创业方法和创业形式的创新。创新是市场经济的主旋律，是创业能力素质的重要组成部分，是企业化解外界风险和取得竞争优势的有效途径。它包括两层含义，第一层是大脑活动的能力，即创造性思维、独立性思维、创造性想象和捕捉灵感的能力；第二层是创新实践的能力，即人在创新活动中完成创新任务的具体工作能力。创新能力是一种综合能力，与人们的知识、经验、技能、心态等密切相关。它取决于意识、智力、创造性思维和创造性想象等，具有广博的知识、丰富的实践经验、熟练的专业技能、扎实的专业基础知识、良好的心态的人更容易形成创新能力。

在上述七个方面的基本素质中，每一项基本素质都有其独特的地位和作用，每一个要素都会影响其他要素的形成、发展、功能和作用的发挥，乃至影响创业的成功。因此，对于创业者而言，不仅要注重在教育和环境的双重影响下培养自己的创业素质，更要注重其整体结构的优化，在创业实践中不断提高自己的创业素质。

当然，这并不是说创业者必须具备以上所有的素质才能去创业，因为任何素质和能力的形成都不是一朝一夕之功，创业者需要的是不断提高自身素质的自觉性和实际行动。因此，要想成为一个成功的创业者，就要做一个终身学习和实践的人。

创业者的素质和能力

二、创业者应具备八种素养

新创企业的兴衰成败，在很大程度上取决于创业者的个人素质。一个成功的创业者通常需要具备哪些方面的素养呢？

（一）宏观意识

搞个小店是创业，办个工厂也是创业，三百六十行，行行都有自己的门道。但是国际形势在不断地变化，国内政策也在不断地调整，市场的波动可能带来机会，也可能带来毁灭性的灾难。培养宏观意识有利于抓住机会、避开危险。创业者要培养全球化意识，学会从宏观上分析问题，从高处往下看，反过来再寻找向上的阶梯。创业者虽然都是从小做起，但是最终能够发展起来的都是具有宏观意识、能够把握住机会的人。

（二）理性思维

创业是一步一步做大的，创业者要克服好高骛远、好大喜功的想法，树立务实的创业精神。作为创业者，应当志存高远，但是同时也需要有脚踏实地的实干精神，步步为营按照市场规律办事，从小处做起。秦池酒厂花 3 亿元争夺广告“标王”，搞一个名牌，极具赌博性；巨人集团刚有几千万元资金，就要建亚洲第一高楼。这些都属于典型的急功近利、不切实际的非理性决策。企业要根据现有的条件及外部环境提供的可能性，制订切实可行的方案，进行理性决策。

（三）风险意识

创业不是靠运气，而是靠胆识和谋略，但又不是“不入虎穴，焉得虎子”式的赌博，而是一种理性的风险投资。它集融资与投资为一体，因此必须有一定的风险意识及防范风险的意识。判断一定要准确、合理，考虑自己的能力及风险承受能力，时刻注意环境的变化，把风险控制在最小的程度。

（四）人品正直

作为创业者，企业规模小的时候，实行“人管人”，企业到了一定规模，创业者必须建立规矩和标准，实行“制度管人”。创业者必须以人为本，学会管人、育人、用人、激励人；切忌“家长制”“一言堂”，克服个人英雄主义倾向，尊重人才，用好人才。创业者必须遵守诺言，信誉是金字招牌，忌信口开河，廉价承诺。自己做错了事情就要勇于承认错误，绝不狡辩，同时要做规章制度的模范执行者。

（五）自我否定

从就业者到创业者，有时会犯经验主义错误。经验是一种宝贵的财富，背叛自己的经验，倾听属下的建议有时不容易做到，但是对于创业者来说却是非常重要的。刚愎自用、拒绝否定自我是创业过程中最大的敌人，也是许多创业者最容易犯的错误。从某种意义上看，创业者大多数是理想的现实主义者，他们希望以一种浪漫的手法来实现自己的目标。创业者必须做好两点：一是要对经验采取审视态度，二是善于倾听，老老实实地读些书，想些问题，认认真真地向别人请教，使自己具有持之以恒的创新精神。

（六）运筹能力

初创企业总是从小到大的。企业小时，创业者需要务实，做大了就要适当务虚。创业者必须能妥善分配企业的资源，调整企业的方向，应该追求运筹帷幄，决胜千里，切忌凭借感觉和冲动做事，如果做错了再去救火，企业可能已经化为灰烬了。日常每一项工作都应该按照统筹学的要求，慎重地对待每一次决策，时刻警惕着市场上的点滴变化。

（七）协作精神

学会如何与别人合作是创业者要解决的一大难题。许多合作不欢而散的原因，一是个人过于主观，怕被别人轻视；二是利益上的冲突难以协调。但是对于企业来讲，协作是非常重要的，许多情况下把人员组织好，就可以做出很好的业绩来。创业者选好自己的项目以后，要培养与人协作的精神，不要自以为是、目中无人，也不要钻到钱眼里。协作包括两个方面：一是与外部单位的合作，在这方面要有长远眼光；二是与内部员工的合作，不要斤斤计较，在利益分配上要公正、合理，学会与人交流，加强与合作者情感上的沟通，居高临下的姿态是不可取的。

（八）个人魅力

个人魅力作为职务影响力的必要补充，可以凝聚人心、鼓舞士气，使员工乐意为自己的企业工作，也可以给自己的合作伙伴留下美好的印象。个人魅力对于创业者来说，第一是讲信誉，所谓“言必信，行必果”；第二是诚实，切合实际制订方案；第三是胸襟广阔、厚人薄己，勇于承担责任；第四是要懂得一些必要的专业知识。此外，作为创业者，还应该关心职工的工作、学习与生活，服务于企业，造福于社会。

知识链接

成功创业小企业的关键因素

（一）蒂蒙斯创业过程模型

“创业学”的设计理念源于蒂蒙斯的创业模型（见图 4-1）。该模型的特点可以理解为三点：第一，机会、资源和创业团队的三要素组合。在模型中，机会、资源和创业团队是创业过程中最重要的驱动因素，构成一个倒立三角形，创业团队位于这个倒立三角形的顶部；第二，涵盖创业阶段的高度动态过程。蒂蒙斯认为，在创业前期，机会的发觉与选择最为关键；在创业初期，组建创业团队是重点，在创业团队建立以后，就应该设法获得为创业所必需的资源，这样才能顺利实施创业计划。新事业启动以后，才会产生增加资源的需求。第三，创业者是三要素的核心。在创业过程中，由于机会模糊、市场不确定、资本市场风险以及外部环境变化等因素经常影响创业活动，致使创业过程充满了风险，因此，创业者必须依靠自己的领导、创造和沟通能力来发现和解决问题，掌握关键要素，及时调整机会、资源和团队三者的组合搭配，以保证新创企业顺利发展。

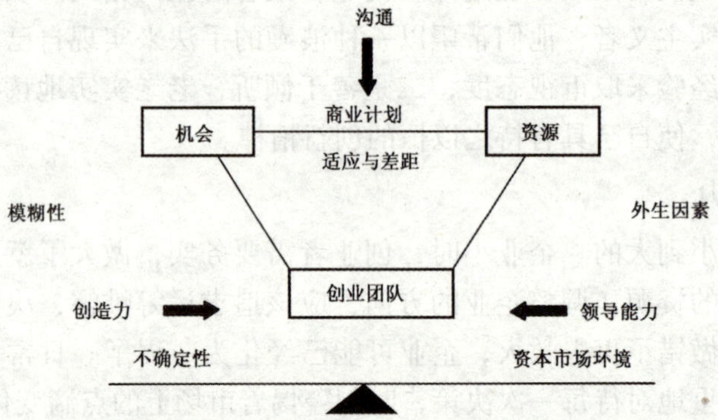

图 4-1　蒂蒙斯创业过程模型

（二）威克姆（Wickham）模型

Wickham 在论文《战略型创业》（*Strategic Entrepreneurship*）中提出了基于学习过程的创业模型（见图 4-2），认为创业者、机会、资源和组织是创业的要素。创业者位于创业活动的中心，是创业活动的主导者。他要识别和确认商业机会、整合和管理创业资源、创立和领导创业组织。创业者的任务是有效地管理商业机会、资源和组织之间的关系，使三者达到动态的平衡。创业者要对商业机会及时作出反应，通过领导组织和配置资源来不断获取商业机会。这样创业组织才会不断壮大发展。

（三）萨尔曼（Sahlman）模型

Sahlman 模型认为，在创业过程中，为了更好地开发商业机会和创建新企业，创业者必须把握人（People）、机会（Opportunity）、外部环境（External Context）和其自身的交易行为

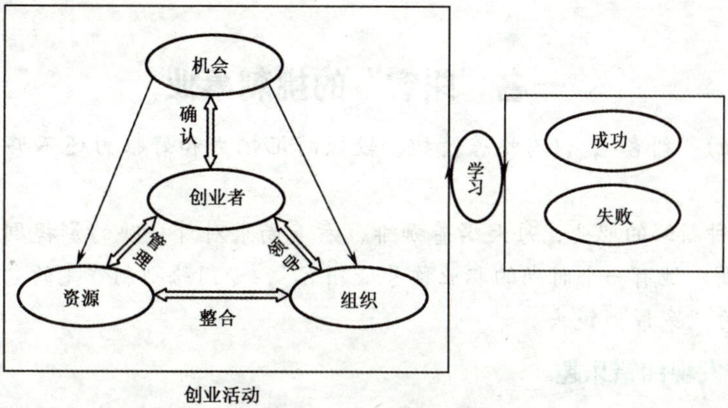

图 4-2 威克姆模型

(deal) 四个关键因素 (见图 4-3)。这里的人是指为创业提供服务或者资源的人，包括经理、雇员、律师、会计师、资金提供者、零件供应商以及与新创企业直接或间接相关的其他人。机会是指任何需要投入资源的活动，不但包括亟待企业开发的技术、市场，而且还包括创业过程中所有需要创业者投入资源的事务。外部环境是指无法通过管理来直接控制的因素，如资本市场利率水平、相关的政策法规、宏观经济形势以及行业内的进入威胁等。创业者的交易行为是指创业者与资源供应者之间的直接或间接关系。

Sahlman 模型的核心思想是要素之间的协调性，也就是人、机会、交易行为与外部环境必须相互协调，才能共同促进创业成功。同时，这个模型扩大了创业要素的外延，更具实践指导意义，同时为创业过程研究开辟了新视野。

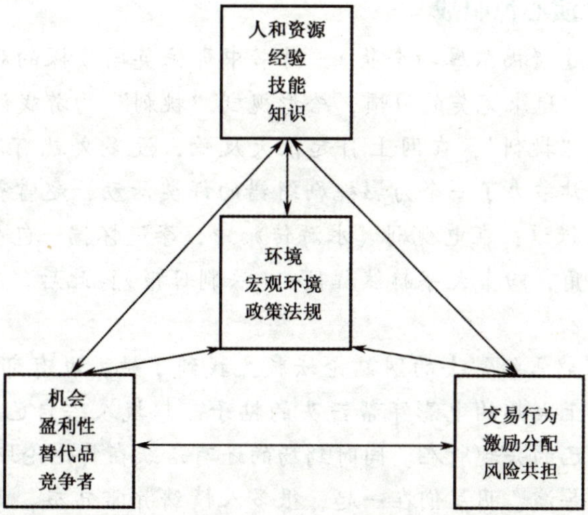

图 4-3 萨尔曼模型

| 创业故事汇 |

一名“纠客”的挑刺事业

做一名成熟的“纠客”，仅有吃苦精神、较强的记忆力和好眼力还不够，还需要丰富的知识积累。

她从事着一种新鲜的职业，每天喝着咖啡、看着尚未对外公映的影视剧，就能轻松拿到2万元以上的月薪。她有一个时尚的职业称号“纠客”，专门给刚制作完的电影和电视剧“挑刺”，找出其中的“穿帮”镜头。

从看电影中发现纠错乐趣

皮肤白皙，笑容甜美，一双大眼睛清澈明亮，在北京三里屯一家咖啡馆初见赵雪，就感到一股青春气息扑面而来。今年27岁的赵雪来自安徽黄山市，学美术设计的她，大学毕业后在装潢公司工作了一年，后来她辞掉工作，成了“自由族”。

小时候赵雪很喜欢看电影，后来家里有了VCD，就经常租些碟片看。一次，在看一部大片时，赵雪发现一件趣事：在古希腊战场上，双方正在激烈拼杀，忽然天空中出现一架波音747飞机。赵雪觉得很有趣，索性拿到网上公布自己的发现，没想到这个穿帮镜头引起了不少人的兴趣，大家讨论得热火朝天。

看影视剧是赵雪打发业余时间的主要方式，后来不经意间她把更多注意力放在了这方面。真是不看不知道，赵雪发现国产电影和电视剧里有不少令人捧腹的穿帮镜头，即使是制作精美的大片也不例外。比如大唐将军披甲执锐，在马上与敌人厮杀时，下身竟露出美国苹果牌牛仔裤；倒下的士兵身旁，有一个饮料瓶，观众一眼就能看出它是王老吉……诸如此类漏洞百出的情景，让赵雪从看电影中体会到另一种乐趣——纠错！

这名“纠客”令导演心惊胆战

赵雪说她小时候看过《福尔摩斯全集》，对书中那位英国侦探的观察力十分敬佩，后来自己也养成了关注细节、追求完美的习惯，给影视剧“挑刺”的游戏让她越玩儿越上瘾。

赵雪的这些娱乐性“挑刺”，在网上引起很大反响，没多久就有不少人加入了“纠错”行列。后来一家知名网站举办了一个为影视剧纠错的评奖活动，赵雪获得了生平第一个纠错奖。她参赛的“作品”很逗：在电视剧《水浒传》中，李逵怀揣一包牛肉大步走在路上，忽然包肉的纸被风吹开一角，四个大字赫然醒目：《法制日报》！此后，赵雪的纠错技术越来越熟练。

2008年5月，一家赵雪经常去的网站论坛版主找到了她，说有部国产军事片刚刚杀青，电影导演注意到了网络上火热的电影穿帮镜头的帖子，想找人给自己的电影“挑刺”。赵雪答应了，她觉得这是自己的兴趣所在。同时到场的还有活跃在其他论坛上的“找碴儿派”。

真正到了现场，和导演、明星们在一起，很多人情绪异常亢奋，电影开播后，竟集体出现了“锐利”的眼睛“死机”的迹象。唯一例外的是赵雪，电影开场前，她一直静静地坐在角落里摆弄自己的手机。一部一个半小时的电影播放完毕后，中间竟然没有一个人叫停。电影的主创都很得意，导演说：“看来我们这部电影的制作还是认真严谨的，所谓的穿帮场景并没有出现……”

他的话被赵雪打断了，赵雪说：“请倒带，28分10秒和43分21秒。20世纪80年代的解放军女‘作战专家’穿的军靴是意大利名牌；绝密文件的内容是《真的好想你》的歌词；小战士骑的一匹白马走到半路却变成了枣红色……”最后，电影导演诚恳地请赵雪认真地给他们的电影把把关！

把“挑刺”做成事业

现在一些电视剧制作粗糙，很多都是由于疏忽和不认真造成的。赵雪举例说，有位明星戴着瑞士手表拍摄古装武打片；抗日英雄牺牲在街头，背后的墙上写着：“此处禁止倒垃圾！违者城管罚款！”更雷人的是，在某连续剧第25集中，汉武帝在大将卫青的神箭相助下击败匈奴伏兵，来到长城脚下的一户人家，好客的主人叫媳妇为他们做一锅油泼辣子面，但呈现给观众的却是方便面！最令人哭笑不得的是，在央视版的《笑傲江湖》中，仪琳小师妹叫住令狐冲说：“令狐大哥，你贵姓?”

赵雪的“好眼力”在网上是出了名的，自从对那部军事片当面挑刺后，在那位导演介绍下，赵雪被很多电影和电视剧组邀去“找碴儿”。最初，她一个人还应付得过来，可是随着邀请越来越多，最多时候，她两天内看了两部20多集的电视剧以及两部电影。看到最后头昏脑涨、两眼发酸。

做一名成熟的“纠客”，仅有吃苦精神、较强的记忆力和好眼力还不够，还需要丰富的知识积累。有一次，赵雪为一部生活片把关，其中有这样一个细节，因刚装的电话没声音，女主人马上让工人师傅来修，只见对方把电话里的电池换了，电话就好了。她马上指出“这不可能”。因为电话里的电池是用来支持液晶屏的显示和免提功能的，而电话是否能通话是由电话线决定的，和电池一点儿关系也没有。还有女主人的父亲，穿的军装上有军衔，事实上我国从1965年开始取消军衔制，第二次实行军衔制是在1988年，而片中当时是1985年。这些错误一般人很难发现。

正因为“找碴儿”涉及很多方面的专业知识，2010年春天，赵雪萌生了组建一个团队的念头。后来经过严格筛选，数百名资深“找碴儿”网友中只有20多人被录用。赵雪建起了中国首家“影视纠错工作室”。如今，国内已经有100多名导演及大批影视制作工作室与赵雪签订协议，聘请她为自己的新作品纠错。“娱乐赚钱两不误”，做纠客“多爽!”谈到自己的职业，赵雪一脸的灿烂。

分析讨论

1. 你认为自己具备哪些方面的创业潜力？说一说你的理由。
2. 创业意识包括哪些内容？
3. 如果在创业中遇到了困难或风险，你会怎样去应对？你怎样重树信心？
4. 谈一谈优秀的意志品质对创业的重要性。

项目5

创业机会

名言点津

我想告诉大家，创业，做企业，其实很简单，一个强烈的欲望就是说：我想做什么事情，我想改变什么事情。你想清楚之后，你永远坚持这一点。

——马云

起点导航

互联网+

阿里集团高德董事长俞永福认为，看一个项目是不是真正的“互联网+”，关键是看原有的非互联网业务在与互联网连接后有无产生质变，并且这种质变不在于提升效率，而是体现在供需的重构上。前者只是“+互联网”，物理叠加，改善存量；后者才是“互联网+”，化学反应后创造增量。“+互联网”的价值是利用互联网技术打破原有业务中的信息不对称环节，从而实现效率重建。具体来说，过去我们受限于时间、地点、流程等信息不透明而导致高成本，“+互联网”以后就能实现在线化（24 小时接入）、规模化（一点接入，全球覆盖）、去渠道化（减少流通成本）。

典型例子就是打车软件，一方面大大提升了乘客和司机对接效率，但另一方面，出租车供给量和乘客打车需求原本就在那里，互联网只是将这种存量的效率和体验发挥到极致，因此只是“+互联网”。“互联网+”则做到了真正的重构供需。因为非互联网与互联网跨界融合后，不只是效率提高了，而且在供给和需求两端都产生增量，从而建立新的流程和模式：供给端是“点石成金”，将原本的闲散资源充分利用；需求端则是“无中生有”，创造了原本不存在的消费场景。两者结合，其实就是我们常说的“共享经济”。

厘清“互联网+”的实质，再回过头来看“大众创业，万众创新”，就会发现其中的内涵：如果还是“+互联网”的存量生意，有限资源从左手倒到右手，那还是小部分极客的游戏，绝不可能支撑起“大众”和“万众”的广度。而“互联网+”则真正把创业的广度扩展到了三百六十行，互联网和非互联网的跨界融合，能够创造出更多原有模式之外的变量。未来随着互联网和非互联网融合的进一步加深，可能没有必要再区分互联网和非互联网了，所有行业最终都可以统称为“互联网+”行业。

总而言之，“互联网+”可能是一个最坏的时代，代表传统互联网创业时代的结束，机会窗口已经关闭，但这也是一个最好的时代，“互联网+”带来的新机遇远远超过它终结的那部分，重构供需意味着创业第二春，再小的初心和梦想都能成为创新之源。

讨论分析

1. 你认为“互联网+”带来的新机遇有哪些？
2. 你认为寻找好的创业项目可以通过哪些途径？
3. 如果你有志创业，你会选择哪个行业？请介绍一下该行业的现状及国家的相关政策。

任务1 创业机会的捕捉与识别

任务导引

看错了市场 万元商品成“鸡肋”

王可，市场营销专业大二学生，家庭经商，从小耳濡目染，上大学后学的又是市场营销专业，所以一直有创业的冲动。

去年，王可找到了一位同样有创业激情的合伙人，两人认为做印度熏香最适合，投资少赚钱快，而且在校大学生就是一个很好的目标消费群体。在校园里试销了几次，结果来咨询的人很多。于是信心很足，很快租了房子，进来了价值上万元的货。

当他们真正去推销时，才发现原以为宁波有10多万在校大学生，他们大多会喜欢这种香料，特别是女生，至少有一半人会很感兴趣。即使他们自己不喜欢，买去送人也很合适。

事实上，这种香味并不是人人都喜欢。在一个寝室里，如果有一个人使用，别的室友不喜欢，那这个人一般就不好意思再用了。所以，每次都是来看的人多，表示这个东西不错的人多，就是极少有人花钱来买。

现在，积压商品成了“鸡肋”。王可每天看到这些东西，就感到头痛。虽然损失了8000多元，还在承受能力之内，但第一次雄心勃勃地创业就不顺利，心里还是很难受。

看人游泳和自己游泳完全是两个概念。许多创业者往往容易以自己比较狭隘的经验去判断市场的脉搏，凭着一腔创业热血，盲目选择创业项目。建议创业者在行动前仔细分析创业项目，认真做好市场调研，并且多接触不同种类的社会人群，了解市场，避免脱离实际，选错了投资项目。那么，什么是创业机会呢？

创业，在很多人的想象中，就是两个小伙子在咖啡店或者宿舍里，侃出了一个新奇想法，然后找到了一个投资人或VC（风险投资），经过几句话讲解，VC拍手叫绝，10分钟内当场拍板，砸下了2000万美金，然后两小伙子招兵买马加班加点，推出了产品和服务，结果一炮打响，声名大噪，于是公司上市，这两个小伙子一夜之间成为百万富翁、亿万富翁……这样的事情在现实生活中几乎不可能发生。创业难，最难的是创业的想法。好的想法不是靠拍脑袋拍出来的，能经得起推敲的想法才是真正有价值的想法。

好的创业想法到底是怎么产生的？这个神秘的过程其实不全在脑子里，从来没有一个好的想法能在大脑里十全十美地生成，出来就开花结果。创业的想法需要苦思冥想，更需要动手实践。创业是艰苦的，尤其是创业初期的一两年中，少不了风雨、坎坷，所以创业想法半途而废的现象比比皆是。一个想法能几经周折顺利实现是件值得庆幸的事情，创业者为想法而煎熬是必定的。

分析讨论

1. 什么是创业机会？

2. 如何把握创业机会？

创业机会的概念

一、创业机会的概念

（一）创业机会的含义

关于什么是创业机会，不同的研究者有不同的观点，实难统一。无论怎样表述，创业机会均包含需求被满足或创造的可能性这层意义，利用这种可能性，企业实现利润目标。因此，创业机会就是一种满足未被满足的或能被创造的有效需求的可能性。创业机会的内涵包括四个方面：

1. 创业机会是满足潜在需求的可能性。实现利润是创业的根本目标，途径在于利用产品或服务与消费者进行货币交换，而交换的前提是消费者需求。因此，创业机会意味着满足某种消费者潜在需求的可能性。这种潜在需求存在于消费者的现实欲望中，但目前的企业并没有发现或者没有能够提供合适的产品或服务满足这种需求。这类机会存在于市场中，存在于消费者中。比如，“看病难”是目前中低收入阶层的现实处境，那么，开办“社区医院”就是一种创业机会。

2. 创业机会是创造潜在需求的可能性。很多需求并不存在于消费者的现实欲望清单中，某些需求或许只是一种遥远的梦想，或许从未想过。人的欲望或需求的对象一般是可以想象的东西，比如，在固定电话时代，消费者不会对移动电话存在需求。对于这类需求，往往需要企业通过创新，提供超越消费者期望的产品或服务，从而创造需求、创造市场。这种机会存在于企业的创新中，是创造性商机。

3. 创业机会满足的需求必须是有效需求。人的欲望是无止境的，只有那些消费者能够支付得起的产品或服务才能成为有效需求，只有有效需求才能转化为交换，进而变为企业利润。有效需求是实现利润的前提。创业机会满足或创造的必须是有效需求，否则只能是妄想，是镜中花、水中月。

4. 创业机会是一种高度的可能性。可能性是一种盖然性，而非必然性，那么怎样的可能性才能构成商机？必须区别创意与商机这两个不同的概念。创意只是一种未经论证的构思、直觉或想象，市场需求具有不确定性。只有那些经过市场论证、企业有能力与资源把握、能够帮助企业实现利润的创意才能转化为商机，创业机会必须是具备高度可能性的创业构思，创业成功的概率与创业机会的概率呈正相关关系。一般来讲具有 70% 以上可能性的创意才能作为创业机会加以考虑。比如，著名的“铱星”项目的失败，本质上就是由于机会概率太小造成的。学会评估创业机会的可能性是创业者的基本能力之一。

（二）创业机会的特征

1. 隐蔽性：“机会”是一种观念，并没有具体的形象可以供创业者观察、触摸和聆听，它只是现象背后的抽象存在，而抽象事物总是隐藏在现象背后的。创业机会总是隐藏在社会经济现象深处，难以察觉。创业机会的隐蔽性是由消费者需求的潜在性决定的，潜在需求并未表现在消费者的日常购买行为中，而是存在于消费者的心里，甚至是无意识世界里。正是机会的隐蔽性造就了其珍贵性，“人人都能发现的永远不是机会”，机会只留给“有心人”。培养对机会的直觉把握能力是创业者的一项核心修炼。

2. 时效性：机不可失，时不再来，机会总是稍纵即逝的。因为消费需求总是不断演变的，持久的消费形态已经变少了，人们总是在不断地追逐新的消费对象和消费方式。生活节奏越来越快，热潮、时尚、风格的周期不断缩短，产品与服务的生命周期也随着消费者的需求变化而不断变短。手机的出现就终结了寻呼机10年左右的短暂生命，可见留给寻呼机企业的时间是如此短暂。

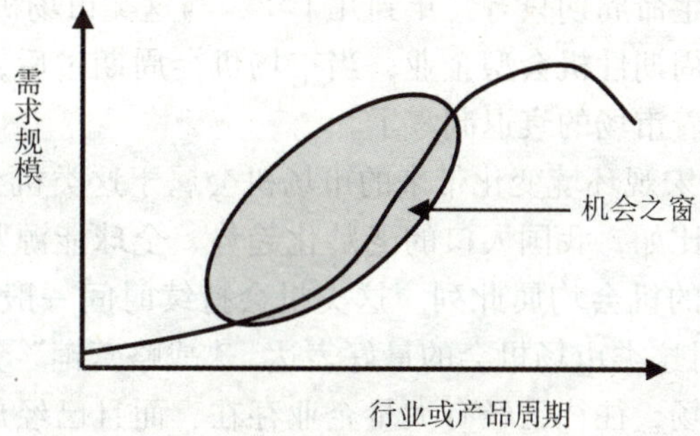

创业机会的概念与特征

图 5-1　机会之窗模型

蒂蒙斯提供的机会之窗模型很好地表述了行业或产品周期演化中的创业机会（见图5-1），只有在机会之窗的时间段进入相关行业开展创业，取得成功的可能性才更大。

3. 偶然性与必然性：创业机会的出现是必然的，同时也是偶然的。创业机会的偶然性体现在机会出现的具体时间与空间上的不确定性，以及具体需求形态的变化和发现主体的不同上。必然性体现在机会带来的需求类型的确定性上，某类需求必然会出现，只是出现的时间、地点以及表现形式是不确定的。比如，自然灾害引发的对救灾物资的需求机会，就由于发生灾害的时间、地点、灾害种类，以及捕捉到这种机会的人具有不确定性，造成了机会的偶然性。但自然灾害是必然会发生的，由此带来的商业机会是必然存在的。可见，只要随时、随地，处处留心，就一定会发现商机，“永远不缺少商机，缺少的是发现商机的眼睛”道出了创业机会偶然性与必然性统一的道理。

（三）创业机会的类别

正确认识创业机会的类型，对于识别机会、评估机会及选择机会具有重要意义。根据不同的标准，可以有不同的方法划分创业机会。

根据创业机会出现的特性及持续的时间可以划分为突发式短期机会、孕育式周期机会及演化式长期机会三种典型的市场机会。

1. 突发式短期机会。很多机会的出现并没有先兆，而是突然发生的，它的持续时间往往非常短，转瞬即逝。比如，火灾等自然灾害带来的建材销售机会，以及三鹿奶粉事件突发造成的奶粉供需矛盾、戴安娜突然去世引致的“戴安娜热潮”等均属突发性短期机会。这类机会一般持续时间在数周至数月不等，“热潮”是这类需求的最好表达，“事件营销”是企业对这类机会的最好反应。一般来讲，这类机会不适合成立新企业去专门把握，而比较适合现有企业充分利用。因为，创业需要一定的投入与产出周期，而这类机会的窗口时间太短，新创业企业缺乏必要的时间利用这种机会。

2. 孕育式周期机会。大多数市场机会的出现不是偶然的，而是有其必然的内在原因，是一个从量变到质变的过程，有一个从孕育、成长、成熟到衰退的周期性过程。比如，某种风格的服装，从个别明星的穿着，到上层人士的模仿，再到社会大众的跟随，一般会经历这样的从偶然到必然的周期性过程。这类机会持续时间一般短则数月，长则数年，甚至数十年。“流行、时尚、风格”是对这类机会的最好表达，“战术营销”是企业对这类机会的最好反应。这类机会适合新创业企业去把握，它提供给新企业的时间窗口足够长，有充分的余地完成创业的过程。但必须注意介入时间的选择，当行业已经发展到成熟期时，市场机会就对新企业关闭了。很多企业的生命周期只有几年到几十年，与这类市场机会的周期性有密切关系，可以说大多数企业都属于周期性机会型企业，当市场机会周期过后，它们中的大多数都未能适应市场机会的演变而随着市场的衰退凋零了。

3. 演化式长期机会。宏观环境变化带来的市场机会属于这类机会类型，它的特征是演化缓慢、持续时间非常长。比如，我国人口的老龄化趋势、全球能源紧张趋势、全球气候变暖趋势、城市化趋势等带来的机会均属此列。这类机会持续时间一般短则数年，长则数十年，甚至数百年。“趋势”是对这类市场机会的最好表达，“战略营销”是企业对这类机会的最佳反应。这类机会提供的市场，往往已经有大量企业存在，而且已经形成稳定的市场格局，新企业要想介入比较困难，需要大量投资和长期积累。但新企业可以通过与老企业的“配套”进入相关行业，然后通过“战略性”的发展以实现利用这类机会的目标。这类机会适合那些做“百年老店”的企业。

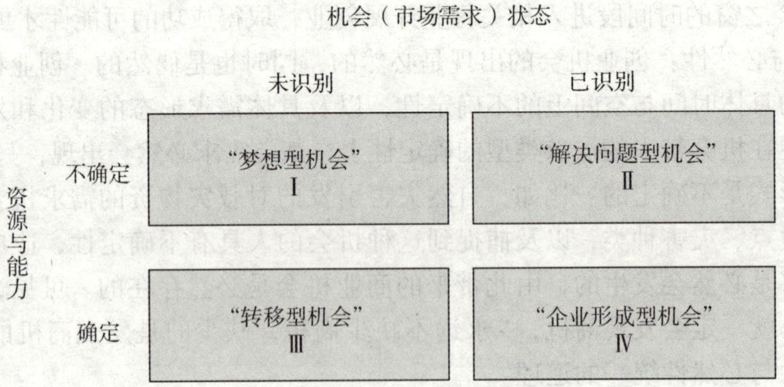

图 5-2　企业机会类型矩阵

还可以根据机会来源及发展程度按照图 5-2 划分。

这种分类方法中确定了两个指标，一是机会的状况，本质是市场需求的状况，分为“已识别”和“未识别”两种情况。二是创业者的资源与能力，本质是企业供给能力，分为“确定”和“不确定”两种情况。这样，就将市场经济的两个根本矛盾——供给与需求，结合起来了。按照这种分析方法，存在四种机会。

"梦想型机会"——机会Ⅰ型。表示市场机会未能得到创业者的识别，需要通过环境分析、市场调查等方法进行开发。同时，创业者的资源与能力也尚未确定，可行性方案、商业模式等问题解决方法未知，属于前文所谓的创意，还不能转化为有效的商机。

"解决问题型机会"——机会Ⅱ型。表示市场机会已经被创业者识别，但资源和能力不确定。创业者的主要职责在于整合资源、设计模式、建设团队、开发产品或服务项目，即解决满足需求的具体方案。

"转移型机会"——机会Ⅲ型。表示市场机会未被创业者识别，但创业者已经具备特定的资源和能力。创业者的职责在于为现有资源找到合适的市场机会，即将资源转移到合适的市场，实现将现有闲置的或利用不充分的资源与能力充分利用。

"企业形成型机会"——机会Ⅳ型。表示市场机会已被创业者识别，同时，创业者已经具备相应的资源和能力。创业者的主要职责在于设计具体的模式、方案，以实现资源与市场的有效匹配，即建立新的企业以满足市场需求。

创业机会的来源与识别

二、创业机会的识别

从本质上看，创业过程就是识别创业机会，并将其转化为利润的过程。

隐蔽性是创业机会的特性之一，机会识别是创业者的根本任务，机会识别能力是创业者的核心能力之一。由于创业者在警觉性、个人特性、先验知识、认知学习能力、创业动机及资源禀赋等方面存在巨大差异，创业机会的识别就成了一项主观色彩浓厚的任务。

但是，创业机会的识别还是存在一定的客观方法的。根据机会的来源，可以将创业机会分为环境变化带来的机会及企业创造性机会两种。因此，可以通过环境分析法及系统创新法对创业机会进行客观的识别。

（一）环境分析法

环境总是变化的，变化意味着机会或者威胁。通过系统的环境分析可以识别其中蕴藏的创业机会。

企业环境包括宏观环境与微观环境两个方面。宏观环境指影响企业经营的那些抽象环境，主要包括政治法律环境、经济环境、社会文化环境及技术环境等。宏观环境的变化对企业的影响通常是深远而广泛的，它提供的机会与带来的威胁对相关行业或产业中所有的企业都有影响，是孕育式周期机会及演化式长期机会的主要来源，也是毁灭性"慢性中毒"式威胁的主要来源。抓住了宏观环境带来的机会也许就可以实现企业"基业常青"的梦想，未能识别其中的威胁却也可能导致"温水煮青蛙"的命运。宏观环境的变化往往是渐进式、缓慢进行的，由于人们对变化缓慢的事物缺乏敏感性，因此，企业对宏观环境带来的机会与威胁往往缺乏应有的警觉。

微观环境指的是影响企业经营的具体的行业与产业环境，主要包括竞争者、替代品经营者、供应商、消费者、社会公众等。微观环境的变化对企业经营的影响通常是短期的，甚至是立竿见影的，它提供的机会与带来的威胁通常只涉及部分企业。抓住了微观环境变化带来的机会往往可以使企业加快发展或者扭转颓势，取得短期的优势，或能避免暂时的困难。微观环境的变化比宏观环境的变化要容易感知，也容易得到创业者的重视。

环境分析法就是通过系统地设置观测指标（观测点），对环境变化做客观的、定期的记录，并分析指标的变化，从而识别可能带来的市场机会或威胁。是一种客观的、程序化的、定期式的机会（威胁）分析方法，弥补了创业者主观把握机会的局限性。这将创业者主观分析方法与客观分析法相结合，能够有效开展创业机会的识别工作。

环境分析法包括许多具体的分析工具，主要有宏观环境分析的“PEST 法”和微观环境分析的“利益相关者分析法”，这两种分析方法的程序基本一致，主要包括以下几个流程：

1. 确定分析项目。宏观环境分析的“PEST 法”的分析项目主要包括政治与法律环境（P：Politics）、经济环境（E：Economics）、社会文化环境（S：Society）及技术环境（T：Technology）。微观环境的“利益相关者分析法”的分析项目主要有供应商、消费者、竞争者、替代品及公众等要素。

2. 确定分析指标。分析项目是环境构成的基本要素，为了更加清晰地监测和了解环境变化，还必须观测每个项目下的具体的环境指标。比如，“政治法律环境”项目下就可以设置“贸易政策”“产业政策”“市场法规”“税收政策”等具体指标加以分析。

3. 分析指标变化。定期观测各指标的变化，并分析这种变化对企业有何种影响，是提供了机会，还是带来了威胁，或者是中性的影响。

4. 汇总各种可能的机会和威胁。将分析得到的环境机会和威胁汇总，就得到了机会选项（O：Opportunity）及威胁选项（T：Threat），以便进一步评价和选择。

（二）系统创新法

环境变化属于企业外部的机会来源，环境机会通常是企业被动感知环境变化，而作出选择的结果。除此之外，企业还可以通过内部创新，提供新的产品或服务，或其他新的客户价值，在不变的市场环境中实现满足潜在需求的目标，从而引导、创造市场机会。创造性机会的本质在于创新，而不是被动利用环境机会。创造性机会的利用完全掌握在创业者自己手中，它不是潜伏在企业的外部环境中，而是隐藏于创业者及其团队的“心智”里，需要创业者及其团队通过一定方法开发、识别出来。

过去，一直认为创新主要依靠的是灵感、直觉、顿悟等主观方法，并不存在既定的、客观的方法。现代系统科学、心理学、脑神经科学等前沿科学的研究以及对创新本身的研究越来越表明创新其实也是有“路”可循的。客观的、程序化的创新方法可以称为系统创新法，它可以帮助创业者开发和识别创造性市场机会。

系统创新法就是通过程序化、条理化、客观化的思维发展，激发创造力，发现新事物、新方法、新观念的创意开发方法。系统创新法是对创新方法的总称，常见的具体方法主要有头脑风暴法（也叫脑力激荡法 Brain Storming）、多屏幕系统展开法、功能分析法等。每种方法遵循的具体流程不同，但基本上都包括以下几个要点：

1. 集中不同角色的群体参与。

2. 不加限制地自由联想、讨论、交流，提出各种可能或不可能的想法。

3. 接受来自各方对这些想法的质疑、批评。

4. 形成机会选项。

将由环境分析法和系统创新法识别出来的机会进行整合，合并相同或相似的机会，提炼出机会选项列表（创意框），以便进一步对其进行评价。同时，为了便于最后的机会选择，也对环境带来的威胁进行综合分析。

知识链接

从创业环境中寻找创业机会

市场是扩大的，永远存在着各种各样的机会。不妨从以下几个方面关注：

（一）从变化中挖金

如政策方针、市场结构的变化。以消费理念为例，目前彰显个性已是更新更高的消费主流和需求，所以商机可以定位在提供“个性选择”上，如专做精致的海报馆、派对用品专卖，为老年人提供回忆录出版等。

（二）从特殊需要中挖金

共同需要容易认识，基本上已很难再找到剩余商机。只有瞄准目标人群的特殊需要，寻找差异性，才能捕捉商机。社会各阶层的特殊需要很多，如双职工家庭，没有时间照顾小孩，没有时间买菜做饭，大学生能否创办“妈妈助理公司”，为双职工家庭提供接送孩子、辅导功课、搭配菜肴等一条龙服务，竞争力远远超过现在市场上的家政公司。

随着空巢家庭的增多，越来越多的老人希望有人陪着聊聊天，排除寂寞。大学生创办情感家政，也许会开拓很大的市场。借助因特网等现代科技，情感家政的聊天题材十分丰富，你可以给老人读书读报，谈每天的新闻、逸事；可以从相声网上下载名家相声，让老人一次乐个够；也可以搜集保健知识等，讲解给老人听；还可以利用网络等，陪伴老人进行网上网下四国大战、麻将娱乐。这些情感家政工作，大学生可以作为个体户单干，也可以三五个好友注册公司，发挥个人特长，谋取规模效益。

应试教育的竞争、职场的压力，使很多人患上心理疾病，因此，包括心理咨询师在内的维护心理卫生的专业人士目前在人才市场上属于还未开发的冷门职业，除了专业医疗机构，社会服务部门和企业人力资源部门对此类人才也有需求。在这方面掘金，“心理按摩”产生自然大有前途，目前拥有资格证书的心理咨询师的年薪在10万元至20万元不等。此外，还可以尝试创办让职场人士心理放松的相关企业，如成人智力玩具游乐场所等。

（三）从冷门中挖金

冷门挖金，就是人弃我取。知识产权业在人才市场中一直不温不火，只因为学技术的不肯丢了专业，学法律的又想着要做法官、律师。其实，专利代理作为“第二发明人”，能布置专利的强火力网，规避专利可能被人入侵的“软肋”，没有哪家企业能缺这个“副攻手”。其次，还因为专利代理人考试通过率一向偏低，还不到10%，物以稀为贵，既有市场又有效益，自然赚得容易。

又如彩色树种植。小林读的是林业，很多人认为这个专业毕业后同农民也差不了多少。但小林的选择出人意料，从北京毕业后回到浙江老家，承包了一个苗圃，扦插、嫁接，其后大规模种植，专门进行日本红枫、美国红枫、黑橡胶树等进口彩色树的引种，效益惊人。

彩色树在园林绿化中起“画龙点睛”作用，随着上海等各大城市广植绿化，打造色彩斑斓的城市景观，不仅城市公园、大片绿地需要，住宅小区的绿化甚至私家庭院也缺不了它，彩色树需求量扶摇直上，能卖得出好价钱，一年龄的红枫苗一枝单卖就是近百元。创业两年，小林的资产已经达数百万元。

再如宠物配种。小李是个刚毕业的大学生，求职时经历了种种艰难，正沮丧时，住在同一个小区的张先生前来为自己的雌博美犬求偶，希望能与小李家的那只雄博美犬结成伴侣，共育佳儿，为此，张先生宁愿倒贴“彩礼”2000元。这件事让小李灵机一动，何不开家宠物配种店，当个动物“红娘”呢？于是，他向父母借款数万元，买回纯种的苏格兰牧羊犬、金毛犬、博美犬等犬种，每配一次种，价格从2000元到6000元不等，很快引来“凤求凰”。挖到第一桶金后，小李做大宠物店，寄养、美容、销售宠物饰品等，获利颇丰。

（四）从特长中挖金

每个人的潜能和特长，都有可能带来财富。文学爱好者，在大学生文理科中皆有。有着较强文字策划能力的大学生，是否想过当个文字侠客？不必专注于文学，比如写新闻、写策划调查，还可以做通讯员、做评论员、做时尚的短信写手，都是不错的选择。“牛奶奶”“娃宝宝”，在上海联合产权交易所项目交易库中，经常可见一件件名称诙谐的商标叫卖。这些起码5万元的商标挂牌不久，就被人买走。

这些商标的设计者都是一些刚毕业的大学生，他们擅长画图设计，创意新点子迭出。曾设计并高价卖出一个地板商标的小黄介绍：商标买卖正成为新的致富途径，一些职业炒标手看到一个立意巧妙、读起来朗朗上口、让人过耳不忘的商标，就一掷万金买下，再转手高价出售。小黄无意做炒标者，做商标设计，赚得第一钵。

（五）从低科技中挖金

在低科技领域创业，大学生的形象和素质，会让低科技创业也呈现文化韵味。色彩搭配，是商品销售时吸引顾客眼球的首要因素，因此，如今不管是服装、家居、商店还是医院、工厂等，都注重用色彩说话。而学习美术、服装设计、建筑设计等专业的大学生，对色彩的把握具有一般人不及的天赋，办个“好色”的企业，专门为私人进行服装色彩搭配咨询；为市民进行四季家居色彩设计，用最少的钱让家居常住常新；为企业新产品进行色彩调查和创意；为各种展览会、展销会进行色彩布置等，都应该很有市场。

小钱刚开始创业时，大学同学颇为她惋惜：寒窗四年苦读，竟去卖鞋。但小钱卖的女式皮鞋很特殊，全是39码以上大码鞋。这是她从自己的生活苦恼中发现的商机。“现在的女生爱运动，因此，大脚女生比比皆是，而一般鞋店的皮鞋最大只有38码或者39码，因此，不少女生只能终年穿运动鞋。”但大脚女也爱靓鞋，小钱的大码鞋店开张后，开始只注重搜寻大码鞋，后来她发现，很多大脚女希望紧跟市场新鞋潮流，因此，她勤逛市场，看到最新潮的皮鞋，就请人批量生产，后来，干脆自己尝试进行大码皮鞋设计，小店的生意红红火火。

（六）从创意中挖金

创意无限，机会无限。你有新的创意，把它转化为现实的产品，就意味着财富的大门向你敞开了，如新型的淋浴器。英国伦敦一名大学生发明了一种新型淋浴器，既节水，又节能。因为淋浴器的内部设有净化和循环装置。在使用过程中，淋浴器能够把使用过的洗澡水收集到过滤器中，废水在旋流器的带动下不停旋转。由于洗澡水中的污物密度比较大，在离心力的作用下，污物就会从水中分离出来，然后，经过初步净化的洗澡水将通过过滤装置获得进一步净化。据报道，用这种新型淋浴器洗澡，可以节约70%的水和40%的能源。

生物厕所。中国科学院微生物研究所目前与山东金长城集团联合研制成功一种全新概念的免水冲型生物厕所，能直接将人的大小便和生活垃圾通过微生物降解进行彻底消化，免水冲，不排放，无污染；与一座两个蹲位的水冲公厕相比，一座生物厕所一年可节水730吨，同时，每年可节约清运等费用一万余元；安装简便，不用管道，不受场地限制，在维护和管理方面，与普通厕所相比，可节约2/3的费用和时间；免除污染，一个这样的厕所，一年可少污染36万吨的清水。

眼镜电视。日本开发出一种眼镜电视，购买后，可将带有0.24英寸液晶电视显示器及镜头的小型荧屏贴到眼镜上，所看到的影像与在1米外观看14英寸电视屏幕相同。附有耳机，并连接DVD随身听。眼镜电视保密性强，因为只有佩戴者看到影像，其他人无法知道。

任务2 创业机会选择与评价

任务导引

MP3退出历史舞台 曾使磁带唱片几乎被消灭

中亿财经网2017年5月15日讯，近日，发明MP3这种音频播放格式的德国研究机构——夫琅和费集成电路研究所（Fraunhofer Institute for Integrated Circuits），宣布该机构已经终止了某些MP3相关专利的授权。从另一方面来看，这就意味着该机构不想再对这种格式继续提供支持，因为2017年已有诸多更好的音乐存储和播放方式出现，因而MP3该寿终正寝了。

对于很多80后、90后来说，整个青春期的记忆都和MP3有关："为了买个MP3，省吃俭用好几周。""专门到网吧去下歌。""感觉拥有了MP3就拥有了全世界。"

不过，需要强调的是，"退出历史舞台"的是MP3这种大家喜闻乐见的音频格式，而不是MP3播放器（当然MP3播放器的日子也不好过）。

在阐述为什么终止MP3格式的专利授权时，夫琅和费集成电路研究所的主任表示，高级音频编码（AAC）格式业已成为"手机下载音乐和视频等内容的实际标准"。这种格式的效率比MP3的更高，而且功能也更加强大，在传输流电视和音频广播等内容时，使用这种格式能够发送高质量的音频内容，而且位速率比MP3低得多。

MP3崛起，磁带唱片几乎被消灭

科技业的发展正好印证了"长江后浪推前浪，前浪死在沙滩上"这句俗话。

正如MP3格式被AAC格式取代一样，MP3格式的发展史也是一段将前浪拍死在沙滩上的历史。

根据报道，20世纪80年代末期研究人员开发出了现在看来较为简陋的MP3标准，这一格式只占原文件10%的存储空间，而且极大地减少了下载时间。

MP3格式一开始推广得并不顺利，但最终，夫琅和费研究所逐步向消费者免费赠送软件，以此激励用户把他们压缩磁盘（CD）上的歌曲转存到家用电脑上MP3文件中，在此之后，这一格式迎来了发展春天。

而随着MP3格式的流行，磁带、CD的销量大幅下降，而唱片业也因此走向长期衰退。

在2000年以前的唱片业黄金年代，知名歌手专辑销量破百万并不是难事。当时，买磁带、CD似乎也成了歌迷听音乐、支持自己偶像的最直接、最必不可少的方式。

MP3时代开启后，传统的唱片业遭受重创。

从20世纪90年代末以来，国内的唱片销量每年都以40%左右的份额下降。2000年，羽泉的专辑《冷酷到底》卖出了145万张，而这几乎已经是中国流行音乐辉煌十年的句号了。

和中国一样，21世纪开始，美国唱片市场每况愈下，虽然2016年唱片销售额回升到了2009年的水平，但也只是1999年的一半。

苹果来了，MP3播放器成明日黄花

同时，由于MP3格式的流行，MP3播放器市场迅速爆发，而CD随身听销量连年下降。

1997年，韩国人生产出第一台MP3播放器，然后以艾利和和三星为代表的韩系MP3播放器品牌成为市场上的明星。2002年，韩国MP3播放器占据全球市场份额的41%，达到历史巅峰。

但韩系MP3播放器的市场份额在2003年就降到了32%，2004年又下降到20%。

这样的变化都拜苹果的iPod所赐，根据腾讯网报道，2004年iPod已经占据了数字音乐播放器65%的份额，而这距离iPod推出仅有三年。到2010年秋季，全球范围内iPod的总销量已约为2.75亿台。同时，伴随着主推AAC格式的iPod在全球市场的扩张，AAC格式也由此开始普及。

iPod是乔布斯回归苹果，再次创业的重要作品。

当年乔布斯再次出任苹果CEO时，消费者还只能购买一次只能播放几首歌曲的播放器，直到2001年iPod的出现改变了这一切。

2003年，苹果公司推出了iTunes，能够为用户提供在线试听和音乐购买服务。这个产品的推出，代表着音乐产业正式向数字化时代迈进。数字音乐便捷、人性化的销售方式让无数人开始放弃CD和磁带，苹果公司的配套产品iPod销量节节攀升，取代索尼的Walkman成为新一代随声听的代名词。

推出后短短三年，iPod + iTunes组合就为苹果公司创收近100亿美元，几乎占到公司总收入的一半。iPod占据了美国音乐播放器70%以上的市场份额，iTunes则一步步超越了沃尔玛，成为全球最大、最成功的在线音乐商店。

然而，随着第一代iPhone在2007年发布，几年间智能手机迅速普及，音乐播放功能已经成为手机的标配，iPod和其他MP3播放器都逐渐被边缘化。

从2009财年第三季度开始，即iPhone发布两年后，iPod销量首次出现下滑，其季度销量的峰值也定格在了1200万台。

2011财年第二季度，iPhone销量首次超过了iPod，后者的销量环比遭遇了腰斩。

2014年9月，在iPhone 6及Apple Watch亮相后，销售了13年的iPod classic在苹果官网下架。

2015年开始，苹果停止在财报中单独提供iPod业务收入，而将其整合入“其他产品”分类。

版权受重视，专辑又能卖钱了

另一方面，有分析认为AAC格式取代MP3格式不仅因为其在音乐播放功能方面更加强大，还在于它能提供更好的版权保护。

事实证明，严格的版权保护为音乐行业再次盈利创造了机会。

因为历史原因，MP3 的版权非常混乱和碎片化，追讨成本非常大，所以很多制造商愿意冒这个侵权风险，而让 MP3 成为“事实上的免费格式”，助长了音乐行业盗版的泛滥。

近些年来，对音乐版权的保护越发受到重视。在国内，自 2015 年国家版权局下发《关于责令网络音乐服务商停止未经授权传播音乐作品的通知》后，正版音乐资源的重要性越发明显，各家巨头掀起了版权争夺战，也带来了行业公司间的整合。

2016 年 7 月，腾讯旗下的 QQ 音乐与中国音乐集团（CMC）合并，成立一个新的音乐集团——“腾讯音乐娱乐集团”，合并后腾讯旗下拥有 QQ 音乐、酷狗、酷我等产品和品牌。

根据 Analysys 易观发布的《中国移动音乐市场季度监测分析 2016 年第 4 季度》数据显示，2016 年第四季度中国主流移动音乐平台的前两名依旧由腾讯音乐旗下的酷狗音乐和 QQ 音乐占据。

据财新网报道，早在去年 7 月，腾讯方面便表示，QQ 音乐付费用户已达到 1000 万左右。“会员付费收入目前是 QQ 音乐最大的收入来源，其次为广告收入，已经实现盈利。”

同时，在版权受到严格保护的情况下，数字专辑取代了传统的唱片，成为新的音乐发布形式，很多歌手因此获益。

周杰伦的数字专辑《周杰伦的床边故事》36 小时销售超 150 万张，金额突破 3000 万元。截至去年底，李宇春的《野蛮生长》系列 4 张数字专辑在 QQ 音乐独家平台上总销售累计 650 万张，总销售额已达 3200 多万元。鹿晗《ReloadedI》的数字专辑销量破 300 万张，按单张 5 元计算，总销售额高达 1500 万元。

一位在线音乐行业从业人士表示，“唱片公司已经不再是几年前那样过着苦哈哈的日子了，音乐实现正版化后，他们每年光靠版权就能收到十几亿甚至几十亿的收入”。

分析讨论

1. MP3 将很快成为“明日黄花”的原因是什么？
2. 结合案例说说如何选择创业机会与项目。

创业原则与思路

一、创业项目的选择原则与思路

好的项目其实时刻伴随我们身边，关键要有一双慧眼去观察。上海的晾衣杆大多是用竹子做的，在梅雨天气承重后会下垂变形，一般只能使用两年。从现有产品的这两个缺陷出发，有一位创业者使用一根不锈钢的单体，两头用塑料头卡住，既不怕潮湿，还能承重 100 千克，同时解决方便安装的问题。接着，他准备了一套演示工具，一个小区一个小区地演示，一年赚了 50 万元。

调查显示，我国个人创业的成功率低于 60%。如此多的创业项目归于失败，不但造成创业者个人财富的巨大损失，而且也浪费了一定的社会资源。究其原因，除了创业过程客观上具有的高风险以外，创业者选择创业项目方法失当也是一个重要原因。如果创业者在选择创业项目时采取科学的思路与方法，准确识别和把握市场机会，做到有的放矢，不仅能够在很大程度上降低创业风险，而且可以有效提高创业成功率。实际上，只要对成功人士的创业历程进行一番总结和分析，就不难发现，创业活动是有规律可循的，也是可以把握的。

（一）选择创业项目的原则

1. 知己知彼原则。从某种意义上讲，创业活动不啻是一场惊心动魄的战斗，创业者本人不但是这场战斗的战斗员，也是指挥员。为取得战斗的胜利，必须做到知己知彼。所谓知己，就是创业者在选择项目之前，应该首先对自己的状况有一个清楚的认识和判断。例如自己可以提供多少创业资金，有哪些从业经验和技能专长，自己的兴趣和爱好是什么，社会关系状况如何，自己在性格上有哪些优势和弱点，家庭成员是否支持，等等。从创业者本人的角度看，“知己”越深入、越详尽，就越容易找到扬长避短并适合自己的项目，越能提高创业成功率。所谓知彼，就是要了解创业所在地的社会经济环境。要认真分析当地的发展政策，包括产业结构政策、金融政策、税收政策、就业政策等；当地的消费环境，例如居民的购买力水平、购买力投向、购买习惯等；当地的自然和人文资源，包括具有市场开发价值的工业原料和农林渔牧产品、传统的生产加工技术、独特的自然和人文景观等；当地市场的竞争强度，包括拟选择项目所在行业的竞争者数量、规模、实力水平等。深入考察创业环境能够帮助创业者开阔视野，敏锐捕捉到市场机会，增强项目选择的合理性。

2. 自有资源优先原则。创业者在审视了创业环境之后，应该从中甄选出重点利用和开发的资源。甄选应贯彻自有资源优先原则。所谓自有资源，就是创业者本人拥有的或自己可以直接控制的资源，包括专有技术、行业从业经验、经营管理能力、个人社会关系、私有物质资产等。相对于其他非自有资源，自有资源的取得和使用成本往往较低；同时这些资源在利用过程中也容易使项目获得标新立异的优势，在今后的市场竞争中占据主动地位。

3. 量入为出原则。在创业行动之前，不少创业者对未来充满激情，于是创业时必须考虑的财务问题往往被忽略掉，最终发展前景很好的项目因资金周转困难而中途夭折。所以量入为出是创业者必须切实遵循的一个原则。如项目启动资金量是否可以承受，后续资金投入能否跟上，还要考虑项目投入中固定部分和流动部分的合理比例，不能顾此失彼。

4. 短平快原则。由于先天条件不足，创业者在创业之前普遍缺乏资金、客户等资源，因此为尽快脱离创业“初始危险期”，使项目的运转进入良性循环，在同等条件下，应优先考虑那些“短平快”项目。这样操作一方面可以迅速收回投资，降低投资风险；另一方面，即便项目后期成长性不好，创业者也可以选择维持经营或后期主动退出，利用掘到的“第一桶金”另寻出路。

（二）选择创业项目的思路

在以上四个基本原则的指导下，创业者需要开动脑筋、睁大眼睛细致搜索创业项目。当然这种搜索不是盲目的，而应讲究方法和技巧。

1. 关注政策变化。有变化就有机会，环境的变化往往可以带来商机。当前在众多的环境要素中，各地发展政策的优化是比较频繁的。这就要求有创业动机的人在日常生活中积极收集这些方面的信息，很可能在某个时间就会出现适合自己的机会。随着近几年改革开放政策的不断深化，涌现出的商机将会越来越多。因此应借助国家政策的变化，找到创业机会而顺利起步。河南省叶县的农民根据国家粮食收购政策的变化——即允许个体进入粮食流通领域，当起了粮食经纪人，既方便了农民卖粮，自己又获得了不菲的收益。

2. 搜索市场空白。这可能是最简单最直接的选项方法了。有空白就存在着巨大的消费需求。但问题是创业者本人看到的市场空白别人往往也能看到，即使你先看到，以后也容易被后来者模仿甚至超越。因此使用这种方法适合于寻找“短平快”项目。等到别人回过神来，你已经赚得盆满钵满。在温州有一个拥有千万资产的人叫叶建林，他创业成功的秘密就是“生意一火就转行”。从开酒楼始，到大排档、火锅店，每一次他都开当地行业之先河，而且盈利颇丰。道理就在于他能敏锐地发现和抓住市场空白，捷足先登。

3. 发挥技能专长。创业者自身具备的技能是成功创业的有力武器，也是选择创业项目的重要依据。由于技能是创业者在以前工作过程中长期积累形成的，如果创业项目的运作与此项技能的运用密切相关，那么就比较容易形成自己的经营特色，他人难以模仿，而且也有助于实现项目的永续经营，同时经营中的技术问题也便于解决。基于这些优点，创业者应尽可能挑选与自身技能密切相关的项目。这里所说的技能涵盖项目运作过程中使用到的所有技术和能力，既包括生产技术，也包括经营管理技能，甚至创意能力等。

4. 利用自然和社会资源。自然资源是指创业所在地具备的在现代经济技术条件下能为人类利用的自然条件，如自然风景、气候、水土、地理位置、能源等，从创业选项的角度讲，这些自然资源应该具有独特性。社会资源内涵更为丰富，包含了除自然资源之外的所有物质，如民族风俗、传统工艺、人际关系等。由于各地独特的自然和社会资源不可复制，这使得借助这种方式选择的创业项目具有独占性，客观上提高了他人进入和竞争的门槛。

5. 改变经营模式。长期以来，人们总是习惯于一种固有的企业经营模式。这种模式由于屡见不鲜，便使得人们觉得这是最合理、最科学的选择。实际上，只要我们转换一个角度去观察和思考，在我们面前就会出现一个全新的世界。同样道理，如果我们把这种思想移植到企业经营领域，对某个产业的经营全过程进行全部或局部的重新整合，就可能产生商业机会。管理学将此称为“价值链重构”。美国的戴尔就是将计算机产业的价值链进行了重新设计，以直销代替从前以至现在普遍运用的代理制销售模式，使戴尔公司一跃成为世界最著名的公司之一。戴尔本人也可以说是最成功的创业者之一。

6. 关注外围经营项目。任何一项具体的产业都是生产某种物质产品和提供某种劳务活动的集合体。其中包括众多的相互关联、相互影响的经营项目，这些经营项目有核心和外围之分。例如运输行业的核心经营项目是交通运输，外围经营项目是零配件供应、燃料供应、交通工具修理等。这些不显山露水的外围项目借助一荣俱荣的便利，获取“一人得道，鸡犬升天”的效果。安徽有个聪明人叫奚兴根，在当地政府决定大力发展养蟹的时候，他又去做成品蟹的销售生意；别人也卖成品蟹的时候他又去做成品蟹交易市场。总之他在成品蟹养殖这个产业核心项目外围打转转，靠着这种方法，他的项目做一个成一个。

7. 理性“跟风”。这种项目选择的思路看上去有些矛盾，因为人们一般把“跟风”和“盲目”联系在一起，觉得“跟风”没有吃肉的福，只有喝汤的份，搞不好连汤也喝不上。其实，“跟风”本身也不是完全不好，关键在于把什么情况下跟、怎么跟的问题处理好。创业者首先要分析一下“拟跟项目”，看它是否具备发展潜力、项目的生命周期是否长久、是否具备特色经营的可能性；其次，创业者要评估自身的状况，是否具备长期与竞争者抗衡的资金实力，是否拥有将“拟跟项目”做成特色品牌的能力等。当这些条件搞清楚以后，决定“跟风”就不是盲目的，而是理性的了。

知识链接

创业机会来源

有的人将创业机会的产生归因为上帝的垂爱，也就是“灵光一闪，计上心头”。比如亚墨尔在淘金中发现了卖水的商机，别人挖金矿都没有他卖水赚得多。不过创业专家认为，如果没有平时的用心耕耘，机会也不会如此凑巧。无数人看到苹果落地，却只有牛顿能发现并提出地心引力学说。有的人将创业机会的产生归功于新技术的实现。比如比尔·盖茨因为自己的计算机编程技术创立了微软公司，一度成为世界首富。不过细想之下，发现似乎大部分的新技术发明者都只是成为技术骨干，而不是成为企业家。

目前，国内外学者对创业机会来源众说纷纭，各研究者从不同的研究视角提出了不同的观点。比较著名的有管理学大师德鲁克（Druker）提出的创新机遇七大来源：出乎意料的情况；不一致；以程序需要为基础的创新；产业机构和市场结构的改变；人口的变化；认知、情绪和意义的改变；科学及非科学的新知识。”蒂蒙斯（Timmons）认为创业机会主要来自改变、混乱或是不连续的状况，主要来源也是七个，分别为：法规的改变；技术的快速变革；价值链重组；技术创新；现有管理者或投资者管理不善；战略型企业家；市场领导者短视，忽视下一波客户需要。

仔细推敲几位学者的思想发现创业机会来源其实界限并不分明，彼此之间有相当多的重叠部分，有的甚至是同样事物不同的观察角度而已。

总结前人的研究，大致可将创业机会来源分为四类：第一类是把握趋势的变化，包括政策变化、社会人口变化、自然环境变化、民众焦点变化、产业结构变化等；第二类是捕捉差异市场机会，包括改良现有产品、满足消费者差异需求等；第三类是利用新知识新技术的更替；第四类是解决未满足的需求。

（一）把握趋势变化

变化包括国家政策、社会人口、民众焦点、自然环境、市场环境、产业结构等。任何一项外部因素的变化，都会对现存成熟的社会供需体系产生影响，需要重新适应这种变化，这个适应的过程，就是创业机会的重要来源时机。

政策变化。近两年国内雾霾严重，百姓苦不堪言，为此中央政府下决心改变能源结构、治理雾霾，中央各部门和各地政府都出台了一系列政策文件，如环境保护部发出《关于加强机动车污染防治工作推进 PM2.5 治理进程的指导意见》；财政部出台《私人购买新能源汽车试点财政补助资金管理暂行办法》；北京公布了《北京市大气污染防治条例》；等等。雾霾的出现，为防治雾霾开辟了空白市场，而治理雾霾政策出台则为生产检测、治理雾霾的产品或服务的企业奠定了稳定的市场基础，也为许多环保设备公司提供了生机。如：国内空气质量检测设备生产龙头企业先河环保公司，在相关政策出台后一举拿下广东、山东和河北三地政府合同，总金额超过 1 亿元。此外，受雾霾刺激，不少企业的空气净化器都卖到“断货”，甚至一些不知名的国外企业都纷纷进军中国市场。淘宝上数据显示，空气净化器销量同比往年增长 300%，一款总价近 4000 元的飞利浦空气净化器，月销售量竟然达到 1100 多件。

再比如这几年民众比较关注的“高房价”问题。房地产业其实也是深受国家政策因素影响的。

社会人口变化。我国的人口数量因受国家政策影响，并非呈自然平缓增长状态，而是呈特殊的“纺锤形”分布，即：两头小（老龄人口和幼儿人口少）、中间大（中青年人口多）。随着时间的推移，中间部分的中年人口逐渐开始步入老年状态，如图 5-3。

我国从 1999 年正式进入老龄化社会，到 2010 年，60 岁以上的老年人达 1.78 亿，占总人口的 13.26%，老龄化问题尚不突出。但是，2011 年以后的 30 年里，人口老龄化将呈现加速发展态势，2040 年 60 岁及以上人口占比将达 28% 左右，全面步入老龄化社会。到 2050

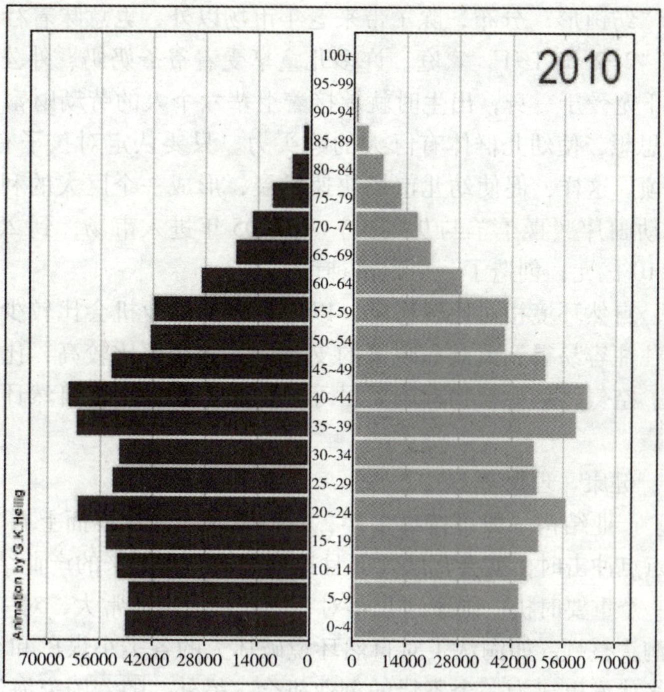

图 5-3 全国 2010 年第六次人口普查人口金字塔

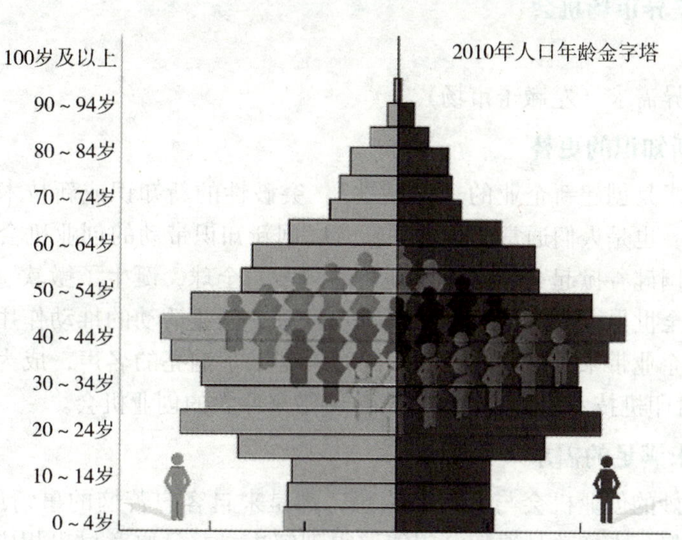

图 5-4 浙江省 2010 年第六次人口普查人口金字塔

年，60 岁及以上老人占比将超过 30%，社会进入深度老龄化阶段。

老龄化程度深入使养老问题上升为国内头等大事，市场对老年人医药需求、生活服务需求、精神娱乐需求、丧葬需求都会急剧增大，所以 30 年内老年市场将成为我国的一个朝阳行业。这里蕴含着众多的创业机会。

人口金字塔呈“纺锤形”分布，除了带来老年市场以外，也意味着社会的幼儿人口比例较低，存在大量的“2-2-1-1-1”家庭。许多儿童享受着爷爷奶奶、外公外婆、爸爸妈妈六个人的关爱，集万千宠爱于一身，出生时就承接着上辈六个人的劳动财富，加上中国人“再苦不能苦孩子”的思想，使幼儿群体有巨大的购买力。只要认定对孩子有一丝一毫的好处，就不怕贵、不怕麻烦。这样，促使幼儿市场快速发展，形成一个巨大的利益蛋糕。比如，深受幼儿喜欢的国产动画片《喜羊羊与灰太狼》从2005年进入市场，到2010年短短5年间，其商业价值就超过10亿元，创造了一个财富神话。

自然环境变化。自然环境相对比较稳定，以此带来的商业机会比较少，但是因自然环境而产生的创业机会往往容易得到民众和政策的支持，其成功率比较高，比较典型的有防风固沙的植被种植项目、空气污染颗粒物检测项目等。这里主要提一个自然环境短时间内剧变的情况，如汶川大地震。

民众焦点变化。健康、理财等。

产业结构变化。产业结构一般可持续多年，在一定时间内从表面上看非常稳定。实际上，产业结构在受到一点点冲击时，就会瓦解，而且速度很快。当原来的产业结构迅速瓦解时，也是创业机会兴起的一个重要时机。国家这几年对节能减排力度非常大，对一些耗能大、高投入低产出的企业进行淘汰整顿。如淘汰了对自然环境破坏大的各类小煤矿和小型煤火发电机组，这就使风能发电和光伏发电成为一个不错的创业机会。另外，随着国家海洋经济概念的提出，使海水养殖及产品深加工和海洋渔业资源的开发等也都提供了大量的创业机会。

（二）捕捉差异市场机会

改良现有产品。

满足消费者差异需求（左撇子市场）。

（三）利用新知识的更替

新知识和新技术是创建新企业的“金钥匙”。突破性的新知识或新技术往往可以得到更多关注，获得财富，也是人们通常所指的创新。以创新知识带动的创业机会数不胜数，以IT业的兴起为例，美国硅谷掀起一阵高科技创业浪潮席卷全球，诞生了微软、戴尔、雅虎等世界500强巨头，让全世界人民清楚地看到创新知识对于创业活动的推动作用。以创新知识为基础的革新不仅给企业带来了巨大的利润，同时也带来了响亮的名声，成为企业精神的巨大载体。现在，3D打印机技术的突破性发展，也将带来巨大的创业机会。

（四）解决未满足的需求

其实，很多绝妙的创业机会与新产品构想，都是来自客户苦恼的事情或者抱怨的事情。因为是苦恼、是抱怨，人们总是迫切希望能够得到解决，并且愿意付出相应的代价。因此如果在客户可接受的代价范围内，能够提供有效解决办法，那么这就是一个创业机会。

二、创业机会评价分析

创业机会的评价通常与创业项目的判断联系在一起，这个判断决定了正在开发的机会是否得到物力、财力以便进入下一阶段的发展。在整个机会开发过程中，对机会进行评价的人主要是创业者（及创业团队）和投资人（初始投资人、风险投资家和股东）。在开发过程的不同阶段，创业者很可能会对这一机会作出多次评价，这些评价会使创业者识别出其他的新机会或调整其最初看法。尽管这种评价可能是非正式的甚至是不系统的。创业者可以对推测的市场需求或资源（包括发明创造）进行非正式的研究，直到得到结论，不需要对某一机会继续关注或应该对该可能性进行更深入的了解。但如果进一步深入地研究需要投入许多资源，机会评价过程就变得正式起来。一般来说，那些决定资源分配的人（投资人）会对创业企业的商业计划进行全面评价，进行尽职调查。

（一）机会评价的方法

得到普遍使用、可以适应很多情况的一种评价方法是阶段性决策方法。这一方法明确要求创业者在机会开发每个阶段都要进行机会评价。一个机会是否能够通过每个阶段预先设置的"通过门槛"，在很大程度上取决于创业者经常面对的约束或限制，如创业者的目标回报率、风险偏好、金融资源、个人责任心和个人目标等。虽然某个创业者可能会因为某个准则而放弃某个机会，但它又会引起其他个人和团队注意。

一项不能成功通过某一阶段的评价门槛进入下一阶段的机会，将被修订甚至被放弃。因此，通过循环反复的"识别—评价—开发"步骤，一个最初的商业概念或创意就会逐步完善起来。同时，评价过程使创业企业家在开发过程中每个阶段都要放弃一些机会，一个明显的证据就是——我们认识到的社会需求和未利用资源的数量要远远超过成功形成的企业数量。

（二）影响机会评价的三个重要因素

1. 创业经历。很多研究指出，创业者和管理者的个性特征有差异。而且，有研究认为，创业者和管理者在信息处理方式上存在明显差异。所以，在机会评价标准的经验分析上，有创业经历的管理者的意见比没有创业经历的管理者的意见更值得重视。

2. 工作年限。Timmons 在研究中指出，企业工作经验对创业者能否作出正确的判断有重要影响，他认为"具有至少 10 年或 10 年以上的企业经验，才能识别出各种商业行为，并获得创造性的预见能力和捕捉商机的能力"。因此，在机会评价标准的检验分析上，企业工作年限超过 10 年的创业者的意见比工作年限较短的创业者和管理者的意见更值得重视。

3. 管理经验。在进行机会识别和评价时，创业者的事前知识结构起到重要的影响作用。担任高级管理职务，意味着其可以掌握更多的决策经验和资源控制能力。因此，在机会评价标准的经验分析上，担任企业最高层管理职务的创业者的意见比担任中层管理职务的创业者的意见更值得重视。

（三）机会评价标准

目前，并没有什么绝对权威的机会评价标准。创业机会从最初的市场需求和未利用资源的形态发展成为新企业，不仅涉及机会本身的情况，还要求机会能与创建新企业的其他力量（创业团队、投资人等）相协调。

一些风险投资公司在评估商业计划时制定了详细的指标，也提出一定的标准。但风险投资家在作出决策的时候，更多地依靠个人的商业感觉。而创业者的非正式评价基本就不依赖什么系统的指标体系。

我们下面介绍 Timmons 的机会评价框架。

Timmons 总结概括了一个评价创业机会的框架，其中涉及八大类 53 项指标。尽管 Timmons 也承认，现实中有成千上万适合创业者的特定机会，但未必能与这个评价框架相契合。他的这个框架是目前包含评价指标比较完全的一个体系。

Timmons的机会评价框架

行业与市场	1. 市场容易识别，可以带来持续收入 2. 顾客可以接受产品或服务，愿意为此付费 3. 产品的附加价值高 4. 产品对市场的影响力高 5. 将要开发的产品生命长久 6. 项目所在的行业是新兴行业，竞争不完善 7. 市场规模大，销售潜力达到一千万~10亿元 8. 市场成长率在30%~50%甚至更高 9. 现有厂商的生产能力几乎完全饱和 10. 在5年内能占据市场的领导地位，达到20%以上 11. 拥有低成本的供货商，具有成本优势
经济因素	1. 达到盈亏平衡点所需要的时间在1.5~2年以下 2. 盈亏平衡点不会逐渐提高 3. 投资回报率在25%以上 4. 项目队资金的要求不是很大，能够获得融资 5. 销售额的年增长率高于15% 6. 有良好的现金流量，能占到销售额的20%~30%以上 7. 能获得持久的毛利，毛利率达到40%以上 8. 能获得持久的税后利润，税后利润率要超过10% 9. 资产集中程度低 10. 运营资金不多，需求量是逐渐增加的 11. 研究开发工作对资金的要求不高
收获条件	1. 项目带来的附加价值具有较高的战略意义 2. 存在现有的或可预料的退出方式 3. 资本市场环境有利，可以实现资本的流动
竞争优势	1. 固定成本和可变成本低 2. 对成本、价格和销售的控制较高 3. 已经获得或可以获得对专利所有权的保护 4. 竞争对手尚未觉醒，竞争较弱 5. 拥有专利或具有某种独占性 6. 拥有发展良好的网络关系，容易获得合同 7. 拥有杰出的关键人员和管理团队
管理团队	1. 创业者团队是一个优秀管理者的组合 2. 行业和技术经验达到了本行业内的最高水平 3. 管理团队的正直廉洁程度能达到最高标准 4. 管理团队知道自己缺乏哪方面的知识
致命缺陷	不存在任何致命缺陷
创业家的个人标准	1. 个人目标与创业活动相符 2. 创业家可以做到在有限的风险下实现成功 3. 创业家能接受薪水减少损失 4. 创业家渴望进行创业这种生活方式，而不只是为了赚大钱 5. 创业家可以承受适当的风险 6. 创业家在压力下状态依然良好

理想与现实的战略性差异	1. 立项与现实情况相吻合 2. 管理团队已经是最好的 3. 在客户服务管理方面有很好的服务理念 4. 所创办的事业顺应时代潮流 5. 所采取的技术具有突破性 6. 具备灵活的适应能力，能快速地进行取舍 7. 始终在寻找新的机会 8. 定价与市场领先者几乎持平 9. 能够获得销售渠道，或已经拥有现成的网络 10. 能够允许失败

知识链接

创业机会

创业机会的评估

除了不可控制的运气因素之外，显然有许多创业机会在开始的时候，就已经注定了失败的命运。创业本身是一种做中学的高风险行为，失败也是为下一次创业成功奠定基石，不过一些先天体质不良、市场进入时机不对，或者具有致命瑕疵的创业构想，如果创业者能先以比较客观的方式进行评估，那么许多悲剧结局就不会一再发生，创业成功的概率也可以因此而大幅提升。所以，我们需要针对创业机会提出一套评估准则，为创业者提供评估是否投入创业的决策参考。

（一）创业机会与市场因素

1. 市场定位。一个好的创业机会，不仅要有市场，而且还要市场定位准确，专注于满足客户需求，同时能够为客户带来增值效果。因此，评估创业机会的时候，可由市场定位是否明确、顾客需求分析是否清晰、顾客接触通道是否流畅、产品线是否持续衍生等，来判断创业机会可能创造的市场价值。创业机会能给客户带来越高的价值，则创业成功的概率也会越高。创业者在选择项目前需要对特定消费群体进行市场调研，知其所好，投其所好，乘“需”而入，推出新产品或服务项目，能领先一步占领市场。

2. 市场结构。市场结构主要是反映了企业在市场竞争中的地位和企业市场势力的强弱。因此，针对创业机会的市场结构进行分析，包括进入障碍、供货商、顾客经销商的谈判力量、替代性竞争产品的威胁，以及市场内部竞争的激烈程度，对于创业者来说具有重要意义。通过市场结构分析可以得知新企业未来在市场中的地位，以及可能遭遇竞争对手的反击程度。如分众传媒创始人江南春就说过，世界上有四种壁垒，第一是制度壁垒；第二是资金壁垒；第三是技术壁垒；第四是稀缺性资源的占有。

3. 市场规模。市场规模的大小与成长速度直接决定着新企业的利润空间，是影响新企业成败的重要因素。如果新创企业进入的是市场规模大且还在发展中的市场，那么新企业进入障碍相对会较低，市场竞争激烈程度也会相应下降，不需要占有太大的市场份额，就可以拥有较大的利润空间，也就有较好生存和发展空间。如果进入的是一个十分成熟的市场，那么纵然市场规模很大，由于已经不再成长，利润空间也必然很小，新企业的生存空间也会比较小。如现在社会的计算机硬件业，虽然市场规模很大，但是已经非常成熟，利润空间极小，像联想等知名企业的利润率都非常低，新企业一旦进入，将直接面对生存空间问题。市场规模与“机会窗口”密切相关。

4. 市场份额。市场份额即创业机会预期可取得的市场占有率目标，可显示新企业未来的市场竞争力。如果新企业未来能够占有20%的市场份额，表明该企业的潜力巨大，有机会成为市场的领导者。而一个只占有不到5%市场份额的企业是很难吸引到投资者进入的，因为这样的企业其未来创造的价值可能比其账面价值高不了多少。

5. 成本结构。产品成本控制关系到新企业的发展空间大小和行业竞争力的强弱。若新企业产品成本低，则竞争力强，企业有较好的发展空间。但由于龙头企业生产规模大、管理模式成熟、人员技术熟练，一般能较好地控制生产成本，而新企业若要降低成本结构，最好是改善生产技术或者降低原料成本等。

（二）创业机会与经济因素

1. 税后净利。考虑到新创企业可能会面临各项风险，合理的投资回报率应该保持在25%以上，以提高抗风险能力。因此，创业机会预期税后净利润至少需要保持在15%以上，才是一个具有吸引力的创业机会；若税后净利润在5%以下，那么这就不是一个值得考虑的创业机会。

2. 达到盈亏平衡点所需时间。合理的盈亏平衡点应该在两年以内达成，但如果三年还达不到，则不是一个值得投入的创业机会。不过有的创业机会确实需要经过较长的耕耘时间，并通过这些前期投入，创造进入障碍，以此保证后期的持续获利。在这种情况下，可以将前期投入视为一种投资，而较长的盈亏平衡时间，就可以获得容忍。例如：新轨道交通动车、地铁等。

3. 毛利润。毛利润高的创业机会，相对风险较低，也比较容易达到盈亏平衡。反之，毛利润低的创业机会，风险则较高，遇到决策失误或是市场产生较大变化的时候，企业很容易遭受损失。一般而言，理想的毛利率是40%。当毛利率低于20%的时候，这个创业机会就不值得考虑。

4. 资本需求量。资金需求量中等或较低的创业机会，一般比较受投资者欢迎。资本需求量过高其实并不利于创业，有时候还会带来稀释投资回报率的负面效果。通常，越是知识密集型的创业机会，对于资金的需求量越低，投资报酬反而会越高。因此，创业初期不要选择资本需求量过大的项目。

5. 资本市场活力。当处于一个具有高度活力的资本市场时，它的获利回收机会相对也比较高。不过资本市场的变化幅度极大，在市场高点时投入，资金成本较低，筹资相对容易。但在资本市场低点时，投资新企业开发的诱因则较低，好的创业机会也相对较少。不过，对投资者而言，市场低点的成本较低，有的时候反而投资回报会更高。一般而言，新创企业在活跃的资本市场比较容易创造增值效果，因此资本市场活力也是一项可以被用来评价创业机会的外部环境指标。

6. 退出机制。所有投资的目的都在于回报，因此退出机制对于创业机会的评估也具有相当的重要性。资金退出机制主要有企业被收购或出售、公开发行股票等各种途径。由于资金退出的难度往往要高于进入，所以一个具有吸引力的创业机会，应该要为所有投资者考虑退出机制，以及退出的策略规划。

（三）创业机会与人的因素

1. 创业者。

首先，创业过程中遭遇到的困难与风险极大，因此有必要了解创业者的创业动机，以利于判断他愿意为创业活动付出代价的程度。一般认为，创业机会与个人目标的契合程度越高，则创业者投入意愿与风险承受意愿自然也会越大，创业目标最后获得实现的概率也相对越高。因此，一个具有吸引力的创业机会，一定是一个能充分与创业者个人目标相契合的创业机会。

其次，创业者是否具有创业必需的能力，如知识、技能和特质等，如果不具备，他们是否能够学习并提高这些能力。许多小企业的管理者都是基于他们的能力才创办企业的。

最后，最好选择自己有独特优势资源的创业项目。俗话说：靠山吃山，靠水吃水。如果创业者能慧眼独具，发掘自己身边特有的资源进行投资开发，往往容易成功，因为在这种情况下，你没有竞争对手。因此，应尽量选择与自己的专业、经验、兴趣、特长能挂得上钩的项目，整合自己的优势资源，如个人资历、专利权、地区优势等，如果创业者能整合越多的资源到创业项目中去，那么就越能提高市场竞争力，创业成功的可能性也就越大。

2. 创业团队。创业过程中会遇到大量的资金、竞争、市场等风险决策，解决风险的核心是创业团队。现代社会，投资者往往将创业团队组成视为创业机会一个重要的衡量尺度。如阿里巴巴创始人马云曾说，在选择投资三流的创业团队运营一流的创业项目和一流的创业团队运营三流的创业项目之间，他情愿选择后者。

创业团队对于行业的相关经验与了解深度也会影响创业机会能否成功实现，一般需要在创业团队中配备行业内的专家，否则，再好的创业机会，如果创业团队不具备相关产业经验或专业背景，也很难成功。因此，由具有卓著声誉的创业者领军，结合一群各具专业背景成员所组成的创业团队，再加上紧密的组织凝聚力与共同的价值观，这种所谓最佳团队组合可以被视为新创业成功的最佳保证。

（四）创业机会的时效

创业者能否抓住创业机会成功创业，不仅取决于该创业机会的潜在市场价值，还要看该创业机会的时效长短。创业导师蒂蒙斯称创业机会时效长短为“机会窗口”，他认为，机会存在或产生于现实的时间中。机会窗口就是指特定的创业机会存在于市场之中的一定时间跨度，创业者只有在适当的时间内实施创业才有可能获得相应的投资回报。如图 5-5 所示。

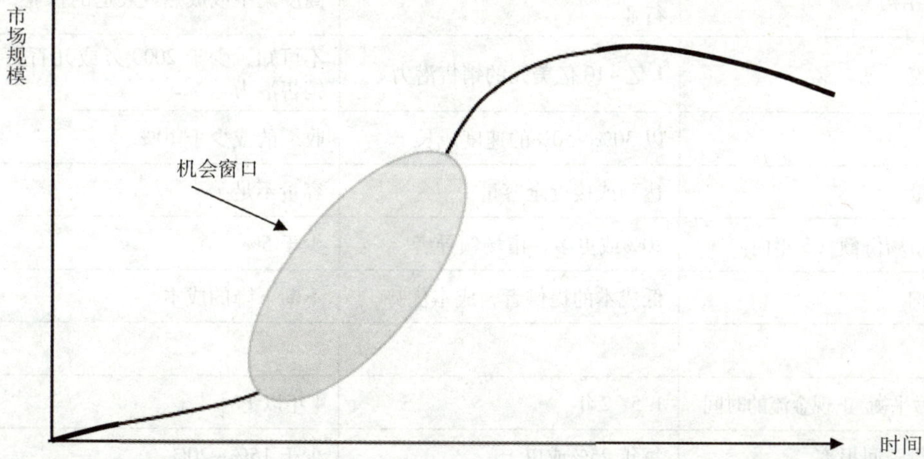

图 5-5 机会窗口

图 5-5 就是一个产品或者行业的机会窗口描述。在产品或行业的发展初期，市场规模发展较为缓慢，曲线的坡度比较平缓，创业机会出现的概率也不大，机会窗口尚未打开。随着时间的推移，产品或行业被大众接受度提高，市场规模高速增长，创业机会也会越来越多、越来越明显。直至经过一段时间发展，市场规模逐渐稳定并最终饱和，机会窗口就会关闭。因此整个机会窗口的发展过程实际上也是创业机会的生命周期。

因此，创业者能否及时掌握机会窗口打开时机，以及判断机会窗口是否拥有足够的获利时间长度是决定创业成败的关键能力。据美国的一项研究调查表明，当机会窗口的时间短于 3 年，新企业投资失败率高达 80%以上；如果机会窗口的时间超过 7 年，则几乎所有投资的新企业都能获得丰厚回报。

创业者往往喜欢在第一时间追逐投资市场上尚未出现过的全新产品，抢占空白市场。但由于市场接受度较低，机会窗口尚未打开，所以未必能获得丰厚的回报。

（五）创业机会的评估标准

创业机会的评估标准

准则	吸引力	
	最高潜力	最低潜力
行业和市场	改变人们生活和工作方式	只有不断提高
市场	市场驱动、市场识别、收入利基市场的不断再现	不集中，一次性收入
• 顾客	可以达到、订单	对其他品牌忠诚或者无法达到
• 用户利益	小于 1 年的回收期	3 年以上的回收期
• 增值	高，提前支付	低，对市场的影响力极小
• 产品生命	长久	短暂
• 市场结构	不完美、分散的竞争或新兴的行业	高度集中或成熟或衰退的行业
市场规模	1 亿~10 亿美元的销售潜力	不可知，少于 2000 万或几百万美元的销售潜力
成长率	以 30%~50%的速度成长	收缩的或少于 10%
市场容量	达到或接近全容量	容量不足
可达的市场份额（5 年内）	20%或更多，市场领导者	少于 5%
成本结构	低成本的提供者，成本优势	不断下降的成本
经济性		
实现盈亏平衡/正现金流的时间	1.5~2 年	4 年以上
潜在的投资回报率	每年 25%或以上	少于 15%~20%
资本要求	低度到中度，可资助的	很高，不可资助的

续表

准则	吸引力	
	最高潜力	最低潜力
潜在的内部回报率	每年25%或以上	每年少于15%
自由现金流的特征	有利，可持续的、销售的20%~30%或更多	少于销售收入的10%
销售增长	从适度到高达15%~20%	少于10%
资产强度	在销售收入中所占比例低	高
正常运营资本	低，渐进性的要求	高要求
研发资本开支	要求低	要求高
毛利	超过40%，可持续	低于20%
税后利润	高，大于10%	低
达到盈亏平衡点所需时间	少于2年，盈亏平衡点不会缓慢上升	大于4年，盈亏平衡点缓慢上升
收获问题		
附加值潜力	高战略价值	低战略价值
多重评估和比较评估	20倍的本益比（P/E），8~10倍的息前税前收入（EBIT），1.5~2倍的收入，8~10倍的自由现金流	小于5倍的本益比（P/E），3~4倍的息前税前收入（EBIT），小于4倍的收入
退出机制和战略	当前或未来的期权	未确定的，非流动资产投资
资本市场内容	有利的评估、时机、资本可得，可变现流动性	不利的，信用紧缩
竞争优势		
固定和可变成本	最低，高运营杠杆化	最高
对成本价值和分销的控制力	适度到很强	弱
进入障碍		
• 产权保护	拥有或者能够得到	没有
• 反应/领导时间	竞争迟缓	不能取得优势
• 法律、契约优势	产权所有或排他性的	没有
• 契约和网络	很发达，可进入	初级的，有限的
• 关键人物	很具才能人物，一流团队	二流或三流团队
管理团队		

续表

准则	吸引力	
	最高潜力	最低潜力
创业团队	全明星组合，自由经纪人	弱的或者单个创业者
产业和技术经验	领域内顶尖的、有极佳的商业记录	不发达的
整合	高标准	有问题的
理性诚实	知道他们不知道什么	不知道他们不知道什么
致命缺陷的问题	不存在	一个或更多
个人标准		
目标和适配性	得到你想要得到的，但要想到你已经得到的	出人意料
上升/下降趋势的问题	可实现的成功/有限的风险	线性的，在同一个连续体上
机会成本	可接受的工资缩减等	安于现状
愿望	与生活方式相适配	仅仅是追求挣大钱
风险/回报容忍度	周密计算的风险，低风险/回报率	风险规避或赌博者
压力承受力	在压力下繁荣成长	在压力下崩溃
战略差异化		
适配程度	高	低
团队	一流的团队，优秀的免费经纪人	二流团队，没有免费的经纪人
服务管理	优质的服务概念	认为不重要
时机	顺势而上	抵制潮流
技术	突破性的	有很多替代品或竞争者
灵活性	能够适应，能迅速执行或停止	缓慢的、固执的
机会导向	总是寻找机会	在“真空”中操作、疏忽
定价	接近于领导者	比竞争者廉价出售，低价
分销渠道	可得到的，有销售网络	不可知的，不可得到的
容错空间	宽容战略	不宽容，刚性战略

任务3 学会选择创业项目

任务导引

联想集团创业之路

以“贸工技”起步的联想集团控股（有限）公司，选择合适的创业项目，采用正确的战略，在激烈的竞争中树立了中国IT行业民族品牌的形象，如今已成为中国计算机行业的龙头老大。

创业背景

1978年全国科学技术大会的召开，明确了“科学技术是第一生产力”。1982年，党中央又发布了“经济建设必须依靠科学技术，科学技术工作必须面向经济建设”的指导方针。一时间，北京中关村涌现出了上百家高新技术公司，与这些公司近在咫尺的中国科学院计算技术研究所（以下简称“计算技术研究所”）承受着强大的冲击。在中国科学院正式实施“一院两制”后，计算技术研究所的王树和、柳传志、张祖祥等人率先走出，于1984年11月宣布成立中国科学院计算技术研究所新技术发展公司。

艰难创业

刚刚步入市场大潮中的知识分子们，面对激烈的市场竞争，一时不知所措。公司刚成立时，计算技术研究所只给了他们20万元的贷款，这对于开发高技术产品的公司而言只是杯水车薪，要想继续发展下去，就必须有足够的资金积累。为了筹集资金，1985年，公司组织全体职工，包括科技人员和总经理在内，全部投入到低档次的技术劳务中——为社会上其他公司验收、维修计算机，培训人员。技术劳务，实际上就是出卖技术劳动力。这样苦干了一年，他们用自己的汗水积累了70万元人民币，为今后开发拳头产品积累了必要的资金。

公司成立时，计算技术研究所虽然没有给他们多少资金，但答应下放给他们“三权”：人事权、财务权与自主经营权。现在钱与权基本上都有了，下一步怎么办？通过仔细的市场调查，他们发现国内有大量进口计算机，但却大批闲置或只当作打字机使用。计算机的“汉化”已迫在眉睫、势在必行。而怎样才能突破“汉化”这一关？在事先没有商量的情况下，公司的几位创始人柳传志、王树和、张祖祥不约而同地想到了一个人——倪光南。除了请贤聘能以外，别无他法。正是在倪光南的带领下，1986年诞生了“联想中文卡”。1989年11月14日，中国科学院计算技术研究所新技术发展公司正式更名为北京联想计算机集团公司。贤能者在一个充满希望的事业空间总是成群出现。在当时联想的小小门市部里竟有两个站柜台的研究员——张品贤和胡锡兰。“研究员站柜台”是联想“贸工技”战略的最好说明，计算机这一高技术产品正是基于这种知识分子的市场活动才转移到消费者手中，而在当时最有资格来销售这些产品的，恰恰正是计算技术研究所的这些知识分子。

加快产品市场化

经过不断开发、完善，联想逐步形成了8个软件版本、6个型号的联想中文卡系统，广泛应用于六大领域；而后，他们又连续开发出FAX通信系统、CAD超级汉字系统、GK40可编程工业控制器、联想 286 计算机等一系列高技术产品。经过对 286 时代的市场培育，公司终于在 386 和最好档次的计算机上得到了回报。为了让产品尽快转化为社会生产力，联想将科学技术不仅仅应用于产品的开发阶段和销售阶段，还将它进一步延伸到产品的生产、加工、开拓市场和售后服务等各个环节，使联想公司进入市场竞争的轨道，大大提高了开发效率。例如，联想中文卡系统开发后仅一年就产生了经济效益；联想 286 计算机也仅仅用了半年的时间，就以优异的性能和便宜的价格挤进了国际市场。此外，联想公司每年还举办两次全国范围的大型技术交流演示会，其培训中心每年免费为社会培训 5000 多名计算机应用人员，并在全国设置了 36 个维修服务网点。公司在试制新产品的时候，将科技与经济紧密结合，有效地将科学技术转化为了社会生产力。从创业初期五花八门的项目选择，到发现真正的创业金点子，联想人坚持的创业战略，既是联想创业成功的保证，又为中国其他高技术人才创业提供了思路。

分析讨论

1. 公司成立初期，联想为什么会选择维修计算机、培训人员等出卖技术劳动力的创业项目？

2. 联想创业之初为什么选择这些项目？

一、创业项目的考察

创业是一种机遇与挑战并存的行为，在创业初期，创业者对项目进行适当的考察，在一定程度上可以降低创业的风险。在对创业项目进行考察时，应该注意以下几个方面。

（一）正当性

创业的最终目的是为了盈利，但盈利要确保项目的正当性。创业的正当性，不仅指在创业项目选择过程中要确保项目各个环节符合相关政策、法律规定，也指要考察清楚合作方是否有完备的法律手续，是否具备与你共同创业的条件与资格。以此为基础，才能保证创业的继续进行。对于项目的正当性评估，应重点从技术环节、生产环节、营销环节来进行。

首先要考察技术来源的正当性。对技术来源正当性的考察主要要注意项目中使用的核心技术的中间环节是否正当，如技术研发、技术授权、技术转让等过程中的专利申请、法律委托、授权转让、生产许可等是否具备符合政策、法律规定的文件资料。当创业者选择的创业项目需要使用高新技术时，更应该特别注意技术来源的正当性。

其次要考察生产过程的正当性。对生产过程正当性的考察主要为产品生产过程中操作规范、生产监控、原料管理、成品储存等环节是否具有有关检测报告、质检结果、许可生产等文件资料。要特别提醒创业者注意的是，对于餐饮类的创业项目尤其要注意生产过程的正当性。因为在食品生产加工过程中，对环境标准、卫生要求、人员操作、原料规格、成品包装、贮存运输、保质期等都有较为严格的规定，任何一个环节出现违法违规问题都会带来严重后果。

最后要考察营销环节的正当性。对营销环节的考察主要为创业项目在广告宣传、营销模式中的做法是否符合有关法律法规的要求。因为营销环节是企业将自己推向市场，树立品牌形象的过程，是企业经营中至关重要的环节。不论有意还是无意，只要采用非正当的营销手段进行创业，不但可能使创业遭受重大经济损失，甚至可能导致创业者误入歧途。

（二）可信性

一个项目若想盈利并长久地发展，不能依靠投机的手段，归根结底还是要靠项目自身的质量和水平，而创业项目的可信性高低恰恰反映了项目质量的优劣、水平的高低。所以，创业者还要注重对项目可信性的考察。对项目可信性的考察，即在考察中要注意项目中是否有无中生有、以次充好、以假乱真、以小夸大等现象的存在，具体指从技术指标、条件要求、资金运作三个方面进行考察。

首先，考察技术指标。技术指标中涵盖的标准等级、精细化程度、技术可操作性等内容的判定一般采用国际标准或国家标准，透明度较高，可以准确而客观地反映创业项目的技术水平。将创业项目的技术指标与有关标准进行对比是考察创业项目可信性的重要内容。

其次，考察条件要求。创业项目生产、销售过程中的条件和要求也是考察创业项目可信性的重要依据。虽然不同的项目对生产、销售的条件和要求不尽相同，但是产品的特性与这些条件和要求总是配套的，两者的比对也可以较客观地反映创业项目的真实性。一般情况下，技术含量低、产品独特之处少的项目在生产、销售过程中的条件和要求就少，反之，则相对较多。创业者在创业时如果遇到项目描述的产品与其生产、销售过程中的条件和要求不匹配的情况，那么就一定要特别注意对项目可信性的考察。

最后，考察资金运作。资金运作是考察创业项目可信性的核心内容。如果某一项目的可信性低，那么资金的流向则有利于创业项目的授让方，这时，创业者就要蒙受一定的经济损失。因此，创业者应该严格管理资金，使项目在法律法规允许的范围内获得最大的利益，避免不必要的经济损失。

（三）风险性

任何商业行为都是有风险的，所以创业者必须对创业项目的风险性和自己对风险的承受能力有较为客观的评估，这样有利于创业项目健康地发展。当然，对风险的评估并不是让创业者选择低风险的项目，这是不科学的。因为，虽然低风险的项目容易在市场上立足，但其容易被复制、模仿，进而导致行业内的过度竞争，这样不利于企业进一步发展壮大；而许多高风险的高新技术项目一般也是高产出的项目，容易给创业者带来高回报。所以，创业者在创业之初进行考察时要对创业项目进行综合评估。要做到科学而有效的评估，可以对项目不同阶段、不同层面的风险性作出预测评估，要做到“始终了解风险，始终抑制风险”，从而有效控制创业项目的风险性，提高创业项目的成功率。

（四）持续性

创业的最终目的是为了盈利，但创业行为却是一个持续的过程，一个企业是不是一个健康成熟的企业，不能看某一阶段的盈亏，而要看整个企业的发展，而企业连续健康、稳定地发展是走向成长、成熟的必要条件。要把企业做好、做稳，创业者在创业之初就要注重对创业项目可持续性的考察。

创业项目的持续性是产品竞争优势、阶段盈利能力、管理策划水平、企业战略理念等方面的综合体现，它关系到企业发展的速度和质量，关系到创业最终能否成功。俗话说，“不谋万世者不足谋一时，不谋全局者不足谋一域”，创业者要高瞻远瞩，选择能够保持持续竞争优势的创业项目。

考察创业项目的持续性，主要考察创业项目市场经营的持续性。如市场经营不能达到持续性的要求，那么创业者在选择项目时就要慎重考虑。可能导致市场经营无法持续的原因有以下三个方面：

1. 财务方面。

债务违约，包括无法偿还到期债务、无法偿还即将到期且难以延期的借款及存在大额的逾期未缴税金；

无法继续履行重大借款合同中的有关条款；

累计经营性亏损数额巨大；

过度依赖短期借款筹资；

无法获得供应商的正常商业信用；

难以获得开发必要新产品或进行必要投资所需资金；

资不抵债；

营运资金出现负数；

存在大量长期未作处理的不良资产。

2. 人力和原材料方面。

关键管理人员离职且无人替代；

主导产品不符合国家产业政策；

失去主要市场、特许权或主要供应商；

人力资源或重要原材料短缺。

3. 法律法规方面。

严重违反有关法律法规或政策；

异常原因导致停工、停产；

有关法律法规或政策的变化可能造成重大不利影响；

投资者未履行协议、合同、章程规定的义务，并有可能造成重大不利影响；

因自然灾害、战争等不可抗力因素遭受严重损失。

以上三个影响创业项目持续发展的原因中最常见的就是财务问题。创业项目所属的行业、经营方式、融资方式的不同，如债务控制、现金流管理等都可能在创业过程中导致不同的财务问题。

（五）扩张性

创业和做人一样，必须不断成长壮大，创业成功的过程往往就是创业者到企业家的成长过程。这就要求创业者注重创业项目做大做强的发展潜力，这就是创业项目的扩张性原则。创业项目的扩张性与项目行业、技术发展、产品种类、生产条件等因素关系密切，因此考察创业项目的扩张性需要从这几个方面进行。

1. 对项目行业的考察。创业项目所处行业的成长性、行业的有机构成对创业项目扩张性有较大影响。成长性好的行业即朝阳行业，如教育培训行业、创意产品行业、调查咨询行业、碳交易行业等，行业内竞争情况、行业整体政策环境、行业整体发展速度要优于一般行业。这使得处于成长性较好的行业创业项目更易于扩张运营。因此，对项目行业的考察主要看行业的成长性。

2. 对技术发展的考察。技术发展可以推动产品的升级换代，从而使企业保持强有力的竞争优势，创业项目技术发展速度越快、范围越广、水平越高，创业项目的扩张性就越强。所以，考察项目的扩张性，要注重对技术发展的考察。考察创业项目技术发展情况主要是看项目中技术外来与内生两种途径的可靠性。如果创业项目的技术依靠外来途径获取，则要进一步考察整个创业项目主要技术的发展群落、技术授权方式与费用、技术授让方是否有持续提供新技术的义务、创业方是否享受优先获取技术的权利等；如果创业项目的技术依靠内生途径获取，则要进一步考察项目中技术研发部门在行业中的领先程度、技术研发的投入费用、新技术转化的成功比例等。

3. 对生产条件的考察。这主要从劳动员工、设备数量、规模目标三个方面进行考察。显而易见，劳动员工数量增加和水平的提高、生产设备数量增加是创业项目扩张的重要标志，也是其必然结果。它可以有效降低成本，带来优势竞争，是现代企业追求的生产模式。而规模目标是指在创业项目策划书中，策划出的不同生产阶段所应达到的规模化效益。对生产条件的考察可以有效把握项目的扩张性。

4. 对产品种类的考察。随着创业的不断深入，企业竞争的能力与层次也在不断提升，差异化竞争是确保企业竞争优势的有效途径之一，而产品种类的丰富，能够明显提高产品的差异性，增加企业的差异化竞争优势，使企业在竞争中处于有利地位。因此，在项目的萌发期，创业项目对产品种类的规划直接体现了项目的扩张性。

知识链接

去哪儿寻找创业项目

你可能通过创业成就梦想，但创业也可能给你带来人生打击。从没有哪个年代像现在一样令人有如此强烈的创业冲动。媒体报章中到处宣扬某些人通过创业成就事业、扬名立万；周围邻居和朋友们又如何通过创业让自己过上衣食无忧的美好生活，所有这些都使我们无法轻易摆脱创业的诱惑，因为我们总是在自我安慰：说不定命运之神会垂青于自己。

仅仅有自我安慰显然是不够的。你的创业计划能否实施并取得成绩，至少有三个标准可以提前作出评判。第一，你的创业项目是不是你自己喜欢做的？第二，该创业项目是否具有别人难以企及的技术高度、资源优势、进入壁垒或其他人难以模仿的竞争力？第三，你是否具有在跌倒后重来的勇气？此为“创业三要素”。

如果你只有第一项创业要素，而没有其他两项要素，你的创业道路将极为坎坷；如果你只有第一和第二两项要素，而没有第三项要素，那么你必须在创业的道路上全力以赴，只许成功不许失败，因为先驱有可能会成为先烈；如果你已经具有“创业三要素”，那么就要恭喜你了，因为你只要努力去实施你的创业计划，成功其实离你不远了。倘若你只具备第三项创业要素，那么请先循着笔者提供的创业项目选择思路，为自己寻找合适的创业项目，再以此评判自己成功的概率。

首先从自己擅长的领域寻找。做自己熟悉的事情至少在技术或人脉上不会比别人差，但也容易得“近视”。你可能在此之前有不少工作和人生经历，比如你曾经做过生意、做过建筑工人、做过企业管理人、做过教师等，这些经历其实都可以为你提供许多创业思路，并且可能成为你今后创业道路上不可或缺的资源。如果你做过生意，熟知商业流通领域里边的价值环节，掌握许多曾经的顾客或商家资源，那么你现在可以试着寻找一些商业销售的创业项目，可以是独家代理、经销，或者批发和零售，因为这些事情对你来说轻车熟路。如果你做过建筑工人，证明你深知建筑工人的艰辛，那么你可以尝试做一些服务于这样群体的事情，比如开设一家专门针对他们的服装商店、提供可以提高他们技能的培训服务、提供工作中介或咨询服务等。如果你做过经理人，那么你可以组织经营管理团队，通过购买别人的专利项目，或其他现成并具有优势的创业项目开创自己的事业。如果你做过教师，说明你很清楚学生和家长的需要，并且深知国内教育体系中尚存哪些缺陷或空白，比如你可以利用自己的特长开设学生辅导班，你可以倡导并设立具有“特立独行”特质的学校，你也可以开设一家专门针对学生、老师的商品零售店，或者利于他们交流和沟通的俱乐部。尽管选择自己擅长的领域可以避免许多失误，但请记住：你擅长的东西，别人也不见得就不擅长。

其次从市场空白处寻找。从市场空白处寻找创业项目比较难，因为创业者并不总是能够发现空白，还有就是我们也常常自我否定：自己发现的，别人或许早就发现了，或已经在做了。具体一点说，我们可以将顾客需要分成几个大类：衣、食、住、行、玩、交际等，同时我们再来考察本地区还缺少哪些项目，或者哪些项目别人目前做得很失败。比如服装，在国内许多城市或乡村，许多服装生产企业或是零售店，往往都是面向年轻人，生产或销售的往往也都是一些较现代的服装，而较少面向中老年人，以及较少带有传统色彩的服装。那么你可以开设一家专门针对中老年人的内衣、服饰专卖店或生产企业；可以销售或生产带有浓厚民族特色的布鞋、草鞋、室内拖鞋和一次性拖鞋等。再如饮食，你可能看到现在饮食店多如牛毛，竞争激烈，但事实上你仍然可以从中细分出自己感兴趣的市场空白，细分标准可以有不同菜系，以及不同顾客年龄层、社会身份、职业，甚至每个顾客光临饮食店的不同目的等，都可以成为你寻找创业项目的思维切入点。比如一家专门制作秘方菜肴的饮食店；一项专门针对儿童的营养配餐服务；一种专门为办公室人员提供的配餐和送餐服务等。市场空白可以说无处不在，关键是你要做一个有心人。

最后是从经济社会发展中寻找。从经济社会的发展中寻找创业项目最为不易，主要问题是我们不好掌握其需求量，而且较难杜绝日后的模仿者。我们可以将经济社会发展分成几条主线：随着时代进步，百姓生活中必然要出现的新生事物；随着经济的不断发展，商业领域里必然要出现的某些服务、产品或技术；随着全球化的持续深入，各国间相互交流和经济一体必将成为现实。

因此，可以断言，新材料、新产品、新技术和新服务将源源不断地涌现出来，像电脑游戏、第二代互联网、莱卡、DIY 等新生事物仍将不断出现在我们身边。现在让我们试着从百姓生活中寻找未来可能的需求：随着生活节奏的加快，有不少人都在渴望让自己从繁重的家务劳动中解脱出来，享受更多的人生乐趣，那么家务外包的服务就可以由此产生。家务外包和家政服务最大的区别在于，前者几乎无所不包，并带有很强的专业技能，而后者往往局限于清洗和打扫等没有技术含量的服务。再如，现在的大都市空气到处都污浊不堪，在家里或办公室也不能幸免，由此就可以诞生一种服务：花香空气提供者。这不是简单的氧吧形式，而是通过高压容器或轨道向家庭和办公室输送含有花香的纯净空气，使家庭成员、办公室人员都能在清新和健康的空气下工作、生活。其实，只要我们用心去研究、探索，经济社会发展中可能出现的创业项目往往最具有激动人心之处，并且其创新意境比起专利发明，可谓有过之而无不及。

二、创业项目的选择

（一）把握市场需求，选择创业项目

大学生创业者普遍缺少实际社会经验，很多人在创业时都是凭着一时的热情，根据自己的感性认识，或是选择时尚热门的项目，或是选择自己喜欢的项目，而没有慎重地进行市场调研，结果生产出来的商品不被市场接受。这种鲁莽冲动的创业行为往往会导致创业的失败。怎样才能提高创业的成功率呢？著名的管理大师法雷尔说过："制造满足顾客需要的产品和服务，永远是成功的秘诀。"可见，及时而准确地把握市场需求，是创业成功的重要因素。

任何人选择创业的项目都不能凭着主观想象，而应该从市场需求的角度出发。市场需求越大，对企业生产的相关制约因素越少，创业取得成功的概率就越大。任何创业内容的确立都必须从市场实际出发，不能单凭想象，用热情创业；也不能生搬硬套，套用他人的成功经验。市场经济理论告诉我们，只有及时地关注市场的需求，敏锐地把握市场的变化，有针对性地提供有效服务，市场才会给你相应的回报。无论是卖创意产品、家用电器、汽车，还是卖工业用品、机器设备、零配件，都是满足社会需求的体现。因此，对于创业者，尤其是初次创业的大学生，在选择创业项目的时候，一定要认真做市场调研，了解市场的需求是什么、需求量是多少、哪些群体会来购买你的商品和服务。将这些问题考察清楚后，提供的商品和服务才是有效的，才能为创业者带来利润。创业者要始终坚持一个观点，即"企业是为解决顾客的问题而存在的"。没有满意的顾客就没有企业的存在，也就不可能取得创业的成功。

需要强调的是，市场需求又有现实需求和潜在需求之分。所谓的现实需求是指消费者在当前的消费过程中所切实需要的商品。而潜在需求是指消费者暂时不需要或不重视，但在未来的一段时间内能够博得消费者青睐的商品。当然，并不是说创业者在选择创业项目时一定要选择符合市场现实需求的产品，因为，潜在需求可以转化成现实需求，例如汽车。20 世纪 90 年代，汽车需求对我国大部分居民来讲是潜在需求。但是，随着经济的发展、人民收入的提高，人们对交通便利的要求越来越高，汽车的需求不断增加，此时的汽车就已经成为人们的现实需求。而随着对汽车需求的增加，市场又衍生出了新的潜在需求，即对汽车的维护与保养。随着经济的不断发展，对汽车的维护与保养又成为现实需求。因此，近年来，从事汽车销售及汽车维护保养的企业取得了较好的效益。可见把握市场需求对创业者的重要性。

那么，以下就介绍几种把握和分析市场需求的方法。

1. 分析市场供求差异，把握市场需求。在变幻莫测的市场中，需求不仅是多种多样的，而且是在不断地变化中的。因此，在一段时间内，市场供求状况总是以均衡状态为轴上下波动，市场总需求量和总供给量之间存在一定的差距。这个差距正是创业者的创业契机。创业者通过调查分析这种差距，可以准确地把握市场需求，进而找到合适的创业机会。例如，两厢轿车的市场需求是 10951 辆，而市场供应量只有 5000 辆，那么对于创业者来说，这个市场空间就是可以开拓的。

2. 调查市场中商品、服务的空白，把握市场需求。市场有空白就意味着有巨大的市场需求，调查商品、服务中的空白是把握市场需求最简单最直接的方式。目前，市场上的实物商品有 100 多万种，而我们国内仅有 18 万种左右；在服务领域也存在许多空白，这是一个极大的可开拓空间。但随着知识大爆炸时代的来临，市场经济体制的不断完善，国内市场与国际市场的联系越来越紧密，要想在这些空白领域创业并取得成功，则需要创业者具有敏锐的观

察力与非凡的执行力。而大学生创业者普遍具有较高的知识水平、先进的信息渠道，具有其他人不可比拟的优势，选择能够填补市场空白的创业项目更容易获得成功。

3. 调查了解人们工作生活中的困难，把握市场需求。市场需求归根结底是人的需求，要想清晰地了解市场需求，不妨将目标由市场转向人。创业者只要认真调查分析人们在日常生活和工作中存在的困难，就不难发现顾客的需求，进而把握市场的需求，找到合适的创业项目。比如著名的“打工皇帝”唐骏正是发现人们在 KTV 演唱时打分的需求，才发明了 KTV 自动打分系统，从此开始了自己的创业之路。因此，只要创业者留心社会生活，重视人在生活和工作中的诉求，就不难发现创业项目。

4. 分析市场上热销产品背后隐藏的商机，把握市场需求。市场上有热销商品，但不会有永远热销的商品，任何商品都有市场生命周期。所谓市场生命周期，是指商品从投放市场到被市场淘汰所经过的时间。它可分为四个阶段，即投入期、成长期、成熟期和衰退期。许多创业者容易被市场上的热门商品吸引，盲目“跟风”。但是这样做并不会取得良好的收益。因为按照市场规律，当某种商品走俏热销时，它就已经进入到了成熟期。创业者此时再去经营这种商品会赶上商品的衰退期，故而创业多数以失败告终。理智的创业者应该研究现象背后的规律，以热销商品为导向，研究商品背后的需求。例如，市场上猪肉热销时，分析猪肉热销背后隐藏的商机，可以预测到：一是会马上兴起养猪热，二是当养猪热兴起后，猪饲料将会供不应求。因此，聪明的创业者既不去卖猪肉，也不去养猪，而是直接去生产猪饲料，这样当养猪热兴起后，自然就会立刻带来丰厚的回报，又可以在一定程度上避免由于竞争者急剧增多带来的经济损失。

5. 研究市场上流通产品存在的问题，把握市场需求。俗话说“人无完人”，商品也是如此。市场上流通的商品不可能是完美的，人们在使用时总会发现各种各样的问题，有的是功能性能方面不够完善，有的是结构方面不够合理，有的是颜色比较单一，有的是外观不够美观。这些问题给使用者带来了不便，但对创业者而言却是创业的良机。所以，创业者要留心人们在使用商品和享受服务时存在的问题。要想发现这些问题，最好的方法就是倾听人们对现有商品和服务的不满，人们的每一个抱怨都是一种潜在的需求。问题越多、越难以解决，越有可能催生一种新的商品或服务，这就为创业者带来了新的发展空间。创业者可以搜集人们对商品和服务的反馈信息，针对它们存在的问题，切实结合自己的长处和兴趣，选择一种进行改善，这样可以大大提高创业的成功率。

6. 进行市场细分，创造市场需求。市场上的商品，由于使用者的行为习惯和心理诉求不同，对同一商品的评价也就不同，这就需要创业者在选择创业项目时进行市场细分。所谓市场细分，就是通过市场调研，依据消费者的需求特点和购买行为及购买习惯等方面的差异，把某种商品的整体市场划分为若干个消费者群体的一种市场分类方法。通过市场细分划分出的每个消费者群就是一个子市场，在某个子市场内的消费者对同一商品的需求较为相似，而不属于此子市场的消费者则与之有着明显的差异。因此，进行科学的市场细分有利于进一步把握市场需求、选定目标市场、确定创业项目；有利于实现产品的差异化竞争，确保产品的竞争优势；有利于集中人力、物力和财力生产经营适销对路的商品；有利于制定和调整市场营销策略，进而提高创业成功率。

对于要创业的大学生而言，仅仅把握市场需求是不够的，应该在此基础上进行科学准确而具体的市场分析，使对市场需求的感性把握转化成为一种对市场定性定量的科学预测，然后进一步合理有效地选择创业项目。

具体的市场分析是指对某一种产品或某一经营性服务项目进行市场需求调研、分析和数据整理，以此作为项目的决策依据，也用它来指导企业的生产、销售。其内容包括某一产品或项目在某一范围内的消费者人数或用户个数、不同群体的人数或用户数、不同地区的人数或用户数，不同地区和不同消费者的消费习惯及发展方向，每年需求的递增或递减比例，根据对以上调研数据的综合分析，作出对市场前景的预测。

大学生创业者可以按照下面的步骤来进行具体操作：

第一，确定目标市场。即先在市场总人口数中划分出细分市场，再确定细分市场中的目标市场人数。这些目标市场人数就是潜在顾客人数的最大极限，可以用它来预计未来或潜在的市场需求量。

第二，确定地理区域的目标市场。在确定目标市场人数的基础上，进一步计算出目标市场占总人口数的百分比，再将这一百分比与地理区域的总人口数相乘，就能确定该区域目标市场的多少。

第三，考虑消费限制条件。即产品是否有某些限制条件可以影响目标市场的数量，使之减少。

第四，计算每位顾客每年平均购买数量。根据购买率或购买习惯，算出该区域内每人每年平均购买创业产品的数量。

第五，计算同类产品每年的需求总数量。用该区域内每人每年平均购买创业产品的数量与该区域内的顾客人数相乘就可以算出需求总数量。

第六，计算企业产品的需求数量。用企业的市场占有率与第五项的需求总数量相乘，再根据企业和竞争者连续几年市场占有率的变动情况，做适当的调整，就能得出企业产品的需求数量的浮动范围。

第七，需要考虑的其他因素。这里主要指有关产品需求的因素，例如需要考虑经济状况、人口变动、消费者偏好及生活方式的改变对产品需求的影响。根据这些信息，客观地分析第六项所获得的数据，就可以合理地预测在总销售额及顾客人数中产品的潜在购买量。

（二）结合政策法规和发展前景，选择创业项目

虽然创业主要由创业者个人进行，但要在一定的社会环境内，因此，现行的政策和法规对创业有着重要的影响。那些符合政策法规的行业和项目，通常可以享受很多优惠，诸如税收、管理、场地、资金、人才、配送、服务等。因此，创业者选择的创业项目如果符合国家的政策法规，那么，创业成功的可能性要大。反之，则容易以失败告终。所以，大学生创业要关注国家的相关政策，为自己创业成功寻找有利的条件。

近年来，我国为了加快构建社会主义和谐社会，陆续出台了一系列政策来整合产业结构和优化资源配置，扶持一大批高新技术产业、装备制造业与现代服务业，鼓励发展低碳、绿色、环保的新型工业。受此影响的朝阳行业主要有网络技术、软件信息、新材料、新能源、机电一体化、生物医药及精细化工等。具体地讲，在上海，政府鼓励的非公小企业主要有这样几种类型：科技型小企业，为支柱产业（钢铁、汽车、通信设备、石化、电话设备、家用电器、生物、医药、信息）配套服务的小企业及服务型小企业。政府扶持的这些产业都可以成为大学生创业优先考虑的对象。

对于资金有限的大学生创业者来说，结合上面的优惠政策可以考虑在如下行业进行创业：

一是投资不多的劳动密集型行业，如服装制造、食品加工、印刷包装、工艺礼品、电子仪器等；二是为大型企业进行零配件加工的行业；三是信息、咨询、中介、广告等服务行业；四是维修、快递、家政、清洗、保洁等便民利民的服务行业；五是与绿色环保相关的公益类行业。

政策环境的变化不仅可以给创业者带来很多优惠，还可以直接带来创业的商机。现在，为了构建社会主义和谐社会，各地的政策变动是比较频繁的，尤其是优化产业结构，推动产业结构升级方面的政策变革十分明显，这些变动很大程度上给创业者带来了创业商机。例如，随着社会主义新农村建设的加快进行，惠农、扶农政策的落实，各地农村兴建了大批惠民工程，带动了建筑、餐饮、建材等行业的发展，这些都加速了经济的发展，也为创业者提供了商机。

所以，大学生创业者更要加强对政策导向和行业前景的关注，可以通过订阅行业期刊、参加行会和相关行业团体、有效地利用网络资源来收集和积累相关信息，为自己的创业做好准备。

（三）根据自己掌握的资源和具备的专长，选择创业项目

如果说政策法规是外化的资源优势，那么创业者的兴趣、爱好、特长、专业、经验、技能等就是内化的资源优势。其实每一个人都有自己的优势，从专业角度讲，一个人所具备的专业知识和技能是他的资源优势；从非专业角度讲，一个人掌握的人脉资源也可以成为他的资源优势。大学生创业者要正确地认识自己内化的资源优势，选择可以充分发挥自己资源优势的项目进行创业，以便提高创业的成功率。为了使大学生创业者能够更好地了解并利用自己内化的资源优势，下面将对内化资源优势分四类进行介绍。

1. 知识智慧型。知识智慧型资源优势主要指创业者具备较高的知识含量与智力水平。对于接受过高等教育的大学生来说，大多数大学生创业者的内化资源优势属于这一类型。正因如此，虽然大学生创业者缺乏社会经验，不太善于处理各种复杂的人际关系，但是他们年轻活泼、思维敏捷、知识丰富、喜欢挑战，尤其适合选择以研究探索、创意想象、执行操作为主的行业创业。他们较常选择的项目有电子商务、软件编程、编辑、造型设计、广告创意等。虽然这些项目可能只是整个产业链中的一个环节，但是它们简单纯粹，只需要发挥知识智慧的资源优势就可以解决较为单一的问题，对于初次创业的大学生而言比较容易获得成功。

2. 技术能力型。技术能力型资源优势是指创业者在某一专业领域有较高的技术水平、专利发明、科研成果等，或者有解决复杂技术问题的突出的综合能力。显然，如果能够适当地规避创业中的风险，拥有这一特质的大学生创业者选择高新技术型创业项目更有利于发挥自身资源优势。目前，在我国，这类项目主要集中在无线通信、半导体研发、生物医药、网络游戏、宽带网络、无线增值和数字传媒等科技含量高的领域。

3. 资金人脉型。资金人脉型资源优势是指创业者拥有雄厚的资金实力或丰富的人脉。雄厚的资金实力可以扩大创业者选择创业项目的范围，提高创业项目的起点层次。此类创业者可以选择那些策划科学合理、管理先进、技术含量高、竞争优势明显的创业项目，以增加创业成功的机会。同时，丰富的人脉可以减少由人为影响给创业者带来的损失，使创业项目获得更多的帮助与便利。此类创业者在创业时要充分地利用资金和人脉资源，使其真正地为自己的创业带来便利。

4. 经验信息型。经验信息型资源优势是指创业者在某个领域内有着丰富的经验知识、感受体验或广泛的信息渠道。随着创业内容向多元化发展，创业者的层次也向多元化发展，这

就催生了许多新鲜时尚的行业，如时尚、旅游资讯、心理咨询、专业讲师、动漫制作、网上开店、色彩顾问、礼仪主持策划等领域。这就更加需要对行业特点、经营模式等进行深入的了解，所以，经验和信息在这些行业中显得尤为重要。如果创业者对这些领域比较了解，也可以选择这些项目来创业，将单纯的兴趣爱好转化为资源优势。

大学生创业者应该正确地认识自己，清醒地知道自己的优点与缺点，明确自己的内化资源优势，在选择创业项目时应该本着内化资源优势优先原则，将创业与自己的知识、特长、技能、兴趣、爱好相结合。这样有利于扬长避短、趋利避害，提高创业的成功率。

（四）从小做起，量力而行，选择创业项目

尽管现在国家鼓励大学生进行创业，社会上也宣传大学生创业很多成功的案例，但是大学生必须铭记的是，创业不是发财致富的捷径，它是一种有风险的商业行为，所以，在创业过程中必须遵循量力而行的原则。即，对于大学生创业者来说，更适合从中小项目做起。因为它们需要投入的资金不多，风险较小，盈亏都在大学生可承受的范围内，这样创业者不会承担过多的心理压力，有利于创业者将全部精力投入到项目的经营中去，使项目健康地发展。

知识链接

选定创业项目需要考虑的因素

（一）要适合自己

俗话说："隔行如隔山。"因此应尽量选择与自己的专业、经验、兴趣、特长相关的项目。从一定程度上说，走自己熟悉的路才是离目标最近的。在选择创业领域的时候，不要心急，也不要受他人左右而盲目投资创业，一定要从自己最熟的行业或是自己的特长出发，认识到自己性格上所存在的缺陷，从而扬长避短，发挥优势。

（二）要看准所选项目或产品的市场前景

对于创业者来说，要多考察当地市场，对所选项目要有直观的认识。有些产品需求很大，但成本高、利润低。这里还要注意一点，即选择合适地域条件和特色的项目。另外，不要忽视地方的消费文化和民众的消费预期，没有不赚钱的生意，只有开错了地方的店面。例如，一条街上都是卖服装的，要办个特色的店面，也可以经营服装，只要在所有的服装里面体现自己的品位和特色，把握好进货的渠道和销售的价格，这样就同样为成功造就了特色的创意。

（三）要从实际出发，不贪大求全

瞄准某个项目时最好适量介入，以较少的投资来了解认识市场，等到自认为有把握时，再大量投入，放手一搏。

（四）要周密考察，科学取舍

当今时代，各种信息充斥每个角落，许多人都是根据信息来选择项目。所以，我们对信息一定要重考察、善分析，没有实地考察和对现有商户经营情况进行了解，千万不要轻易投资。重考察，一要看信息发布者的实力和信誉，可以向当地工商管理部门了解情况；二要看项目成熟度，如有无设备、服务情况如何，能不能马上生产上市等；三要看目前此项目的实施者在全国有多少、经营情况如何等。

（五）要做到三个“万万不可”

在项目实施过程中，万万不可先交钱后办事，不要仅凭一纸合同或协议，就将自己的辛苦钱轻易付给对方；万万不可轻信对方的承诺，在签订合同时就应特别留意，以防止对方有意违约给自己带来损失；万万不可求富心切，专门挑选那些看起来轻而易举就能赚大钱的项目去干，越具有诱惑力的项目，往往风险也越大。

| 创业故事汇 |

不断捕捉创业灵感的王光明

——一块钱的创业灵感成就年赚百万的生意

创业其实是工作经验的积累，就像马云一样，他创立翻译社的时候，也没有想过要创立阿里淘宝，而是在他维持翻译社生计，不得不从事服装、鲜花倒卖中，发现供应商和需求商严重脱节，需要一个桥梁来衔接，所以有了阿里淘宝。因此你也要在市场变化中，发现规律和问题，你创业才能成功。

28 岁的王光明习惯了站在 27 楼靠窗的位置，端一杯绿茶，轻轻地饮啜，放眼一望，整个光谷车水马龙，尽收眼底。几年前，他是一个心怀创业梦但前景渺茫的忧郁青年；现在，他已跻身于千万富翁行列，办公室也从原来的雄楚大道搬到了光谷的金融中心国际大厦。

一元钱触发创业灵感，年赚 70 万元

王光明本来有一份让人羡慕又安逸的工作，中专毕业后在某大型培训公司从事企业管理培训工作。年仅 19 岁的他天生一副好口才，加之俊朗的外表，王光明的业务做得风生水起，不到两年的时间，已经晋升为公司主管，月薪也过了 5 位数，是一位名副其实的高级白领。

但王光明并不满足于现状，他一直记得这样一句话：人一生一定是为某件大事而来。“每个人都有一件大事等着你，但是这件大事是自己做出来的，是从微不足道的小事做起，而不是老天送给你的。”王光明眼里的大事，绝不是墨守成规、日复一日做着相同的事情，他喜欢挑战自己，他想要自己创业。

机会很快青睐了这位年轻人

2006 年，他辞掉工作，去台湾休闲度假。他发现很多咖啡厅、快餐店的桌子上都有一个小机器，上面写着：投币一元，可知当天运势。在等待上菜的间隙，王光明掏出一元钱试玩了一下，发觉有点意思：这个小机器不仅可以预测当天运势，测 IQ 以及测心理，还闪烁着七彩光圈。颇具商业头脑的王光明突然灵光一现：“这么神奇的玩意儿何不引进大陆？一定会深受年轻人喜欢。”

他当即按图索骥找到小机器上的厂家和联系方式，快速拿下了某品牌星座娱乐机的大陆总代理。回到武汉后，王光明开始穿梭于街头巷尾，在各大餐厅和咖啡厅推销自己的娱乐机，和老板按照“四六开”的利润模式分成。无须任何成本，老板可以拿到四成利润，一台星座娱乐机好的时候每天都可以赚上百元。纯粹的无本经营让老板们尝到了甜头，他们也不再满足于利润分成了，直接在王光明这里大批订购原机。

王光明成了湖北省引进星座娱乐机的第一人，在全国也是为数不多接触星座娱乐机的人之一。王光明很快将产品铺到了全国，这一年，他销售了近2万台星座娱乐机，赚到了人生中第一桶金70万元。

然而，他发现这并不是一个可以持续发展的行业，因为门槛低，做销售代理的越来越多，加之市场趋近于饱和。王光明开始寻找新的出路，“做一份有意义可持续发展的事业”。

吃夜宵吃出创意，开启武汉烤鸭脖风潮

2008年，王光明开始了第二次创业，经过多次深思熟虑，王光明选择了某品牌太阳能热水器代理。因为太阳能的零售市场趋于饱和，王光明承接的是工程型集体安装业务，因大量的垫资以及售后问题，70万元的启动资金很快亏空，还从亲戚朋友处借债不少。从原本的小有积蓄到负债累累，他深切地感受创业的不易。如何在绝境中突围，是王光明每天都思考的问题。

一次与朋友外出消夜借酒消愁时，朋友点了一盘下酒的鸭脖，王光明突发奇想，让老板帮忙将鸭脖用竹竿穿起来烤着吃。老板不解地看着他，唠叨鸭脖烤着吃还是第一次听说。不时喜欢玩点新花样的王光明坚持了自己的创意。没想到烤过的鸭脖口感独特，焦中有辣，别有一番风味。一盘鸭脖很快被横扫一空。

这次经历给了王光明第三次创业的灵感。一直以来，大家都习惯鸭脖卤着吃，但他相信只要烧烤形式的鸭脖足够美味，有自身特色，就一定能赢得庞大的市场。冲劲十足的王光明就这样开始特色小吃之路——烤鸭脖。

他清楚地知道，对于食品行业来说，一个好的产品的出炉，最重要的是配方，如何研制自己的独家秘方，让他颇费了一番功夫。“那时我第一个想到了我的朋友，他技艺精湛，在武汉某大型酒店担任行政主厨，专为酒店招待重要领导人掌勺。我力邀他和我一起研制烤鸭脖，可他舍不得自己的事业，于是我就每天去他家讲述我的规划，力劝他加入我的团队，他半推半就地来了。”

二人开始了长达半个月的秘方研制过程，反复尝试、改良，不断记录、创新，最终制成独特的配方，确定制作工艺，成就了目前的烤鸭脖品牌。回想那段日子，王光明戏言：“我俩走在路上，浑身的味道感觉自己就是一盘烤乳猪。”产品问题得到了解决，王光明和朋友在汉阳一个不足10平方米的小店里开起了第一家烤鸭脖门店。烤鸭脖最火的时候，一天的人流量一度达到上千人。

这个“不按规矩出牌”的年轻人用一个月收回了所有成本，而烤鸭脖这种吃法也开始在武汉迅速传播开。到2011年底，只用10个月不到的时间王光明就净赚了50多万。

走品牌化道路，获1000万元投资

烤鸭脖生意的火爆让王光明看到了特色小餐饮的未来，而他也清醒地认识到个人英雄时代已经结束，抱团经营才是长久发展之计。王光明马上给自己的小餐饮做了清晰的定位：做品牌连锁。

王光明快速地将自己的想法付诸行动，制定加盟店项目计划书、商业计划书，详细地突出了小餐饮的市场前景，以及丰厚的利润回报。在很多项目推荐会上，王光明开始自信满满地推荐自己的项目。大大小小的项目推介会倒是参加了不少，却收效甚到微。

这时，一位创业前辈的话点醒了他：“商业计划书一定要接地气，除了前景分析，也需要对潜在风险进行分析。”为此，王光明专门去一些孵化器和创业园参与投资专业培训，学习如何与风投进行交流谈判。

由于对市场的有力把控和精准的分析，王光明的小餐饮品牌化经营项目吸引了香港鸿基国际控股集团的关注，很快成立了华中子公司，同时王光明获得了1000万元的风投资金，建立了自己的团队，成了该团队的掌舵人。

从最开始的一个烤鸭脖品牌，发展到现在囊括奶茶、薯条、中餐、西餐等十几个小品牌，几乎细分到了小餐饮的每一个行业，完善了全产业链服务体系。他说，现在的他就是一个拧紧的发条，随时都在发起新的自我挑战。

分析讨论

1. 大学生在创业项目选择过程中如何发挥优势、减少劣势？
2. 创业项目选择的途径是什么？
3. 解释创业机会的含义、创业机会的特征、创业机会的类别。
4. 如何进行创业机会的识别？

项目6

创业资源

名言点津

企业总要找马骑，企业跑在平路上的时候，找到的可能是银行的资金，它是一匹比较温驯的马；可是当你跑在山路上的时候，找到的可能就是风险投资，它是一匹烈马，烈马的特点是：你行的时候你指挥它，你不行的时候它指挥你。

——牛根生

起点导航

故事一：寻求国际赞助融资故事

The Zebra 是一家位于美国奥斯汀市的公司，其类似优惠票价网站 Kayak，不同的是 Zebra 是在汽车保险垂直行业里提供搜索引擎。Zebra 创始人 Adam Lyons 在创立公司的时候，就决定要到海外寻求资金，而且他们重点关注的是与他们拥有相同商业模式的海外市场。他找到了 Moneysupermarket. com 创始人，也是英国亿万富翁 Simon Nixon 寻求资金支持。

通过电子邮件，Lyons 成为 Nixon 在美国的合作伙伴，而 Nixon 也接受了他的提议并为其提供了资金支持。

“不是每个人都会想到去新兴市场寻找投资人，你可以寻找一些拥有类似商业模式的新兴市场，这种方式让我们受益匪浅。” Lyons 说道。

故事二：给我公司投钱，今天是我生日

2008 年，Cynthia Kersey 已经年近 50 岁了，她发现自己的生活发生了戏剧性的变化，因为她离婚了。虽然 Kersey 非常伤心，但是她决定重拾自己的梦想——帮助孩子们获得受教育的权利。于是在她 50 岁生日的那天，Kersey 给每一个自己熟识的人发出了邀请，并且告诉他们如果要来参加她的生日聚会，必须带来一份生日礼物——每人 100 美元。

在生日聚会上，Kersey 宣布她将用大家给她的生日礼物作为种子资金，推出非营利性组织 The Unstoppable Foudnation。经过 Kersey 的努力，已经让 6000 个孩子重返校园，还新建了

超过 50 所校舍。

分析讨论

1. 对大学生创业者来说，哪些融资渠道适合去选择？
2. 企业的融资方式有哪些？
3. 谈一谈各种融资方式的优缺点。
4. 创业者想要获取风险投资，应掌握哪些技巧？

任务1　创业资金

任务导引

小王的创业资金

小王是一名会计学专业毕业的大学生，想自己开办一家会计公司。在开办公司前，他进行了大量的市场调查，发现这个行业有很大的市场。同时，他还对开办公司的必要支出进行了估算，大致如下：

租一间 20 平方米左右的办公室，每月需要租金 3000 元左右；

购置两台电脑，每台 5000 元；

购置一套最基本的财务软件，大约需要 3000 元；

购置三套办公桌椅，一般的办公桌椅价格都在 300 元/套；

购置两台打印机，一台针式打印机用来打印输出的会计凭证和账簿，另一台打印一般的办公文件，两台打印机大概需要 3500 元；

购置一台税控机，价格 3000 元；

传真机一台，需要花费 1000 元；

事先购置一些办公用品及办公耗材，支出 1000 元；

饮水机一台 500 元，每月大约需要 4 桶水，每桶水 15 元；

电话费、网费每月 320 元左右；

水电费每月 200 元。

同类的会计服务公司广告费每月一般在 1200~2000 元之间，小王决定按平均花费计算，所以准备每月 1500 元；

需要雇用一名会计和一名外勤人员，两人的工资每月合计为 3500 元，社会保险费合计每月 1000 元；

尽管现在国家对大学生创业进行了税费减免，但是开户、刻章直至办完整套开业手续，大约需要一个月的时间，需要的注册登记等开业前的基本费用 1000 元。

对于日后的收入，小王也进行了调查。大约每增加一家客户可以取得每月 250 元左右的收入，为每户服务的基本费用大约为 20 元/月。另外，客户在 60 户以内时基本上不用增加会计和外勤人员。

于是，小王简单算了一下他创办会计公司所需要的资金为：

房租 3000+电脑 5000×2+软件 3000+办公桌椅 900+打印机 3500+税控机 3000+传真机 1000+办公用品 1 000+饮水机及 1 个月的饮用水 560+电话费、网费 320+水电费 200+广告费 1 500+雇员工资及社保费 4500+开办费用 1000=33 480（元）

看来开办公司需要的资金不是太多，而每一户可以赚的钱却相当可观。小王对自己的专业知识和开拓市场的能力非常自信，他相信自己的公司一定会开办得很红火。为了以防万一，怕有些项目考虑不周全，小王在筹集资金时还打了不少富余，共筹集了 50000 元的资金。

可是，令小王没想到的是，第一季度还没过完，公司资金就出现了断流，连支付下季度租金的钱都不够了，你能知道这是为什么吗？小王的计算有何错误？请帮小王计算一下开办这样的会计公司大概需要多少资金。

本案例中小王公司资金断流的原因主要是其对创业所需资金的计算有误。小王只考虑到了开业前的基本支出，但忽略了营运前期的可能支出，尽管其按照自己的计算多筹集了部分资金（16520 元），但由于其对营运前期时间的错误估计，或者由于其对营运前期支出的忽略，导致了其最终的资金断流。

第一，小王的失误在于对营运前期支出的忽略或错误估计。对于小王的会计公司来说，其计算的资金需求仅仅是其开业筹备阶段（一个月时间）的支出，这些支出又可以继续分为两类：开办费和构成资产的支出。其中电脑、软件、办公桌椅、打印机、税控机、传真机等的支出构成企业的固定资产；开业前支付的房租、办公用品、第一个月的饮用水、电话费、网费、水电费、广告费及注册登记等开业前的基本费用的支出为开办费的支出。而且，这些支出均在开业之前已经支付，开业之后，多长时间能够做到资金的收支平衡，能够不再继续追加投资，小王却未予以估计。

第二，在计算创业所需资金时，小王忽略了自己基本的生活支出。这也是大部分创业者可能忽略的一项支出。一般来说，创业者在开始创办企业之前会有一份工作，相当于原来工资收入的部分是其创业的机会成本，应当作为一项潜在支出考虑；或者最起码，创业者每月基本的生活和劳保支出应计算在创业所需的资金之内。

第三，小王的市场调查不充分。应在创业之前，再开展一项市场调查，分析其开业初期的业务量情况，根据其市场调查的结果确定业务量大小，并据此估算可能产生的现金流入量，从而计算资金收支的平衡点。资金的收支平衡点应根据每月固定的支出项目，和每月能够形成的资金流入来计算，其计算公式为：

$$收支平衡点=\frac{每月固定的资金支出}{单位业务的资金净流入}$$

资金的收支平衡点可用图 6-1 进行形象的说明：

图中 A——资金收支平衡点；

B——投资资金回收点；

C——营运前支出；

D——营运前期；

E——投资资金回收期。

对于小王的会计公司来说，其每月固定的支出项目包括：房租 3000 元、办公用品 1000 元、每月的饮用水 60 元、电话费网费 320 元、水电费 200 元、广告费 1500 元、雇员工资及

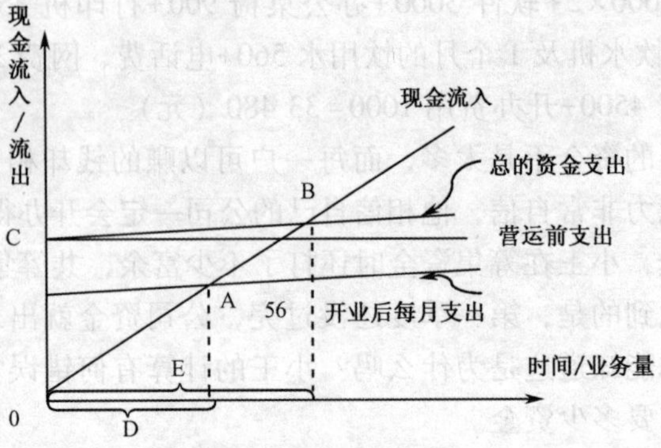

图 6-1　资金收支平衡点

创业资源

社保费 4500 元以及创业者基本的生活及劳保支出——按雇员的平均水平来算每月 2300 元左右，由此，企业每月的基本支出为以上各项之和 12880 元；对于会计公司来说，主要的资金流入是客户交纳的服务费用，该例中每项业务——客户带来的资金流入为 230 元。因此，收支平衡点的计算应为：

$$收支平衡点业务量=\frac{12880}{230}=56（户）$$

通过计算可以发现，小王的会计公司要想实现资金的收支平衡最少需要有 56 家客户的客流。小王需要根据自己从市场调查中得到的客户增加情况来计算其营运前期所需时间，假定通过调查，类似的会计公司每月可以增加 6 家客户，则小王公司的营运前期为 10 个月（56 户/6）。

第四，营运前期支出的重要性。通过上述案例可以发现，小王的会计公司要达到资金的收支平衡需要 10 个多月的时间，这就意味着小王在企业开始经营后依然需要在前 10 个月继续向企业追加投资，营运前期支出金额为 128800 元（12880×10）。可见，对于很多企业来说，营运前期支出远比营运前支出要大得多。所以，在计算创业所需资金时一定要充分考虑营运前期的资金投入。

第五，营业税费。代理业的营业税率为 5%，加上企业应该承担的城市维护建设税和教育费附加，企业的综合税率大约为 5. 5%。这就意味着，如果该会计公司月度收入为 10000 元的话，其营业税费在 550 元左右。所以，在计算创业所需资金时，应该考虑到营业税费的支出需求。

第六，业务开拓或公关费用。小王还应根据其所在城市类似企业业务经费的开支状况及其调查的结果，估计一部分业务开拓或用于公关的费用，以尽快增加客户，缩短营运前期的时间，使企业在较短的时间内获得利润。

第七，节约资金与风险储备。企业在创立初期面临的不确定性很大，风险较大，为应对各种意外的发生，需要企业在初期保留较多的货币资金，并准备一定的风险储备资金。另外，创业初期的资金较为紧张，创业者应尽可能地减少各项支出项目，本着厉行节约的原则办企业。

最后，小王创办的会计公司最少需要筹集的资金数额为：

营运前支出 33480+营运前期支出 128800+税费、业务开拓和公关费+风险储备资金>162280（元）

为保证创业者能够较准确地计算创办企业所需资金，可以通过以下表格来进行创业资金的计算。

	开业前	1	2	3	4	5	6	7	…
房屋									
设备									
办公家具									
办公用品									
员工工资									
创业者基本支出									
营业税费									
业务开拓费									
广告费									
水电费									
电话费									
保险费									
设备维护费									
软件费									
风险储备资金									
……									

分析讨论

1. 分析小王的计算有何错误。
2. 请帮小王计算一下开办这样的会计公司大概需要多少资金。

创新资源

一、创业所需资金的分类

资金是流通中价值的一种货币表现，是企业生产经营活动的起点，任何企业要开展生产经营活动都需要一定的资金。熟悉企业资金的不同分类，对于正确计算和合理筹集创业资金具有十分重要的意义。

资金按照不同的标准可进行不同的分类：

按照资金的来源，企业的资金可以分为股权资金和债权资金。股权资金是投资者投入企业的资金；债权资金则是从各种渠道借入的资金。

按照资金的占用形态和流动性，可以分为流动资金和非流动资金。占用在原材料、在制品、库存商品等方面的资金，由于其流动性较好，极易使用和变现，被称为流动资金；分布在机器设备、房屋建筑物等方面的资金，由于其受益期较长，会在长于一年的周期内给企业带来经济利益的流入，这部分资金被称为非流动资金。

按照资金投入企业的时间段，可以分为营运前支出和营运前期支出。

营运前支出发生在企业开业之前，是在企业筹办期间发生的各种支出；营运前期支出是从企业开始经营之日起到企业能够做到资金收支平衡为止的期间，投资者须继续向企业追加的投资。营运前期的时间跨度往往依企业性质而有所不同，一般来说，贸易类企业可能会短于一个月，制造类企业则包括从开始生产之日到销售收入到账这段时间，可能要持续几个月甚至一年左右，不同的服务类企业其营运前期的时间会有所不同，可能会短于一年，也可能会比一年要长。

营运前支出按照其性质又可分为开办费支出和其他支出。开办费支出是指企业在筹建期间发生的各种费用性支出，包括人员工资、办公费、培训费、差旅费、印刷费、注册登记费以及不形成存货等流动资产、不计入固定资产和无形资产购建成本的各种支出；其他支出指企业在筹建期间为取得存货等流动资产、购建固定资产和无形资产等所发生的支出，这些支出应在其发生时确认为一项资产。企业筹建期间发生的开办费支出，应在企业开始生产经营的当月起一次计入当月损益，列入“管理费用”。

二、创业所需资金的计算

1983 年壳牌石油公司的一项调查结果显示，1970 年名列《财富》杂志 500 强排行榜的企业有 1/3 已经销声匿迹。大型企业平均寿命不足 40 年，约为自然人寿命的一半！在许多国家，新建企业有 40%存活不到 10 年便中途夭折。在日本和欧洲，所有大小企业的平均寿命只有 12.5 年，而我国企业的平均寿命仅为 3.5 年。总之，资料表明，企业平均寿命低、死亡率高是不争的事实。亚洲开发银行驻中国代表处副代表兼首席经济学家汤敏指出：“中小企业的存活率很低，即便在发达的美国，5 年后依然存活的比例仅为 32%，8 年后为 19%，10 年后为 13%。”在我国，中小企业的寿命更短。企业倒闭的原因可能很多，但资金断流却永远是其最主要的因素之一。正如一句企业界的经典名言所说，“企业可能不会由于经营亏损而破产清算，却常常会因为资金断流而倒闭。”资金对企业尤其是初创期的企业来说有着至关重要的作用。

但由于创业者对自己能力的过分自信和对企业经营的乐观估计，常会将营运前期的期间估计过短，或干脆忽略掉营运前期，导致对创办企业所需的资金数额估计过小，引起企业经营初期的资金断流，并最终导致企业终止经营。

创业者必须认识到，在商业信用极其发达的今天，很多企业会采用商业信用的方式开展销售和采购业务。除非创办的企业是一般的零售商店，其他性质的企业都有可能会发生一些赊销的业务，这就意味着企业实现的销售收入，很多无法在当期收到现金，导致现金流入并不像预测的销售收入一样多。从而要求我们的创业者要在销售收入无法收回的期间，在流入的现金无法满足资金支出的期间继续追加对企业的资金投入。否则，可能会出现企业经营业绩很好，却无法按期支付房租、工资等现象，如果企业的债务无法按期偿还，则企业的债权人有权申请企业进行破产清算，使企业丧失继续经营的资格。所以，筹集足额的创业资金是企业顺利开张并持续经营的前提。但并不是说创业之初筹集的资金越多越好，因为筹集的资金过多，会导致资金的闲置，从而产生机会成本，导致企业经营效率低下。合理地筹集创业所需资金是对创业者基本的素质要求，也是其创办企业必需的前提。

知识链接

不可忽视营运前期支出

在筹集资金之前，创业者首先要做的事情之一就是编制一份创业成本清单。编制创业成本清单对创业融资和新企业启动的作用是不言而喻的。一方面，通过创业成本清单能够估算出创业所需的资金总量，这一估算对确定从什么地方筹集所需资金至关重要。另一方面，通过创业成本清单能够确定一旦获得资金将如何运用它，这就保证了新企业各项活动的有序运转。创业成本清单中应详细罗列包括营运前支出或营运前期支出在内的各项支出，并注意不要漏掉支出项目，如设备运输费、设备安装费、员工保险费、库存费等。

在现实的创业过程中，创业者常常只考虑到营运前支出，而忽视或低估营运前期支出。结果是所筹集的创业资金过少，以至于企业刚营运不久即在支付员工工资或偿还贷款方面出现一些问题，这也是一些新创企业闪亮登场却又火速倒闭的首要原因。经验告诉我们，创业之初一定要尽量筹集充足的资金，精打细算，切勿用光所有的钱。正如詹姆斯·史丹索说的那样："如果你想飞到融资的天堂，要有足够的汽油，中途没有加油站！"

三、创业融资的渠道

创业融资

"巧妇难为无米之炊"，没有资金，再好的创意都只是纸上谈兵。创业者估算了创业所需的成本之后，下一步就要进入到融资的具体实施阶段了。了解创业融资的渠道，对于成功地获得足够的创业资金具有十分重要的意义。

资金是创业企业必备的要素之一，由于创业初期风险相对较大，企业资产相对较少，使得风险基金、银行贷款等机构不愿意向创业企业投资或贷款，而创业者自身所拥有的资金难以满足创业发展的需要，因此，寻求资金来源是创业者所必须考虑的一个重要因素。融资渠道即筹措资金来源的方向和通道，体现着资金的源泉和流量。认清融资渠道的种类和特点，有利于降低融资成本，充分开拓和正确选择融资渠道。融资的途径和方式是多种多样的，自有资金和向贷款机构借款是企业资金的两个主要来源，具体介绍如下。

（一）贷款

银行对企业的各种贷款，是我国目前各类企业最重要的资金来源。我国银行分为商业银行和政策性银行两种。商业银行是以营利为目的、从事信贷资金投放的金融机构，主要为企业提供各种商业性贷款；政策性银行是为特定企业提供政策性贷款。银行贷款方式灵活多样，可以满足各类企业的多种资金需求。比较适合创业者的银行贷款方式主要有抵押贷款和担保贷款两种。既缺乏经营历史也缺乏信用累积的创业者，比较难以获得银行的企业贷款。目前各地也在纷纷尝试创业小额贷款，创业者在融资过程中应多跑几家银行，多了解一下有关贷款的品种，以便能够以低廉的成本获得创业贷款。

在准备向银行借款之前，首先了解银行的相关政策和申请贷款的程序，许多创业者都对向银行申请贷款存在恐惧心理，认为自己没有抵押，很难获得贷款。事实并非如此，随着外资银行的进入，尤其是银行闲置资金的增加，银行业展开了一些针对创业者的免担保贷款业务，如商业银行投资。西方各国商业银行在推动高技术产业化方面起到了很大的促进作用，商业银行贷款在资本市场中占有一定的比例。我国从1994年开始实行政策性金融业务分离，政策性银行如国家开发银行就能专门给一些创业新项目实行贷款，以扶持项目成功开发和运营。

根据我国《贷款通则》的规定，目前我国发放贷款的主要形式有：

第一，自营贷款、委托贷款和特定贷款。

自营贷款指贷款人以合法方式筹集的资金自主发放的贷款，其风险由贷款人承担，并由贷款人收回本金和利息。

委托贷款，指由政府部门、企事业单位及个人等委托人提供资金，由贷款人（即委托人）根据委托人确定的贷款对象、用途、金额期限、利率等代为发放、监督使用并协助收回的贷款。贷款人（受托人）只收取手续费，不承担贷款风险。

特定贷款，指经国务院批准并对贷款可能造成的损失采取相应补救措施后责成国有独资商业银行发放的贷款。

第二，短期贷款、中期贷款和长期贷款。

短期贷款，指贷款期限在1年以内（含1年）的贷款。

中期贷款，指贷款期限在1年以上（不含1年）5年以下（含5年）的贷款。

长期贷款，指贷款期限在5年（不含5年）以上的贷款。

第三，信用贷款、担保贷款、票据贴现。

信用贷款，指以借款人的信誉发放的贷款。

担保贷款，指保证贷款、抵押贷款、质押贷款。保证贷款，指按《中华人民共和国担保法》规定的保证方式以第三人承诺在借款人不能偿还贷款时，按约定承担一般保证责任或者连带责任而发放的贷款。抵押贷款，指按《中华人民共和国担保法》规定的抵押方式以借款人或第三人的财产作为抵押物发放的贷款，主要有不动产抵押贷款、动产抵押贷款、无形资产抵押贷款。质押贷款，指按《中华人民共和国担保法》规定的质押方式以借款人或第三人的动产或权利作为抵押物发放的贷款。

票据贴现，指贷款人以购买借款人未到期商业票据的方式发放的贷款。

（二）政策性资金

这是一类根据国家或者地方的有关政策而得到无偿或者优惠的扶持创业的资金。各地政府部门为了调节产业导向，鼓励大学生或者下岗员工等个人创业，每年都会拿出一些扶持性资金。这些资金主要通过两种方式来扶持符合国家产业政策的创业者：一是加强基础设施建设，为创业者提供良好的环境和氛围。如近年来许多城市建立了高科技园区，为有发展前途的高科技人才提供免费的创业园地。二是建立创新基金。这是国家为了扶持、促进科技型中心企业技术创新而设立的一种引导性资金，其目的是通过对中小企业技术项目的支持来扶持新企业的发展，增强其创新能力。如科技部、财政部联合发布设立用于支持科技型中小企业技术创新项目的政府专项基金就是一个例子。如果创业者的项目符合以上要求，就要尽可能争取到创业资金。

创业者要善于利用政府扶持政策，从政府方面获得融资支持，他们一般利用财政补贴、贴息贷款、优惠贷款、税收贷款政策及一些专项资金的方式对创业者提供支持。如专门针对大学毕业生的各种创业贷款，专门针对下岗失业人员的再就业小额担保贷款，专门针对科技型中小企业的技术创新基金，为鼓励青年创业推出的“中国青年创业小额贷款项目”等，还有众多的地方性优惠政策。利用相关政策和扶持，可以达到事半功倍的效果。具体如下：

1. 国家各部委设立的扶持基金。科技部 863 计划、973 计划、星火计划、火炬计划、创新基金、重点新产品、科技兴贸行动计划、软科学计划、国际科技合作计划、科技支撑计划等；国家发改委中小企业发展专项基金、产业化及示范项目资金、专项资金、技改资金等；商务部出口研发资助资金、中小企业国际市场开拓资金等；信息产业部电子发展基金及财政部设立的中小企业发展资金等部委级别设置的基金品种有几十种。

2. 创业小额贷款。2006 年共青团中央、国家开发银行联合启动“中国青年创业小额贷款项目”，支持对象主要是全国 40 岁以下青年初次创业的小额贷款和 40 岁以下青年企业家二次创业的中小企业贷款。青年创业小额贷款每人单笔额度一般在 10 万元以内，最多不超过 100 万元；青年创办的中小企业贷款单户额度一般在 500 万元以下，最多不超过 3000 万元。贷款期限一般不超过 3 年。对于纳入省、地（市）、县政府信用平台、贷款本息偿还有保障的项目，可以提供在人民银行公布的同期贷款利率基础上下浮动 20%的优惠利率。

3. YBC 基金。YBC 是 Youth Business China（中国青年创业国际计划）的英文简称。它是共青团中央、中华全国青年联合会、中华全国工商业联合会共同倡导发起的青年创业教育项目。该项目参考总部在英国的青年创业国际计划（Youth Business International）扶助青年创业的模式，动员社会各界特别是工商界的力量为青年创业提供咨询及资金、技术、网络支持，以帮助青年成功创业。YBC 项目的宗旨是：培养创业精神，提高创业能力，提倡企业社会责任，促进经济与社会协调发展。YBC 项目的业务主管单位是共青团中央，组织实施单位是中国青少年社会教育基金会。YBC 通过接受社会捐助，建立青年创业专项基金，为符合条件的青年创业者提供无息无担保的 5 万元左右的启动资金和“一对一”导师辅导等公益服务。YBC 是一项公益基金，口号是“扶持一个青年，成就一个未来企业家”。

4. 再就业小额担保贷款。根据中发［2002］12 号文件精神，为帮助下岗失业人员自谋职业、自主创业和组织起来就业，对于诚实守信、有劳动能力和就业愿望的下岗失业人员，针对他们在创业过程中缺乏启动资金和信用担保，难以获得银行贷款的实际困难，由政府设立再担保基金。通过再就业担保机构承诺担保，可向银行申请再就业小额贷款。

5. 科技型中小企业技术创新基金。经国务院批准设立、用于支持科技型中小企业技术创新的政府专项基金，扶持和引导科技型中小企业的技术创新活动。根据中小企业和项目的不同特点，创新基金支持方式主要有：贷款贴息、无偿资助、免税、资本投入等。

6. 中小企业国际市场开拓基金。由中央财政和地方财政共同安排的专门用于支持中小企业开拓国际市场的专项资金。参见《中小企业国际市场开拓资金管理（试用）办法》（财政部、外经贸部，2000 年）和《中小企业国际市场开拓资金管理办法实施细则（暂行）》（财政部、外经贸部，2001 年）。

（三）自我累积基金

很多成功的创业者都是依靠最初给别人打工赚来的第一桶金和宝贵的职业经验。使用自我积累基金，可以减少创业者寻找外部投资者所需要的精力、时间，降低费用，减少投资者对初创企业的经营干扰，有利于实现创业者的创意，增加荣耀感。

（四）亲情资金

在公司创办初期，由于公司存在着较大的经营风险。一般来说，爱着你的人和认识你的人，如父母、亲戚、朋友是你创业的第一支持者，也是你最容易获得资金支持的地方，很多实际案例表明，在创业的初始阶段，朋友和亲属们在筹集资金方面起着关键的作用。在创业者的资金来源中，80%来自个人家庭积蓄或者家庭借款，朋友和亲戚应该是新企业寻求融资的首要人选，不仅仅因为他们最有可能相信你和你的创业想法，而且他们最不可能像银行那样需要个人担保来拖累你。

创业者可以通过合资、入股等方式说服他人投资，或者通过亲朋好友提供担保的方式获得所需要的资金。由于亲情、友情的关系，大家彼此之间不需要更多的信誉担保，这种资本对企业盈利的要求会有更多的耐心。尤其是对那些项目规模不大、需要资金不多、处于初期的企业，可以寻求亲属、朋友的资助顺利开业，但这类资本也可能带来一些弊端，如股权稀释、不适合较大的投资项目等。

（五）其他的融资渠道

1. 信用卡。信用卡是创业公司一个重要的资金来源。尽管许多人都认为信用卡是非传统的融资渠道，但新企业利用信用卡融通资金的做法已经日益普遍，被广为接受。

2. 供应商。能够从供应商那里取得的融资包括传统的商业信贷，比如卖主在你付款之前把货送到。高明的现金管理策略应该要求供应商提供赊销条件或者对即期付款打折。

3. 合资企业战略伙伴。建立合资企业不失为公司融资的有效途径。一种可能性是合资立项，双方都同意投入一笔资金。合资企业也可以解决你的全部资金需求。另一种融资方式是与和你有商业往来关系的另一家公司，有可能是大公司，建立一种战略伙伴关系。

4. 经销权转让。这个方法较新颖，拥有独特产品的公司可以通过把产品经销权转让给别人来筹集资金。这和特许经营较为相似，特许经营是通过转让经营方法来收取特许费。

5. 使用费融资。这也是一种新颖的融资方式。可以把这种形式看作是投资者对公司未来销售资金的垫款。为偿还这笔垫款，企业要按销售额的一定比例对投资者进行偿付，即使用费。

6. 民间借贷。民间借贷被称为“草根金融”，分为低利率互助式借贷、高利率信用借贷或个人借贷、地下融资中介借贷及企业间资金融通等。它手续简便、时效性强，可用于对企业进行股票、债券，甚至创业投资，适合于企业临时性融资。随着我国政府对民间投资的鼓励和引导，以及国民经济市场化程度的提高，这部分资金越来越大。目前，我国民间投资不再局限于传统的制造业和服务业领域，而是向基础设施、科教文卫、金融保险等领域渗透。但民间借贷容易产生纠纷，在借款前，应准确评估借贷风险发生的可能性，以确保损失在企业的可承受范围之内；在借款过程中应确保借据要素齐全，利率合理，双方责任明确化、法制化；在发生纠纷时，应运用正确方式，确保在法律框架内予以解决。

7. 境外资金。境外资金主要是指国外投资者及我国港澳台地区投资者投入的资金，是我国外商投资企业和境内外资企业的重要资金来源。目前，境外资金也开始介入我国的创业投资领域，成为一支活跃的力量。

8. 风险投资。风险投资是由职业金融家投入到新兴的、迅速发展的、具有巨大潜力的企业中的一种权益资本，它是一种“专家理财、集合投资、风险分散”的现代投资机制。它的投资对象大多为处于初创时期或快速成长时期的高科技企业，如 IT、生物工程、医药等领域。它具有其他融资来源所不具有的优势：一是无须创业企业的资产抵押担保，手续相对简单；二是通过该渠道融资没有债务负担；三是可以得到专家的建议，特别是高新产业，风险投资通过专家管理和组合投资，降低了由于投资周期长而带来的行业风险。风险投资非常重视对创业企业家的考察，包括个人的道德品质、经营一个处于成长阶段公司方面的经验、在所从事行业中的技术水平、在管理工作中是否有过成功记录、在所从事的行业里是否有敏锐的洞察力、能否掌握市场全貌并懂得如何去开拓市场等方面。

知识链接

增加获取贷款机会的方法

（一）优秀的创业团队

创业者是创办企业的核心和关键因素，优秀的创业团队是项目成功实施的保障，创业团队需要证明其具备经营企业的能力，需要向贷款机构（人）展示其具备拟开展业务所需要的经验或知识，以吸引债权人的目光和资金，因为债权人的资金可能会投给具有一流团队和二流项目的企业，但一般不会投给具有一流项目和二流团队的企业。所以，优秀的创业团队是吸引债权人资金的首要条件。

（二）可行的企业想法

吸收债权人资金的第二个要件是创业团队要拥有一个可行的企业想法。一个好的企业想法是实现创业者愿望和创造商业机会的第一步，但只有经过评估可行的企业想法才能够成为商业机会，给创业者带来经济和社会效益。

（三）完善的商业计划

创业者应该首先能够证明他们有明晰的企业战略，并且有通往成功之路的切实可行的行动计划。创业者或创业团队除了具备可行的企业想法外，还必须能够将具体的企业想法细化到每一个步骤、每一个预算，将其落实到具体的商业计划之中。完善的商业计划是创业者吸引资金的重要文件。创业者应该请专业人士帮其准备一份让金融机构感到值得研究的商业计划，增加获得贷款的可能性。

（四）高质量的抵押资产

按照《贷款通则》第10条的规定，“除委托贷款以外，贷款人发放贷款，借款人应当提供担保”。处于筹备期或初创期的企业，一般不符合贷款人要求的资信条件，难以取得信用贷款，而需要以一定的资产作抵押。如果创业者或其团队成员拥有高质量的抵押资产，则其取得贷款的概率会大大提高。

知识链接

增加获得投资机会的方法

无论是吸收合伙人的出资、采用组建公司的方式还是吸收其他企业或风险资本的投资，要增加筹集股权资本的概率，需要创业者关注以下几个方面的信息。

有一个好的项目。一个好的项目是吸引股权资金的最基本条件，创业者首先应能够找到一个吸引人的、有着广阔发展前景和足够利润空间的项目，且能够证明自己有着足够的实施该项目的能力。

有自己在该项目的投入。创业者对项目的投入，可以是资金方面的（包括房屋、设备等固定资产的投入），也可以是其他方面的，如技术和劳务的投入。创业者对项目的投入说明了其对项目的信心。

有较高的逆商。游说他人在自己看好的项目上投资，需要创业者具备足够的应对拒绝和应付挫折的勇气。创业者应该多进行尝试，包括多次申请或向多个潜在投资者申请，尤其是在吸引风险投资上。因为风险投资公司每个月都会收到上百份甚至上千份的融资申请，但只有其中的一小部分能够得到投资公司的投资，所以，创业者一方面应多联系一些投资公司，并且有针对性地向其提供自己的商业计划，另一方面应对自己联系的投资公司进行跟进，以增加获取资金的机会。

知识链接

创业融资应重视的问题

（一）认识自我，完善自我

大学生创业要想成功融资，首先必须眼睛向内看，对自己有一个清醒的认识，要知道自己到底缺少什么。因为一个企业发展遇到困难的时候，资金缺乏往往只是原因之一，可能还存在更深层次的问题，比如项目本身不具有发展潜力、经营管理存在缺陷、资金严重浪费、销售渠道不畅等，如果企业没有认识到这些问题，即使通过包装骗得了投资银行的信赖，所获得的资金也会被吞噬。正如木桶理论所揭示的道理那样，水桶能盛多少水完全决定于最短的那块板，企业存在的问题就是那块短板，如果不把短板提高，倒进去多少水也是白费。

除了要明确自身的问题外，企业还应分析自己是否适合融资。有些大学生创业在本身并不具备条件的情况下盲目融资，而融到资金后不能合理利用，既造成资金浪费，又给投资者带来损失。

另外，能否吸引投资银行为其投资，关键要看企业是否具备发展潜力。首先要有科学发展观，必须具备很强的管理能力和对新事物、新知识的学习能力。其次，要看行业能否构筑进入壁垒。如果是很好的项目，但进入门槛很低，一旦你的企业取得了成功就会有大批企业纷至沓来，等你还没来得及赚钱的时候，市场就进入了白热化的残酷竞争阶段了。所以进入壁垒低的行业很难有十足的发展后劲。在产业定位及发展方向上必须明确，有针对性。大学生创业由于其自身条件限制不可能和大企业相比，所以要想引起投资银行家的重视，只有选择那些高新技术项目，因为虽然投资风险大，但回报可能更大。

（二）融资对象，理性选择

在充分认识自己的情况下，企业就要对所选择的投资银行有一个全面透彻的了解：它的实力究竟如何，能否和自己优势互补。因为资金一旦进入企业便很难撤出，如果企业在前期和投资银行没有充分沟通的话，可能随着企业生产经营的深入发展暴露的问题也越来越多，两者之间的矛盾也会不断加剧，企业很难良性运转。

有很多企业在融资的时候，觉得只要谁给的钱多，就找谁投，这是一个很大的误区。企业选择投资者不应该只选择钱，还要看他带来的配套资源，他带来的是不是有智慧的钱。就是投资者在为企业注入资金的同时，还能利用自身的优势为企业提供配套资源，以弥补企业在某些方面的不足，如资本运营、兼并重组、拓展营销渠道等。这样的组合便可以最大限度地发挥双方的作用，共同把企业做大。

由于优秀的投资银行具备透过财务指标看问题的能力，所以在选择投资银行的时候最好先让其做财务顾问业务，这样企业就可以了解投资银行具备什么样的实力。一个好的投资银行，应该具有比其他投资银行更强的核心竞争力，包括建立完备的行业和客户数据库，不断积累投资的知识、技能和经验，这样它才能为客户做出详细、完备、有创新的项目建议书。这种创新包括融资思路的创新、融资手段的创新及融资渠道的创新等。

（三）创业融资省钱的技巧

许多人在创业初期往往求“资”若渴，为了筹集创业启动资金，根本不考虑筹资成本和自己实际的资金需求情况。但是，如今市场竞争使经营利润率越来越低，除了非法经营以外很难取得暴利。因此，广大创业者在融资时一定要考虑成本，掌握创业融资省钱的技巧。

1. 巧选银行，贷款也要货比三家。按照金融监管部门的规定，各家银行发放商业贷款时可以在一定范围内上浮或下浮贷款利率，比如许多地方银行的贷款利率可以上浮30%。其实到银行贷款和去市场买东西一样，挑挑拣拣、货比三家才能选到物美价廉的商品。相对来说，国有商业银行的贷款利率要低一些，但手续要求比较严格，如果你的贷款手续完备，为了节省筹资成本，可以采用个人“询价招标”的方式，对各银行的贷款利率及其他额外收费情况进行比较，从中选择一家成本低的银行办理抵押、质押或担保贷款。

2. 合理挪用，住房贷款也能创业。如果你有购房意向并且手中有一笔足够的购房款，这时你可以将这笔购房款“挪用”于创业，然后向银行申请办理住房按揭贷款。住房贷款是商业贷款中利率最低的品种，如5年以内住房贷款年利率为4.77%，而普通3至5年商业贷款的年利率为5.58%，办理住房贷款曲线用于创业成本更低。如果创业者已经购买住房，也可以用现房作抵押办理普通商业贷款，这种贷款不限用途，可以当作创业启动资金。

3. 精打细算，合理选择贷款期限。银行贷款一般分为短期贷款和中长期贷款，贷款期限越长利率越高，如果创业者资金使用需求的时间不是太长，应尽量选择短期贷款，比如原打算办理两年期贷款可以一年一贷，这样可以节省利息支出。另外，创业融资也要关注利率的走势情况。

筛选贷款期限。现行短期贷款利率分为半年和一年两个档次，并规定贷款期限半年以内的执行半年期档次利率，超过半年不足一年的执行一年期档次利率。由于借款者预测的资金需求时间及落签的借款合同期限往往与规定贷款利率所在时点不相吻合，所以实践中便自然而然地形成种种期限性贷款利率差。当贷款期限选定在介于两个贷款期限利率档次之间，签订期限超过下一级利率档次时点时间越短而距离上一级利率档次时点时间越长的情况下，借款者承担的贷款利息支出就越大。

4. 用好政策，享受银行和政府的低息待遇。创业贷款是近年来银行推出的一项新业务，凡是具有一定生产经营能力或已经从事生产经营活动的个人，因创业或再创业需要，均可以向开办此项业务的银行申请专项创业贷款。创业贷款的期限一般为1年，最长不超过3年，按照有关规定，创业贷款的利率不得向上浮动，并且可按银行规定的同档次利率下浮20%。

5. 亲情借款，成本最低的创业“贷款”。创业初期最需要的是低成本资金支持，如果比较亲近的亲朋好友在银行存有定期存款或国债，这时你可以和他们协商借款，按照存款利率支付利息，并可以适当上浮，让你非常方便快捷地筹集到创业资金，亲朋好友也可以得到比银行略高的利息，可以说两全其美。不过，这需要借款人有良好的信誉，必要时可以找担保人或用房产证、股票、金银饰品等作抵押，以解除亲朋好友的后顾之忧。

6. 提前还贷，提高资金使用效率。创业过程中，如果因效益提高、货款回笼及淡季经营、压缩投入等原因致使经营资金出现闲置，这时可以向贷款银行提出变更贷款方式和年限的申请，直至部分或全部提前偿还贷款。贷款变更或偿还后，银行会根据贷款时间和贷款金额据实收取利息，从而降低贷款人的利息负担，提高资金使用效率。

知识链接

融资之前应考虑的问题

企业融资的渠道繁多、方式多样，可是在实际的运作过程当中，企业要想很方便地筹集到经营所需要的资金却是一件十分不容易的事情。因此，在融资以前，企业必须做充分的准备，考虑多方面的问题。

第一，认真分析在所有资金来源当中，获得哪一种资金及哪种融资方式可能会对创业者有积极作用。

第二，企业长远的发展前景如何，创业企业能否在较短的时期内盈利。

第三，企业会以什么方式让资金提供者获得他所需要的投资回报。

第四，创业者在考虑融资方式时，可以比较多个方案，分析各自的优缺点。要在了解自己的基础上，去了解有可能帮助创业者的机构或投资者，知己知彼，方能百战百胜。只有根据自身的经营和融资需求的特点，选择合适的融资对象和方式，才能顺利地融资。

另外，除了在融资以前考虑以上几个因素以外，创业企业融资时还需要考虑一下自己的资金需求的类型及企业的实际情况等方面的问题，如：需求量的大小、需求资金期限的长短、资金的债权或股权的性质、投资对企业权力结构的影响、投资形成的融资关系的稳定性、融资成本的最小化。

企业要根据制订的发展战略规划、投资计划、运营情况预测，制订短、中、长期的资金需求计划，以确定筹资的总体方案。

任务2 创业团队

任务导引

《西游记》中的唐僧团队

《西游记》中的唐僧团队不仅家喻户晓，而且是中国文化的集中代表。这个团队互补性强，领导有权威、有目标，但能力差点；员工有能力，但是自我约束力差，目标不够明确，有时还会开小差；该团队历经九九八十一磨难，历经百险求取真经，最后修成了正果。

观音为唐僧配备的人才少而精，并建立了有效的制约机制。唐僧直接管理孙悟空，但只能在孙悟空突破底线时才动用紧箍咒，平时则让其充分发挥能动作用；孙悟空对猪八戒在具体工作上有管理权力，但他也限制不了猪八戒的言论自由，他自己的行为反而受到猪八戒的舆论监督；猪八戒虽然有“散伙回家”的思想，但因为害怕孙悟空的金箍棒，猪八戒的思想不能转化为行动；沙和尚作为“办公室主任”，管理行李和白龙马，对一线事务从不插嘴。

德者居上

唐僧是一个目标坚定、品德高尚的人，他受唐王之命，去西天求取真经，以普度众生、广播善缘。要说降妖伏魔的本领，他连最差的白龙马都赶不上；但是，作为团队领导，唐僧有三大领导素质：(1) 目标明确，善定愿景。唐僧从一开始，就为这个团队设定了西天取经的目标，而且历经磨难，从不动摇。一个企业，也应选择这样的人做领导，团队的领导本身就是企业文化的传承者和传播者，只有他自己坚定不移地信奉公司的文化，以身作则，才能更好地实现团队的目标。(2) 手握紧箍，以权制人。如果唐僧没有紧箍咒，估计早被孙悟空一棒打死，或者使唤不动他。唐僧很少使用自己的权力，只有在遇到大是大非的时候，才动用自己的惩罚权，因为他明白惩罚权千万不要滥用，奖励胜于惩罚。(3) 以情感人，以德化人。最初的时候，孙悟空并不尊重唐僧，老觉得这个师父肉眼凡胎、不识好歹。但是，在历经艰险后，唐僧的执着、善良和对自己的关心也感化了孙悟空，让他死心塌地保护唐僧。

智者在侧

猪八戒好吃懒做却肯动脑子。说猪八戒是智者，是因为：第一，他从不掩饰自己的个人要求和欲望，对自己的权益十分重视，是一个自由主义的特立独行的猪。他不会头脑发热，不会被“普度众生”这样鲜明的公共理想所煽动，他认为成佛远不如做高老庄的女婿潇洒，他的理念立场基于个体生命的真实感觉，没有专心取悦于唐僧的动机。第二，他从不忽视自己言论自由的权利，取经路上谈笑风生，而且多是反对意见——这是关键的关键。

能者居前

孙悟空是受控的能量。孙悟空是优秀的职业经理人。首先孙悟空不是一般的人才，而是一个“人物”。“人物”和“人才”“人力”不一样，在团队里是不可替代的。孙悟空是避害（压在五行山下的日子不好过），而不是趋利（最后捞个“斗战胜佛”，远不如“齐天大圣”过瘾），这使他多少有了独立人格。有独立人格的人有意愿和能力尊重约定，观音与孙悟空谈判的结果是以解放换责任。这个约定，才是孙悟空真正的“紧箍咒”，签订了合约就认真去做，百折不挠。

劳者居其下

沙和尚是一个很好的管家，任劳任怨，心细如丝。他经常站在悟空的一面说服唐僧，但当悟空有了不敬的言语，他又马上跳出来斥责悟空，护卫师父，可谓是忠心耿耿。他是唐僧最信任的人，属于那种有忠诚度但能力欠缺的人才。

分析讨论

1. 唐僧团队的精髓是什么？
2. 怎样组建一个好的创业团队？

一、创业团队的内涵

我们常说："众人拾柴火焰高。""三个臭皮匠，顶个诸葛亮。"其寓意是人多力量大，只要大家齐心协力，就会产生 1+1>2 的效果。没有团队的创业也许并不一定会失败，但要创建一个具有高成长性的企业，仅仅依靠个人的单打独斗是很难实现的，创业离不开共同做事的人。

创业关注的核心并不是个人英雄主义的个体创业者，而是卓有成效的创业团队。新创企业既可能只为某个创始人或其亲友提供了就业机会，也可能是一个具有较高发展潜力的公司，而前后两者之间的主要差别就在于是否存在一支高质量的创业团队。

团队是指为了实现共同的目标，由两个或两个以上相互协作、共担责任、共享成果的个体组合而成的工作群体。它通过成员的共同努力能够产生积极的协同作用，团队队员努力的结果导致团队绩效远远大于个体绩效之和。

创业团队（entrepreneurial team）是一种特殊的团队。关于创业团队的内涵，不同的视角，有不同的理解。

第一，从所有权角度分析，创业团队是指两个或两个以上参与公司创立并投入一定比例资金的个体的集合体。创业团队中的成员可能投入相同比例的资金，也可能投入不同比例的资金。

第二，从人员构成的角度分析，创业团队应该包括对战略选择产生直接影响的个体的集合体，也就是应该把董事会尤其是占有一定股权的创投业者包括在内。创业团队是参与且全身心投入公司创立过程，并共同克服创业困难和分享创业乐趣的全体成员。

第三，从参与时间的角度分析，创业团队指的是在公司成立之初执掌公司的人或是在公司营运的头两年加盟公司的成员，但不包括没有公司股权的一般雇员。

基于此，目前学术界对创业团队的界定有以下几种常见的认识：

经过生成创意和实践创意阶段后决定共同创业并使企业成立的一群人；

企业成立时执掌企业的人或是在营运前两年加入的成员，不包括对公司没有所有权的成员；

由那些全身参与企业创建过程、共同分享创业苦乐、全心实现企业成长的成员构成，不包括律师、会计师等部分参与企业创建的外部专家 ；

由两个或两个以上的人正式组建并共同分享新企业所有权的群体。

不仅是创建新企业的群体，还要是对新企业具有共同承诺、对战略选择有直接影响的群体。

创业团队是指由两个或两个以上具有一定利益关系、彼此间通过分享认知和合作行动以共同承担创建新企业责任、处在新创企业高层主管位置的人共同组建形成的有效工作群体。

二、创业团队的 5P 要素

分析创业团队的含义，不难看出搭建创业团队需要具备五个关键要素，管理学上也称为创业团队的 5P 模型。

目标（purpose）。每一个创业团队都应该具有一个既定的目标，为团队成员指引方向。没有目标，团队就失去存在的意义。共同的目标把相互依存、相互关联的人维系在一起，使他们得以更加有效地合作来达成个人和组织的目标。

人（people）。人是构成创业团队的核心力量。创业团队的目标只有通过人才能具体实现，不同的人通过分工来共同实现团队的目标。所以在人员选择上，要充分考虑团队成员的知识结构、专业背景、经验、能力、个性等多方面的因素。

定位（place）。定位是指每个成员在创业团队中具体角色分工，也就是扮演何种角色。定位关系到每个成员是否对自身的优劣势有清醒的认识，关系到创业团队成员能否各司其职，进而形成团队合力，是创业成功的“助推器”。

权限（power）。为保证创业团队成员的良好合作，赋予每个成员一定的权限是必要的。

计划（plan）。计划是创业团队未来的发展规划，也是目标和定位的具体表现。目标的实现有赖于一系列切实可行的行动方案，所有计划可以理解成实现目标的具体工作程序。按计划实施可以保证团队工作的进度。唯有按步骤完成每一项计划，团队才会一步步接近目标，从而实现最终目标。

三、创业团队的作用

美国管理学家彼得曾提出过一个著名的木桶理论，即一只木桶能盛多少水，并不取决于最长的那块木板，而是取决于最短的那块木板。对于一只木桶来说，最长的木板能够最大限度地增加木桶的容量，但是同时，最短的木板又在对最长的木板起着限制和制约的作用，所以，最短的木板才是决定团队战斗力、影响团队综合实力的关键因素。

一个人的力量和能力是有限的，因而他获得的成绩和成就也是有限的，只有集合并发挥群体的智慧和力量，才能取得更好的成绩，获得更大的胜利和成功。这就是“众人拾柴、蚂蚁搬山”的道理。因此，无论是一个组织还是一个企业，都会强调团队的重要性。而且每个组织的管理层都会积极地进行团队效率的建设。

创业团队对创业成功起着举足轻重的作用，是新企业通向成功的桥梁。

创业团队是高层管理团队基础和最初组织形式。一个团队学习的过程，就是团队成员思想不断交流、智慧之火花不断碰撞的过程。英国作家萧伯纳有一句名言：“两个人各自拿着一个苹果，互相交换，每人仍然只有一个苹果；两个人各自拥有一个思想，互相交换，每个人就拥有两个思想。”如果团队中每个成员都能把自己掌握的新知识、新技术、新思想拿出来和其他团队成员分享，集体的智慧势必大增，就会产生 1+1>2 的效果，团队的学习力就会大于个人的学习力，团队智商就会大大高于每个成员的智商，整体大于部分之和。

风险投资家非常重视创业团队。相关统计数据表明：70%的企业有多名创始人，17%的企业创始人在 4 位以上，9%的在 5 位以上，还有一家公司是由 8 人团队组建 。创业团队是风险投资的最大风险，因为风险投资商作为小股东不去管理公司，而且也几乎无法进行日常管理。因此，最大的风险是管理风险，也就是创业团队。因此，为了规避风险，风险投资商往往在评估创业团队方面做很多工作，一旦被发现创业团队在诚信上有问题，基本上 100%的风险投资家都会拒绝投资。

创业团队构成业融资

四、创业团队构成

阿里巴巴联合创始人马云认为：世界上最好的团队是唐僧团队。唐僧是领导，也是最无为的一个，唐僧迂腐得只知道“获取真经”才是最后的目的，孙悟空脾气暴躁却有通天的本领，猪八戒好吃懒做但情趣多多，沙和尚中中庸庸但是任劳任怨挑着担子，这样的团队无疑比“一个唐僧三个孙悟空”的团队更能够精诚合作、同舟共济。这就是团队的精神，有了猪八戒才有了乐趣，有了沙和尚就有人挑担子，少了谁也不可以，互补，相互支撑，关键时也会吵架，但价值观不变。

如何选择创业团队成员，唐僧团队给了我们十分重要的启示。一个优秀的创业团队无外乎涉及四个维度：集体精神、分享认知、共担风险、协作进取。正如商界奇才原美国通用电气（GE）董事长兼CEO杰克·韦尔奇（Jack Welch）提到的典型团队：其一，团队最基本的成分——团队成员，是经过选拔组合的，是特意配备好的；其二，团队的每一个成员都干着与别的成员不同的事情；其三，团队管理是要区别对待每一个成员，通过精心设计和相应的培训使每一个成员的个性特长能够不断地得到发展并发挥出来。

组建创业团队没有固定的模式，但有一些共同的规律可循。一般遵循以下原则：

第一，相似性。人们往往愿意同在许多方面与自己具有相似性的人交往，觉得相互之间更加了解，而且更容易自信地对彼此未来的反应和行为加以预测，这就是心理学上的“相似性导致喜欢”的规则。有些创业者倾向于选择在背景、教育、经验上与他们非常相似的人，这样便于沟通，容易达成一致意见。但缺点同样明显，知识、培训、技能等重叠的程度高，相互获取财务支持等资源就非常有限，不利于企业获取必要的财务资源以及有效运营，不能提供新企业所需的丰富的人力资源基础。

第三，互补性。互补性可以在一定程度上提供给新企业一种强有力的和多样化的人力资源基础。同时宽泛的知识、技术和经验也有利于新企业的发展。一个团队成员所缺少的东西可以由另一个或者更多其他成员提供，那么，团队整体产生的效能就大于各部分之和。

第三，共同价值观。塑造团队的核心就是让所有团队成员拥有共同的价值观。价值观是团队日常运作的行动准则，所有成员的互动都是由价值观主导的。价值观往往影响创业团队的成败。

综上所述，创业者在组建创业团队、成员选择上，切不可拘泥于一种方式，而是要综合考虑、统筹安排，在共同的价值观基础上，可以采用一种平衡方法，即在知识、技能和经验方面主要关注互补性，而在个人特征和动机方面则考虑相似性。

五、团队沟通

所谓团队沟通，是基于照一定的目的，由两个或两个以上的雇员组成的团队中发生的所有形式的沟通。团队沟通力是指成员之间互相吸引的程度。这是团队赖以自豪的一种整体感，包括忠诚、投入、志趣相投以及为团队做牺牲的意愿。团队成员在一起工作时，他们的智慧和力量融合在一起，沟通力便成为整个团队前进的一股特殊力量。这是所有成员的动机、需求、驱动力和耐力的结合体。

（一）确保团队成员明确彼此的角色

创业团队是企业的核心领导层，他们常常是领导班子的正职与副职，由于职务不同，因而责任、权利与义务也不尽相同。一些新创企业的正职和副职配合不默契，甚至闹矛盾，搞力量对立的拔河赛，主要原因在于角色定位上，各方没有找准自己的位置。而找不准自己的位置，也与他们未弄清正职与副职的职责区别有关。

1. 考虑问题的角度不同。

副职：往往期望正职的言行符合各自的评价标准；

正职：无法使自己的言行满足所有副职的要求。

正职与副职考虑问题的方式和角度不一样。作为正职，他的言行往往具有风向标的作用，所以其考虑问题的角度必须是全局，而不是某一个方面或具体细节。他要在多个副职及全局工作之间找到一个平衡点，其过程及结果，不可能满足所有副职的要求。作为副职，对分管的工作最熟悉，但许多分管的工作都需要正职的支持、帮助和评价，自然希望正职的言行符合自己的需求和评价标准，而这恰恰是正职无法百分之百做到的。原因在于，正职与副职掌握的信息量不同、看问题的角度不同。这就像看一支铅笔，如果从侧面看，它是一条直线，如果从上面或下面看，它是一个圆点。所以，你现在的位置决定了你现在的想法，当你变换一下位置，你的想法也许会全部改变。

2. 工作中扮演的角色不同。

正职：是导演兼制片人，要运筹帷幄，考虑全局效益；

副职：是演员，是某一方面的业务专家，应该是执行力的模范。

在企业中，正职承担的是无限责任，他要考虑的事情，除了平衡各种关系外，更重要的是要考虑企业的全局利益，如何实现整体利益最大化。这如同电影导演或制片人，既要准确把握整部戏的安排与投入，又要运用各种技巧和方法，在提升片子的综合效果上大费周折，以保证收回成本并实现盈利。而副职好比是演员，他主要的精力是放在与导演的沟通和对剧本及角色的理解上，尽力把自己扮演的角色演好，至于整部戏的综合效果和经济效益就不必考虑那么多。或者说，他们没有那个必要去“推算”整部戏的商业空间，所以自身也就无法真切地体悟到导演或制片人的难处。

3. 处理问题遵循的原则不同。

正职：遵循“圈文化”，要学会“将就”“平衡”和“妥协”；

副职：遵循“条文化”，只要干好自己的事，可以不管别人的事。

创业团队类型和特点

企业正职的“圈文化”是由其所处的核心地位决定的。他要处理好下属无法解决而上交的各种难事，还要引导副职去破译“过关密码”，并影响其他班子成员对此问题的看法，以便能够在会议上形成一致意见，必要时还要争取上级领导的理解和支持。所以，正职要想“泰然处之”，必须贯彻好“上层意图”，制定好“本层决策”，维护好“基层利益”，在其认为必要的各个层面上做好工作，以抵御来自各方面的负面力量。在这个过程中，正职除了坚持原则之外，要学会“将就”“平衡”和“妥协”，关键时刻还要显示出化腐朽为神奇的功底。副职的“条文化”是与其所处的从属地位决定的。他们可以专心致志地去“罗列”并完成自己分管的工作，别人的事可管可不管。副职在落实分管工作的过程中，可能涉及各方面的关系和利益，除了靠自己协调及在规章制度范围内处理外，必要时还可以把难题“上交”给正职去协调。

（二）倾听团队成员的声音

创业团队从一开始就应仔细倾听而且一定要抱着一种开放的态度去倾听每一个声音。先尝试着去了解团队成员的观点和想法，然后再考虑是否采用这些观点和想法。如果领导者经常忽略团队成员所提供的意见和建议，那么整个团队协作就会受到严重影响。

不愿倾听团队声音的领导者会大大降低整个团队取得成功的概率，同时也会使那些想要努力为团队作出重要贡献的成员感到灰心丧气。“事情是这样的”，用这种方式说话的团队领导者就不太可能激发团队成员的积极性去全身心投入工作。

相反，如果领导者非常重视团队成员所作出的贡献，那么这就会极大激发他们全力以赴去创造辉煌的热情。如果领导者愿意倾听并对所听到的想法作出相当的反应，这就有助于形成一个成功与激励之间的良性循环。如果团队成员的好想法被重视，这会大大推动团队向前发展。

（三）探讨团队会议的讨论模式

会议是团队沟通最开放的论坛。因此，一定要特别注意应该怎样组织会议。下面的行为准则可能有助于团队会议的讨论。

所有团队会议都采用相同的模式，这样可以使团队成员知道会议的大体安排。要使这种模式成为团队的一个习惯，并用它来提高会议的效率。

在每次开会前，团队成员首先要熟悉会议的议程，对可能发生的争论提前做好充分准备。

在开会的过程中，尽量把焦点放在问题的解决上，而不是放在简单的信息共享上。

如果能够提前把相关信息传达下去，就不要开会，以免浪费时间。

确保讨论正常进行，如果有人讨论跑题，要及时把他们带回到议程安排上来。

会议快要结束时，建议讨论一些新的商业问题。

尽量使所有团队成员都能发言，这样整个团队就会从每个人的发言中受益良多。

（四）慎重对待反对意见

团队成员应当明白，反对意见和创造性的矛盾是生成新思想的一笔宝贵财富，但需要慎重对待。我们提倡这样做：

在进行重大讨论和需要作出重要决策的会议上，鼓励团队成员唱反调。即便大家对最终决策达成了一致意见，这种做法也可以帮助团队成员审视一下他们的观点。

寻求一切可能的办法然后再逐一考量。如果只提出一个解决方案，那么团队成员会觉得他们所提的意见和建议没有派上用场，整个团队也会错失许多极好的可供选择的办法。

一定要保证所有成员都有机会表达他们的观点并提出他们的建议。

（五）鼓励团队经常讨论团队目标

谈论目标会保证大家都朝着同一个目标迈进。

阶段性地回顾团队最初制定的目标。因为一旦开始着手去做项目，就会很容易忘掉许多细节问题。

经常写进展报告，然后把它分发给所有的团队成员。以书面的形式让大家看到团队进展的情况，让大家知道你们进展到什么程度了、接下来将朝着哪个方向发展。

| 创业故事汇 |

从亏损10亿到营收1410亿日元，无印良品有何过人之处

近日，无印良品宣布中国市场的部分商品进行降价。这是自2014年10月以来，无印良品第六次降价了。

在经济下行、成本上涨的背景下，各行各业都在“涨价自救”，而无印良品却选择频频降价，难道这家日本零售商就不怕亏损吗？

从亏损10亿到营收1410亿日元，无印良品有何过人之处？

然而，事实正好相反。据悉，无印良品曾在2001年亏损达10亿日元，当时日本一度盛传“无印良品不行了”的说法。但在松井忠三上任后，无印良品仅用了两年的时间，就实现了扭亏为盈，在2015年创下了营收1410亿日元的最佳纪录。

从亏损10亿到营收1410亿日元，再到价格频频下调，松井忠三对无印良品到底做了什么？

（一）创新产品管理

1. “御繁以简”降低库存

在无印良品的改革道路上，松井忠三提出的第一个措施就是“去库存”。他认为，存在太多不良产品的库存，公司是不可能重整旗鼓的，所以要把这些库存处理掉。

在松井忠三的带领下，无印良品开始使用Assortment配货体系，通过更高效的库存管理方法，减少配货的繁复流程。

这样一来，不仅减少了因为反复挑选、打包、配送不同颜色、尺码和数量的衣服所造成的人力、物力和时间的浪费，真正实现了“降本增效”；同时，还将省下的人力、物力直接转化为给消费者的更低价格。

2. “产品驱动型”促销推广模式

为了让无印良品“起死回生”，松井忠三坚持采用“产品驱动型”促销推广模式。在他看来，最有效的促销，是让产品促销产品；最有效的传播，是让消费者传播给消费者。

该品牌创始人木内正夫说：“到目前为止，我们没有进行过任何商业促销活动。我们在产品设计上吸取了顶尖设计师的想法以及前卫的概念，这就起到了优秀广告的作用。我们生产的食品和文具被不同的消费群体所接受，这也为我们起到了宣传作用。”

3. 数据分析能力颇为重要

提及无印良品另一有效的业绩改进机制，当属“畅销品检索”。

据悉，无印良品会根据全国门店的销售情况，总结出男装、居家用品、电子产品等各品类的销售前十名，并鼓励每个门店将这类明星商品的销售业绩做大。由于其商品风格颇为统一，每件商品在各地门店的销售额通常不会出现太大的地区差异。若某一门店距离全国平均销售额差距很大，总部便会追查分析原因。

（二）改善经营模式

1. 力降运营成本至30%

销售方式改了，产品研发方式改了，企业的经营也要改变。于是，松井忠三成立了一个“30%委员会”体系来改善经营模式。

什么是“30%委员会”？按照松井忠三的解释，分子是运营成本，分母是销售额，“30%委员会”就是整个经营成本要占到销售额数量的30%。换言之，其目标是要把公司的运营成本降到30%。

如何降低运营成本？一方面，松井忠三对董事高层削减了无用的出差费和加班费等；另一方面，学习沃尔玛的方法，将道具和设备配件的生产拿到中国去做，然后再拿到无印良品店里面自己组装，从而有效地实现了控制和削减成本。

2. 构建精益的供应链体系

为了更有效率地管理全球供应链，2009年起，无印良品逐渐计划构筑全球配送中心。

据悉，目前无印良品在日本有四个物流中心，在中国有两个物流中心，分别在上海与深圳。从2014年开始，无印良品在各个国家推行店铺供给自动补货系统；2015年，则实现了全球不同配送中心之间的自动供给；预计今年可以让生产订货完全自动化。

由于无印良品是SPA型的企业，商品都是自产自销，这使得无印良品在开发商品的时候可以更加贴近顾客。

据松井忠三表示，SPA型企业还有一个优势，那就是可以同时获得销售利润和厂家利润，“二者的利润占比几乎是各一半，这使得我们的资金回收速度很快，在同类企业中具有很强的竞争力”。

3. O2O模式最好的实践者

2000年，无印良品迎着互联网发展的大潮，开始设立网络店铺。自松井忠三上任后，更是加快了与互联网对接的步伐。时至今日，无印良品线上注册会员超过430万，销售的商品在7000个品类以上，每日访问消费者人数超过11万。

此外，无印良品还开发向线下实体店铺引流导购的手机App。2013年4月，“MUJI passport”诞生了，截至2014年3月，会员数达到140万人。凭借其先进的功能，“MUJI passport”获得了2013年“日本雅虎互联网创意奖——企业智能机App”的金奖。

事实上，无印良品定义网络店铺的作用有三个：最重要的是向实体店铺引流，让消费者到实体店铺消费；第二是和顾客进行交流；最后才是网络店铺的销量。

当你在无印良品的网络店铺查看商品时，可以在相对显著的位置看到查看该商品在库情况的链接，点开后可以看见各个街道的实体店铺一览表，点击店铺链接则可以进一步看到该线下店铺的位置、营业时间、电话等信息。若想获得商品实时在库情况，可与该店铺直接电话联系，为消费者去线下店铺购买提供方便。

【补点料】

关于无印良品

无印良品（MUJI）是一个日本杂货品牌，在日文中意为无品牌标志的好产品。产品类别以日常用品为主，注重纯朴、简洁、环保、以人为本等理念，在包装与产品设计上皆无品牌标志。

1980年，无印良品作为日本西友超市的自有品牌诞生，定位且坚持“因为合理，所以便宜”的理念，于1990年从西友手中取得所有的经营权，正式与西友脱离，并开启连锁化复制扩张道路，最终发展成为覆盖欧美、东亚、西南亚和大洋洲等全球27个国家和地区，门店达758家的世界一流零售企业。

分析讨论

1. 针对你所设计的创业项目，计算创业初期所需的启动资金。
2. 筹措创业资金的渠道有哪些？请谈一谈适合你自己的创业融资技巧。
3. 创业团队有什么作用？
4. 如何保持一个创业团队的良好沟通？

项目7

市场营销

名言点津

造就一个优秀的企业，并不是要打败所有的对手，而是形成自身独特的竞争力优势，建立自己的团队、机制、文化。

——马云

起点导航

营销巨人P& G启示录

对于中国年轻消费者来说，提起P&G，脑海里一定能立即蹦出一个又一个家喻户晓的牌子：能使头屑去无踪、秀发更出众的“海飞丝”；让头发飘逸柔顺、洗发护发二合一的“飘柔”；含有维他命原B5，令头发健康、加倍亮泽的“潘婷”；洁肤而且杀菌的“舒肤佳”香皂；对蛋白质污渍有特别强的去污力的“碧浪”洗水粉；滋润青春肌肤，蕴含青春美的“玉兰油”……P&G的各类产品已经成为中国消费者特别是年轻消费者日常生活中必不可少的一部分，走进了千家万户。

成立于1837年的美国procter & gamble（P&G）公司所经营的65个领先品牌畅销180多个国家和地区，每天为全球50亿的消费者服务，产品涉及美容美发、居家护理、家庭健康用品、健康护理、食品及饮料等十大品类。P&G公司于1988年8月创建了在中国的第一家合资企业——广州宝洁有限公司，专门生产洗涤护肤用品；1990年合资各方为满足日益增长的市场需要又创办了广州宝洁纸品有限公司；1992年再次合资创建广州宝洁洗涤用品有限公司。目前在北京设有研发中心，在天津、上海、成都、太仓等地设有分公司和工厂。中国宝洁是宝洁全球业务增长速度最快的区域市场之一，目前宝洁大中华区的销售量和销售额已位居宝洁全球区域市场中的第二位。

P&G系列品牌在20世纪80代末登陆中国市场一举成功，成为进入中国最早的跨国企业。P&G公司的成功主要得益于其成功的市场定位和市场选择战略，下面我们一起探索P&G这一行销巨人进军中国大陆市场的成功奥秘，从对P&G的透视中获取行销之道。

抢滩点——选取广州作为最先的目标市场

P&G选择广州抢滩登陆，将其在大陆市场的总部设在广州，然后逐渐向沿海地区（上海等地）扩展，是别具匠心的。20 世纪 80 年代的广州是中国改革开放的前沿阵地，具有优越的投资环境和优惠的投资政策。

广州地处珠江三角洲腹地，毗邻香港、澳门，享有得天独厚的地理优势，是中国 14 个沿海开放城市之一。这里优越的投资环境与发展高新技术产品和高档居民消费品的特别优惠政策，再加上良好的城市设施，每年举行两次的商品交易会吸引着大批的海外投资者。近年来灵活开放的政策给广州的经济带来了空前的繁荣，使广州成为外商竞相投资的热点地区。

广州是中国的先导消费区域，消费潮流全国领先。经济的繁荣带来了广州居民人均年收入的显著增加和人均消费水平的不断提高，形成了强大的购买力。广州发展至今，已在传统文化的基础上形成了自身鲜明的特点和风格——“崇实、开放、进取、创新”，广州居民对外来文化的涌入更是持有一种善于兼收并蓄的学风和积极引进、消化的态度。

广州这些比起内陆地区更注重中外文化的纵深拼接和汇流的新颖风格，深刻地影响着广州市消费者的消费心理和方式。广州地区成为国内消费水平和购买力较高的代表性区域，也是高档化妆品进入普通居民家庭的先导性市场。

以高取胜——宝洁的品牌定位

P&G 公司在国际市场的产品一向以高价位、高品质著称。P&G 公司的一个高级顾问曾经说过：“P&G 永不甘于屈居第二品牌的地位，我们的目标是争取第一。”继承 P&G 的这种传统，广州宝洁在市场中的定位很鲜明，即“一流”“高档”。广州宝洁设有产品开发部，专门研究如何提高产品的质量、包装技术和工艺技术，力求在满足中国消费者需求方面做得比竞争对手更好。在中国消费者的心目中，P&G 已经成为高品质的代名词。

P&G 打入中国市场的 1988 年，中国洗发用品市场上的同类产品种类不多，大多数国产产品质量差、包装粗糙、缺乏个性，但价格低廉，进口产品质量虽好，但价格昂贵，很少有人问津。P&G 将自己的产品定在高价上，价格是国内品牌的 3 到 5 倍，比如一瓶 200ml 的飘柔定价 16. 50 元，比国产同等规格的梦思香波贵 3 倍，但比进口品牌便宜 1~2 元。

由此可见，P&G 是以高品质、高价位的品牌形象打进中国市场的，这正切中了消费者崇尚名牌的购买心理。对于一种商品，大陆消费者首先要对其产地作出选择：国产的、进口的，还是合资生产的。多年来，与物美价高的进口货和价廉物不美的国产货相比，合资产品因其价廉物美而备受青睐，往往是优先选择的目标。P&G 的产品虽然价格稍贵，但其高品质的形象、新颖的包装，却有着强大的竞争力，于是得以在洗发水用品市场上的众多品牌中脱颖而出。自 1988 年推出“海飞丝”洗发水起，P&G 接连打响了“飘柔二合一”“潘婷 PRO—V”等一个又一个洗发水的牌子，以迅猛的发展优势占据中国日用品市场，其步伐之快绝对是把中国一些老牌子的日用品打个措手不及，被迫淡出市场。

抓住新一代——目标市场的选取

P&G 广告画面多选用年轻男女的形象，展示年轻人追求浪漫的幻想，崇尚无拘无束和富有个性色彩的生活，并针对年轻人的心理配上如“滋润青春肌肤，蕴含青春美”等广告语。P&G 选择青年消费群体作为其目标市场，是看中了青年人的先导消费作用。

在中国大陆消费者中，消费心理和方式显而易见地发生了较大变化的首先是青年消费者。青年人带动了消费主义运动的兴起，改变了人们传统的生活态度和节俭观念，刺激着人们的消费欲望和财富欲望。对于许多大陆人，特别是青年消费者来说，追求享受和享乐不再是可耻和肮脏的念头——不是寄生虫般的剥削阶级的腐朽思想，而是堂而皇之树立和追求人生目标。青年人求新、好奇、透支消费、追求名牌、喜欢广告、注重自我等心理正先导性地改变着大陆的消费习惯和行为。

P&G选取青年人崇尚的青春偶像郑伊健、张德培及具有青春活力的年轻女孩作为广告模特；举办“飘柔之星全国竞耀活动”展示年轻女性的真我风采，以及围绕青年所做的一系列促销活动，如“海飞丝美发亲善大行动”等充分表明了它的抓住新一代的定位意图，而它卓著的市场业绩也充分证明了其目标市场定位的正确性。

分析讨论

1. 针对性促销策略对你有何启示?
2. 案例中，P&G确定产品的营销策略，是出于哪些方面的考虑?
3. 你认为P&G取得成功的关键因素是什么?
4. 结合案例谈一谈你对市场营销的认识。

任务1 市场

任务导引

大学生卖菜打造农业观光园 销售额超200万

从不懂农业的大学生到现在已经拥有超过200亩的农业观光园、销售额超过200万元的农业品牌公司、这个由5位大学生创业打造起来的农业品牌“东方锄禾”，靠着团队的才干和坚持，将事业越做越大。

摆摊卖菜了解市场需求

1985年出生的吴书柱和1986年出生的龙运海都是重庆大学城市科技学院的学生，一个学市场营销，一个学电子商务。2010年，来自农村的吴书柱毕业后想要自己创业，他率先开始关注璧山。

为了了解市场需求、积累农业知识，他们在农贸市场门口摆摊卖过十多天的菜，发现市民对安全农产品的需求越来越大，却苦于无处购买，而绝大多数农民似乎还没看到这一市场需求。于是，他俩决定创办农业公司，教农民种好卖的菜，帮农民卖菜。

四处推销打开蔬菜销路

在璧山农委的帮助下，2010年8月19日他们正式成立了公司，有29家农户以土地入股的方式和他们进行了合作。然而，卖菜挣的钱少之又少，龙运海又想出新招——大批量地收购农产品，销售给各餐馆和食堂。

不过，对于没有任何人脉积累和关系网络的大学生而言，销售过程异常艰难。龙运海说，因为他们的菜从璧山运过来，比当地的菜便宜，遭到当地菜贩子不满，但他们没有放弃。

媒体帮助赢来创业转机

2012年，受天气影响，蔬菜价格一降再降，龙运海收来的农作物以低于成本价还卖不出去，几乎把他逼到了绝境。无奈之下，龙运海想到了求助媒体，在有关部门的协调下，他们的蔬菜不仅卖了出去，而且还和大学城几所高校的食堂有了长期的合作。

有了固定的收入来源，龙运海通过流转农民土地，开办"东方锄禾"观光农业园。

今年春，龙运海将璧山城郊流转的200多亩土地打造成草莓等蔬果种植园，教授农民养殖生态猪、土鸡等家禽。现在，龙运海的生猪已经订出去50多头，销售土鸡1万多只，种植的绿色蔬菜销量较好。

下一步，龙运海还计划把直营超市开进社区，让市民享受从田间直接到餐桌的绿色农作物供应服务。

分析讨论

1. 龙运海为什么能创业成功?
2. 市场地位对创业有什么影响?

一、市场的基本概念

市场起源于古时人类对于固定时段或地点进行交易的场所的称呼，指买卖双方进行交易的场所。发展到现在，市场具备了两个意义，一个意义是交易场所，如传统市场、股票市场、期货市场等，另一个意义为交易行为的总称。即"市场"一词不仅仅指交易场所，还包括了所有的交易行为。故当谈论到市场大小时，并不仅仅指场所的大小，还包括了消费行为是否活跃。广义上，所有产权发生转移和交换的关系都可以称为市场。

市场是社会生产和社会分工的产物，是随着社会生产力和商品经济发展而不断发展的。因此，市场的概念是相对的、发展的概念。从狭义角度看，市场是指商品交换的场所，即买卖的地点。买卖时，供求双方都在特定的场所直接见面，讨价还价，最终达成交易。从广义的角度看，市场是指供求双方发生的商品交换关系及相关活动的总和。买卖双方可以通过电话、传真、互联网等手段达成交易；同时交易的对象不单纯是商品，还可以是资金、技术、劳务等，市场行为也不仅是交易，还可以是信息、服务、公关等。

按照市场营销学的观点，对于企业而言，市场就是顾客需求的总和。从这个意义上看，市场由人口、购买力和购买欲望三个因素构成。即：

市场=人口+购买力+购买欲望

在市场形成中，上述三个因素是同时并存、缺一不可的，任何一个因素的变化，都会影响市场规模的变化。人口是前提，没有人口就没有市场；购买力是市场的物质基础，没有购买力保证的需求，不是现实的需求；购买欲望是变潜在需求为现实需求的重要条件，没有购买欲望就没有现实市场。

二、市场的特点

（一）自发性

在市场经济中，商品生产者和经营者的经济活动都是在价格机制的自发调节下追求自身的利益，实际上就是根据价格的涨落决定自己的生产和经营活动，因此，价格机制的作用就是自发调节生产资料和劳动在各部门的分配，对资源合理配置起积极的促进作用的同时，也使一些个人或企业由于对自身利益的过分追求而产生不正当的行为，比如生产和销售伪劣产品；欺行霸市，扰乱市场秩序；一切向钱看，不讲职业道德等。而且价格机制的自发调节还容易引起社会各阶层的两极分化，由此而产生的矛盾将不利于经济和社会健康发展。

（二）盲目性

在市场经济条件下，经济活动的参加者都是分散在各自的领域从事经营，单个提生产者和经营者不可能掌握社会各方面的信息，也无法控制经济变化的趋势，因此，他进行经营决策时，也就是仅仅观察市场上什么价格高、有厚利可图，并据此决定生产、经营什么，这显然有一定的盲目性。这种盲目性往往会使社会处于无政府状态，必然会造成经济波动和资源浪费。

（三）滞后性

在市场经济中，市场调节是一种事后调节，即经济活动参加者是在某种商品供求不平衡导致价格上涨或下跌后才作出扩大或减少这种商品供应的决定的。这样，从供求不平衡→价格变化→作出决定→实现供求平衡，必然需要一个长短不同的过程，有一定的时间差。也就是说，市场虽有及时、灵敏的特点，但它不能反映出供需的长期趋势。当人们争相为追求市场上的高价而生产某一产品时，该商品的社会需求可能已经达到饱和点，而商品生产者却还在那里继续大量生产，只是到了滞销引起价格下跌后才恍然大悟。

三、市场理论

（一）古典经济理论

亚当·斯密以“个人满足私欲的活动将促进社会福利”为逻辑起点，推演出市场就是“自由放任”秩序。政府完全不能干预个人追求财富的活动，也完全不用担心这种自由放任将制造混乱，“一只看不见的手”将把自由放任的个人经济活动安排得井井有条。也就是说，亚当·斯密的市场概念重点在于强调限制政府对个人经济活动干预上。

（二）新古典经济理论

新古典在引入边际概念和数学论证的基础上，为新古典的“自由放任秩序”建立了形式上“完美”的数学模型：一般均衡。在这个模型中价格是最重要的自变量，这一模型也可以叫价格机制。达到一般均衡的过程，也是一个社会资源在价格的指引下流动的过程，所以，价格机制调节社会资源的配置。

（三）宏观经济学

20世纪二三十年代的经济大萧条迫使西方的经济理论家反思古典理论对市场的定义。最后的答案是，完全的自由放任是不行的，看不见的手有时并不存在，市场会失灵，政府应该对经济活动在“总量”上进行干预，于是凯恩斯的宏观经济学就诞生了。罗斯福也接纳了凯恩斯的建议，实施政府干预经济的“新政”。

（四）新制度经济学

科斯定理表明，市场的真谛不是价格，而是产权。只要有了产权，人们自然会“议出”合理的价格来。同样面对市场失灵，科斯却给出了截然相反的回答，外部效用问题无须政府干预，可以通过明确相关产权利用市场来解决。如果说古典经济学家阐释了“市场”是“自由放任秩序”，那么科斯就回答了怎么去实现“自由放任秩序”或者“价格机制”。

四、市场的类型

（一）按市场的主体不同分类

1. 按购买者的购买目的和身份来划分。

消费者市场——指为满足个人消费而购买产品和服务的个人和家庭所构成的市场。

生产商市场——工业使用者市场或工业市场。

转卖者市场——中间商市场、旧工艺品市场。

政府市场——指各级政府为了开展日常政务活动或为公众提供服务，在财政的监督下，以法定的方式、方法和程序，通过公开招标、公平竞争，由财政部门直接向供应商付款的方式，从国内市场为政府部门购买货物、工程、劳务的行为。

2. 按照企业的角色划分。

购买市场——企业在市场上是购买者，购买需要的产品。

销售市场——企业在市场上是销售者，出售自己的产品。

3. 按产品或服务供给方的状况（即市场上的竞争状况）划分。

完全竞争市场：是指竞争充分而不受任何阻碍和干扰的一种市场结构。在这种市场类型中，买卖人数众多，买者和卖者是价格的接受者，资源可自由流动，信息具有完全性。如农贸市场。

完全垄断市场：指只存在一个供给者和众多需求者的市场。如一些地方的公交车市场。

垄断竞争市场：是指一种既有垄断又有竞争、既不是完全竞争又不是完全垄断的市场，是处于完全竞争和完全垄断之间的一种市场。现实社会中的大多数市场都是垄断竞争市场。其典型特点是同行业中不同厂商的产品互有差别，要么是质量差别，要么是功用差别，要么是非实质性差别（如包装、商标、广告等引起的印象差别），要么是销售条件差别（如地理位置、服务态度与方式的不同造成消费者愿意购买这家的产品，而不愿购买那家的产品）。产品差别是造成厂商垄断的根源，但由于同行业产品之间的差别不是大到产品完全不能相互替代，一定程度的可相互替代性又让厂商之间相互竞争，因而相互替代是厂商竞争的根源。如果要准确说出产品差别的含义，则可这样来说：在同样的价格下，如果购买者对某家厂商的产品表现出特殊的爱好，就说明该厂商的产品与同行业内其他厂商的产品具有差别。

寡头垄断市场：寡头垄断市场是介于垄断竞争与完全垄断之间的一种比较现实的混合市场，是指少数几个企业控制整个市场的生产和销售的市场结构，这几个企业被称为寡头企业。如电信、石油等。

4. 按地理位置划分。

城市市场：是以城市为中心所形成的商品销售市场。城市是政治、经济、科学、教育、文化、卫生事业的中心，城市是物质文明和精神文明的中心，城市是城乡市场的核心，城市的消费习惯、消费模式、消费风格对农村市场起着渗透、影响、示范等作用。

农村市场：以农村为范围的商品流通领域。农村是城市工业所生产的生产和消费资料的市场，同时也向城市供应各种农产品。

5. 按照区域范围划分。

国际市场：国际商品交换所反映的经济关系和经济活动现象的总和。

国内市场：国外市场的对称，即指一国疆域之内的市场。

6. 按照经营产品的专业化和综合性划分。

专业性市场：是指同类产品积聚于某一场所进行的交易、流通和配送；简单来说，就是相同系列的专业店、专卖店高度聚集的特色商业场所，它所呈现的是特定的客户定位、特定的经营行业定位。如义乌小商品批发市场。

综合性市场：是指经营不同种类商品的商品交易市场。

（二）按消费客体的性质不同分类

1. 按市场经营的商品以及最终用途来分类。

生产资料市场：是指为了生产或再生产的需求而购买或准备购买生产资料的市场。生产资料通常表现为由工业部门生产加工的、提供于社会再生产使用的原料、材料、燃料、机器、设备、仪器、仪表、工具、量具、刀具等。

生活资料市场：又称消费者市场，是指个人或家庭为满足生活需求而购买或租用商品的市场。消费者市场是市场体系的基础，是起决定作用的市场。消费者市场是现代市场营销理论研究的主要对象。成功的市场营销者是那些能够有效地发展对消费者有价值的产品，并运用富有吸引力和说服力的方法将产品有效地呈现给消费者的企业和个人。因而，研究影响消费者购买行为的主要因素及其购买决策过程，对于开展有效的市场营销活动至关重要。

技术服务市场：是作为商品和服务的技术成果进行交换的场所。

金融市场：是实现货币借贷和资金融通、办理各种票据和有价证券交易活动的市场。

教育培训市场：是指对受培训者进行能力提升的教育场所，主要有理念、心态、能力、企业和个人培训等。据统计，2013 年 5 月，全国培训机构有 14.11 万家。据预测，未来几年内我国的培训市场规模将达到 1 万亿元。

2. 按交易对象是否具有物质实体来分类。

有形产品市场：是指在市场内，买方和卖方为了买卖和让渡某些商品与获取某种服务而进行等价交换的活动，而市场交易的内容包括商品和劳务。

无形产品市场：是指不设置交易场所或大厅进行交易的交易形式，特点是无固定交易场所，有众多相对不固定的人从事交易，交易甚至可以运用虚拟的网络来进行。

3. 按交易对象的具体内容不同来分类。

商品市场：是指有固定场所、设施，有若干经营者入场经营，由市场经营管理者负责经营物业管理，实行集中、公开交易有形商品的交易场所。

现货市场：是指与期货、期权和互换等衍生工具市场相对的市场的一个统称。现货市场交易的货币、债券或股票是衍生工具的标的资产。

期货市场：是期货合约交易的场所，即期货交易所。

现货是现钱现货，期货是合同交易，也就是合同的相互转让。

五、市场的功能

（一）资源配置功能

市场决定资源配置能够最大限度地提高资源配置效率。市场配置资源是通过市场机制的作用能动地实现的。市场机制是指市场各主要因素，即市场供求、价格、竞争之间相互联系、相互制约、相互作用的过程和机理。市场供求指的是能够提供给市场的商品及劳务和人们对商品及劳务的有支付能力的需求两个方面，是市场的基本要素。供求双方既相互对立又相互依赖：供给者拿的是商品，目的是换取货币；需求者拿的是货币，目的是换取商品。供求关系实质上是商品和货币的换位运动。商品和货币能否实现换位，关键在价格是否合理。市场价格是市场供求关系的综合反映。供求变化在市场上引起价格的升降，价格的波动又会引起供求的变化。供求关系实际上就是竞争关系。市场竞争是市场供求双方围绕商品质量和价格等方面进行的经济较量。在发达的市场经济中，竞争渗透在生产和流通的各个环节，涉及生产的各种要素。只有竞争，才能使价格随供求的变化而波动；只有竞争，才能使价值规律得以贯彻；只有竞争，才能使经济充满活力。所以，竞争是市场机制的灵魂。市场机制配置资源的作用正是在供求、价格和竞争三大要素相互依赖、相互作用的过程中实现的。市场主体的内部动力和竞争压力形成一种客观的强制，迫使他们去改进技术，改善经营管理，节约社会资源或劳动消耗，在优胜劣汰中促进资源不断优化配置、技术不断进步、生产力不断提高。

（二）交换功能

交换功能表现为以市场为场所和中介，促进和实现商品交换的活动。在商品经济条件下，商品生产者出售商品，消费者购买商品，以及经营者买进卖出商品的活动，都是通过市场进行的。市场不仅为买卖各方提供交换商品的场所，而且通过等价交换的方式促成商品所有权在各当事人之间让渡和转移，从而实现商品所有权的交换。与此同时，市场通过提供流通渠道，组织商品存储和运输，推动商品实体从生产者手中向消费者手中转移，完成商品实体相交换。这种促成和实现商品所有权交换与实体转移的活动，是市场最基本的功能。尽管随着市场经济的发展，商品的范围已扩展到各种无形产品及生产要素，如服务、信息、技术、资金、房地产、劳动力、产权等，但上述商品仍然是通过市场完成其交换和流通运动的。

（三）反馈功能

市场把交换活动中产生的经济信息传递、反映给交换当事人，就是市场的反馈功能。商品出售者和购买者在市场上进行交换活动的同时，不断输入着有关生产、消费等方面的信息。这些信息经过市场转换，又以新的形式反馈输出。市场信息的形式、内容多种多样，归结起来都是市场上商品供应能力和需求能力的显像，是市场供求变动趋势的预示，其实质反映了社会资源在各部门的配置比例。市场的信息反馈功能，可以为国家宏观经济决策和企业生产经营决策提供重要依据：一方面，国家可以根据市场商品总量及其结构的信息反馈，判断国民经济各部门之间的比例关系恰当与否，并据此规划和调整社会资源在各部门的分配比例；另一方面，企业也可以根据商品的市场销售状况的信息反馈，对消费偏好和需求潜力作出判断和预测，从而决定和调整企业的经营方向。

随着社会信息化程度的提高，市场的信息反馈功能将日益加强。

（四）收入分配功能

市场通过价格、利率、汇率、税率等经济杠杆，对市场上从事交易活动的主体——生产者、消费者、中间商进行收益分配或再分配。比如在要素价格分配方面，土地所有者提供土地得到地租，劳动力所有者提供劳动得到工资，资本所有者提供资本得到利息（股息或红利），企业家通过把土地（或土地上的建筑物）、劳动、资本利用起来组织生产经营获得利润。

地租、工资、利息、利润就是国民收入的来源。

六、市场交易的原则

（一）平等原则

商品是“天生的平等派”，它要求同样的商品卖同样的价钱，实现等价交换。平等，是指在商品服务场上，尽管交易双方是以购买者和销售者的不同身份出现，但都是地位平等、机会均等的市场主体。市场经济是一种平等经济，买卖双方在市场上是一种平等竞争、平等交换关系。为了实现等价交换，市场不管交易双方的身份和地位如何，要求交易双方地位平等、机会均等，是一种平等竞争、平等交换的关系。平等原则，就是基于交易双方是地位平等、机会均等的市场主体，不存在谁比谁优越或谁对谁恩赐的问题。对每一个市场交易主体而言，都应享有人格尊严得到尊重的权利。

（二）自愿原则

自愿原则，就是基于双方是不同的利益主体，出发点和意愿不同，使得任何一桩交易都必须以自愿为原则，交易条件应该为双方所接受，不能使一方屈从于另一方的意愿。卖者出售自己的商品但不愿意做亏本的事，希望在交易中能补偿自己的劳动消耗；买者购买商品但不愿意多花钱，希望交易按可以接受的价格达成以满足自己的消费需要。

（三）公平原则

公平原则是实现市场交易规范有序的灵魂，是衡量市场交易活动是否有序、是否规范的试金石。公平的行为指在交易中明码标价、秤平尺准、童叟无欺。

（四）诚实信用原则

诚实信用，是现代市场交易活动的基本精神。遵守诚实信用的交易原则，在商品服务市场上，不仅仅是销售者的道德，而是销售者和消费者都应具有的道德。

任务2 营销

任务导引

大学生菜场直播卖菜 每天卖出3000斤收入超白领

“大姐，平包菜1.5元一个，2块5毛拿两个呗。”“菜一共7块3毛钱，阿姨，就收你7块钱了啊！”……在人声鼎沸的十里庙菜市场，刘鹏扯着嗓门，招呼着来来往往的顾客们。而在他的身旁，三支三脚架搁在菜摊上，上面还架着三台手机，旁边还挂着一个话筒。他像一条鲇鱼，搅动了原本墨守成规的菜市场。

“任性菜贩子”原来是个本科生

“就你，卖个菜花样最多。每天嘴巴像个机关枪一样，说个不停，还搞个什么直播。”一个熟客站在菜摊前，一边挑着菜，一边嗔怪道。

刘鹏只是咧着嘴笑，“今天直播不行了，网络没连上。”他有些无奈地望望穿过半个菜市场才接过来的网线，“怎么网线就不通了呢？是不是有人嫉妒我？”“是呀是呀，他们都嫉妒你，就嫉妒你脖子上的大金链子了。”手指了指刘鹏脖子上网线般粗细的金链子，顾客哈哈大笑道。

在十里庙菜市场，刘鹏是个奇特的存在。他是整个菜市场年纪最小的菜贩子，也是学历最高的菜贩子。他的菜摊前，顾客总是络绎不绝。

2012 年，刘鹏从安徽师范大学体育教育专业毕业，回到合肥当了一名小学老师。

2013 年过完暑假，他毅然从小学辞职创业，在十里庙菜市场承包了个摊位，开始卖菜。

刘鹏卖菜很“任性”。他卖菜一般比别人便宜，还总是喜欢去零。三角，五角，八角的，他说不要就不要。最初，在一旁帮忙的妈妈，看他这样做生意，总是心惊肉跳。“我跟他说，你这样卖菜不行，本来就是小本生意，被你这样半卖半送更没钱挣了。”刘鹏的妈妈还记得，儿子却一本正经地回道：“菜是家家户户都要吃的。你还能每天都赚人家钱啊。你那个方式老了，我有我的方式。”

眼看着客流量越来越多，挣的钱也没有少，刘鹏的妈妈这才服气。因为刘鹏的菜卖得便宜，其他菜贩子的日子变得艰难，彼此之间没少摩擦。无奈之下，一些菜贩子只能跟着他降价。

他在自己的小生意上越做越火。最初，他一天只卖三四十斤菜，如今每天能卖两大车 3000 多斤菜。当记者询问具体收入时，刘鹏伸出了两个指头，缓缓说道，“两万吧！”

网络直播卖菜欲从线下做到线上

两个月前，刘鹏在菜市场干起了一件不走寻常路的事情，再次引起了众人的注目和驻足。他先是找人在菜市场上空拉了根网线。随后，又在窄小的摊位上摆起了三支三脚架。每个架子上都放着手机。身后还放着一台笔记本电脑。“我开通了不少直播平台。”每天一大早，他就打开手机和电脑平台，开始直播自己卖菜。同时，他还委托弟弟帮他做了一款卖菜的 App，并筹划将自己的卖菜生意从线下做到线上。

价格是商品在市场竞争中的重要杠杆，也是企业营销运作的重要内容。企业能否正确运用价格杠杆制定和实施有效的价格政策，关系到企业营销的成败。所以诺贝尔经济学奖获得者、美国著名价格理论家乔治·斯蒂格勒指出：“价格已成为营销战的一把利器，可以克敌，也可以伤己。”

究竟怎样定价，在理论上说来并不复杂，但在实际运作中却让商家十分头痛。价格本身是一系列变量的函数，而企业采用何种定价策略，则还带有决策人员的主观创造性。因此企业选择价格策略时，往往需要根据具体情况多方加以考虑。

第一，定价不能盲从，不能跟着别人跑。盲从只能使自己陷入祸福莫测的境地。

第二，定价要有明确而具体的目标。一般来说，定价目标必须服从营销目标。不同的企业，营销目标可能不同；同一企业，在不同时期不同环境其营销目标也可能不同。因此，定价目标可能是利润最大化目标，也可能是预期收益目标、维持或增进市场占有率目标、应付或防止竞争目标、价格相对稳定目标、企业信誉目标，等等。总之，定价策略只有与定价目标、营销目标相衔接，才能有效发挥其作用。

第三，定价无定式，唯有出奇才能制胜。企业定价是一门科学，更是一种艺术，需要胆略、见识，需要创造性。

分析讨论

1. 刘鹏运用了什么样的营销策略？
2. 定价对营销有怎样的作用？

市场营销

一、营销的定义和观念

（一）营销的定义

营销是计划和执行关于商品、服务和创意的观念、定价、促销和分销，以创造符合顾客需要的交换的一种过程。

随着技术和营销的发展，在近年来的营销实践中，尤其是近5~10年来，对顾客的重视已经被提到了前所未有的高度。顾客构成市场，顾客驱动着市场，无论何时何地争取顾客的支持，千方百计地满足顾客，应当永远是企业思考营销问题的核心。信息社会背景下的市场营销发展趋势之一就是客户越来越多地参与到了营销活动中来。从新产品开发到售后服务，从营销战略开发到营销策略实施，这样一系列的过程中应当重视客户更多的参与，也只有这样才能真正做到尊重客户价值。

（二）营销观念

市场营销观念的演变与发展，可归纳为七种，即生产观念、产品观念、推销观念、市场营销观念、客户观念、社会市场营销观念、大营销观念。

1. 生产观念。生产观念是指导销售者行为的最古老的观念之一。这种观念产生于20世纪20年代前。企业经营哲学不是从消费者需求出发，而是从企业生产出发，其主要表现是“我生产什么，就卖什么”。生产观念认为，消费者喜欢那些可以随处买得到而且价格低廉的产品，企业应致力于提高生产效率和分销效率，扩大生产，降低成本以扩展市场。例如，烽火猎头专家认为美国皮尔斯堡面粉公司，从1869年至20世纪20年代，一直运用生产观念指导企业的经营，当时这家公司提出的口号是“本公司旨在制造面粉”。美国汽车大王亨利·福特曾傲慢地宣称：“不管顾客需要什么颜色的汽车，我只有一种黑色的。”也是典型表现。显然，生产观念是一种重生产、轻市场营销的商业哲学。

生产观念的不足：忽视产品的质量、品种与推销；不考虑消费者的需求；忽视产品包装和品牌。

2. 产品观念。它也是一种较早的企业经营观念。产品观念认为，消费者最喜欢高质量、多功能和具有某种特色的产品，企业应致力于生产高质量产品，并不断加以改进。它产生于市场产品供不应求的卖方市场形势下。最容易滋生产品观念的场合，莫过于当企业发明一项新产品时。此时，企业最容易导致“市场营销近视”，即不适当地把注意力放在产品上，而不是放在市场需要上，在市场营销管理中缺乏远见，只看到自己的产品质量好，看不到市场需求在变化，致使企业经营陷入困境。

产品观念的不足：市场营销近视症，即过分重视产品本身而不重视市场需求的变化；忽视市场宣传。

3. 推销观念（或称销售观念）。推销观念认为，消费者通常表现出一种购买惰性或抗拒心理，如果听其自然的话，消费者一般不会足量购买某一企业的产品，因此，企业必须积极推销和大力促销，以刺激消费者大量购买本企业产品。

推销观念是在第一次世界大战与第二次世界大战之间普遍流行的观念。当时之所以此观念较为流行，其社会经济背景是生产力发展了，产品丰富了，其直接原因是这时的西方发达国家大多处于严重的经济危机时期，尤其是1929—1933年那场深刻的经济危机席卷了整个资本主义世界，这种危机的直接表现就是产品相对过剩，很多企业在经济危机的冲击下倒闭，所以资本主义所面临的直接问题已不再仅仅是扩大生产规模就能解决，产品销售已显得同样重要。

在这种形势下，各企业开始重视推销工作，纷纷成立推销机构，组建推销队伍，培训推销人员。企业界已开始认识到：很多情况下，消费者不会自动来购买商品，须推销员去说服、感化和刺激；企业只注重生产还不行，应将企业的人力、物力和财力转移一部分出来用于销售。很多企业大肆进行广告宣传，形成一种“高压推销”或“强力推销”的局面。他们的口号也由过去的“待客上门”变成“送货上门”。

4. 营销观念。市场营销观念是作为对上述诸观念的挑战而出现的一种新型的企业经营哲学。这种观念是以满足顾客需求为出发点，即“顾客需要什么，就生产什么”。尽管这种思想由来已久，但其核心原则直到20世纪50年代中期才基本定型，当时社会生产力迅速发展，市场趋势表现为供过于求的买方市场，同时广大居民个人收入迅速提高，有可能对产品进行选择，企业之间的竞争加剧，许多企业开始认识到，必须转变经营观念，才能求得生存和发展。市场营销观念认为，实现企业各项目标的关键，在于正确确定目标市场的需要和欲望，并且比竞争者更有效地传送目标市场所期望的物品或服务，进而比竞争者更有效地满足目标市场的需要和欲望。

市场营销观念的出现，使企业经营观念发生了根本性变化，也使市场营销学发生了一次革命。市场营销观念同推销观念相比具有重大的差别。

西奥多·莱维特曾对推销观念和市场营销观念做过深刻的比较，指出：推销观念注重卖方需要；市场营销观念则注重买方需要。推销观念以卖主需要为出发点，考虑如何把产品变成现金；而市场营销观念则考虑如何通过制造、传送产品以及与最终消费产品有关的所有事物，来满足顾客的需要。可见，市场营销观念的四个支柱是：市场中心、顾客导向、协调的市场营销和利润。推销观念的四个支柱是：工厂、产品导向、推销、盈利。从本质上说，市场营销观念是一种以顾客需要和欲望为导向的哲学，是消费者主权论在企业市场营销管理中的体现。

5. 客户观念。随着现代营销战略由产品导向转变为客户导向，客户需求及其满意度逐渐成为营销战略成功的关键所在。各个行业都试图通过卓有成效的方式，及时准确地了解和满足客户需求，进而实现企业目标。实践证明，不同子市场的客户存在着不同的需求，甚至同属一个子市场的客户的个别需求也会经常变化。为了适应不断变化的市场需求，企业的营销战略必须及时调整。在此营销背景下，越来越多的企业开始由奉行市场营销观念转变为坚持客户观念或顾客观念。

所谓客户观念，是指企业注重收集每一个客户以往的交易信息、人口统计信息、心理活动信息、媒体习惯信息以及分销偏好信息等，根据由此确认的不同客户终身价值，分别为每个客户提供各自不同的产品或服务，传播不同的信息，通过提高客户忠诚度，增加每一个客户的购买量，从而确保企业的利润增长。市场营销观念与之不同，它增强的是满足一个子市场的需求，而客户观念则强调满足每一个客户的特殊需求。

需要注意的是，客户观念并不是适用于所有企业。一对一营销需要以工厂定制化、运营电脑化、沟通网络化为前提条件，因此，贯彻客户观念要求企业在信息收集、数据库建设、电脑软件和硬件购置等方面进行大量投资，而这并不是每一个企业都能够做到的。有些企业即使舍得花钱，也难免会出现投资大于回报带来的收益减少的局面。客户观念最适用于那些善于收集单个客户信息的企业，这些企业所营销的产品能够借助客户数据库的运用实现交叉销售，或产品需要周期性地重购或升级，或产品价值很高。客户观念往往会给这类企业带来异乎寻常的效益。

6. 社会市场营销观念。社会市场营销观念是对市场营销观念的修改和补充。它产生于 20 世纪 70 年代西方资本主义出现能源短缺、通货膨胀、失业增加、环境污染严重、消费者保护运动盛行的新形势下。因为市场营销观念回避了消费者需要、消费者利益和长期社会福利之间隐含着冲突的现实。社会市场营销观念认为，企业的任务是确定各个目标市场的需要、欲望和利益，并以保护或提高消费者和社会福利的方式，比竞争者更有效、更有利地向目标市场提供能够满足其需要、欲望和利益的物品或服务。社会市场营销观念要求市场营销者在制定市场营销政策时，要统筹兼顾三方面的利益，即企业利润、消费者需要的满足和社会利益。

7. 大营销观念。该观念于 20 世纪 80 年代中期被提出。20 世纪 70 年代末，资本主义经济不景气和持续滞胀导致西方国家纷纷采取贸易保护主义措施。在贸易保护主义思潮日益增长的条件下，从事国际营销的企业为了成功进入特定市场从事经营活动，除了运用好产品、价格、渠道、促销等传统的营销策略外，还必须依靠权力和公共关系来突破进入市场的障碍。大市场营销观念对于从事国际营销的企业具有现实意义，重视和恰当地运用这一观念有益于企业突破贸易保护障碍，占据市场。

二、市场营销的基本思路

在日益激烈的市场竞争中，我国的创业企业要想发展，实现创业目标，应该从以下几个方面思考：

（一）关注客户需求

创业企业在目前及将来很长一段时间内要解决的最主要的营销问题是产品问题而不是其他，要专注于消费者需求，最主要的原则就是设身处地地为消费者着想，并了解消费者的需求。

举例来说，从生产者所遭遇的难题来看，请仔细考量以下三个著名的企业——IBM、拍立得及鹰眼。假如有人问：“这些企业所生产的产品是什么？”答案显然分别是电脑、照相机（和软片）及冷冻食品。不过，当有人又问“消费者究竟在购买什么”时，答案却没有那么明显了。IBM 产品的消费者关心的是：IBM 电脑如何增进公司文件资料处理的效率？是否能够提供正确且最新的资料及如何改善公司整体的运作情形？至于拍立得的消费者和鹰眼的消费者，购买时的考虑则大为不同。购买拍立得的消费者，一定是看上了它容易携带、易于操作，而且能立即看到照片等诸多特性。至于购买鹰眼冷冻食品的消费者，应是看上了它易于烹调的特性，这对于工作忙碌的职业妇女是一大福音，因为大大地减轻了她们为家人做饭的压力。换句话说，根据上述简单的分析，我们可以知道“以下这些公司所销售的东西是什么？”对此一问题的答案分别如下。

IBM：提高企业的工作效率；

拍立得：立即将美好的回忆呈现在眼前；

鹰眼：方便省时。

上述这三个简明的答案所显示的意义就是——将焦点放在消费者的需求上，而不是产品本身。此一简单的方法能有效地促进对营销概念的了解，因为它所强调的就是消费者的需求和利益。不论企业所生产的产品为何物，若能设身处地为消费者的需求和利益着想，一定也能为企业本身带来许多意想不到的收获。当企业在为消费者的需求和利益着想时，至少应思考以下几个问题：

他们究竟想购买什么？

他们想要获取哪些利益？

企业对于竞争对手在满足消费者需求和利益的工作成效上了解多少？

竞争对手对于上述问题是否回答得较好？

当你知道顾客需求是什么以后，你要做的就是问自己，我有没有能力满足这种需求，以及能在多大的程度上满足这种需求。

（二）关注品牌建设，走出单纯的市场份额争夺

经过几十年的努力，许多创业企业已经能够生产好的产品，甚至与国际知名企业的产品相比也毫不逊色，但中国企业却无法获取国际知名企业所能够获取的价值。其中最根本原因是中国企业在品牌建设方面操作水平较低。

不能说中国企业不重视品牌建设，而是中国企业在品牌建设方面存在问题。这些问题主要包括：

1. 重视公司形象，却忽视产品品牌形象。中国企业着重强调公司形象，是因为它们希望借此获得进入新的产品市场的机会。但是，市场份额的争夺主要依赖于产品品牌建设，而不仅仅是公司品牌建设，消费者购买的是产品，而不是一家公司。中国企业普遍存在这样的问题：不能对自己的产品进行明确的价值定位并准确地通过品牌诉求向消费者传达。这样一来，品牌就难以向消费者准确地传达产品的特定价值和差异化价值。

2. 重视产品品牌的一般特性，却忽视产品品牌个性。没有个性的产品充其量只能是一个“好产品”，根本无法从众多的“好产品”中脱颖而出。正因为如此，中国创业企业无论曾经多么辉煌，市场份额曾经多么大，都无法让消费者从对产品的认可上升到对品牌的认可，并建立对品牌的忠诚。

（三）对顾客精耕细作，走出“粗放的顾客管理”

创业企业在顾客管理方面失之于过粗，拥有的顾客资料根本不足以达到为营销服务的水准。这既是创业企业没有走向细分市场的结果，也是无法走向细分市场的原因。

（四）关注营销管理，走出“简单的经营”

对于一些成功的创业企业来说，由于长期以来形成的浮躁（中国经济长期快速发展培养了这种浮躁），它们中的大多数在管理方面也没有能够取得实质性的进展。发展越快的企业需要完善的方面越多，需要补的管理课越多，提升管理的紧迫性越高。在过去的30多年，谁先做了谁就是优秀者。问题是目前几乎所有的企业都在做，那就看谁做得到位、谁做得更好。你做了什么已经不重要，做到什么程度才是最重要的。

在营销管理方面，中国企业需要提升和关注的方面很多，但以下三个方面应该是最重要、

最应该首先进行的：①关注顾客价值，企业经营以顾客为导向。认真建立和管理市场信息系统，研究并获取顾客的价值取向，为企业产品开发提供依据。②合理分配企业资源，为顾客研究和产品设计进行投入。③建立与供应商和分销商的战略伙伴关系。

一个不容忽视的现实是：中国企业与供应商、分销商的关系都不十分健康。说得明白一些，部分企业欺负供应商，而几乎所有企业又受分销商欺负。不解决第一个问题，中国企业永远得不到供应商真诚的支持和帮助，不解决第二个问题，中国企业将一直处于被动地位。

（五）关注营销人员职业发展，提供员工教育培训

大部分创业企业在员工教育和培训方面还很落后，在他们看来，员工是拿来工作的，是为企业服务的，不是用来教的。这样的理念很难使企业营销人员树立正确的营销观，难以掌握高超的营销技巧，也很难培养营销人员对企业的忠诚度。

关注员工的职业发展，创业企业必须从根本上转变用人观念，即要为自己的员工创造价值，而不是仅仅从他们身上获取价值，让员工与企业共同成长。

（六）关注全球业务拓展，真正放眼国际市场

中国许多行业处境相当尴尬，一方面自己的产品卖不出去，或卖不上价，另一方面却用自己一流的设备、一流的工人为国际品牌加工产品，让国际知名品牌大发其财。这种情况被嘲弄为“中国有能力为世界生产产品，却没有能力向世界销售产品”。

因此，关注全球业务拓展，真正放眼国际市场，才是中国企业目前的工作之重。

三、市场营销管理

市场营销管理的任务是：为促进企业目标的实现而调节需求水平、时机和性质。

市场营销管理的实质是：需求管理。

在现代市场经济条件下，创业企业必须十分重视市场营销管理，管理层必须根据自己在行业中的地位及企业的目标、机会和资源确定一个最有意义的战略，以使企业能在动荡不安的环境中生存、发展。为此，企业的每个业务单位都要为实现战略计划提供支持与服务，而每个业务单位都要把营销作为机会、建立营销目标和计划以实现业务目标的主要系统。所以，为了充分发挥企业各种资源、各个部门的作用，就要对市场营销进行管理。

市场营销管理是一个过程，就是企业把所有的人力、物力、信息、财力等科学地组织到满足消费者需求上，并不断调整适应环境的过程。在当代市场经济中，企业在市场竞争中能否取得成功，取决于其是否能与市场环境的发展变化相适应，随着环境的变化去调整其营销战略，从而规避市场变化所带来的风险，而把市场变化所带来的机会变为有利可图的企业机会。

具体而言，市场营销管理过程包括以下四步：

第一步：分析市场，发现和评估市场机会。

企业必须随时关注宏观环境和微观环境的变化。

宏观环境主要包括政治法律、经济、社会文化、科学技术、人文、自然环境六种力量；微观环境主要包括供应商、竞争者、顾客、替代产品生产者、潜在进入者五种力量。

企业必须通过对宏观、微观环境的分析，发现市场机会，抓住市场机会，利用市场机会。

第二步：细分市场，选择目标市场。

企业可以根据顾客不同的消费特征将市场细分，然后根据自己的资源优势选择目标市场，

采取不同的目标市场战略。市场细分是指找出将一群顾客与其他顾客区分开来的一系列具体特征的过程。

第三步：制订营销计划，规划营销策略。

在自己选定的目标市场上，为实现自己的营销目标，企业需要制订一系列的营销计划，然后规划营销策略。

第四步：营销活动的实施和控制。

所有的营销计划及营销战略都只是纸上谈兵，只有将这些策略很好地加以实施和控制，才能使其转化为竞争优势，实现企业目标。市场营销管理的内涵是企业为实现其目标，创造、建立并保持与目标市场之间的互利交换关系而进行的分析、计划、执行与控制的过程。即通过营销调研、计划、执行和控制，来管理目标市场的需求水平、实绩和构成，以达到企业目标。

（一）卓越的产品质量

产品质量是指产品适合一定用途、满足消费者需求所具备的特性，即产品的使用价值。质量是消费者最关心的内容，也是产品在竞争中能否取胜的首要的关键因素。质量是企业产品的生命。

（二）合理的定价

现在，国内有些人对价格竞争持不同的看法，认为价格竞争已退居其次，我国市场竞争已“进入非价格竞争”，或认为已“跨入服务竞争”。其实，尽管服务竞争确有逐渐升级的现象，但价格竞争作为一种最直接、最有效的手段，从来没有退出竞争的舞台。在美国，至今还流行着一句谚语：“没有不被减价两分钱而抵消的品牌忠诚。”价格的作用由此可见一斑。

（三）满意的服务

优质的服务有一个明显的好处，就是可以培养顾客对企业的忠诚，稳定老顾客。

企业在进行市场定位时，除了可以采用质量和价格差异化战略外，还可以采用服务差异化战略。尤其是当产品的质量和价格难以体现出差异时，竞争成功的关键往往取决于服务项目的多少和服务水平的高低。

（四）新潮的营销观念

企业在进行市场定位时，可以采用一种创新的观念策略。如果在消费者满意的领域里，你已找不到一个可钻的空子，而企业的产品在质量、价格和服务方面又缺乏优势，则可试试一种创新的观念，这或许是一条制胜的捷径。例如，七喜饮料既不是以质量取胜，也不是以服务和价格取胜，而是以“非可乐”的观念取胜；娃哈哈推出的非常可乐是以“尝尝中国人自己的可乐”这一情怀来定位并赢得市场的。

企业不但要制定明确的定位策略，还必须有效地向社会、向其目标受众传递这种策略所包含的信息。定位沟通是定位策略的实施过程。没有沟通，定位永远只是一种想法或者压在办公桌抽屉里的计划书。

创业企业在定位过程中要避免出现以下几种失误：

1. 不充分定位。这会使购买者对品牌只有一个模糊的概念，并没有真正意识到品牌的独特之处。这是定位本身不清或沟通得不够好的结果。

2. 过分定位。这是指企业或产品的营销表现，使购买者对品牌形象的认识过于狭窄。如中国的丝绸，在西方顾客心目中是一种上流社会消费的高价商品，但由于国内企业争相出口丝绸产品，不断压价，使其在国外市场上成为一种便宜货，许多人反而不买了。

3. 混淆定位。这是指品牌特征过多或品牌的定位改变太过频繁，会使顾客对品牌形象感到困惑。

4. 可疑定位。这是指购买者难以相信广告中对产品特征、价格或制造商的宣传。

（五）先进的竞争策略

竞争策略是指商品生产者为了在市场竞争中争取有利的地位而采取的各种策略和手段。常用的竞争策略大致涉及如下方面：

1. 品种与数量方面的竞争。以新取胜，以多取胜，即谁能先试制出新产品、新品种并能生产市场所需要的数量，谁就能占领市场。企业要以品种求发展。

2. 质量方面的竞争。以优取胜，即产品与服务质量好的企业能吸引用户，并占领市场。企业要以质量求生存。

3. 价格方面的竞争。以廉取胜、薄利多销策略常常是企业争取用户的手段。

4. 销售服务与配套方面的竞争。以好取胜，即能及时为消费者提供优良服务的企业，往往能在市场上树立良好信誉，并吸引更多的用户。

5. 交货期方面的竞争。以快取胜，即能按时交货的企业，能抓住国内外市场的有利机会与时空条件，赢得顾客与市场。

6. 广告与宣传上的竞争。以名取胜，即利用国内外重大事件的机会及各种有效的广告手段进行竞争性宣传，提高本企业的知名度。

7. 联合策略。以和取胜，即对势均力敌的竞争对手可化竞争为联合，共同得益。

8. 出奇制胜的策略。以新奇的营销与竞争手段来争取新的用户与市场。

9. 推陈出新的策略。你无我有，你有我专，不断更新产品，方能争取市场中的领先地位。

10. 走为上策策略。以退为进，东山再起，即竞争中处于不利地位的产品与市场应立即撤退，回收资金，转移方向，争取东山再起。

竞争策略带有一定的独创性与艺术性，企业可参照上述各点加以创新与发展。必须指出的是，有一种利用行政权力的超经济竞争手段，它并不是依靠企业在技术、质量、价格、新产品、新款式等方面的优势来进行公平竞争，而是凭借权力优势进行投机垄断，这不符合竞争原理和价值规律，会扰乱市场经济的发展。

四、市场机会发掘

（一）市场机会

创业企业要关注环境的变化，通过对外部环境的观察和分析捕捉市场机会。市场机会来源于人们的未满足或未充分满足的需求。人们的需求每天都有新的变化，这也就意味着每天都有新市场的孕育。创业企业如果想要得到很好的发展，必须及时发现并牢牢把握这些市场机会。例如，当你看到一个婴儿的时候，你不能简简单单地把他看作一个婴儿。婴儿来到了这个世界上，首先要有最基本的需求，而这些最基本的需求，如衣、食、住、行等方面的需求都可以孕育一个新的市场。这些新的市场机会包括开辟幼儿服装、婴儿专用食品、婴儿车、婴儿行走辅助器、尿不湿、婴儿玩具等市场。婴儿当然离不开母亲，这就使得一些相关的市场机会，如婴儿护理、幼儿教育等得以产生。

一般来讲，需求产生的原因有：一是需求与供应在数量上的不平衡；二是需求与供应在结构上的不平衡；三是需求与供应在发展上的不平衡。

只要企业将注意力集中到顾客的需求变化上，总是能够发现新的市场机会。

（二）市场机会的特征

1. 隐藏性。市场机会总是处于一种潜在的状态，它不是明摆在企业面前的，需要企业通过观察分析判别。

2. 时效性。即所谓时不再来。你没有把握机会就会被你的竞争对手抓住。

3. 相关性。市场机会是一个相互关联的系统，一个机会的开发成功会带来更多的后续市场机会。

创业企业的一个突出特点就是经营灵活，也就是所谓的船小好掉头。机会一旦出现，企业就要作出迅速的反应。这种反应在开始的时候是一种简单的判断，即分析这个机会的运作风险以及是否具有可行性。然后，再具体分析机会对于企业的利润增长、资源利用是否可行。

我们可以首先考虑两个因素——机会的多少和威胁的大小，来简单判断一下企业市场机会的可行性。根据这两个因素，我们可以将市场机会和企业可能开展的业务类型联系起来。机会多威胁小的属于理想业务，机会多威胁大的属于风险业务，机会少威胁大的属于困难业务，机会少威胁小的属于成熟业务。创业企业最好选择机会多威胁小的理想业务。对于成熟的业务来说，民营企业发展的机会相对就比较少。但是不可忽视机会多威胁大的风险业务，企业需要进一步对这部分市场的价值和风险进行评估。

创业企业发现了市场机会，还要对这个市场机会进行经营，而经营市场机会的这个过程就是机会营销。

市场机会为创业企业进入新的行业，谋求新的发展，拓展新型业务，开发新的市场提供了可能。对于创业企业而言，市场机会的把握远远胜于与其他企业的后续竞争。先天性的缺陷会使创业企业在很多领域受到很大的限制，因此，创业企业感到最为困难的一个问题就是很难进入到一个让各个企业争相追逐的行业中去。

一个新政策的出台、一部新法律的颁布也许都意味着新的机会的诞生，创业企业必须抓住机会迅速进入到这些行业中去，成为其中的竞争一员，并站稳脚跟，再与其他企业进行竞争。

机会营销不同于传统的营销，这种营销将消费者的需求与企业的生产经营活动有机地结合在了一起，以需求引导生产，以发现新的需求为发展战略，这样创业企业就可以集中有限的资源进行有目的的生产和有目的的营销。

机会营销具有以下三个特点：一是机会营销满足的是即将在市场上出现但尚未得到满足的需求；二是机会营销满足的是新生的需求，因此，它以新产品、新服务的开发为主；三是机会营销以抢占市场、站稳脚跟为主要目标。

市场机会可以分成以下四种类型：一是显在性机会，市场已经开始有这种商品，但是远不能满足顾客的需求。二是前兆性机会，顾客的需求是有规律的。三是突发性机会，如洪水的暴发产生对编织袋的需求。四是诱导性机会，一种新的消费理念。显在、前兆、突发和诱导这四种市场机会所表现出来的特征各不相同，因此，对不同的市场机会进行营销也应各具特色、各有侧重。灵活地进行营销是创业企业的最佳选择。四种市场机会产生于不同的营销环境中，因此，照本宣科、纸上谈兵是不可行的，应针对具体的市场机会制定相应的营销策略。在制定营销策略的过程中，企业需要注意一些原则：这些原则大多来自成功企业的经验，它们的经验可以给后来的创业企业很多借鉴。

创业企业的自身特点，使得企业能够对来自外部的信息作出快速的反应，果断地决策，抓住稍纵即逝的机会。

（三）发现市场机会的两个来源

发现市场机会需要我们做到以下两点：

第一，把握信息。这是指在把握数据或者信息的基础上，对环境进行客观分析，从中发现新的市场机会。

第二，具有商业直觉。这是一种下意识的反应，是一种毫无根据的行为，但与所谓“拍板决定”有一定的区别。它是企业家或者管理人员凭借多年的商业经历及对其进行分析总结而形成的一个系统。这是捕捉商业机会的敏锐反应，有很重要的借鉴价值。

（四）分析创业企业营销环境的方法——SWOT 分析方法

1. 概念：SWOT 分析方法，通过分析企业的优劣势及考察企业自身的资源和能力状况，确定企业在市场中的地位，寻找出适合企业发展的机会。美国旧金山大学的管理学教授韦里克于 20 世纪 80 年代初发明。适用于从企业内部和外部收集资讯，分析市场环境、竞争对手，制定企业战略。

SWOT 分别是指企业的优势（Strength）、劣势（Weakness）、机会（Opportunities）、威胁（Threats）。

优势：是组织机构的内部因素，具体包括：有利的竞争态势，充足的财政来源，良好的企业形象，技术力量，规模经济，产品质量，市场份额，成本优势，广告攻势等。

劣势：也是组织机构的内部因素，具体包括：设备老化，管理混乱，缺少关键技术，研究开发落后，资金短缺，经营不善，产品积压，竞争力差等。

机会：是组织机构的外部因素，具体包括：新产品，新市场，新需求，外国市场壁垒解除，竞争对手失误等。

威胁：也是组织机构的外部因素，具体包括：新的竞争对手，替代产品增多，市场紧缩，行业政策变化，经济衰退，客户偏好改变，突发事件等。

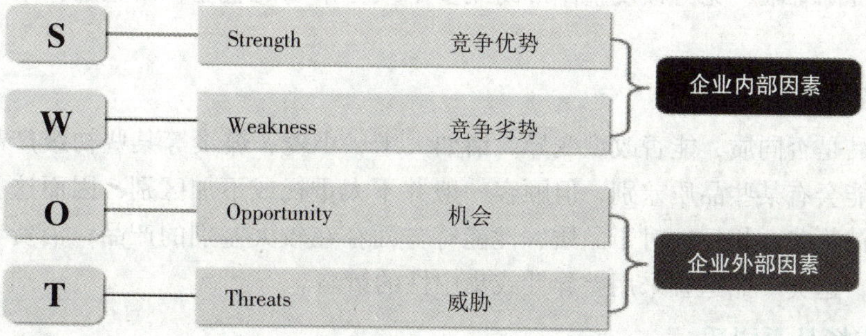

2. 构造 SWOT 矩阵：将调查得出的各种因素根据轻重缓急或影响程度等排序，构造 SWOT 矩阵。在此过程中，将那些对公司发展有直接的、重要的、大量的、迫切的、久远的影响因素优先排列出来，而将那些间接的、次要的、少许的、不急的、短暂的影响因素排列在后面。

区分	内容	优先顺序				区分	内容	优先顺序			
		重要度	紧要度	影响度	NO			重要度	紧急度	影响度	NO
S						W					
O						T					

3. 制订行动计划。

在完成环境因素分析和 SWOT 矩阵的构造后，便可以制订出相应的行动计划。制订计划的基本思路是：发挥优势因素，克服弱点因素，利用机会因素，化解威胁因素；考虑过去，立足当前，着眼未来。运用系统分析的综合分析方法，将排列与考虑的各种环境因素相互匹配起来加以组合，得出一系列公司未来发展的可选择对策。

SWOT 方法的贡献就在于用系统的思想将这些似乎独立的因素相互匹配起来进行综合分析，使得企业战略计划的制订更加科学全面。

知识链接

如何选择目标市场策略

采用哪种目标市场策略，取决于企业、产品、市场等多方面的条件：

（一）企业资源

如果企业实力雄厚、管理水平较高，根据产品的不同特性可考虑采用差异性或无差异性市场策略；而资源有限、无力顾及整体市场或多个细分市场的企业，则宜选择集中性目标市场策略。

（二）产品性质

这里指产品是否同质，能否改型变异。诸如大米、小麦、煤炭等某些初级产品，尽管这些产品自身可能会有某些品质差别，但顾客一般并不太重视或不加区别，因而这类产品适宜实行无差异营销策略；相反，对于品质、性能等方面存在较大差别的产品，消费者对其需求也是多样化的，这类产品适宜采用差异性或集中性的策略。

（三）市场是否同质

如果顾客的需求、购买行为基本相同，对营销方案的反应也基本一样，即市场是同质的，在此情况下可实行无差异营销策略；反之，则应实行差异性或集中性的策略。

（四）产品生命周期

处于介绍期和成长前期的新产品，竞争者较少，品种比较单一，宜采用无差异目标市场策略，以便探测市场需求和潜在顾客。产品一旦进入成长后期或已处于成熟期，市场竞争加剧，就应改为差异性营销策略，以利于开拓新市场；或实行集中性营销策略，以设法保持原有市场，延长产品生命周期。

（五）竞争对手的目标市场策略

假如竞争对手采用无差异营销策略，本企业应当采用差异化策略以提高产品的竞争力；假如竞争对手采用差异性营销策略，本企业就应当进一步细分市场，实行更有效的差异性或集中性策略。

五、目标营销

（一）目标营销的主要原因

1. 自己的能力是有限的。能始终意识到自己能力有限，是企业家理智的体现，也是企业本身走向成熟的表现。如何用自己有限的资源去达到最好的市场效果，获取最大的利润，是企业需要思考的永恒主题。

在企业规模较小、实力较弱的时期，这一点似乎不言而喻。然而，当企业进一步发展、实力增强、影响力扩大的时候，企业的经营者往往会被眼前的光环罩住而忘记了这一点，开始幻想要打倒所有的竞争对手，成就一番“霸业”。这是人性的弱点之一。一个蒸蒸日上的企业，往往就是在这个时候被市场抛弃而走向衰败的。

2. 顾客的购买需求差异。随着生活水平的提高，人们对消费品的要求品位也提高了，需求的个性化日益突出。加之生活水平的提高并不是人人同步，市场需求的构成就更为复杂。如大米市场，十几年前人们的需求是只要是米，能吃就行，而现在许多人则不仅要求米香，而且要黏、要好吃。

创业企业要注意市场发展的动向，整体的、大型的市场正在日益向小型化发展，市场被逐渐分解为许多微型市场。其特征是不同的买方通过不同的分销渠道，采取不同的沟通方式来购买不同的产品。企图用一套标准化的产品、服务、价格、销售渠道、促销方法及沟通方式讨所有顾客的欢心，难免会弄错对象，吃力不讨好。

3. 避开强力竞争对手。竞争在市场经济中在所难免，企业唯有勇敢面对。而“避其锋芒，攻其不备”是亘古不变的战术，换个角度理解就是“扬长避短，以一当十”。需求市场的分解和小型化为企业实践这一战术创造了大量的机会。

市场是广阔的，生产、销售同类产品的企业之间的竞争不一定必然是你死我活，而是可以达到双赢的。其中的关键在于各自攻占的主要市场区域——目标市场不同。

例如，百事可乐当年之所以能从可口可乐公司几乎独霸的饮料市场夺取近半的市场份额，主要得益于它紧紧抓住了美国“新生代”这个可口可乐没有意识到的市场区域，成为“新一代的可口可乐”。

（二）开展目标营销的步骤

创业企业开展目标营销的基本步骤是：市场细分——目标市场选择——市场定位。

1. 市场细分。市场细分的概念是美国市场学家温德尔·史密斯（Wendell R. Smith）于

1956 年提出来的。

按照消费者欲望与需求，把因规模过大导致企业难以服务的总体市场划分成若干具有共同特征的子市场，处于同一细分市场的消费群被称为目标消费群，相对于大众市场而言这些目标子市场的消费群就是分众了。

在市场上，受许多因素影响，不同的消费者通常有不同的欲望和需要，因而，不同的消费者有不同的购买习惯和购买行为。正因为如此，企业营销人员可以按照这些因素把整个市场细分为若干个不同的子市场，每一个子市场都是一个有相似需要的消费者群。

2. 选择目标市场。企业在划分好细分市场之后，可以进入既定市场中的一个或多个细分市场。目标市场选择就是在市场细分的基础上，企业根据自身优势，从细分市场中选择一个或者若干个子市场作为自己的目标市场，并针对目标市场的特点展开营销活动，以期在满足顾客需求的同时，实现企业经营目标。即使一个细分市场具有适当的规模和发展潜力，也具有吸引力，企业也还需要结合自身的目标和资源条件加以考虑。一个细分市场即使具有吸引力，但如果它不符合企业目标，企业也必须放弃。即使一个细分市场符合企业的目标，但若企业缺乏进入该细分市场进行经营活动并取得成功所必需的资源，这个细分市场也是不能利用的。结合企业目标和资源来选择目标市场，就是为了在选定的细分市场上创造企业的相对竞争优势；如果不能创造出这种优势，企业就不宜进入该细分市场。

3. 市场定位。当企业选择了自己的目标市场后，接下来所应做的就是针对目标市场来决定企业要采取的营销策略了，即进行市场定位。市场定位就是企业从各个方面为产品创造特定的市场形象，使之相对竞争对手的产品显示出不同的特色，以求在目标顾客心目中形成一种特殊的偏爱。市场定位的内容：

产品定位。产品定位是指针对顾客的心理为产品创造、培养一定的特色，形成一定的市场形象。产品定位有可能涉及产品特性、性能质量、一致性、耐用性、可靠性、可维修性、风格等。

企业形象定位。企业形象定位是指确定企业整体形象在顾客心目中的位置。企业可以通过在信息传媒上反复宣传名称、象征物、符号颜色来强化这些特征，也可以通过建筑物的设计和室内装修来突出其所欲创造的形象，还可以通过赞助公益活动、捐赠等来提高自己的形象。

市场定位的类型：

避强定位。避强定位是指避开强大的竞争对手，不搞“硬碰硬”对抗，和平相处、共谋利益的市场定位策略。这种策略能使企业迅速地在市场上站稳脚跟，并能在顾客心目中留下特别的印象。

冲突定位。冲突定位就是与市场上最强的竞争对手“对着干”。这种定位可以使企业一开始就与强大对手站在同一高度上，更能激发自己奋发上进，一旦成功，就会获得巨大的市场优势。例如，可口可乐与百事可乐之争就是众人皆知的“对着干”的案例。

再定位。再定位通常是指对销路差、形象不够有力度的产品进行定位。这种定位旨在摆脱困境，重新获得市场优势与活力。

创业企业定位策略：

市场领导者定位策略。市场领导者定位策略是指企业把自己定位于市场的领导者，做行业老大。实施该策略的企业一般都是实力非常雄厚的大企业。

市场追随者定位策略。市场追随者定位策略是指将企业的产品定位于目标市场上现有的竞争对手的产品旁边，创造性地进行模仿和改进。一些实力不太雄厚的创业企业适于采用此策略。

市场寻位者定位策略。市场寻位者定位策略是指将企业的产品定位在目标市场的空缺处。它不仅使企业避开了市场竞争，不与目标市场上的竞争对手直接对抗，而且在目标市场的空隙和空缺领域开拓新的市场，生产销售目标市场上尚没有的某种特色产品，以更好地发挥企业的竞争优势，获取较好的经济效益。

企业的目标市场营销策略分为三类，即集中营销、无差异营销和差异营销。

集中营销：即企业以一个或少数几个细分市场作为目标市场，集中一切力量为这些市场提供服务。例如，有人开设专门提供左撇子用品的商店，以满足这一消费者群对一些生活用品的特别需求。这种目标市场营销策略特别适合于小企业。

无差异营销：是指企业不考虑各个细分市场之间的差异，只推出一种产品、设计一套市场营销组合方案去满足整个市场的需求。企业注意力之所在是生产购买者普遍需要的产品，而不是生产他们所需要的不同的产品。

企业设计一种产品，制订一个市场营销计划，目的是要引起最广泛的顾客的兴趣。

它采用大规模配销和大规模广告的办法，目的是使产品在人们心目中树立最佳形象。例如，可口可乐公司早期曾用单一规格的瓶装单一口味的饮料，以满足各种顾客的需要。

差异营销：是指企业准备为各个细分市场或为许多细分市场服务，并按照各个细分市场的需求差异，分别提供不同的产品、设计不同的市场营销组合方案去满足目标市场的需求。例如，通用汽车公司宣称该公司将为每个“财富、目标和个性”不同的人生产汽车，就是采用了这种市场营销策略。

差异市场营销往往比无差异市场营销能赢得更大的总销售额。一般可以证明，扩大产品经营范围和多方开拓销售渠道，便可以增加总销售额。

（三）销售流程

指目标客户产生销售机会，销售人员针对销售机会进行销售活动并产生结果的过程。销售流程是整个企业流程的一个部分，企业从内到外的主旋律是研究开发、生产制造、物流运输、市场和销售、技术支持和服务等流程。在这个主流程外是人力资源、财务管理等支持性的流程。

市场和销售流程的形状像一个漏斗，包括三个主要的流程：

市场推广流程：处于最上端，根据公司定位锁定的目标客户群，通过市场推广活动，培养客户需求，树立品牌形象，产生销售机会；

销售流程：销售团队将通过各种渠道收集到的销售机会转变为订单；

订单处理流程：与销售流程紧密相连，包含合同管理、收款等过程。订单处理与企业的生产、物流运输流程相连，构成了企业内部与外部客户流程的重要一环。

任务3 市场营销组合

任务导引

赠品促销

邓玲大学毕业后在大学附近开了一家糖果点心铺子，为了增加销量，邓玲推出了连带巧克力一起出售的365种小布熊，每种都附有自己的生日、姓名等小资料，消费者要得到小布熊就要购买相应数量的巧克力糖。按照通常的促销手法，糖果点心的附赠物品大多是塑料玩具，邓玲却别出心裁地用了布制小熊，还无中生有地加上生日、姓名等特性。“布制玩具往往能勾起女孩子对童年的温馨回忆，所以我想到要用布熊，而不是塑料玩具。”邓玲说。于是，女大学生和附近公司女职员成了“365天生日布熊巧克力”的主要购买者。她们不仅在乎小熊的模样，还十分在意小熊的生日，许多人为觅到与自己或家人、恋人和朋友生日相同的布熊，不断地购买“365天生日布熊巧克力”。“365天生日布熊巧克力”推出的头一个月就销售5000元，它实在可算是一个例外的畅销品。

商店的商品陈列技巧也是促使消费者一次性购买多个商品的重要因素。“确实，许多小熊放在一起看上去很可爱。但如果只放一个的话，便会让人感觉到不过是一个带玩具的糖果而已。当100个小熊堆放在一起时，消费者就有了从中挑选自己中意的生日的小熊的乐趣。而20元的价格则可勾起消费者‘价钱不贵，就买上它三个吧’的购买欲。”

如今邓玲还建立了自己的网站，“365天生日布熊巧克力”还频频在网上亮相，因为有许多人将自己获得的小布熊拍成数码相片以后在网上公开，一些小布熊“粉丝”还将自己的个人网站同邓玲公司的网站建立链接。在书店里甚至还出现了汇集365种小布熊的照片、姓名和生日等资料的小册子。

这是一个以赠品促销取得成功的案例

赠品促销是以赠品作为促销诱因来刺激消费者采取购买行为。这种促销活动的主要目的是激发消费者的购买欲望，以及使顾客固定化，所以与其说它是针对提升购买额而设想的，不如说它是针对提升销售的动机而设想的。邓玲正是以赠送小布熊来调动潜在消费者作出购买决定。它针对的是启动消费者的购买动机。

赠品的作用

吸引消费者的注意力，增加顾客的好感，刺激顾客的购买欲望；

刺激顾客转移消费品牌；

刺激顾客转移消费档次，购买高档、昂贵的商品；

刺激顾客购买新品；

保持顾客购买的忠诚度，鼓励顾客重复消费或增加消费量；

增加了服务项目的附加价值，能与竞争对手形成差异化；

对抗、抵御其他品牌的促销手段；

增强促销力度；

宣传品牌气势；

突出活动主题。

赠品的摆放

展厅堆码：在展厅中央，充分利用展厅的空间，美化展区。

展台陈列：在展台空缺位置或专门位置（如商场不允许摆放样机的特殊位置）进行堆码摆放。

其他摆放：在样品顶部或样品上摆放赠品，摆放的赠品必须具有和谐美感，不可凌乱无序，影响产品本身的形象。要求：正面朝外；包装完好；便于清点；容易触摸；易于看到。

现实销售中，许多终端总喜欢把赠品藏匿起来，或者胡乱堆放在一起，或者随便摆放在产品的旁边，没有规律，缺少形象。本案例中，邓玲认为许多小熊放在一起看上去很可爱。但如果只放一个的话，便会让人感觉到不过是一个带玩具的糖果而已。当有100个小熊堆放在一起时，消费者就有了从中挑选自己中意的生日的小熊的乐趣。而20元的价格则可勾起消费者“价钱不贵，就买上它三个”的购买欲。

赠品促销最重要的是选择赠品

商家以什么样的赠品来吸引消费者，是其促销能否成功的关键。邓玲选择往往能勾起女孩子对童年的温馨回忆的小布熊，而不能是塑料玩具。而且每种小熊都附有自己的生日、姓名等小资料，使得许多人为觅到与自己或家人、恋人和朋友生日相同的布熊，不断地购买“365天生日布熊巧克力”，有的放矢，投其所好，吸引力强，从根本上保证了促销活动的成功。

分析讨论

1. 邓玲通过什么方式取得了促销成功？
2. 促销还有哪些方法？

一、市场营销组合的产生与发展

市场营销组合（Marketing Mix）指的是企业在选定的目标市场上，综合考虑环境、能力、竞争状况等企业自身可以控制的因素，并对其加以最佳组合和运用，以完成企业的目标与任务。

市场营销组合是企业市场营销战略的一个重要组成部分，是指将企业可控的基本营销措施组成一个整体性活动。市场营销的主要目的是满足消费者的需要，而消费者的需要很多，要满足消费者需要所应采取的措施也很多，因此，企业在开展市场营销活动时，就必须把握住那些基本性措施，合理组合，并充分发挥整体优势和效果。

市场营销组合这一概念是由美国哈佛大学教授尼尔·鲍顿（N. H. Borden）于1964年最早采用的，并确定了营销组合的12个要素。随后，理查德·克莱维特教授把营销组合要素归纳为产品、价格、渠道、促销。

市场营销组合是制定企业营销战略的基础，做好市场营销组合工作可以保证企业从整体上满足消费者的需求。市场营销组合是企业应对竞争者的强有力的手段，是合理分配企业营销预算费用的依据。

1960 年，麦卡锡提出了著名的 4P 组合。麦卡锡认为，企业从事市场营销活动，一方面要考虑企业的各种外部环境，另一方面要制定市场营销组合策略，通过市场营销组合策略的实施，使企业适应环境，满足目标市场的需要，实现企业的目标。麦卡锡绘制了一幅市场营销组合模式图，图的中心是某个消费群，即目标市场，中间一圈是四个可控要素：产品（Product）、地点（Place）、价格（Price）、促销（Promotion），即 4P 组合（见图 7-1）。在这里，产品意味着为目标市场开发适当的产品，选择产品线、品牌和包装等；价格意味着制定适当的价格；地点意味着通过适当的渠道安排运输储藏等把产品送到目标市场；促销意味着将适当的产品，按适当的价格，在适当的地点通知目标市场，包括销售推广、广告、培养推销员等。麦卡锡指出，4P 组合的各要素将要受到这些外部环境的影响和制约。

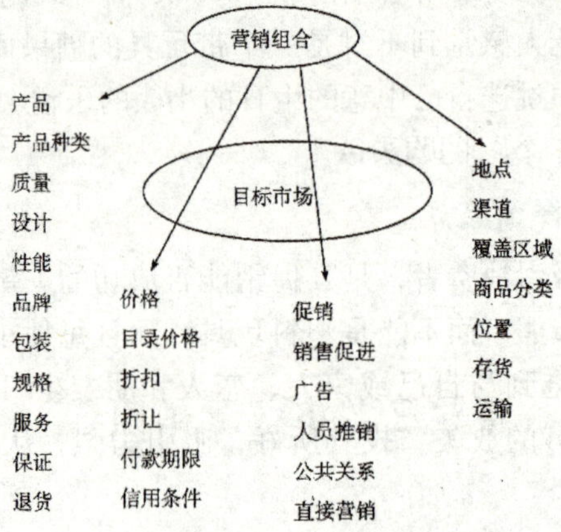

图 7-1　营销组合的 4P

二、市场营销组合的特点

市场营销组合作为企业一个非常重要的营销管理方法，具有以下特点：

（一）市场营销组合是一个变量组合

构成市场营销组合的“4P”的各个自变量，是最终影响和决定市场营销效益的决定性要素，而市场营销组合的最终结果就是这些变量的函数，即因变量。从这个关系看，市场营销组合是一个动态组合。只要改变其中的一个要素，就会出现一个新的组合，产生不同的营销效果。

（二）市场营销组合由许多层次组成

市场营销组合由许多层次组成，就整体而言，“4P”是一个大组合，其中每一个 P 又包括若干层次的要素。这样，企业所确定的市场营销组合不仅更为具体和实用，而且相当灵活；不但可以选择四个要素之间的最佳组合，而且可以恰当安排每个要素内部的组合。

（三）市场营销组合具有整体协同作用

企业必须准确地分析、判断特定的市场营销环境、企业资源及目标市场需求特点，才能制定出最佳的市场营销组合。所以，最佳的市场营销组合的作用，绝不是产品、价格、渠道、促销四个营销要素的简单相加，即 4P ≠ P+P+P+P，而是使它们产生一种整体协同作用。这就像中医开出的重要处方，四种“中药”各有不同的效力，治疗效果不同，所治疗的“病症”也相异，而且这四种“中药”配合在一起的疗效，大于原来每一种“药物”的作用之和。市场营销组合也是如此，只有将各个营销要素以最佳形式组合在一起，才能产生一种整体协同作用。正是从这个意义上讲，市场营销组合又是一种经营的艺术和技巧。

（四）市场营销组合必须具有充分的适应力和灵敏的应变能力

市场营销组合作为企业营销管理的可控要素，一般来说，企业对其具有充分的决策权。例如，企业可以根据市场需求来选择确定产品结构，制定具有竞争力的价格，选择最恰当的销售渠道和促销媒体。但是，企业并不是在真空中制定的市场营销组合，随着市场竞争和顾客需求特点及外界环境的变化，企业必须对市场营销组合随时纠偏、调整，使其保持竞争力。总之，市场营销组合对外界环境必须具有充分的适应力和灵敏的应变能力。

三、市场营销组合策略

影响企业营销的有两类因素，一类是企业外部环境给企业带来的机会和威胁，这些是企业很难改变的；另一类则是企业本身可以通过决策加以控制的。企业本身可以控制的因素归纳起来主要有以下四个方面：

（一）产品策略

产品策略包括产品发展、产品计划、产品设计、交货期等决策的内容。其影响因素包括产品的特性、质量、外观、附件、品牌、商标、包装、担保和服务等。

（二）价格策略

价格策略包括确定定价目标、制定产品价格的原则与技巧等内容。其影响因素包括分销渠道、区域分布、中间商类型、运输方式和存储条件等。

（三）促销策略

促销策略主要是指研究如何促进顾客购买商品以实现扩大销售的策略。其影响因素包括广告、人员推销、宣传、营业推广、公共关系等。

（四）分销策略

分销策略主要是指研究使商品顺利到达消费者手中的途径和方式等方面的策略。

其影响因素包括付款方式、信用条件、基本价格、折扣、批发价、零售价等。

上述四个方面的策略组合起来总称为市场营销组合策略。市场营销组合策略的基本思想在于：从制定产品策略入手，同时制定价格、促销及分销渠道策略，组合成策略总体，以便达到以合适的商品、合适的价格、合适的促销方式，把产品送到合适地点的目的。

企业经营的成败，在很大程度上取决于对这些组合策略的选择和它们的综合运用效果。

四、市场营销组合策略应用的约束条件

（一）企业营销战略

在运用市场营销组合时，应首先通过市场分析，选择最有利的目标市场，确定目标市场和市场发展策略，在这个基础上再对市场营销组合策略进行综合运用。

（二）企业营销环境

企业在市场营销组合活动中面临的困难和所处的环境是不同的。自20世纪70年代以来，世界各国政府加强了对经济的干预，宏观环境对企业的市场营销活动的影响越来越大，有时起到了直接的制约作用。企业选择市场营销组合时，应把环境看作一个主要要素，时刻重视对宏观环境各因素的研究与分析，并对这些不可控制因素作出营销组合方面的必要反应。

（三）目标市场的特点

目标市场的需要决定了市场营销组合的性质。企业要规划合理的市场营销组合，首先要分析目标市场各个方面的条件。根据目标市场以下三个方面的条件，可以分析它们对各个基本策略的影响，从而判断哪种营销组合更切实可行、更具有吸引力和更有利可图：①目标市场的消费者情况；②目标市场消费者选购商品的意愿；③目标市场的竞争状况。

（四）企业资源状况

企业资源状况包括企业公众形象、员工技能、企业管理水平、原材料储备、物质技术设施、专利、销售网、财务实力等。这就决定了选择合适的市场营销组合必须与企业实际相符合。企业不可能超出自己的实际能力去满足所有消费者与用户的需要。

五、市场营销组合的理论和实践意义

（一）市场营销组合的理论意义体现在以下几个方面

1. 市场营销组合的出现，意味着市场经营观念完成了新旧观念的转变，即发展到了新观念——市场营销观念。市场营销观念的核心是以目标顾客的需要为中心，实行市场营销组合，着眼于总体市场，从而取得利润，实现企业营销目标。在这里，市场营销组合作为营销手段至关重要。

2. 市场营销组合体现了现代市场营销学一个重要特点，那就是具有鲜明的“管理导向”，即着重从市场营销管理决策的角度，着眼于买方行为，重点研究企业市场营销管理工作中的各项战略和策略，从而使决策研究法在诸多研究方法中显示出其概括性强、适应面广的优点，并成为研究市场营销问题普遍采用的重要方法。

3. 市场营销组合的理论基础是系统理论。它以系统理论为指导，向企业决策者提供了为达到企业营销整体效果而科学地分析和运用各种营销手段的思路和方法。

首先，运用系统论的观点，对系统进行结构分析，即可以从系统的开放与闭合、系统的层次结构、系统的构成要素等方面进行深入分析。

其次，运用系统论的观点，对系统与外部环境的联系方式进行分析。根据系统所具有的处理和转换功能，系统与外部环境是通过将物质、能量、信息输入系统再将经过处理和转换后的物质、能量、信息输出系统的方式进行联系的。企业作为一个开放系统，一方面，企业从外部环境输入信息、能源、原材料，这是企业开展营销活动的基础，体现了外部环境对企业营销活动的制约性，企业须对此表示出较强的适应性，并随时依据其变化制定和调整营销战略和策略。另一方面，企业通过主动性和创造性营销，向外部环境提供产品或劳务，传播信息，来影响外部环境，从而使外部环境朝着有利于企业营销目标的方向发展。

最后，系统论的整体观强调整体的功能大于各要素功能之和，且具有各要素都不具备的新的属性和特点。这对于理解一个系统的性质特别重要。根据这一原理，市场营销组合意味着将各种手段进行最佳组合，使其相互协调，综合地发挥尽可能大的作用。因此，企业营销之成败，在很大程度上取决于对上述四方面策略的选择和它们的综合运用效果，市场营销组合的神奇魅力即在于此。

（二）市场营销组合在企业实际工作中的实践意义表现在以下几个方面

1. 是企业制定营销战略的基础。营销战略本质上就是企业经营管理的战略，而营销战略主要是由企业目标和营销因素协调组成的。由于制定市场营销战略的出发点是完成企业的任务与目标，因而以投资收益率、市场占有率或其他目标为比较选择的依据来进行市场营销组合是比较符合实际的。

作为企业营销的战略基础，市场营销组合既可以是将四个因素综合运用，也可以是根据产品与市场的特点分别重点使用其中某一个或某两个因素，设计成相应的销售策略。这是一个细致而且复杂的工作。

2. 是企业应付竞争的有力手段。企业在运用市场营销组合时，必须分析自己的优势和劣势是什么，以便扬长避短。

在使用市场营销组合作为竞争手段时，要特别注意两个问题：

不同行业不同产品，侧重使用的营销因素应当不同；

企业在重点使用某一营销因素时，要重视其他因素的配合作用才能取得理想的效果。

3. 为企业提供系统的管理思路。在实践中，人们认识到，如果以市场营销组合为核心进行企业的战略计划和工作安排，可以形成一种比较系统、从点到面、简明扼要的经营管理思路。许多企业根据市场营销组合的各个策略方向去设置职能部门和经理岗位，明确部门之间的分工关系，划分市场调研的重点项目，确定企业内部和外部的信息流程等。企业的财务部门也会在完成财务报表的同时，按照4P数据列表，为企业分析资金运用、固定成本与变动成本支出等情况提供信息。运用市场营销组合，可以较好地协调各部门的工作。

六、市场营销组合的作用

企业营销管理者正确安排市场营销组合对企业营销的成功有重要作用：

第一，可扬长避短，充分发挥企业的竞争优势，实现企业战略决策的要求；

第二，可加强企业的竞争能力和应变能力，使企业立于不败之地；

第三，可使企业内部各部门紧密配合、分工协作，成为协调的营销系统（整体营销），使企业灵活、有效地适应营销环境的变化。

七、运用市场营销组合的一般原则

为更好地发挥市场营销组合的上述作用，在具体运用时须遵循下列原则：

（一）目标性

营销组合首先要有目标性，即制定市场营销组合时，要有明确的目标市场，同时要求市场营销组合中的各个因素都围绕着这个目标市场进行最优组合。

（二）协调性

协调性是指协调市场营销组合中各个因素，使其有机地联系起来，同步配套地组合起来，以最佳的匹配状态，为实现整体营销目标服务。可根据要素的相互关联作用，将各要素组合得当，使它们保持和谐一致。

在进行市场营销组合时，也可以重点选择几个因素进行组合搭配，如产品质量和价格的关系直接影响到市场营销组合整体策略的优劣，将两者进行组合，可以组成 9 种不同的组合策略方案，企业可据此进行知己知彼的分析，包括竞争对手组合策略分析，本企业资源、技术、设备等情况分析，切实推行价值工程，进而达到预期的营销目标。

（三）经济性

经济性是营销组合的杠杆作用原则，主要考虑组合的要素对销售的促进作用，这是优化组合的特点。图 7-2 为销售量响应曲线，可说明这个原则。

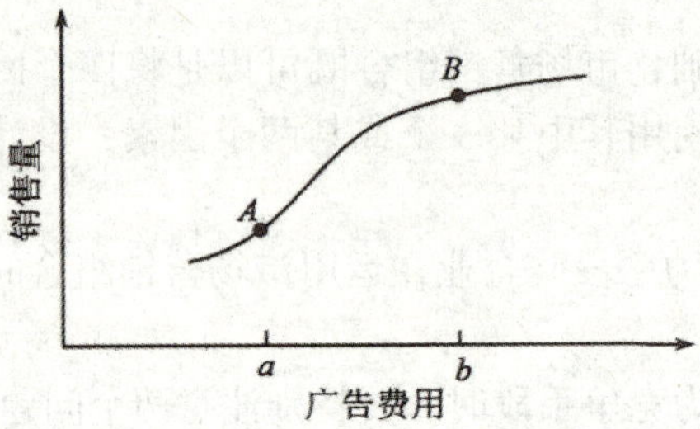

图 7-2　销售量响应曲线

由图 7-2 可知，广告费用在开始增加时，对销售影响不大，当广告费用增加到 A 点后，销售量增长很快，广告费用继续增加到 B 点后，销售量趋于一个常数。若要发挥广告宣传对销售量的杠杆作用，在组合中就应考虑销售量和广告费用的这种关系：在它们处于曲线 AB 段时，采用增加广告费用的组合；若它们处于曲线 AB 段以外，就要考虑其他要素了。除广告费用外，其他各要素与销售量的关系曲线都类似于图 7-2 中的曲线。

（四）反馈性

从营销环境的变化到企业营销组合的变化，要依靠市场信息的及时反馈。信息反馈及时，反馈效应好，就可随营销环境变化，及时重新对原市场营销组合进行反思、调整，进而确定新的适应市场和消费者需求的营销组合模式。

八、市场营销组合应用中须处理好几个相应关系

（一）营销组合策略与营销战略

在市场营销组合的执行过程中，非常明显地体现出营销组合策略与营销战略相辅相成、有机结合的关系。

市场营销组合不仅是市场营销战略的组成部分，而且是市场营销战略的基础和核心。能否处理好两者的关系，关系到企业营销的成败。因此，市场营销组合在具体执行过程中，不仅要遵循目标性、协调性、经济性、反馈性原则，还要经常修订短期策略目标，以加强和完善最基本的营销战略。只要市场营销组合策略保持在营销战略目标的限度内，则可以认为是可行的，但若未达到预期效果，企业就必须重新评价这一营销组合策略在整体营销战略中是否恰当，甚至营销战略制定得是否正确，而不能只停留在个别策略的调整上。

（二） 市场营销组合与市场营销环境

当前，市场营销环境对企业营销的影响已由通过影响目标市场需求进而间接影响企业的市场营销组合发展为直接制约企业的市场营销组合，所以，企业在选择市场营销组合时，必须把市场营销环境看作一个重要因素。为此，只有进一步明确市场营销环境与市场营销组合的关系，才能在两者的动态协调中，把握住企业生存和发展的主动权。

1. 市场营销组合与市场营销环境的同一性。市场营销组合与市场营销环境均为企业营销的可变因素，共同对企业的市场营销活动发生作用和影响。

2. 市场营销环境对市场营销组合的制约性。企业作为一个开放的组织系统，与外部市场营销环境发生着各种各样的错综复杂的联系。其市场营销活动必然受到市场营销环境的影响和制约并表现为多种渠道和多种形式。具体表现在对企业营销目标、营销战略、营销策略等方面的影响。

3. 市场营销组合对市场营销环境的适应性。由于市场营销组合的可控性和市场营销环境的不可控性，且两者均处在动态变化之中，特别是在变化的速度上，后者的变化大大快于前者，这就决定了企业必须随市场营销环境的变化及时调整市场营销组合，以求得与市场营销环境的适应和协调。值得注意的是，不能满足于市场营销组合和市场营销环境在一定时期的相互适应，更须预测未来若干年市场营销环境的变化趋势，并据此制定长期营销战略和策略。由此可见，企业的营销活动过程实质上是企业适应环境变化，并对变化着的环境不断作出新的反应的动态过程。

4. 市场营销组合对市场营销环境的主动性。市场营销是一种能动性很强的活动，企业运用市场营销组合并不是消极被动地适应环境的变化，而是积极主动地影响市场营销环境。面对变化莫测的市场营销环境，企业时时在观察和识别由于环境变化给企业带来的“市场机会”或构成的“环境威胁”，并善于把市场营销环境的变化作为难得的良机，灵活地加以运用，也就是将市场机会变为企业机会。这就不但要使企业的市场营销组合适应市场营销环境的变化，而且要在一定程度上去选择环境、改造环境，对变化着的市场营销环境施加影响，从而使市场营销组合具有更大的灵活性和主动性。

（三） 市场营销组合与市场细分、目标市场及市场定位

市场营销组合在其发展过程中，是与市场细分、目标市场及市场定位等重要概念相适应而产生的。

1. 市场营销组合与市场细分构成制定营销策略组合的最基本方法。市场细分的目的在于探索市场机会，确定企业的目标市场和进行市场营销组合的目的在于艺术地使用有效手段去到达目标市场。因而，市场细分是对营销客观条件的分析，市场营销组合则是对营销工作如何发挥主观能动性的研究。

2. 市场营销组合与目标市场共同构成企业营销战略的主体，其中目标市场是中心。

这就是说，以目标市场为中心，满足其需求，为其服务是企业一切市场营销活动的出发点和归宿，市场营销组合当然也如此。

3. 市场营销组合受企业的市场定位所制约。由此可见，上述四个因素之间的关系为：市场细分—目标市场—市场定位—市场营销组合。

由于目标市场始终处于中心位置，故有必要深入分析目标市场对市场营销组合的影响。

一个适当的市场营销组合，实质上是由目标市场的需要所决定的。因此，企业有必要精辟地分析和充分了解目标顾客的需要、态度及其他方面的条件，以便在外部营销环境的制约下，迅速地规划合理的市场营销组合。

首先，潜在顾客的所在地和人口方面的特点影响目标市场的潜力大小，影响地点策略，即确定产品在什么地方可以买到；影响促销策略，即确定在什么地方对谁进行促销。

其次，消费模式和购买行为特点影响产品因素，具体是指产品设计、包装、产品线等方面影响促销策略，即确定如何迎合潜在顾客的物质需要和心理需要，投其所好。

最后，潜在顾客需要的迫切程度及比较、选购商品的意愿影响渠道策略，即渠道的长短、宽窄、直接或间接，服务标准及便利购买与否，影响价格即顾客愿意支付的价格。另外，市场的竞争特点，将影响着市场营销组合的各个方面。

（四）市场营销组合与产品生命周期

由于产品生命周期不同阶段的特征不同，所采取的市场营销组合策略也不同，两者的对应关系如表 7-1 所示。

表 7-1　市场营销组合与产品生命周期的对应关系

市场营销组合因素	引入期	成长期	成熟期	衰退期
产品	取得用户对产品的了解	保证质量加强服务	改进质量，扩大用途，力创名牌	改适产品或淘汰产品
价格	按新产品定价	适当调价	充分考虑竞争者价格	削价
渠道	寻找合适的中间商	逐步扩大销售渠道	充分利用各种渠道	充分利用中间商
促销	介绍产品	宣传产品、品牌	宣传用户好评	保持用户对产品的信任

产品从面世到被市场淘汰的整个过程决定着企业在不同阶段采用不同的营销组合策略。但营销组合策略也不是消极被动的，以广告策略为例，在一定的条件下，人们可以根据广告活动规律改变产品生命周期状况，充分发挥广告的作用。如在产品的衰退期，广告宣传显然只是为了消除存货，为了“安全撤退而已”，但也有例外。如长沙起重机厂就是通过市场调研，大胆采用独特的广告宣传，成功地延长了一种老产品的生命周期。该厂调查人员通过调研了解到全国同行业均生产的 CD 型电动葫芦在设计方面有一些先天不足，用户不大信任，而 TV 型电动葫芦虽是老产品，外形不够美观，成本高，但安全可靠、过载能力大、使用寿命长、维修方便。于是该厂大胆上马生产这一老产品。考虑到采用一般广告策略对此老产品进行推销难以奏效，于是该厂采用广种薄收的宣传策略，一是争取那些追忆和信任这一老产品的用户，二是争取某些暂存顾虑的用户，结果延长了这一老产品的生命周期。该厂也成为这一老产品的独家生产厂商，产品一时供不应求。与此同时，该厂在全国范围内的市场上，避开竞争优势，重新确定目标市场，大张旗鼓地广泛宣传，并选择有利时机集中刊登广告，收效极为明显。

（五）市场营销组合与供求状况

针对市场供求关系的变化，企业也须选择相应的市场营销组合策略。当市场态势是卖方市场时，组合策略应侧重于产品策略。当进入买方市场时，开始出现供过于求，组合策略的重点应向价格与促销过渡。当完全供过于求时，即开始进入消费者主导市场时，制定组合策略的目标则应在于尽力使潜在顾客转化为显在顾客，促使其实现购买行为。

（六）市场营销组合因素与市场发展策略

采用不同的市场发展策略，需要有不同的市场营销组合方式相配合，所突出的重点也应各有不同，两者之间的对应关系见表7-2。

表7-2 市场营销组合因素与市场发展策略的关系

市场	现有产品	新产品
现有市场	市场渗透（价格、促销）	产品开发（价格、促销）
新市场	市场开发（渠道、促销）	多元化经营（产品、渠道、促销）

（七）市场营销组合与消费者状态

当市场营销组合是针对消费者状态，即消费者购买决策形成过程的不同阶段时，要注意图7-3所示的这些作用特征。在消费者的状态从注意向推广阶段发展的过程中，广告的作用呈下降的趋势，产品的作用却越来越强，而价格的作用在中间的阶段最为突出，这就为企业在消费者状态的不同阶段选择不同的策略组合方案提供了依据。

消费者购买决策的形成，是多种因素综合作用的结果，这在购买者行为分析中已做详细阐述，不再重复。现在强调的是市场营销组合中产品、广告、价格三个因素所起的作用，以及它们在消费者购买决策形成的不同阶段发挥作用程度上的差别，进而导致活动效果的差异。这就提出了如何使不同的市场营销手段或市场营销组合策略与消费者购买决策过程的不同阶段相配合，以取得事半功倍的效果。这样，企业就可以在消费者购买决策和购买行为形成的每一个阶段施加相应的策略组合影响，以增强市场营销组合之间的针对性、协调性，减少盲目性。

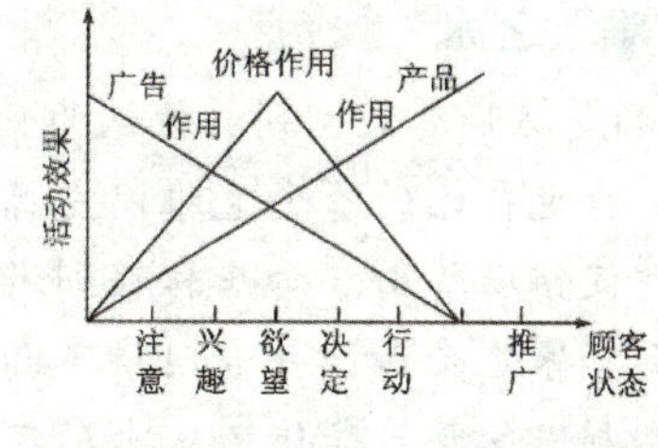

图7-3 市场营销组合因素与消费者状态的关系

| 创业故事汇 |

巧用 ABC 小伙创业赚百万

李伟辞掉了化妆品销售培训员的工作，开始了创业之旅。两年的工作经验让他体会到小经销商选择产品的艰难，大公司嫌他们没有实力，不愿意合作；小公司嫌他们销量不大，也不愿意合作。创业之初，他没有急于寻找厂家，而是对市场中的化妆品公司进行了分类。目的是寻找到理想的合作伙伴。

巧用 ABC 分类法解冻“渠道难做”之冰

李伟回到老家 Y 市后，开始摸市场。Y 市的人口约 300 万，人均月收入 1000 元左右。有 200 多家化妆品专卖店，但多数卖的是杂牌，店面装修很差，促销员大多不懂肌肤护理知识。顾客似乎更习惯于自己看说明书。而全市最大的几个超市专柜早被一些知名厂商抢占了。

市场摸清楚了，李伟心里盘算着，什么样的渠道适合自己呢？如果把货全放到专卖店，根本不够放；如果自己新建专柜，资金不够。

经过深思熟虑，李伟选择了专卖店。为了保证铺货的有效性，他将 Y 市销售化妆品的专卖店按照销售量、知名度的大小进行 ABC 三档分类。A 类为知名度高、销售量大的专卖店；B 类为知名度较高、销售量较大的专卖店；C 类为知名度一般、销售量小的专卖店。他认为最好的销售渠道是 B 类专卖店。因为 B 类专卖店有相对稳定的顾客群体，能保证回款，而且它们缺少与 A 类专卖店竞争的新品，同时数量在 Y 市相对于 A、C 类专卖店又是最少的，适合铺货。如果成功打开 B 类专卖店，自己就可以在市场中站稳脚跟，同时还能具备发展的潜力。

很快，李伟便把产品铺到多家 B 类专卖店，并设立专柜。同时承诺每个店员给予高提成，提成超过同类产品 5%以上。

一年后 W 产品在 B 类专卖店销售情况极佳，李伟赚取了大约 20 万元。此时，B 类专卖店已无法满足他的发展速度。他果断放弃了 B 类渠道，将铺货的目标转移到了 A、C 两类渠道，他将新近代理的 O 和 L 品牌主推到 A 类渠道，而将 W 品牌放到 C 类渠道进行销售。

针对性促销策略敲碎“销售难”之冰

夏季，李伟代理的 W 品牌产品是防晒套装系列，他认为如果在各个专卖店进行促销，由于目标顾客不明确，效果很难说。再说自己的资金也难以支撑，不如集中全部精力到目标人群最集中的地方去促销。他决定把促销场所由专卖店转移到游泳场。在说服了游泳场的管理者后，李伟把促销品的宣传品放到了泳池旁边，并专门请了两个皮肤较为白皙的女孩子，穿泳衣现场促销。为增加促销力度，制造气氛，李伟又从冰厂定制了大型冰砖，推出“凡购买套餐者，免费送冰砖一块”的活动。

由于 Y 市的夏天十分炎热，加之这种促销形式十分新颖，W 品牌在当地一下子火起来了。李伟在不到 30 天的时间里，纯赚 3 万元。B 类的专卖店不断地找他进行补货。他不仅轻松完成了 W 公司交给他“试销期 3 个月回款 2 万元”的任务，还超额返款 5 万元。

李伟小试牛刀成功后，他马上将 O、L 品牌推向市场，开始着手提升利润点。前期组合促销让 W 品牌火爆了一阵，他决定继续利用促销组合，让这两个品牌也火起来。

他随后大力推出会员制服务，并与当地妇联部门合作，通过亲子教育、女性创业等话题，制造良好的社会效应，吸引更多的女性关注产品，成为自己的会员。同时他还在全城独家推出“VIP顾客买产品市内免费送货上门服务”，即单次买产品超过限定金额，专车送货。

这些组合促销又使O、L两个品牌很快在Y市成为家喻户晓的品牌，如今他所代理的三个品牌在Y市化妆品销量排行榜上都名列前茅。

分析讨论

1. 什么是市场营销？
2. 什么是目标营销？如何展开目标营销？
3. 初创企业市场营销策略的制定，有何方法与技巧？
4. 如何进行市场细分及目标市场选择？

项目8

企业经营管理

名言点津

要办好一个企业，固然必须摆平自上而下的利益关系，让处于企业内部各个层次的人，在发挥自己在企业中作用的同时，有一个相应的回报；但是建立良好的劳资关系，取得相互尊重，享受人与人之间的温暖和快乐，同样是企业管理的大事。

——比尔·盖茨

起点导航

丰田公司的管理哲学

哲学家哈代说，生存时间最长的企业，是那些为社会提供了独特价值的企业——不仅是它们的成长或金钱，更重要的是其卓越的品质，包括对人的尊重，或者让人们快乐的能力。

20 世纪 40 年代，丰田公司刚成立不久便经历了发展史上最严重的一次危机。负债经营的丰田公司举步维艰，愤怒的工人走上街头举行罢工，抗议公司拖欠工资。银行建议丰田公司要么裁员以减轻负担，要么干脆关门。

当时的丰田公司总经理丰田喜一郎作出了不尽相同的选择。

第一，他坦率地告诉员工：如果公司要维持下去，至少应裁去 1500 人。然后他痛心地问大家：为了公司的发展，是否有人自愿离开，公司经营状况好转之后，一定会请大家回来。

第二，他坦然承担了责任。既然作为总裁的他辜负了员工，又怎能再继续领导公司呢？所以，他申请辞去公司总经理职务，由他的堂弟丰田英二来担任。

第三，在离职之前，他召开了高级管理人员会议。大家一起反省：为什么丰田公司会走到今天这个地步？反省的结果是：出问题显然不完全是因为业绩，业绩背后是团队，团队背后是文化，文化背后是心态，心态背后是企业经营理念的缺失！

危机之中，丰田公司确立了几项对公司影响深远的原则：

一是公司不会放弃为国家强盛而经营的精神；

二是公司的员工与管理者之间的关系是相互信任而不是相互对抗；

三是员工与管理者应当合作，致力于产品的改善，从而使丰田公司成为一家世界级的公司；

四是增加员工人数应当慎重，启用临时工制度，以缓解经济波动的压力。

这四项原则确立了丰田公司的基本文化理念：员工与企业管理者之间是信任与合作的关系；人力价值永远是最重要的价值源泉！

丰田公司的人力价值流：丰田公司对管理体系最大的突破，在于他们突破了产品价值流，在产品价值流的背后看到了人力价值流。

丰田公司认为，即使员工生产出了合格的产品，但如果其能力或者改进意识没有提高，那也是一种人力资源浪费。

既然如此，让问题暴露出来就非常重要了。没有问题，提高能力就成了无源之水。所以，丰田公司管理体系的第一要点，就是要用一系列硬件化的手段来暴露问题。通过一系列硬件化的手段，如制作看板、完善可视化管理设施等，丰田公司暴露出很多以前很难暴露的问题，这是丰田公司成功的起点。

拥有一个暴露问题的硬件体系，并且培训出愿意解决问题的员工，这是丰田文化模式有别于其他公司文化模式的核心。而这一切的背后，是信任体系的建立，员工对公司不信任，就不可能真心付出。

在丰田公司自己编写的《丰田公司模式2001》一书中，这样解释这一切：我们将错误视为学习的机会，不但不会归咎于个人，公司还会采取纠正措施，并将从每次经历中获得的经验在公司推广。

在丰田公司，你会发现这样令人费解的事：一个人因为承认了工作中的失误而受到表扬。按丰田公司的逻辑，这事其实不难理解，因为员工给公司提供了“问题”，而解决这个问题成为公司的“经验源”，公司当然要奖励他。

要做到这一点，挑选合适的员工就变得异常重要。丰田公司的招聘与培训系统是最重要的人力资源机制，公司不惜重金投资这一系统，以保证它的理念和价值观能够得到传承。

在产品价值流中，公司需要从消费者入手，了解消费者需要什么，然后根据消费者的需求，整合整个生产过程。在人力价值流上，丰田公司是从员工的需求入手，从员工的角度问：在我的职业生涯中，公司多久为我增值一次？

从人力资源的这种价值看，如果不为员工的价值增值，那么一切都将是浪费。尽管产品的价值流可能增加很多，但如果员工的价值流没有增加，那么员工作为“经营自己的CEO”，就处于亏损状态。

丰田公司为什么能够战胜对手，成为世界一流的公司？原因就在于此。公司非常注重让员工的价值增值，而这并不只是一种理念，还有一系列的制度做保障。

在丰田公司，人力资源经理大多是从其他部门轮换的，他们了解生产过程和员工增值过程。在丰田公司甚至有这样的惯例：如果没有人力资源部门的同意，任何人都不能得到提拔。因此，丰田公司的人力资源工作被视为每个员工的工作，而人力资源经理也通常在一线配合经营部门的工作。

人力资源部门另一项重要的工作，就是与员工一起确定工作改进的目标，丰田公司称之为“方针管理”，这是一种现地现物的管理方式。在丰田公司工作现场，员工总能看到人力资源部门人员，所有的改善与进步，都有人力资源部门人员的参与。这样，员工的付出就能够得到及时、高效的回报。

讨论分析

1. 丰田公司管理哲学的精髓是什么？
2. 丰田公司的管理模式，对你有何启示？
3. 企业重视员工的价值，对于企业发展有何益处？
4. 如果你是创业企业的老板，你会怎样管理你的团队？

创业者要使创业成功，并使企业持续稳定地发展，就必须加强企业经营管理。提及管理，我们经常将管理与经营混在一起，但经营与管理是不同的两个方面。一般讲，经营是指企业外部的或宏观的营运活动，是通过调查、分析和预测，开拓市场，获得最大经济效益的活动；而管理则是企业内部的或微观的营运活动，是通过合理地调配有限的人力、财力、物力资源，以发挥其最大潜能，充分提高效率的活动。两者互为条件、相辅相成而又互相渗透。科学的、有效的管理有利于创业的成功，可使所创事业更长久地稳定发展。

作为创业者了解管理的基本职能和原理是必要的。下面将简单地介绍经营管理方面的基础知识，供创业者在创业过程中实践、摸索、创新和提高。

任务1　企业经营

任务导引

稻盛和夫的经营理念——将人文精神和商业哲学注入企业文化

稻盛和夫是日本最具传奇色彩的成功企业家之一，他起于寒微却志向高远，赤手空拳创办了京瓷，把一家默默无闻的小企业做成了世界500强公司。后来又创办了第二电信，与NTT巨头分庭抗礼，打破了日本电信产业的垄断局面。更令人赞叹的是，他年逾古稀，临危受命，以一己之力力挽狂澜，拯救了已进入破产保护程序的日航，创造了奇迹。然而稻盛和夫不仅是一个会管理、懂经商的商人，还是一名有操守、有见地的哲学家，他破天荒地把哲学融入经营理念，探索出了一套行之有效的经营模式，现在正以自己的方式积极地向全世界推广。

水库式经营:储备资金，以备不时之需

水库式经营法，是稻盛和夫从日本经营之神松下幸之助那里学到的。它并没有什么高深精妙之处，却非常实用。任何一家企业，无论规模大小，采用何种生产模式、经营模式，也无论奉行怎样的管理理念，都离不开水库式经营法，因为它关注的是资金的流通问题。而资金流通关乎企业的盛衰存亡。如果说水是生命之源，那么资金就是企业流通的血液，只有保证了资金供给上的安全，企业才能生存和发展。

要想避免资金链断裂，必须建造“水库”，事先储备足够的资金，这样在企业急需资金周转时，才能顺利渡过难关。至于如何修建“水库”，要因时因地因人而异，不能套用同一个模板。当年松下幸之助没有给出一个固定的模型，稻盛和夫也没有找到放之四海而皆准的方法，但水库式经营的理念却在商界流传开来，被企业家奉为经典。

现在，很多经营者没有风险意识，在扩大再生产时，恨不能动用企业的全部资金，甚至不惜贷款完成大项目，结果在资金周转方面出现问题，严重威胁到了企业生存。有人认为，人有多大胆量，几乎就有多大财富，他们一味地鼓吹高收益高风险的论调，在经营方面轻率冒进，没有任何准备，面对突发事件时往往不知所措，以致企业倒闭破产。稻盛和夫告诉我们，无论企业处在上升期还是处在下行阶段，都不能忽略资金安全的重要性，否则将蒙受巨大损失甚至造成无可挽回的后果。

40多年前，踌躇满志的稻盛和夫特地聆听松下幸之助演讲。那时松下幸之助已经很有名气，不少人慕名而来，只是为了聆听教诲，想要从他的真知灼见中找到经营企业的成功之道。稻盛和夫也是怀着这种心理来听演讲的。他刚刚创业，虽已经小有成就，但仍对如何运营企业感到茫然，迫切需要成功人士的指点。

松下幸之助和听众分享了水库式经营的理念。他说，没有水库，一旦连日大雨，便会引发洪灾；遇上干旱，便面临河水断流的危险。修建水库，储备丰盈的水量，便可消除一切不利影响。企业资金管理也是一样，让企业的金库有盈余，便可轻松抵御财政危机。稻盛和夫和数百名中小企业家听后，觉得很困惑。因为对于规模不大、盈利能力有限的中小企业来说，资金常常不够用，想要实现资金余裕，何其困难，具体该怎么操作呢？

松下幸之助还没讲完，人们便开始窃窃私语。演讲完之后，一位男士忍不住站起来说："你的经营理念是一种理想的模式，在现实生活中很难应用。你不教给我们具体的应用方法，讲了那么多理论上的东西，又有什么实际用处呢？"松下幸之助沉吟了片刻，平静地说："具体的方法我也不知道，但你们必须有资金盈余的想法。"众人听后无比失望，纷纷扫兴离去，稻盛和夫却顿悟了，他从松下幸之助简单朴素的道理中找到了经营的真谛。

在这个世界上，不存在范本式的经营方法。俗话说得好，"兵无常势，水无常形"。期望生搬硬套某种方法获得成功，本身就是一种不切实际的期待。优秀的经营大师能传授给世人的都是先进的经营理念，而不是一成不变的经营方法。理念永远不会过时，而方法则会因为种种条件和限制发挥不了它的效用。毫无疑问，水库式经营是应对风险最为正确的一种理念，它虽没有具体的操作方法，但人们可根据自身的情况灵活运用，以便从根本上解决资金问题和财务问题。

支撑京瓷成功的支柱——阿米巴模式

阿米巴经营模式是京瓷的特色，也是京瓷迅速崛起的重要原因之一。阿米巴经营模式，就是把公司划分成若干个独立核算的小型组织，各组织按照自己的需要独立经营，制定灵活的策略，以便以最优方式实现目标。一个部门可分割成多个阿米巴，阿米巴之间分工协作、相互配合，共同实现美好蓝图。

在拉丁语的语境中，阿米巴是一种变形虫，虫子的身体柔软灵活，可随环境的变化调整自身的形状和姿态，向各个方向探出伪足。在阿米巴经营管理模式下的组织，就像变形虫一样，可根据市场形势的变化随机应变，及时作出最有利于自己的反应。京瓷公司凭借这种独创的经营模式，先后四次在全球性经济危机中全身而退，成为长盛不衰的企业，在业界一时传为佳话。

京瓷在急速扩张时期，稻盛和夫陷入了深深的忧虑，他担心自己辛苦创建的企业有一天会因为经营不善，沦为一家平庸的公司。在那段迷惘的岁月中，稻盛和夫花了很多时间思考企业的经营管理问题。他认为京瓷能取得巨大成就，离不开合伙人的支持，那些志同道合的伙伴一度为公司立下了汗马功劳。企业要进一步向前发展，必须增强向心力和凝聚力。因此，他产生了与创业伙伴分享经营权的构想。

有一次，营业部拿到了订单，在场的员工都很高兴，当天晚上大家便齐聚一堂隆重庆祝了一番。虽然没有豪华大餐，没有美酒佳肴，只有乌龙面，员工们却个个喜气洋洋，场面非常热闹。稻盛和夫见状，非常感动。他想此时此刻所有的员工都把自己当成了企业的一分子，才会由衷地为企业拿到订单而激动，如果人人都把自己当成企业的经营者，结果会怎样呢？大家一定会更有干劲，更有归属感。经过深思熟虑以后，稻盛和夫把京瓷分割成了许多独立核算的阿米巴小团体，将领导骨干培养成了中小企业的经营者，并鼓励所有一线员工积极参与经营。为了把阿米巴经营哲学的精髓准确无误地传达给每一位员工，稻盛和夫举办了好几场联谊会。联谊会上，大家畅所欲言，自由参与讨论，气氛非常活跃。有天晚上大家欢饮畅谈到深夜，散场后众人排成一列在乡间小路上大步前行，个个意气风发，好像整装待发的军队一样。

俗话说“船小好掉头”，阿米巴模式的第一个好处在于，在紧急状态下它可见机行事，灵活处理问题。现在市场环境瞬息万变，庞大的公司和组织，由于机构臃肿、业务繁杂、层级过多，做事拖沓、反应迟钝，已经很难适应变幻莫测的新形势了，引入阿米巴模式，有助于革除弊病，给企业注入新活力。

阿米巴模式第二个好处在于，有利于企业培养优秀的经营者。权力下放以后，各个“阿米巴”的负责人，就成了独立组织的经营者，全权负责小团体的盈亏。在这种情境下，他的立场和意识将发生根本性的改变，他会把“阿米巴”当成自己创立的企业经营，创业的激情和主人翁责任感被瞬间激发，不知不觉中，便成了企业主最可信赖的合作伙伴。

阿米巴模式的第三个好处在于，能激起普通员工参与经营的热情，提升劳动的积极性，增强企业的凝聚力。在阿米巴组织里，每个员工都各司其职，且都清楚自己在组织中的作用，存在感较强，所以愿意为组织和企业贡献自己的光和热，为共同的目标努力奋斗。

实践证明，阿米巴模式最大的成功之处在于，它让公司所有的成员都成了头顶光环的主角，使被动打工的劳动者转变了立场和思维方式，自愿以经营者的身份参与企业事务。在中国，很多企业主费尽唇舌劝说员工要有主人翁责任感，把公司分配的工作当成自己的事业来做，效果却不明显，原因便在于，没有赋予员工主人翁的地位，权利和义务不对等。阿米巴模式完美地解决了这一难题，在成就员工的同时，也成就了企业。

多元战略：不把鸡蛋放到一个篮子里

企业要长足发展，单一经营好还是多元经营好？这是一个见仁见智的问题。单一经营可集中人力、物力、财力等优质资源，专攻某一个领域，易于成为资深行家，在业界取得不可撼动的地位。多元经营多元化发展，挑战各种可能性，进军多个领域、多个行业，既能把企业带向新的辉煌，又能有效分散风险。

综观京瓷的发展轨迹，这家世界500强企业像其他集团企业一样，也经历了从单一经营到多元经营的转变。这是形势使然。京瓷创办多年，专攻精密陶瓷领域，在业界干得风生水起，但稻盛和夫仍然无法完全安心。他认为企业过分依赖单一的技术，过于专注一个行业，若是行业不景气，必然受到极大影响。为了分散经营风险，他开始琢磨开发多元化产品，入驻陌生领域。在改变经营策略之前，他认真分析了多元化经营的利和弊。经过权衡比较，他认为京瓷可依托原有的先进技术进军不同领域，这样既能保留技术优势，又能分散经营风险，可谓一举两得。

稻盛和夫在拓展经营时，实行多元化发展策略，充分利用企业原有的资源和技术，陆续进驻与精密陶瓷密切相关的产业，不仅分散了市场风险，而且把京瓷带向了更广阔的领域，成功拓展了京瓷的生存空间和发展空间。

京瓷步入多元化轨道，第一个进驻的领域是再结晶宝石。稻盛和夫和宝石结缘并非偶然，他虽然自认为不是个浪漫多情的人，但短期旅居海外时，他非常喜欢光顾珠宝店，常被宝石的质地和光泽吸引。他尤为喜欢绿宝石，为那抹谜一般的墨绿着迷。从化学理论上讲，熠熠闪光的宝石和工业用陶瓷都是同一矿物的结晶，因此掌握了制造陶瓷的高端技术，就有可能制造出质量上乘的人工宝石。优质的绿宝石在市场上稀缺，价格高昂，一般消费者买不起。稻盛和夫因此突发奇想，决定研发再结晶宝石，让宝石从少数人专享的奢侈品变成多数人消费得起的大众化产品。

有了这个奇思妙想后，京瓷立刻投入了研发。起初研发人员培育出的宝石结晶小到不可描述，用显微镜观察之后，稻盛和夫大为失望。过了很长时间，研发室终于出现了砂糖般大小的绿色结晶。后来宝石结晶的体积渐渐增大，但到豆粒般大小时，就不再生长了。稻盛和夫知道后，进入研发室亲自指导，宝石结晶才攻破了技术瓶颈，得以继续生长。

经过多年的努力，再结晶宝石研发成功。它的亮度、色泽、构成成分与天然绿宝石无异，足以以假乱真。在此之前，日本根本就没有人工绿宝石，所以它一经问世，便引发了媒体的关注。稻盛和夫趁机到处拓展销路。他把产品交给好友塚本幸一看，对方啧啧称奇，但不看好它的市场，塚本幸一交往的女性朋友都说，天然宝石价值巨大，人造宝石再逼真，也是假的，不会被女性喜欢。稻盛和夫被泼了一盆冷水，但他没有放弃。不久，倔强的稻盛和夫在日本开了多家直销店，并给宝石取名为“绿色的月牙”。起初顾客并不买账，生意冷清。后来公司在全国各地办展销会和促销会，不遗余力地宣传自己的人造宝石品牌，才渐渐有了口碑，客户越来越多。随着变色宝石、红宝石、蓝宝石的相继问世，稻盛珠宝的产品种类越来越丰富，市场一跃拓展到了美国。

对于规模急速扩张的企业来说，多元经营诱惑力巨大。这种经营方式既能降低市场风险，又能拓展盈利的渠道，为企业赚到更多利润。所以一些发展迅速的企业，陆陆续续地抛弃了单一化的经营模式，竞相踏入了利润丰厚的陌生领域，但有的企业在贪欲的驱使下没有进行充分的市场考察，就贸然投入短平快的赚钱项目，结果损失惨重。稻盛和夫的事例告诉我们，多元化经营必须谨慎，最好从与产业密切联系的其他产业做起，然后稳步推进，以稳扎稳打的方式赢得胜利。

自我修炼的“六项精进”法则

稻盛和夫的经营哲学核心理念可概括为八个字，即“磨砺心性拓展经营”，两者相辅相成，缺一不可。领导者磨砺心性、自我精进是拓展经营的前提。作为企业的领航人，只有拥有完善的人格、优秀的品质，才能在经营管理方面卓有成效。同时，在经营实战的过程中，领导者还应不断磨砺自己的品质，不断完善自身，以实现自我精进。

关于自我提升、自我精进，稻盛和夫提出了“六项精进”法则

◇ 辛勤工作，付出不亚于任何人的努力。

◇ 戒骄戒躁，谦虚做人。

◇ 每天反省，有错就改。

◇ 时刻怀有感恩之心。

◇ 关爱别人，做善事。

◇ 杜绝感性的烦恼，不被负面情绪支配。

乍看起来，六项精进法则并无特别之处，然而平凡的训诫里却包含着大道理，它是稻盛和夫经过了大半生的实践总结出来的。字面上理解六项精进的内容并不难，但要深入把握它的精髓，并把相关理念贯彻到实际工作中，却有一定的难度。

在现实生活中，很多人认为企业能否获得长远发展，取决于企业主的管理水平和经营水平，只要掌握先进的管理方法，深谙行之有效的经营策略，就能把企业带向辉煌。稻盛和夫不这样认为，在他看来，企业家的胸怀和品质决定企业的高度，企业家做人做事的态度决定企业的未来，所以只掌握了经营、管理公司的方法是远远不够的，要想成就一番大业，必须从磨砺心性、自我精进开始。

稻盛和夫是一个非常勤勉的人，他很轻松地做到了六项精进的第一条，付出不亚于其他任何人的努力。多年来，他潜心钻研新技术，从未松懈过。不过，在事业有成时，他也曾骄傲过，差点儿在赞美声中迷失。好在他有反省的习惯，每当自己得意忘形，或者产生不好的念头时，就会自我批评、自我纠正。由于在人格塑造方面对自己有很高要求，稻盛和夫没有成为为富不仁、爱财如命的商人，而是成了商界的楷模，凭借品牌质量和个人声誉，把京瓷带上了超速发展的轨道，促使京瓷成了日本乃至全球最具影响力的品牌企业之一。

与一般商人不同的是，稻盛和夫从不夸耀财富，也从不把企业的成功归功于个人。他认为企业能做强做大，合伙人、公司管理者甚至每一位员工都功不可没。他感谢每一个为公司劳心劳力的人，并乐于给予大家合理的回报。他不认为公司的财富完全属于自己，而是觉得这笔巨额财富归社会所有，他只是代为管理而已，所以他经常拿出大笔钱财做慈善，以便为全社会谋福利。

稻盛和夫非常低调，他把做慈善当成感恩社会、回馈社会的方式，不曾有过私心杂念。正因为人们相信他的为人，他创建的品牌、推出的产品才更加受欢迎，京瓷的发展才更加顺风顺水。

在稻盛和夫的经营理念中，企业领导者的品德比才能重要，因为有才无德的领导者不仅不能把企业带上健康发展的轨道，还会自毁品牌、危害社会。所以，作为企业主，必须加强道德修养，不断完善自己的人格，只有这样才能永远立于不败之地。

提升领袖魅力，增强领导力

如何增强领导力，这个问题一直困扰着各行各业的企业主和高层管理者。有人认为领导力来源于个人权威，只要动用手中的权力，令众人产生畏惧心理就可以了；有人认为领导力来源于奖罚机制的效用，对于破坏规矩的人严惩不贷，不罚则已，要罚就罚得对方胆战心惊，如此才能以儆效尤。其实这两种观点都过于偏颇了。以权压人并不能让人心悦诚服，加重处罚则会更快地失去人心。作为企业家、CEO 或部门主管，想要增强领导力，必须先提升自己的领袖魅力。

一个富有领袖魅力的人，即使不刻意强调自己的权威，也具备凛然不可侵犯的特质，无论走到哪里，都有人心甘情愿、死心塌地地追随。美国总统林肯、我国的贤王尧舜都是这样的人，因富有人格魅力、政策深入人心，总能一呼百应，他们的号召力是那些崇尚权力、迷信个人权威的人所不具备的。

权力是众人赋予的，也能被众人剥夺。正所谓“水能载舟，亦能覆舟”，藐视大众群体，忽略大众群体的力量，早晚会被唾弃，统治必不长久。稻盛和夫深谙这个道理，所以从来不用强权压制任何人，哪怕对待一线员工，他也是和蔼可亲的。在工作上，稻盛和夫虽然严厉，但不刻薄，对待员工非常公平公正。平时既不失领导者风范，又十分体恤下属，始终宽柔兼济，因此颇受员工爱戴。创业数十年，稻盛和夫没有开除过一名员工，也不曾采用极端手段体罚过任何人，但京瓷的每一位员工都对他敬畏有加，都愿意全力配合他工作。这种领导艺术才是卓越领导力的体现，值得所有企业家、管理者借鉴。

京瓷创建初期，接到了科技巨头 IBM 的订单，公司上下为之欢呼，IBM 要求严苛，不允许产品有一丝一毫的瑕疵。可当时的京瓷技术水准并不高，达不到对方制定的标准。员工们历尽千辛万苦做出的样品，全都被 IBM 一口否决。20 万个次品遭到退货，京瓷蒙受了巨额经济损失。公司全体员工都很沮丧，大家都已经做出了最大努力，却依旧遭遇惨败，一时不知如何是好。最难过、最失落的莫过于技术员，因为他们技术不过关，京瓷才会遭此厄运。虽然京瓷损失巨大，稻盛和夫却没有责怪任何人。

有一天，稻盛和夫到现场视察，看到一名年轻的技术员站在炉前默默哭泣。年轻的技术员尽管十分疲惫，却没有离开工作岗位，依旧在努力想办法。稻盛和夫实在不忍心看着他被内疚和挫败的情绪折磨，于是问他有没有祈祷过，意思是尽人事听天命，如果已经努力到无能为力的地步，理应问心无愧，就不要再强求了。

技术员非常感激稻盛和夫的理解和支持，但是他觉得自己还没有尽到最大努力，坚持要求再尝试一次。稻盛和夫同意了。技术员情绪高涨，经过反复试验，终于做出了高水准、高质量的产品，并顺利交货。如果当初稻盛和夫对技术员破口大骂，或者采取其他惩罚手段，不仅无助于增强领导力，而且不利于问题的解决。危急时刻，稻盛和夫仍然保持着领导者的风度，领袖魅力不减，正是因为如此，员工才愿意和他荣辱与共、同甘共苦，企业这才顺利渡过难关。

评判一个人是否具备领导力，是否拥有领袖魅力，关键要看他是否有修养，是否善于克制自己的情绪；在特殊时期，是否滥用权力发泄不满。有的领导者平时平易近人，一旦遭遇危机，便情绪失控，动辄滥施淫威，结果闹得众叛亲离。所以，要提升领导力，必须加强个人修养，提升个人魅力。

真正的号召力来自率先垂范

古时军队作战，武将经常身先士卒、冲锋陷阵，士兵深受鼓舞，因此拼死力战；国君治理国家，推广德政，经常率先垂范，以便起到上行下效的作用。因此，领导者管理企业，只有率先垂范，以身作则，才能有强大的号召力。

一些领导者认为，只要企业制度健全、奖罚条例完善，作为企业的领头羊，自然就有号召力。还有人认为，每天带领员工喊口号，营造群情激昂的氛围，自己就拥有了强大的号召力。然而事实并非如此。领导者如果不能严于律已，以身作则，公信力和号召力永远都无法建立起来。因为一个人强制要求别人做自己都做不到的事情，是荒谬的，无论他的理由多么冠冕堂皇，都无法令人信服。

多年以前，一位印度母亲带着孩子去见圣雄甘地，希望甘地说服孩子不要吃太多糖果。甘地没有对孩子进行说教，只是要求这对母子过一个月后再来，母子再次现身时，甘地劝说孩子以后吃糖要有节制。为何这句话一个月之前甘地不说，偏偏要让母子俩多跑一趟呢？因为一个月前甘地也沉迷于糖果，自己对甜食上瘾是没有资格对别人说教的。可见，一个人无论获得了多么崇高的地位，都不能苛求别人做连自己都办不到的事。对别人有所要求，首先自己要先做到，所谓的“正人先正己”，说的就是这个道理。

现代企业存在很多弊病，大部分都是领导者造成的。有的领导者要求员工辛勤工作、无私奉献，自己却拈轻怕重、自私自利；要求员工提升个人修养，自己却素养不高。稻盛和夫不一样，他对雇员要求很高，但并不苛刻。在实施规章制度之前，自己首先做到。比如，他希望员工全身心地专注于工作，不要把精力浪费在无用的事情上。从业数十年，他一直勤勤恳恳、兢兢业业，几乎没有不良嗜好。再比如，他希望自己器重和提拔的人既有实干精神，又有强健的体魄和极高的修养，自己首先具备了相应的素养和品质。“像哲学家那样深思熟虑，有武士般清廉之心，有小俗吏的才智，有农夫那样强健的体魄”，是他对高效能人士的要求，也是其本人追求的境界，他和他的雇员都在朝着这个目标前进。

稻盛和夫的非凡之处在于，他本身是一个勤奋、高尚的人，能够和员工风雨同舟、荣辱与共，不说套话、空话，只用行动证明自己，事事都能率先垂范。在主持研发工作时，他和所有研发人员、技术员一样，不厌其烦地实验，为了新产品的问世耗尽了心血，不曾把棘手的难题推给别人，自己坐享清闲。产品研发成功以后，他又像公司的营销人员一样，每天东奔西走，积极拓展销路。

稻盛和夫的活动区域既包括繁华的大都市，也包括各大乡村。有一年冬天，他和公司专务青山次政一块儿去拜访客户。两人顶风冒雪来到富士山脚下，鞋子里灌满了雪，稻盛和夫差点儿被冻僵。千辛万苦地抵达了目的地，那家电阻器厂商却冷冷地将他们拒于门外，声称不需要他们的产品。二人希望见见厂商的技术员，结果被对方一口回绝。最后他们只好无功而返。两人回到候车室抱炉取暖，因为离火炉太近，稻盛和夫的衣服被烧焦了。在那段艰难的日子里，不知吃了多少苦、受了多少责难，他们才接到了新订单，成功开发了新客户。稻盛和夫的工作作风和工作态度，各部门的员工有目共睹，所以每次他宣布要研发新产品、拿下大订单、完成某个宏伟目标时，大家都斗志昂扬，因为员工相信他会带领大家一起奋战、一起攻克难关，任何时候都不会擅离职守。

白纸黑字的规章制度不能带来号召力，画饼充饥的许诺不能带来号召力，铿锵有力的豪言壮语也不能带来号召力。真正的号召力来自率先垂范，一个优秀的领导者应率先做出榜样，然后再提出要求、推广政策，自己首先说到做到，如此才能凝聚人心、号令团队。

关注员工物质、精神的双重幸福

每个企业都有自己的激励机制。有的企业偏重于精神奖励，每天谈理想、谈情怀，却不舍得提升员工的福利待遇；有的企业偏重于物质奖励，工资、奖金优厚，福利制度健全，可是没有先进的企业文化，缺乏人文精神，员工找不到归属感。

第一种类型的企业，人才流失严重，普遍经营失败。该类型企业的企业主笃信零和游戏，不讲双赢，自然没有办法赢得人心。企业主如此短视，是因为摆脱不了资源稀缺的概念。在有些企业主眼里，利润的蛋糕是有限的，分割给员工的分量多了，便意味着个人财富的减少，为了维护自身利益，只好压低人工成本，调低员工的福利待遇标准。殊不知，利润的蛋糕是员工做出来的，它的大小不是固定不变的，员工有干劲才能做出更大的蛋糕，让企业有利可图，不给员工任何利益，蛋糕就会做得很小，企业的收益也会因此减少。

第二种类型的企业，发展前景远远强于第一种，但不能晋升到更高的层次上。因为员工既有物质需求，也有精神需求。在充分满足员工物质需求的基础上，还要想方设法满足员工精神层次的需求。如果不能给员工一个自我实现的平台，不能激发他们的荣誉感、自豪感，不能让大家认同企业文化，对企业产生归属感，那么将极大地影响企业未来的发展。

京瓷能发展成享誉全球的世界级企业，根本原因在于，稻盛和夫深切关注员工物质和精神方面的双重幸福。即使在企业困难时期，也没有扣发过员工的薪水。企业实现了盈利，稻盛和夫会大方地与全体员工分享劳动成果。除此之外，京瓷还非常关心员工的心理感受和幸福指数，领导者不曾给员工施加难以承受的精神压力，员工表现良好，公司便带领大家集体出游，让所有人享受观光旅行的乐趣，放松身心。更为难得的是，稻盛和夫认为，企业有义务保障员工及其家属的生活，因此，耗费了不少心力为员工解除后顾之忧。所以无论从哪个角度看，在京瓷工作都是一种福分、一种荣耀，京瓷全体员工愿意为公司的美好未来而奋斗，也就不足为奇了。可见，企业真心关爱员工，就是最好的激励，除此之外，都是空谈。

京瓷成立第三年，有 11 名员工以辞职、罢工相威胁要求集体加薪。当时企业盈利能力有限，很难马上满足他们的要求。事发时，稻盛和夫十分震惊，他没想到昔日和自己盟誓的得力助手，会相约提出涨薪的请求。他虽然有些难过但马上理解了员工的处境。毕竟创业之前，他也有过一段打工、辞职的经历。

稻盛和夫和 11 名员工谈判了 3 天。长谈过后，他心情格外沉重，他没想到京瓷这家刚刚起步的小企业，居然要承载员工们一生的期盼。他自己没日没夜地工作，尚且照料不好自己的家人，却被要求照顾所有员工的生活，压力可想而知。思考了几个星期，他终于想明白了，他觉得企业的盈利和发展不应该建立在牺牲员工利益的基础上，企业有责任保障员工的基本权益，有义务为员工谋幸福。经营理念改变以后，京瓷不仅在物质方面厚待员工，而且还时时给予员工精神方面的鼓励和支持，真正做到了为员工谋福利。

有些企业主希望员工把个人目标和企业目标统一在一起，要求所有人为了实现企业目标拼尽全力，但却从未真心关注过员工的生活和需求。故而，人心涣散，员工各行其是，消极怠工，对企业宏伟目标的达成漠不关心。事实证明，只有付出真心，才能换来真心；只有全心全意为员工着想，才能换来员工死心塌地地效力。以往那种不给员工福利却期望通过空谈梦想诱使员工甘效犬马之劳的策略已经过时了，不改变经营理念，企业的发展就会处处受限。

结成命运共同体，合作共赢

员工之于企业，是个体与集体的关系，只有充分尊重个体价值的企业团体，才能获得长远的发展。片面强调集体的意志和利益，不考虑个体的正当需求，必然不得人心。有的企业主认为员工的立场和企业的立场是对立的，要想实现企业利益最大化，必须以损害员工的根本利益为代价。正是因为信奉这种经营理念，许多中小企业无法发展壮大。当今社会，驰名全球的大企业，业绩蒸蒸日上，根本原因就在于经营理念先进，企业主克服了人性中贪婪自私的弱点，与全体员工结成了命运共同体，达成了合作共赢的关系。这种战略高度和思想境界，是目光短浅、心胸狭隘的中小企业主达不到的。所以，在激烈的市场竞争中，大企业往往所向披靡，而中小企业则往往步履维艰。

古人说，得人心者得天下。在当今市场环境中，这句依然实用。一个企业的凝聚力、向心力，直接决定企业的兴衰成败。优质的企业，员工愿意勠力同心、众志成城地朝一个目标奋斗；较差的企业，员工就像一盘散沙，各怀心思，离心离德，团队分崩离析、名存实亡。那么究竟是什么决定人心的聚散呢？是企业的经营理念。企业如果没有共同利益、共同目标的概念，将直接导致员工与之分道扬镳。

稻盛和夫在创业初期，便已经看清了形势，公司发展的每一个阶段，他都在尽心竭力地为员工做长远打算，始终将每一位员工的命运与企业的命运紧紧联系在一起。他以实际行动赢得了员工的信任，所以公司所有员工都乐于为京瓷贡献自己的一切。这便是京瓷在高新技术领域强势崛起的秘密所在。

稻盛和夫刚刚创办京瓷时，有许多血气方刚的年轻人加盟，还有好几个资金雄厚的投资者鼎力支持。大家都在为新生的公司积极奔走，加盟者提出假如公司开办不下去，仍然会继续支持稻盛和夫搞技术研发。稻盛和夫表示如果没把公司经营好，自己会引咎辞职，决不拖累大家。于是，双方相约从此要同甘苦共命运，团结一心，为共同的事业而奋斗。

28 名员工齐聚一堂庆祝京瓷的成立。稻盛和夫在小型宴会上致辞，描绘了未来的蓝图和前景，并为公司设立了宏伟的目标。在晨会上，他慷慨陈词，鼓励员工说："今天倾尽全力了，才能看到明天；明天全力以赴了，才能看到一周；这个月竭尽所能地拼搏，才能看到下个月；今年勤勤恳恳工作，才有明年；时时刻刻努力，才有未来。"员工听罢，欣然赞同。几乎每个人都明白，公司的未来就是个人的未来，只有和公司共同成长，与公司同甘苦共患难，个人的利益才能得到保障，个人的梦想才能实现。正是因为达成了这样的共识，京瓷在成立的头一年，便实现了盈利，净利润达到了 300 万日元。

后来因为受到经济环境的影响，京瓷的利润急速下滑，但最为艰难的时期，企业仍然没有减薪裁员。员工们对企业非常感激，个个拼尽全力为企业工作，日后帮助京瓷度过了无数的危机。在大家的共同努力下，京瓷多次战胜金融风暴，成了业界屹立不倒的神话。

如果员工和企业能够同呼吸共命运，结成铁板般牢固的关系，那么企业很有可能成为业界最具潜力的黑马。反之，倘若企业只想与员工争利，不把员工当成企业的细胞，那么双方永远无法达成共识，永远不能建立起和谐共生的关系，一切美好的愿望都将在内耗中被无情抹杀。企业与个人是一荣俱荣一损俱损的关系，只有明白这个道理，双方才能携手走向更美好的明天。

实地考察强于纸上谈兵

在传统观念中，脑力劳动和体力劳动是全然分开的。企业主、管理者无须亲临现场了解情况，更不需要对基层工作亲力亲为，只要坐在办公室里听取报告，然后时不时在会议上传达自己的命令就可以了。然而事实并不是这样。拒绝实地考察的领导者，不可能全面了解企业的运营情况，在这种情况下发号施令，与古代纸上谈兵的赵括毫无区别，不仅制定不了英明的政策，还有可能把企业带上歧途。

稻盛和夫向来认为"体验重于知识"，虽然他是工科出身，专业知识扎实，资历深厚，完全可以凭借自身的知识和经验作出判断，但他从未那样做，一有机会就亲赴现场，有时还手把手指导基层员工和技术人员工作。在他看来，只有现场得来的经验才是最可靠的，理论知识和过往的经验，无法跟得上时代的脚步，作为企业的经营者，必须适时到现场考察，及时更新自己的认知，才能做到与时俱进，才能把企业带向新的高地。

不少企业家总是在和数据、报表打交道，对部门的运营状况一无所知，以致企业出现严重问题时，迟迟不能采取有效的行动。针对这种情况，国外拍摄了一档名为《卧底老板》的节目，多名企业家乔装成普通员工，到自己的公司卧底，在实际工作中发现了许多疏漏，这些信息和体验，都是他们在舒适的办公室里得不到的。经过耐心细致的考察，卧底老板对自己的公司有了全新的认识，于是迅速革除弊病，进行了一系列大刀阔斧的改革，并迅速改善了基层员工的待遇，把企业带上了正轨。

稻盛和夫不曾在自己的企业卧底，但他对各部门的状况了若指掌，对新型陶瓷的技术问题、营销问题，以及研发、销售阶段每一个环节遇到的难题，都非常清楚。因为但凡公司事务，他都曾经进入现场参与，由于他得到的是可靠的一手资料，所总结的经验教训一般不会出现偏差，总能以真知灼见引导企业发展。

年轻时，稻盛和夫曾经参加过一场别开生面的研讨会。研讨会的会场设在一家温泉旅馆，环境清幽高雅，吸引了不少踌躇满志的创业者前往。参会的费用多达数万日元，花费不菲，但这仍然没有消减年轻创业者的热情。稻盛和夫很想见见商界名人本田宗一郎，渴望从对方那里求得真经。

当日，稻盛和夫和其他参会者如约来到温泉旅馆，一番沐浴更衣之后，人们聚集在房间内，毕恭毕敬地等待本田宗一郎到来。本田宗一郎很守时，没让大家久等，风尘仆仆地从滨江工厂赶来。他没来得及换衣服，身上穿着普通的工作服，上面沾满了油渍。众人见状，大吃一惊。他不等大家问询，便直接开口道："诸位，你们来这里究竟是为了什么？是来聆听企业经营管理的？有这时间，为什么不赶快回公司干点儿实事呢？泡温泉、吃喝闲谈，能学到什么有用的东西？我没向任何了不起的大人物讨教过经营的方法，照样能成功经营企业。所以，诸位，不要浪费时间了，赶快回去工作吧。"

众人面面相觑，随即陷入沉思，似有所悟。最后，本田宗一郎又把大家教训了一顿："自己不从实际工作中领悟经营之道，却愿意花数万日元的冤枉钱参加研讨会，实在让人不能理解。"众人默然无语，瞬间对本田宗一郎佩服得五体投地。稻盛和夫兴冲冲地回到了公司，高高兴兴地投身到了实践工作中。

稻盛和夫认为，不到现场考察，就永远学不到真正的经营之道。所以，他把现场当作最佳学习场所。他不相信任何一个企业家脱离现场，能做到"运筹于帷幄之中，决胜于千里之外"，而是笃信在现场学到的东西，永远比冰冷的数字、报表可靠。这种经营理念促成了京瓷的成功。

用春风化雨的方式感染每一个人

仔细观察你会发现，优秀的企业家大多是和颜悦色的，而无能的企业主大多刻薄寡恩。这是综合素养的差异造成的，也跟经营理念不同有很大关系。在前者眼里，人才是自己的左右臂膀，员工是自己的合作伙伴，善待别人，彼此信赖，才是正道；在后者眼里，人才是公司的资产和资源，员工是谋利的工具，若不能充分为自己所用，便一文不值。所以前者喜欢用春风化雨的方式感染人，知道如何将企业文化潜移默化地渗透到每一个员工的潜意识，知道如何带领团队走向美好的明天；后者喜欢居高临下地命令人、训斥人，惯于用简单粗暴的方式推行某些不得人心的主张，沦为孤家寡人而不自知，遇事处处受阻。

客观来说，稻盛和夫属于第一类企业家。他在管理上很严格，要求每位员工各尽其职，不能敷衍塞责。他不会无底线地妥协、迁就、忍让，但他的严格恰到好处。平时，他非常注意和员工沟通，乐于倾听员工的心声，善于换位思考，能够容人之失、容人之过，不曾疾言厉色、盛气凌人。员工从内心深处认同他、佩服他，愿意遵守规章制度、愿意和他并肩作战，所以团队的目标总能轻松达成。

员工为什么如此敬佩稻盛和夫呢？因为他是一个刚柔兼济又极具亲和力的人，善于运用春风化雨、润物细无声的方式感染员工，无形中施加了影响力。稻盛和夫从不把员工当作召之即来挥之即去的工具，也从不相信所谓的驭人之术，他诚心诚意、设身处地地为员工着想，员工自然愿意倾心竭力地回报，双方的默契就是这样达成的。

京瓷在进军人造宝石领域时，遭遇了不少波折。起初宝石结晶小得可怜，过了很长时间，研究工作一点儿进展都没有。研究人员每次把稍大一点的结晶捧给稻盛和夫过目时，都非常忐忑，生怕对方叫停这个项目。稻盛和夫知道人工再造宝石难度很大，所以没有催促，一切顺其自然。研发人员很是愧疚，下决心无论如何都要把项目做成。稻盛和夫为了减轻他们的心理压力，经常用半开玩笑的口吻和对方交谈，有时还会鼓励说："你们要相信自己的能力是不断进步的，也许有一天，你们能取得史无前例的研究成果。"最后研发人员在他的指导下，顺利完成了项目。

稻盛和夫的可贵之处在于，他始终如一，在任何时期都能平易待人。20 世纪 70 年代，公司的员工圆满地完成了销售任务，稻盛和夫遵守承诺，带着 1300 名员工包机到香港旅游。很多基层员工都是勤劳朴实的乡下人，一辈子没有出过国，坐在飞机上格外兴奋。一行人入住香港酒店之后，稻盛和夫特地举办了盛大的晚宴，大家举杯相庆，品尝海鲜料理，度过了两个小时的愉快时光。

到了晚上，有一位中年女性忽然跑出房间求助。稻盛和夫认出是自己的员工，连忙上前询问。女员工不好意思地问："浴盆的热水怎么打不开啊？"稻盛和夫耐心地教她使用热水器的方法。女员工这才发现眼前指导自己的人不是别人，正是京瓷的老板。她既惊讶又感动，不知说什么好。在稻盛和夫眼里，普通员工和企业的管理者，都是平等的，没有尊卑之分，所以在旅游期间，他愿意为所有员工提供贴心的帮助。正是因为如此，员工才觉得他可亲可敬，所以在工作中乐于听从他的指挥。

在同一个公司里，虽然有职位和上下级之分，但无论职位高低，所有人在人格上都是平等的。作为企业家，应采用春风化雨的方式感染人，使用宽严相济的策略管理企业，这样企业才能长久。

知识链接

经营理念案例

- 它们低调诞生。
- 它们现在都是世界一级品牌。
- 它们售卖的大都是宣称低价优质的商品。
- 在消费者以及经济学家普遍认为"一分钱一分货"的年代，它们所宣传出来的低价和优质却和谐统一。
- 它们说降低不是来自商品用料和设计，而是降低了包装，改进了工序，降低了推广或者其他费用……作为消费者，你无须为此买单。
- 因此，消费者相信这些，虽然它们价格不菲，也觉得物有所值。
- 其实这个物，早已不仅仅是商品本身。

这些品牌，具备独特的经营理念，且一如既往。

它们传播的不仅仅是所售卖的商品，而是一种生活哲学、生活方式、消费主张。

它们所认为的目标人群是独特的、成熟的、理性的、有自我见解和主张、对品质有鉴别能力的。

它们虽然看似反对潮流，也对时尚置若罔闻，它们的消费者却认为这一种潮流和时尚，是一种个性的表达。

它们在推广品牌的同时，从来不忘记去推广自己的消费者。它们满足自己的消费者的心理诉求：它们其实渴望与众不同。

（一）无印良品：平实好用的生活哲学

理念：以“物有所值”为宗旨并研发出各种价廉物美商品的无印良品，是1980年由株式会社良品计划的母公司株式会社西友基于自身的开发经验，根据“无商标”的商品构思而诞生的。商品开发的本质是，以真正必要的方式制造生活中基本的并真正需要的产品。因此，无印良品重新选择了原材料，改善了生产工艺，并简化了包装。此方针符合时代的审美观，简约优美的商品长久以来广受喜爱。

结实好用，谁都可以便宜地买到，在过度浪费到极点的社会中，这种具有民主主义色彩的商品会让人感到高度的精神性，用比富人更聪明的方式生活带来的满足感，也是它吸引人的重要原因。称无印良品是一个品牌，不如说它是一种生活的哲学。无印良品不强调所谓的流行感或个性，也不赞同受欢迎的品牌应该要抬高身价。相反地，无印良品是从未来的消费观点来开发商品，那就是“平实好用”。提倡理性消费的同时，无印良品也让顾客获得了莫大的心理满足，重新定义了“平实好用”的真正价值。

无印良品设计制造“平实好用”的商品，但“平实”并不意味向品质妥协，而“好用”更是以高水准制品为目标。在这样的理念之下，无印良品不断地琢磨改善，自我要求，直至今日，已经发展出多达5000种的商品。他们自信将能带给消费者新的消费满足感，并且以提升品质为一贯的目标。

日本文化深受禅宗影响，日本的艺术在禅宗的影响下，表达出深邃、宁静、自在、“素”的美。禅讲求的是思考与“悟”，简洁、有节制的设计使产品更有韵味。一个成功品牌的背后一定要有浓厚的文化底蕴作为支撑，这样品牌才会有灵魂；企业宣扬的是一种普世价值，这样才能为全世界的人所认可；企业要真正做到关心消费者，替消费者考虑，才能不断赢得忠实消费者的青睐。

（二）优衣库：百搭，以人为本，衣服是配角，穿衣服的人才是主角

经营理念是指通过全世界统一的服务，以合理可信的价格，大量持续提供任何时候、任何地方、任何人都可以穿着的服装。

这种经营理念不是很有风险的吗？如果人人都适合穿，那么我的风格何在？照通常的认识，服饰特别是休闲服装最忌讳的就是抹杀个性，大凡有来路的品牌服饰均有市场细分准则和目标消费群，以其鲜明的个性畅行市场。

优衣库对此经营理念做了更多的阐述，他们认为，“个性并不存在于服装，而是由穿着的人来体现的。”“我们追求的休闲服是一种超越种族、国籍、职业、学历等各种界限、永远面向大众的服装，是任何人都可以穿着的服装。我们主张服装本身是没有个性的，只有通过穿着的人搭配才能体现个性。我们希望我们提供的是一种精美成品的部件，可为不同风格的人所选择。我们要彻底打破消费者固有的‘价格等于档次，品牌代表个性，休闲服等于低廉’的观念”。

（三）星巴克：出售的不仅仅是咖啡

“我不在办公室，就在星巴克；我不在星巴克，就在去星巴克的路上。”这句著名的广告词绝妙地诠释出星巴克（Starbucks）作为“第三生活空间”（Thethirdplace）悠闲、舒适和浪

漫的意境。

在理念方面星巴克强调了所谓的“第三空间”，即成为消费者在家和办公室之外以休闲聚会和遐想为主的第三个空间。这个独一份的理念，让星巴克在一堆和星巴克具有相同经营模式的咖啡馆连锁品牌中，以其独特的形象，吸引了媒体和公众的持续关注。一个有趣的现象是，媒体和消费者自动成为星巴克的“第三方认证”。媒体文章中，星巴克是时常不经意要提到的一个名字，一个各种社交活动和引发各种创意活动的温馨和友好的背景地点。

Jesper kunde 在《公司宗教》中指出：“星巴克的成功在于，在消费者需求的中心由产品转向服务、再由服务转向体验的时代，星巴克成功地创立了一种以创造‘星巴克体验’为特点的‘咖啡宗教’。”

星巴克人认为：他们的产品不单是咖啡，咖啡只是一种载体。而正是通过咖啡这种载体，星巴克把一种独特的格调传送给顾客。咖啡的消费很大程度上是一种感性的文化层次上的消费，文化的沟通需要的就是咖啡店所营造的环境文化能够感染顾客，并形成良好的互动体验。

（四）宜家（IKEA）：生活，从家开始

“理想和商业理念”：为大多数人创造更加美好的日常生活。提供种类繁多、美观实用、老百姓买得起的家居用品。

宜家的品牌：为了给员工强调与顾客结盟的民主理念，1976 年，坎普拉德写下了《一个家具商的信仰》，由此成为宜家圣经。他一再重申：为大多数人创造美好生活的一部分，包含着打破地位和传统的局限而成为更自由的人。要做到这一点，我们不得不与众不同。即使在 20 世纪 90 年代，宜家加大向全球发展的步伐时，它也力求保持自己原汁原味的企业文化。坎普拉德直接表示：宜家向来坚持自己的重要传统，因为这不是瑞典文化，而是公司文化。否则，其他国家的员工就感受不到自己属于宜家。除了把简洁、美观而价格合理的产品带到全球市场，宜家也把北欧式的平等自由精神传播到各地。对年轻人而言，相对于产品的实用，宜家这种精神力量更具杀伤力，谁也不能忽视这样一个大趋势：人人都渴望成为主角和支配者。

下面是宜家网站上对理念的进一步说明：

• 我们的产品系列：宜家产品系列注重好的设计和功能以及低价格。宜家产品系列拥有为家中每一个房间提供的家居用品解决方案。宜家产品系列有着为浪漫主义者、简约主义者和介于两者之间的每一个人所提供的东西。宜家产品系列互为和谐，所以，无论你喜爱哪一种风格，我们的设计师和产品开发人员都会努力确保我们的产品符合你的日常需要，没有多余的东西。

• 我们的低价格：我们的低价格是宜家理想、商业理念和概念的基石。所有的宜家产品背后基本的思想就是低价格会使种类繁多、美观实用的家居用品为人人所有。我们不断力求将每一件事情做得更好、更简单、更有效率和始终更具有成本效益。

• 更美好的日常生活：以本着低价格的原则开发家具产品开始，我们始终采用直截了当的方法，从事家具经营活动。这就是宜家方式：最大限度地利用原材料，以能够为人们所负担得起的价格提供优质产品，满足人们的需要和品位。

分析讨论

1. 案例中的经营理念有什么特点？
2. 如何形成适合企业的经营理念？

一、企业经营概述

企业经营

（一）企业经营的概念

企业为向社会提供产品和服务并获取利润而进行的所有活动的总称。企业经营目标，是在分析企业外部环境和企业内部环境的基础上确定的企业各项经济活动的发展方向和奋斗目标，是企业经营思想的具体化。

（二）企业经营的基本元素

企业经营的基本元素是顾客价值、合理成本、有效规模、具有人性关怀的盈利。每个人都可以掌握这四个最基本的要素，并且可以培养自己沿着这四个要素作出选择和判断的思维习惯。所以对于战略、营销、产品、价值链、服务、品牌本质的认识，都是基于对这四个基本元素的理解。

（三）企业经营的目标

企业的经营目标就是企业发展的终极方向，是指引企业航向的灯塔，是激励企业员工不断前行的精神动力。企业的经营目标有以下三个：

1. 投资人满意，获得良好的投资回报。企业的经营核心目标就是赚钱。
2. 员工满意，建设良好的企业文化。这是一个有责任感的企业目标。因为员工需要挣钱养家糊口。
3. 客户满意，提供优质的服务产品。这更是企业发展的核心和长远的战略。

知识链接

法约尔的经营理论

亨利·法约尔（H. Fayol，1841—1925），法国人，是20世纪上半叶欧洲贡献给管理运动的最杰出的大师，被后人尊称为一般管理理论之父。1916年，他发表了著名的管理著作《工业管理与一般管理》。认为企业的经营活动可分为以下六个方面：

技术活动：生产、制造、加工；

商业活动：购买、销售、交换；

财务活动：筹集和最适当地使用资本；

安全活动：保护财产和人员；

会计活动：财产清点、资产负债表、成本、统计等；

管理活动：计划、组织、指挥、协调和控制。

二、企业经营的理念

企业经营理念是适应时代要求，由企业家积极倡导，全体员工自觉实践，从而形成的代表企业信念、激发企业活力、推动企业生产经营的愿景、精神和行为规范，经营理念是企业在经营上应该达到的全面性境界。因此也可以说是企业追求利益、经营战术战略的核心，经营思想、意识、方法提纲挈领的心脏，董事长、总经理以及第一线全体人员行动的总目标、指针。

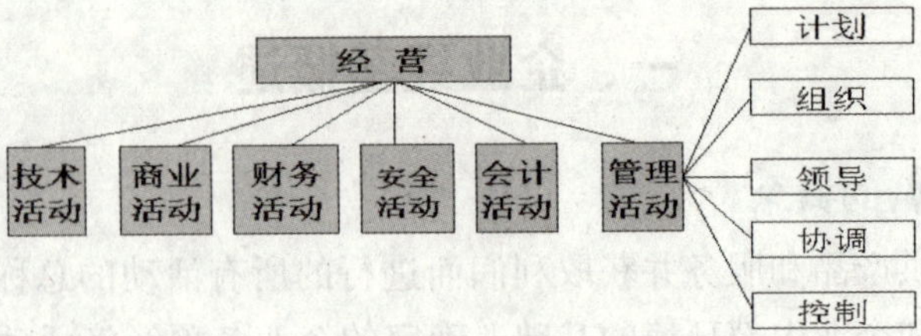

图 8-1 法约尔的企业经营理论

（一）经营理念开发的依据

时代特征。理念开发不能脱离企业所处的时代。时代在不断变迁，不同时代具有不同的特征。时代特征尽管不能作为企业理念开发的直接依据，但其影响却是很大的。

民族特征。企业应着眼于中国各民族的传统文化、民众心理、宗教信仰来制定与本民族传统相吻合的企业理念，以使企业的经营思想能迅速根植人心。

行业特征。企业要立足于企业所处的行业，针对行业技术状况、市场状况、产品特征、人员素质、消费者的偏好等来设计自己的理念。

业者偏好。业者偏好是理念开发最直接的依据，它再现了企业领导者的个性特征和对企业特色的理解或希望，是领导者对企业在市场中的定位，表现为企业从上到下在经营活动中的一贯性总体倾向。

（二）经营理念开发的原则

个性化原则。个性化原则是指企业所设计的理念必须使自己能在同业中拥有特色。

社会化原则。理念虽须个性化，但必须为社会所认同。因而，理念的开发与设计必须同公众和消费者的价值观、道德观和审美观等因素相吻合，以得到社会公众的认同，获取较高的知名度和美誉度。

简洁性原则。企业理念是企业价值观的高度概括，其字面必须简明、内涵必须丰富，并易于记忆和理解。简洁、清晰、新颖的企业理念将更会深入人心。

人本原则。人本原则即是以人为中心。企业必须将理念当作一种管理工具来应用，开发和树立企业理念的根本目的在于激发企业员工的积极性和创造性，科学的企业理念及其有效的实施，将会使所有的企业员工得到尊重和信任，使企业拥有一种良好的氛围和环境。

市场原则。企业理念必须体现顾客需求和竞争的要求。对于企业来说，理念是指导其经营活动的工具，而企业活动既是满足顾客需求的过程，也是与同业者进行竞争的过程。因而，企业理念必须有助于这一过程。

（三）经营理念开发的程序

检讨调研报告。在开发理念时必须再次检讨调研报告，以发现理念定位的方向和目标，有助于解决企业所面临的形象问题，避免企业理念规定的随意性和单纯的联想。

激发理念创意。企业理念有以下几种来源：企业管理者、企业专业人员、企业一般员工、企业外部专家、社会公众。

比较筛选创意。在结合理念开发的依据和原则的基础上，开发者应在识别性、鲜明独创性、现实可行性的基础上，对各种创意进行筛选，选择科学有效的企业理念。

构筑理念内涵。对已定为企业理念的创意，要给予丰富的内涵，以便在以后的理念传递和理念实施过程中有案可查，富有依据。规定理念内涵首先要从字面上给予科学合理的解释，在此基础上，可通过联想与比喻，使其内涵延伸，以便与树立理念的真正目的相吻合。最后，针对理念的要求，明确企业的发展战略、管理者的职责和员工的行为准则等。建立在上述内涵基础上的企业理念，必须具有极强的导向、渗透、凝聚、激励、辐射、识别功能，以使其成为能与其他企业相区别而又易于识别的内容。

（四）企业理念定位

目标导向型。采用这种定位模式，企业将其理念规定或描述为企业在经营过程中所要达到的目标和精神境界。它可分为具体目标型和抽象目标型。如具体目标型以丰田公司为代表“以生产大众喜爱的汽车为目标”，抽想目标型的企业理念有日产公司“创造人与汽车的明天”，以及美国杜邦的“为了更好地生活，制造更好的产品”。

团结凝聚型。采用这种定位模式，企业将团结奋斗作为企业理念的内涵，以特定的语言表达团结凝聚的经营作风。例如，美国塔尔班航空公司的“亲如一家”，上海大众汽车有限公司的“十年创业，十年树人，十年奉献”等，即属此种类型。

开拓创新型。采用此种模式定位，企业以拼搏、开拓、创新的团体精神和群体意识来规定和描述企业理念，如日本本田公司的“用眼、用心去创造”、贝泰公司的“不断去试，不断去做”、日本住友银行的“保持传统，更有创新”等。

产品质量型。采用此类定位模式，企业一般用质量第一、注重质量、注重创名牌等含义来规定或描述企业理念。

技术开发型。这种类型的企业以尖端技术的开发意识来代表企业精神，着眼于企业开发新技术的观念。这种定位与前面开拓创新型较相似，不同之处在于开拓创新型立足于一种整体创新精神，这种创新渗透于企业技术、管理、生产、销售的方方面面，而技术开发型立足于产品的专业技术的开发，内涵相对要窄得多。如日本东芝公司的“速度，感度，然后是强壮”、佳能公司的“忘记了技术开发，就不配称为佳能”等。

市场营销型。这种类型的企业强调自己所服务的对象，即顾客的需求，以顾客需求的满足作为自己的经营理念。典型的是，麦当劳的“顾客永远是最重要的，服务是无价的，公司是大家的”，施伯乐百货公司的“价廉物美”。

优质服务型。这类企业突出为顾客、为社会提供优质服务的意识，以“顾客至上”作为其经营理念的基本含义。这种理念在许多服务性行业如零售业、餐饮业、娱乐业极为普遍。

（五）企业经营理念的表述

1\. 企业使命。企业是什么企业，企业将是什么企业，企业应是什么企业。

企业的事业领域实质是确定企业的活动范围和发展方向。企业的活动范围包括行业范围、纵向范围、顾客范围、地理范围（要求：市场导向）。企业的发展目标包括销售目标、市场目标、产品开发目标、形象目标等。

2\. 经营方针。企业经营战略目标及路线。

3\. 经营思想。指导企业经营活动的态度、观念和思想。

4\. 经营风格。

5\. 企业精神。

6\. 企业口号。如三星集团的经营理念：以人才和技术为基础，创造最佳产品和服务，为人类社会作贡献。

（六）实施

企业理念的传递与接受。理念的传递是理念实施的第一步。要使企业理念内化为员工的信念和自觉行为，必须首先让员工知晓企业的理念是什么。

理念传递的方法从总体上来讲为反复法，即通过多角度、多层次、多途径、反复多次的传递，以使企业的理念深入人心。

企业理念的解释与理解。其实，在现实中，理念的解释可以采取测验法、游戏法、讨论法、培训法等多种形式，使企业理念真正能深入人心。其中，培训法对理念的解释和理解非常有用，像美国通用电气公司（GE）的 FMP 培训（财务经理培训项目）、日本松下的管理学院、麦当劳的汉堡大学，都是解释理念、学习理念、理解理念和掌握理念的有利时机和场合。

理念的教化与接受。理念的教化即是将理念的传播作为一种制度固定下来，以实现企业理念的渗透、共有、分享和接受。

企业理念的应用。理念的应用实际是员工在彻底地领会和接受企业理念的基础上，将其贯彻于日常的工作之中，用其来指导行为，将之付诸实施。

任务2 企业管理

任务导引

新东方的发展

2006 年 9 月 8 日新东方在美上市，造就了俞敏洪这个新的亿万富翁。有人说他是中国最成功的老师，有人说他是一个纯粹的商人，把这两个角色结合在一起，俞敏洪这条路走得并不轻松。

作为国内最大的英语培训机构，新东方声名赫赫。十几年来，它帮助数以万计的年轻人实现了出国梦，众多学子借此改变了自己的命运。有人评价说，“在中国，任何一个企业都不可能像新东方这样，站在几十万青年命运的转折点上，站在东西方交流的转折点上，对中国社会进步发挥如此直接而重大的作用。”那就让我们进入他的创业历程

失意的 80 年代

1978 年，俞敏洪高考失利后回到家里喂猪种地。由于知识基础薄弱等原因，俞敏洪第一次高考失败得很惨，英语才得了 33 分；第二年又考了一次，英语得了 55 分，依然是名落孙山。那时俞敏洪并没有远大的志向，作为一个农民的孩子，离开农村到城市生活就是他的梦想，而高考在当时是离开农村的唯一出路。尽管生活条件比较艰苦，俞敏洪仍在微弱的煤油灯下坚持学习。功夫不负有心人，1980 年，俞敏洪坚持考了三年后，最终考进了北京大学西语系。

俞敏洪是全班唯一从农村来的学生，开始不会讲普通话，结果从 A 班调到较差的 C 班。大三的一场肺结核又使俞敏洪休学一年，人也变得更加瘦削。1985 年，俞敏洪毕业留在北大成了一名教师。接下来是两年平淡的生活。中国随后出现的留学热潮，让俞敏洪也萌生了出国的想法。1988 年俞敏洪托福考了高分，但就在他全力以赴为出国而奋斗时，美国对中国紧

缩留学政策。以后的两年，中国赴美留学人数大减，再加上他在北大学习成绩并不算优秀，赴美留学的梦想在努力了三年半后付诸东流，一起逝去的还有他所有的积蓄。

被逼下海

1991 年，俞敏洪被迫辞去了北京大学英语教师的职务，为了挽救颜面不得不离开北大，生活和前途似乎都到了暗无天日的地步。但正是这些折磨使他找到了新的机会。尽管留学失败，俞敏洪却对出国考试和出国流程了如指掌；尽管没有面子在北大待下去，反而因此对培训行业越来越熟悉。离开北大后，俞敏洪开始在一个叫东方大学的民办学校办培训班，学校出牌子，他上交 15%的管理费。这一年他 29 岁，他的目标是挣一笔学费，摆脱生活的窘境，然后像他的同学和朋友一样到美国留学。

俞敏洪说，最初成立新东方，只是为了使自己能够活下去，为了每天能多挣一点钱。作为一个男人，快到三十而立的年龄，连一本自己喜欢的书都买不起，连为老婆买条像样的裙子都做不到，整个家庭无家可归，连家徒四壁都谈不上，自己都觉得没脸活在世界上。当时他曾对自己说：只要能赚到 10 万元钱，就一辈子什么也不干了。

新东方自 1993 年创办，于 2006 年在美国纽约证券交易所上市，是中国大陆第一家在美国上市的教育机构，已成为中国最大的综合性教育服务机构。截至 2014 年 5 月，新东方已经在全国 50 座城市设立了 56 所学校、31 家书店以及 703 家学习中心，学员累计超过 2000 万，从早教到成人，业务涵盖早教、学前、中小学、大学考试、留学咨询、国际游学、网络课堂等，旨在为学员提供一站式终身学习服务。

新东方精神

新东方精神到底是什么？俞敏洪说，“新东方精神对我而言，是我生命中一连串铭心刻骨的故事：是在被北大处分后无泪的痛苦，是在被美国大学拒收后无尽的绝望，是在被其他培训机构恐吓后浑身的颤抖，是在被医生抢救过来后撕心裂肺的哭喊；新东方精神对我而言，更是在痛苦之后决不回头的努力，在绝望之后坚韧不拔的追求，在颤抖之后不屈不挠的勇气，在哭喊之后重新积聚的力量。”他还认为，人活着需要有一种感觉，新东方之所以被很多人接受，也是因为新东方有一种感觉存在，凡是到新东方来过的人，都在新东方感觉到了一种活力、一种顽强和一种豁达。最后，“新东方走到今天，不在我的意料之中，因为最初只是为了糊口，招几个学生办个小小的补习班而已。新东方到了今天，我们就有了更多的期待，希望能够用自己的行为和思想，为中国学生做更多的事，为中国教育做更多的事，为中国未来做更多的事。”

分析讨论

1. 新东方有什么管理秘诀？
2. 企业的科学管理有什么作用？

一、企业管理的含义

管理是通过计划、组织、控制、激励和领导等环节来协调人力、物力和财力资源，以期更好地达成组织目标的过程。管理是一门科学，也是一门艺术，有强大的力量和功效。每一位企业管理者，都应该充分认识到自己的责任和使命，通过科学有效的管理，为企业发展寻找更多的商机，创造更多的财富。任何企业应从本企业实际出发，通过合理的体制模式、组织形式、经营方式等，把企业的潜能最大限度地调动并发挥出来，从而让企业充满朝气与活力，提高企业的竞争能力，并在不断变化的市场中取得属于自己的生存空间。

企业管理主要是指运用各种策略与方法，对企业中的人、资产、财物、产品、销售渠道等进行科学有效的管理，从而实现组织目标的活动。

二、创业企业管理的基本原则

包括企业管理在内的一切管理工作必须遵循管理的以下基本原则：

（一）人本原则

一切以调动人的积极性和创造性为根本。

（二）系统原则

企业是一个系统，由各子系统及要素所构成，外部环境是一个大系统。要正确掌握整体、局部及内外彼此之间的关系和相互作用，使企业整体效应最优。

（三）整分合原则

“整”是集权、统一，“分”是分权、分工。两者要妥善结合、互相协调。

（四）反馈原则

反馈是指由指令、行动、产品等所产生的结果、反应、意见等，企业须据此作出发展、改正、评估、奖惩等下一步决策。

（五）能级原则

能量随组织机构的层次而异，要各尽所能。

（六）弹性原则

企业应随时保持应变的能力，要以信息方式运用动力原理，物质动力和精神动力要掌握得当，并以其作为一切工作的推进力。

三、创业企业管理的基本方法

（一）平衡计分卡 BSC

平衡计分卡 BSC 是战略绩效管理的有力工具。它把对企业业绩的评价划分为四个部分：财务方面、客户、经营过程、学习与成长。其核心思想是：以财务为核心的思想，从而实现了绩效评价与财务目标的结合。平衡计分卡是从财务、客户、内部运营、学习与成长四个角度，将组织的战略落实为可操作的衡量指标和目标值的一种新型绩效管理体系。平衡计分卡是加强企业战略执行力的最有效的战略管理工具。

平衡计分卡能有效解决制定战略和实施战略脱节的问题，堵住了“执行漏斗”。平衡计分卡系统则包括企业战略地图、部门平衡计分卡以及个人计分卡、指标卡、行动方案、绩效考核量表。在直观的图表及职能卡片的展示下，抽象而概括性的部门职责、工作任务与承接关系等，显得层次分明、量化清晰、简单明了。如图 8-2、8-3、8-4、8-5 所示。

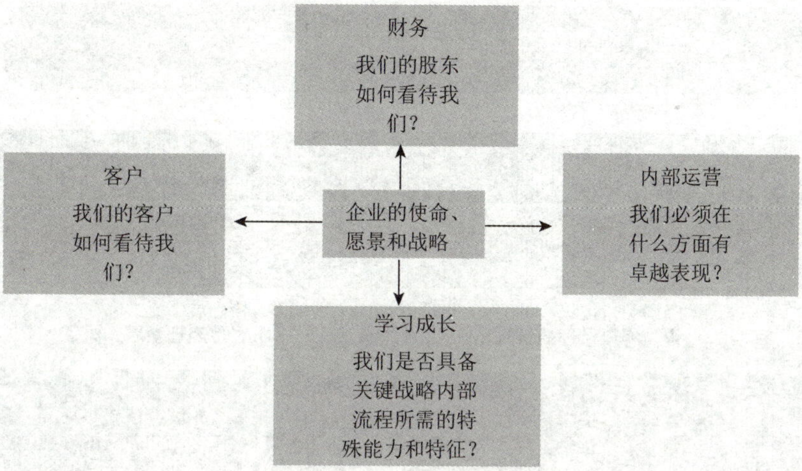

图 8-2 平衡计分卡基本框架

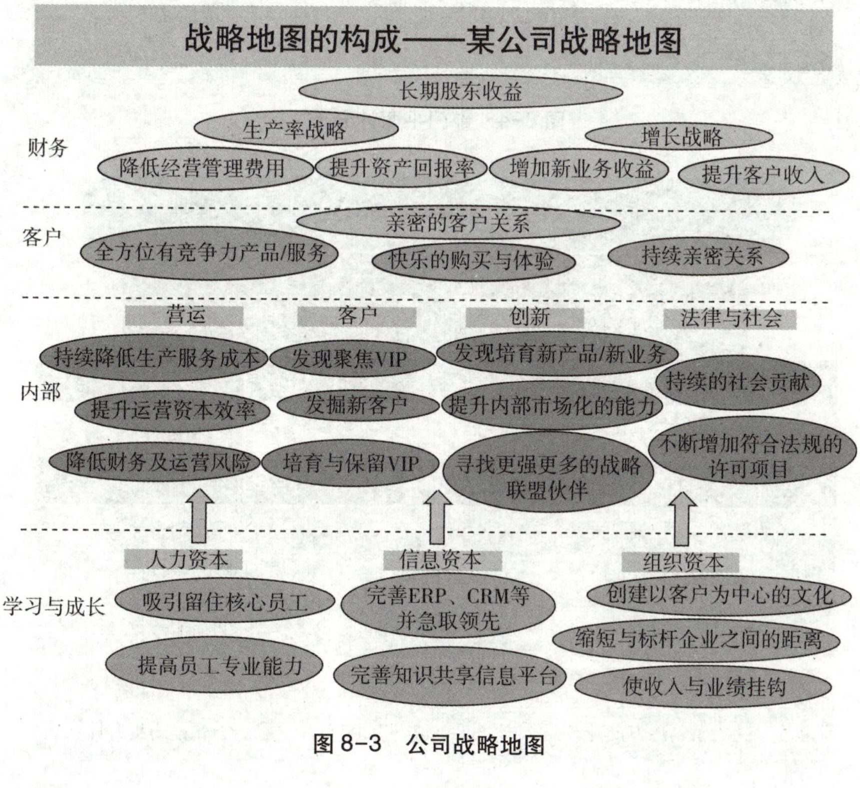

图 8-3 公司战略地图

（二）PDCA 循环管理法

各种管理方法都有其独特的个性，但探究各种方法实施的全过程，会发现它们往往有彼此相似的规律——按照计划、执行、检查、处理（即 PDCA）的循环不断地重复进行。美国统计学家戴明提出的 PDCA 循环（也叫戴明循环），在质量管理工作中得到推广。其实，它的应用大大超出了质量管理的范围。它不但反映计划、组织、控制三项管理功能的有机结合，也表述了企业经营管理工作的一般规律。所以可以说，PDCA 循环是企业经营管理中的一种

部门平衡计分卡的战略图实例

	战略目标	战略衡量指标
财务	提高人力资源收益率 控制人力资源成本	人均产出 人均薪酬比率
客户	吸引和留住核心员工 提高客户经理的素质	核心员工流失率 客户经理素质达标率
内部流程	高效的人力资源管理流程 多渠道的招聘管理 建立更富竞争力的员工激励和薪酬机制	人力资源管理流程满意度 人才招聘合格率 员工激励和薪酬机制满意度 （或行动方案完成）
学习与成长	提升专业能力和水平 打造高效的人力资源管理团队	专业测试通过率，或行动方案完成情况 内部客户评价通过率

图 8-4　部门平衡计分卡

个人平衡计分卡的实例

销售代表个人平衡计分卡：
1.负责公司产品在制定区域的销售；
2.负责公司制定客户的维护。

角度	目标	衡量指标	目标值	行动方案
财务	实现业绩最大化	销售额	X/Y/Z	季度销售计划
客户	建立良好的客户关系	客户满意度	X/Y/Z	客户维护计划
内部流程	老客户的挖掘	老顾客季度消费	X/Y/Z	季度销售计划
	新客户开发计划	新顾客季度消费	X/Y/Z	客户维护计划
	售后服务改进	行动方案完成情况		售后服务改进计划
学习与成长	个人产品知识加强	产品知识考试合格率	X/Y/Z	
	个人营销能力提升	行动计划完成		营销能力提升计划

图 8-5　个人平衡计分卡

最基本的方法。

PDCA 循环的含义。PDCA 循环的含义如下：①P（计划）：根据企业目标，制订计划。②D（执行）：按照计划，定出措施，组织执行。③C（检查）：对照目标，检查效果，发现问题。④A（处理）：总结经验，把成功的经验肯定下来，并纳入标准；把遗留的和新产生的问题转入下一循环，规定新的目标，继续求得解决。

PDCA 循环的运行状态。PDCA 循环的运行状态如下：①PDCA 循环犹如车轮一般，按P、D、C、A 四个阶段不停转动。②整个企业的管理系统构成一个大的 PDCA 循环，而各个部门、各个环节的管理又都有各自的小的 PDCA 循环。这样，大环套小环，小环保大环，一环扣一环，一起转动，见图 8-1。③PDCA 循环每转动一圈，就提高一步。如同登梯一般，不停地转动，逐级升高，问题随之不断得到解决，经营管理水平也不断提高，见图8-6。

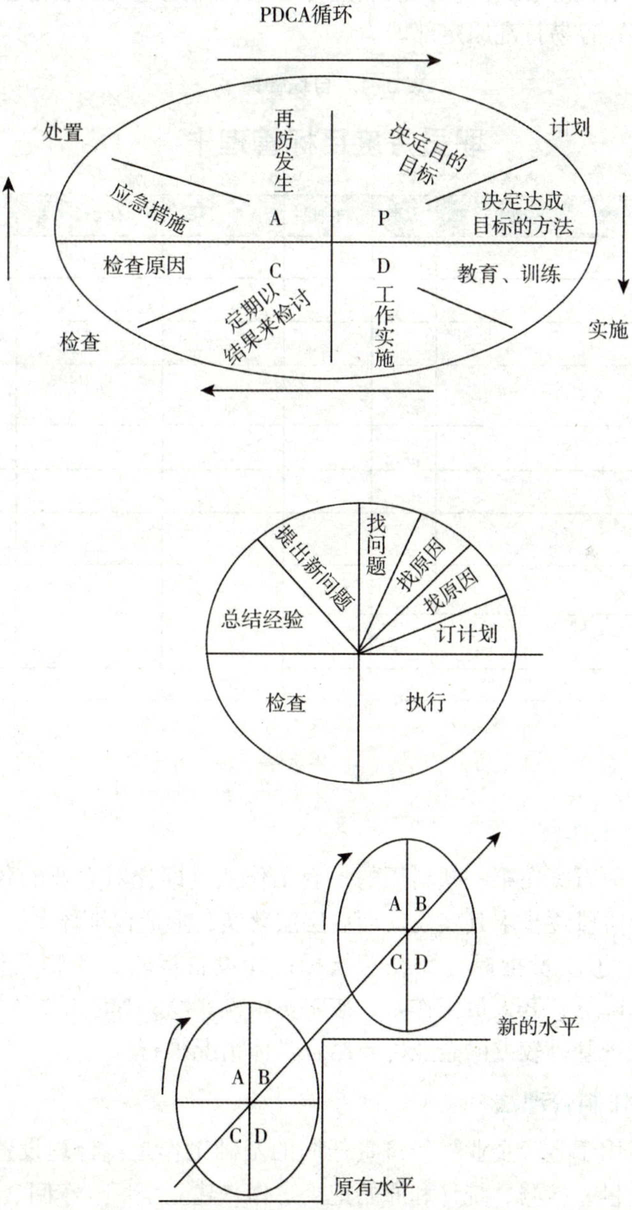

图 8-6 PDCA 循环

（三）目标管理法

目标管理是指以企业总目标为依据，从最高领导开始，逐级的主管与其下属协同定出本部门和每个人的目标，以及达到目标的计划和实施进度，据此填写目标卡（见表 8-1），并将全过程记录下来，到期终作出评定，给以奖惩。而后重新制定目标，开始新的循环。显然，这是 PDCA 循环在计划管理方面的应用。

实行目标管理，可以在指定的时期内获得明显的效果。而且由于上下协调，层层落实，检查、控制、奖惩都比较易于执行。其缺点是容易忽视非定量的目标、例外事件或新的机会等；外部环境多变时，容易打乱原定部署。

表 8-1　目标管理卡

职员月度目标管理卡

姓名：　　部门：　　职务：　　评价周期：　年　月至2009年　月

月度重点工作目标项目			工作目标描述	权重	完成时间	条件与资源	评分标准	工作成果	自评得分	上级评分
职务工作目标70%	1									
	2									
	3									
	4									
	5									
	6									
共通性目标30%	1									
	2									
	3									
加分项目						减分项目				
								总计得分		

目标设定本人：　　　　直接上级确认：

目标设定日期：　年　月　日　　　　目标确认日期：　年　月　日

（四）满负荷工作法

满负荷工作法是原石家庄第一塑料厂的一套工作法，即先对企业的各项工作提出较为先进的目标，分成几个阶段逐步求其实现，而后层层落实，形成保证体系，并与个人报酬挂钩。其主要内容有 9 项：①质量指标；②经营指标；③设备运转；④物资使用；⑤资金周转；⑥能源利用；⑦费用降低；⑧人员工作量，按定员定额；⑨8 小时工作，提高工时利用率。

此法最适用于管理基础较差的企业，要结合具体情况推行。

（五）经济责任制管理法

经济责任制更适用于生产企业。经济责任制的基础工作是：合理设置企业机构，做好定额定员工作；健全计量、检测、统计和原始记录工作；建立全厂、车间、班组三级核算体系。

目前实行经济责任制的组织措施如下：建立领导小组，以总经理为首，有关各方面主管参加，审查经济责任制的总体方案，并对实施过程加以监督检查；指定主管部门，一般是企业管理办公室、总经理办公室等综合部门，由其提出总体方案；以计划、承包等方式将要求分解到各部门，再层层落实到车间、班组和个人；建立联合办公制度，由主管部门及主要职能部门负责人参加，负责协调、平衡、汇总和查核各部门执行结果，确定奖惩；建立经济责任制信息网络，各环节都有人员负责收集、整理执行结果，并沟通信息。

四、创业企业的基础管理

企业要真正搞好经营管理，须有坚实的基础。基础管理工作有如下几个方面：

（一）规章制度

企业必须贯彻执行国家的法令、条例和政策等，还要根据实际需要制定必要的企业规章、守则。建立严格的制度，使考勤、交接班、工艺操作、质量检验、财务出纳等环节都有章可循。在建立规章制度的过程中，要贯彻民主集中的原则。执行时要严格，尤其是领导和管理人员要身体力行，不能例外，这样才能做到有法必依，树立民主法治的作风。

（二）原始记录

1. 企业原始记录的重要性。企业一切活动的结果必须以一定的表格形式，用数字或文字加以记录。要随时更新企业内部的各项原始记录和技术、管理、经营资料，使之形成统一协调的企业信息系统，以适应现代企业经营管理的需要。这是健全企业经营管理工作的重要内容之一。信息务求准确，绝对不能主观估计，更不能凭空捏造。

2. 企业原始记录的内容。企业原始记录的内容包括以下几个方面：生产方面，规程、图纸及工艺更改通知单、产品品质鉴定报告、各种计划大纲及定额资料等，都是企业生产活动必不可少的原始资料。此外，还要建立企业的市场信息系统。

3. 计量检测工作。企业应根据生产规模和实际工作的需要，设置专门的计量检测机构，配备必要的人员；购置必要的计量检测器具，建立标准，加强对器具的检验和维修，以保证其准确性；健全工作责任制，制定工作规程，并严格执行，提高工作质量。这对保证产品质量，提高劳动效率，加强经济核算，以及对材料、物资的收发和消耗等，都有极大关系。小型企业一时财力不足，无法置备昂贵的计量或测试设备，除了购置非备不可的器具设备外，可以合办测试中心，或者利用科研机构的设备。

4. 统计工作。有了比较完整的原始记录，还要进一步根据有关规定和企业需要，应用统计方法及时加以统计分析，而后才能开展决策、计划和定额等工作，并以其作为检查考核的依据。统计工作以原始记录为基础，涉及整个企业。

统计工作必须及时、全面、准确。这样，总经理及各级管理人员就可据以处理问题，作出决策，进行检查、控制和指挥。

5. 定额工作。在一定的生产技术和生产组织条件下，企业要规定人、财、物消耗应当达到的定额。企业经常采用的定额有：

（1）生产：生产周期、生产批量、在制品定额等。

（2）劳动：单位产品（或零件）的工时定额、工序工时定额、设备看管定额、工时利用率等。

（2）物资消耗：单位产品（或零件）原材料（燃料、动力、工具）消耗定额、材料利用率、物资储备定额、采购周期等。

（4）设备：单位产品（或零件）台时定额、设备生产能力（容量）定额等。

(5) 成本费用：单位产品（或零件）成本定额、企业管理费定额、车间经费定额等。

(6) 财务资金：储备资金定额、生产资金定额、成品资金定额、资金利润率、百元产值占用流动资金、流动资金周转天数等。

(7) 其他：工具消耗定额、单位作业面积产量定额、单位产量耗电定额等。

有了科学的定额体系，还要有科学的定额管理制度。良好的定额管理对组织劳动、推动经济责任制、贯彻按劳分配、提高劳动生产率、加强经济核算、降低产品成本等方面都有重大的作用。

6. 员工培训。企业应将提高员工素质作为一项基本建设来抓，确定培训目标必须结合企业的实际条件和决策目标。新建企业根据一定标准招收员工后，要有一个熟悉业务、认同企业形象的过程。有些国外的大型企业有计划地组织员工参加培训，为员工讲授企业文化、企业历史、经营思想、管理技巧、行为科学、公共关系等课程，并以其作为提升干部、补充中高级经营管理人员的手段，是有进取精神的大型企业自我发展之路。

知识链接

创业企业如何发挥自身优势

创业企业的特点是小、灵活，因而在人力资源管理上，创业企业不能也无须像大企业那样面面俱到，只要根据特点，充分发挥自身的优势就可以。

（一）突破血缘、亲缘关系，走出家族制的藩篱

创业企业多半是靠创业者白手起家，一点一滴干起来的，企业在原始积累的过程中经历过千辛万苦甚至是生与死的较量，早期建立的创业企业尤其如此。所以许多企业领导人把企业财产视同私有财产，在企业中担任要职的一般都是本家族成员，而对企业中非血缘关系的员工信任度非常低，外来员工很难享受股权，永远被视为打工者。这种家族式管理存在天然缺陷，会对外来员工的活力起到一种排斥作用。因此，创建现代企业制度不仅是国有企业的事，创业企业更需要加快制度变革的步伐，早日走出家族制的藩篱。

（二）制定科学的管理标准

管理标准是履行管理职能时必须遵循的权责标准、程序标准、法律标准、制度标准及实施标准：能干什么、谁去干、怎么干，以及不准干什么具有明确的规定性和较强的约束力。建立并贯彻执行管理标准是现代管理区别于传统管理的一个鲜明特征，创业企业必须从管理法制化、科学化的高度来认识管理标准的重要性。

（三）制定严密的管理制度

制度一经制定，就是企业至高无上的“法”，每个人必须依“法”办事，任何人不得凌驾其上。为此，在执行制度时必须具有时效性、可操作性、明晰性，让企业和员工一起成长。

（四）管理方法、手段的多样性与综合性

管理方法与手段是随着社会和科技发展而不断丰富和发展的，管理方法与手段的应用直接影响管理效果。这里有两个值得注意的问题：

一是不能忽略思想的、文化的方法，其对人的世界观、价值观的形成，对行为的导向及

组织的凝聚力有着重要的影响，是管理中的重心，也可以称之为管理的基础。

二是不能只强调或偏重哪一种或哪几种方法及手段的应用。我们常常讲善于管理，而善于管理就是要善于使用和综合运用各种管理方法和手段。

（五）提升企业文化

企业初创时期，对员工的吸引主要是靠人性化的管理和机会牵引。应当承认，创业企业家族式管理的凝聚力和战斗力有着天然的合理性，然而随着企业的发展，业务和人员的稳定及制度的规范，家族式企业的优势会渐渐消失殆尽，维系员工除了合理的薪酬激励和公平分配外，更主要的是企业文化的牵引，即企业必须提供共同奋斗的愿望、价值观念和文化氛围，激发员工目标与企业目标的“趋同”。

任务3 人力资源管理概述

任务导引

唯真才是举

日本本田技研工业公司董事长本田宗一郎在他创业25年后，即他60岁时，自感需要让贤，于是他把这份事业交给当年才45岁的河岛喜好。10年后，河岛又把接力棒传给51岁的久未是志。正是他们几位奠定了本田四轮汽车事业的基础，成为继丰田、日产后日本汽车行业第三把交椅的占有者。本田宗一郎压根儿没有想过由儿子来接手他的事业。他自有他的经营哲学：“家庭归家庭，事业归事业。”为了让贤，他甚至用眼泪去劝说任该公司常务董事的弟弟一起退休。可见，重视人才是使本田公司事业走向顶峰的秘诀。

一向以独创技术驰名的索尼公司，曾有一段时间在成倍增长的计算机市场上落后于人。索尼知道，要想后来居上，必须尽快拿出新产品。按常规，让科研部门研制新产品至少需要两年时间，这显然不利于市场竞争。于是索尼公司的决策者们出人意料地决定在企业内进行公开招标，结果三位被认为“怪才”的员工中标。尽管不少人反映，他们自尊心太强，点子太多，清高而不合群，但索尼领导却放手让他们“组阁”。课题、经费、时间、设备一切自主决定。结果只用了半年，印有索尼商标的NEMS型微型计算机便出现在商店，其性能高于同类产品，价格却便宜一半。索尼占据了大片市场。一年以后，索尼又推出高速度大型计算机，其研制速度使其他计算机厂家大为惊讶。

如果说索尼公司是选用“怪才”的话，那么，“本田技研社”则是只用“怪才”。因为他们坚信“没有个性鲜明的人才，就不会产生独具特色的商品”。“本田技研社”专门招收个性不同的“怪才”。本田的职工，一般是两种人：一种是“本田迷”，即对本田喜欢到入迷的程度，他们不计较工资待遇，而是想亲手研制发明新型本田车；一种是一些性格古怪的人才，他们或爱奇思异想，或爱提不同意见，或热衷于发明创造。本田认为：对职工必须大胆委托工作，但要提出高目标。至于如何达到，领导无须指手画脚，让“怪才”们自己想办法。“人只有逼急了，才能产生创造性”。在美国获汽车设计大奖的本田新车型，都是那些“怪才”发明的。

分析讨论

1. 案例中的企业是如何吸引人才的？

2. 你认为企业应如何招聘人才。

一、人力资源管理

人力资源（Human Resource，简称 HR）是和人口资源、劳动力资源、人才资源等概念相互联系而又相互区分的概念。经济学把可以投入到生产中创造财富的生产条件通称为资源。世界上的资源可分为若干种类，如物力资源、财力资源、信息资源、时间资源、技术资源、人力资源等。在所有的资源中，人力资源是第一资源。

人力资源是指一定时期内组织中的人所拥有的能够被企业所用，且对价值创造起贡献作用的教育、能力、技能、经验、体力等的总称。

如果从狭义方面出发，人们有时认为人力资源就是劳动力资源，从人力资源管理的角度分析是顺理成章的。如果从人力资源开发的角度看，主要是提供源源不断的高素质的劳动者，因而，人力资源更突出质量，是质量和数量两者的统一。劳动力资源是从管理的角度出发，而人力资源是从开发的角度出发。

企业最重要的资产并不是它拥有的建筑、机器设备、存货或应收款，而是它的员工。招聘合适的人员并把他们安排在恰当的工作岗位上，这将给企业带来良好的利益。这些利益不仅是金钱方面的，而且在于通过提供体面的工作条件，建立一支稳定的、忠诚的员工队伍。

（一）新员工招聘

员工招聘是人力资源管理的基础性工作。有效的新员工招聘对创业者和应聘者来说，既可能是一种互利关系的开始，也可能是一系列错误的开始。企业要将招聘信息通过多种渠道向社会发布，向社会公众告知用人计划和要求，确保有更多符合要求的人员前来应聘。企业可以通过以下方式搜寻候选人信息：

一是应聘者自己所填的求职表，内容包括性别、年龄、学历、专业、工作经历及业绩等；

二是推荐材料，即有关组织或个人就某人向本单位写的推荐材料；

三是调查材料，指对某些岗位人员的招聘，还需要亲自到应聘人员工作过或学习过的单位调查，以掌握第一手材料。

企业选择员工的程序是首先要接收申请材料，然后对所有应聘者的情况进行初步审查、面试进行知识技能与心理素质测试、核实应聘者的相关信息以确定最终的录用者。人员录用过程一般可分为试用合同的签订、新员工的安置、岗前培训、试用、正式录用等几个阶段。新员工招聘应遵循如下原则：

1. 因事择人原则。所谓因事择人，就是员工的选聘应以实际工作的需要和岗位的空缺情况为出发点，根据岗位对任职者的资格要求选用人员。

2. 公开、公平、公正原则。公开就是要公示招聘信息、招聘方法，这样既可以将招聘工作置于公开监督之下，防止以权谋私、假公济私的现象，又能吸引大量应聘者。公平公正就是确保招聘制度给予合格应征者平等的获选机会。

3. 竞争择优原则。竞争择优原则是指在员工招聘中引入竞争机制，在对应聘者的思想素质、道德品质、业务能力等方面进行全面考查的基础上，按照考查的成绩择优选拔录用员工。

4. 效率优先原则。效率优先原则就是用尽可能低的招聘成本录用到最佳人选。

企业招聘可以通过外部招聘和内部招聘这两个主要渠道进行。外部招聘的渠道大致有：人才交流中心、招聘洽谈会、媒体广告、网上招聘、校园招聘、人才猎取和员工推荐等。内部招聘是将招聘信息公布给公司内部员工，员工自己可以来参加应聘。

（二）员工定岗

当一个职员入职一家企业，也绝不仅仅意味着一纸合同。合同背后是员工青春年华的投入，是公司兴衰成败的肇因，是权利与责任的对等。一个企业好不好，员工在入职第一天就能感受到。让新员工对就职的第一天留下深刻的好印象，就意味着入职培训和员工融入新环境成功了一半；同时，也对后续同事之间沟通合作做好了准备。因此，要让新员工从进入企业的第一天开始就能找到自己的恰当位置。

所谓员工定岗是指在企业组织结构确定的条件下，采用科学方法确定企业岗位设置和各岗位人员数量的过程。亚当·斯密在其不朽著作《国富论》中所描述的制作别针问题生动地表明了分工与定岗之间的关系：如果每个工人都完成从抽丝、拉直到切断、削尖的制作别针的全过程，则每人每天最多制作20根针；而如果将全过程分成若干工序，每个工人完成一个工序，则每人每天的产量提高到4800根。定岗也就是按照专业化原则将一个整体分解为若干部分，然后将性质相同或类似的任务合并为一个岗位。

定岗的本质在于分工，因此企业在确定了组织结构之后，对部门层级以下的岗位设置，就是将部门职责和业务流程中相同或类似的任务合并同类项，确定为一个岗位，这是基本的原则。

1. 因事设岗。岗位和人应是设置和配置的关系，岗位必须按照企业各部门职责范围设定，而不能颠倒。很多企业也存在因人设岗的现象，因人设岗也并非绝无可取之处，但因人设岗只能针对少部分高端人才或国有企业为改革减少阻力而作出的战术安排等特殊情况，而不是普遍状态。

2. 协作原则。岗位设置强调专业化分工，但各岗位间有效的协调也尤为重要。因此，在分工基础上有效地综合，使各岗位职责明确又能上下左右之间同步协调，以发挥最大的企业效能。

3. 最少岗位原则。既考虑到最大限度地节约人力成本，又要尽可能地缩短岗位之间信息传递时间，减少信息传递中的衰减效应，提高组织的战斗力和市场竞争力。

4. 客户导向原则。为客户创造价值是企业存在的依据，因此岗位设置必须从客户角度考虑问题。这里的客户不仅包括外部顾客，还包括内部客户。

5. 监控原则。在企业中，有些工作之间存在监控关系，如财务中的会计和出纳，必须分别设立。

6. 一般性原则。岗位设置应基于正常情况的考虑，不能基于例外情况。

新员工定岗应考虑如下影响因素：

落实工作，主要是让新员工了解他们所要从事的工作。

让在职员工对新员工进行辅导和监督。

设计简单的工作障碍。

制定新员工培训时间表。

划定新员工工作范围。

每天对新员工工作绩效进行评估。

随着企业外部环境和管理实践的发展，岗位设置产生了一些新趋势：

一是岗位扩大化。专业化分工使员工能力高度专一，提高了劳动效率，但也容易造成员工单调感、厌倦工作；同时高度的专业化不利于岗位之间的信息沟通，从而容易导致缺乏活力、抑制创新。因此，很多企业在岗位设置时适当扩大岗位工作范围，从而避免以上问题。

二是团队化工作方式。企业越来越多地采用团队工作的模式，比如研发团队、市场策划团队及其他强调创意的团队，在团队工作中，只存在大致的分工，而没有绝对的岗位界限，团队成员更强调各自在团队中的角色定位，按照能力而不是岗位发挥作用。如果在团队中强调岗位，反而会破坏团队工作氛围，抑制团队工作优势。

三是弹性岗位设置。有人提出基于能力的岗位设置方法，其主要特征为：岗位工作目标和职责比较模糊，员工不必拘泥于岗位职责范围，从而有利于发挥个人特长，进而使企业具有应对市场变化的弹性。这种形式在第三产业尤为突出，因为第三产业是高度依赖于人的，员工的能力和积极性对工作任务的影响非常大。

这些都是在新经济条件下岗位设置所表现出的一些新趋势，但在我国这样一个以制造业为主、第三产业尚不发达的国家，这些趋势目前还不是主流；而且，这些趋势都是在规范的专业分工岗位设置基础之上形成起来的，并非对分工的否定，而是对分工的发展。

（三）注意员工的需求

按照马斯洛的塔式需求结构理论，人除了生理需求外，更重要的是心理需求。因为，生理需求比较容易发现和满足，而心理需求更容易被人们所忽视。作为一个管理者，在满足员工最基本的薪酬待遇的需求后，更应该用心了解员工的心理需求。因为，心理需求更容易影响一个员工的工作效率。例如，沃尔玛公司十分关心自己的员工，公司里几乎所有的干部都用上了镌有“我们关心我们的员工”字样的包纽扣。他们把员工称为“合伙人”，并注意倾听员工的意见。那些最妙的主意都是店员和伙计们想出来的。在沃尔玛公司，干部必须以真正诚恳的尊敬和亲切对待自己的员工，必须了解员工的为人、他们的家庭、他们的困难和他们的希望，必须尊重和赞赏他们，表现出对他们的关心，从而帮助他们成长和发展。

1. 薪酬计划。对于员工来说，工资是决定他们工作的一个重要因素。他们希望自己得到的报酬能够反映出他们贡献给企业的各种技能，以及所付出的辛勤劳动。如果创业者想要吸引并留住优秀员工，就必须认真考虑在别的企业从事相同工作的员工的工资报酬。

2. 额外福利。在所有额外福利中，病休和假期是员工最为看重的。创业者应设计一整套包括各种额外福利的方案。

3. 人际关系。工作满意对员工而言，相比较高工资和优厚的福利待遇更为重要。创业者有责任为员工提供最好的工作环境，并确保员工和企业间能够畅通无阻地进行双向交流。

4. 工作条件。良好的工作条件与员工的健康、舒适和安全一样都应该是创业者真正关心的事情。一个好的工作环境不仅可以防止发生意外事故，而且非常有助于提高员工的工作效率。工作场所必须通风良好、冷热适度、光照充足。还必须安装卫生设备和安全设施。任何一家企业的健康和安全计划中，急救药箱和急救电话号码都是必不可少的。

总之，创业者应该站在员工的角度来体验员工，考虑他们的需求，了解他们所处的环境和他们的真正感受。运用内部营销的方法和技术，即把员工看成企业的内部顾客，运用营销调研技术，如一对一访谈、问卷调查、圆桌会议、实地观察等技术去了解员工的动机、情绪、信仰、价值观、潜在的恐惧和反抗等，以此准确了解和把握员工的情感、需求和欲望。加强交流与沟通，建立内部正式的和非正式的互动式的沟通和反馈渠道，通过情感沟通，了解不同员工的不同需求，也了解不同时期的需求重点。与此同时，通过对员工的家庭与亲戚朋友、企业顾客、供应商、离职员工的调查和访谈，来间接了解员工的真实情况。

（四）管理员工必须具备的个人特质

作为创业者，与员工相处的主要任务之一就是尽可能地吸引和持续激励员工。以下个人特质能帮你成为人们都愿意为之工作的那种领导者。

1. 有愿景。在企业的政策和程序方面有坚定的信念并不意味着有愿景。创业者应该学会用言语来描绘愿景并与那些想留住的人不断交流你的愿景或是公司的愿景。愿景一定要让关键员工参与进来，要能够跟上时代的变化。

2. 有激情。员工需要激情。要构建一支卓越的团队，创业者就要燃起“他们内心的火焰”，让他们感到对公司的激情与领导的愿景息息相关。激情是成为一名优秀领导者非常重要的一部分，没有激情你就根本不能成为优秀领导者。

3. 学会成为杰出的决策制定者。事实上，“Q—CAT”是一个用来使自己成为更好的决策制定者的体系，其中，Q=Quick，迅速，速度要快，但不能草率。C=Committed，坚定，坚持自己的决策，但不要太刻板。A=Analytical，分析，要善于分析，但不要过度分析（太多的分析反而无效）。T=Thoughtful，周详，考虑有关的事要周到仔细，但不要过了头。当你使用“Q—CAT”体系的时候，它会帮助你决定何时让别人参与流程、需要采取什么步骤，帮你作出更好的决策。

4. 成为团队建设者。要成为优秀的领导者，首先需要组织起一支优秀的团队。要从向团队移交职责开始做起，让你的团队带着责任开始运作。教会团队使用“Q—CAT”决策制定体系，给他们自由，让他们能作出自己的决策。当计划偏离或是团队超出了最后期限时，让他们知道你支持他们，愿意帮助他们。做好改变计划或是制订新计划的准备。别忘了在危机时刻用幽默来让团队士气高涨。

5. 有鲜明的性格。性格强项和弱项在领导风格中起到了关键的作用。随机应变、足智多谋、警觉机敏、信心十足、成熟稳重、坚韧不拔、通情达理、诲人不倦、勇于创新、乐观豁达、宽厚待人、不急不躁、热情洋溢、充满激情、沉着冷静等，每一个性格特征都是一种可以在任何企业派上用场的管理技巧。

总之，优秀的领导者是有着清晰的愿景并能把这种愿景变成其他人能看到的生动画面的人。当你谈论愿景时，应当伴随着发自内心的激情，一种能创造出无限积极性的激情，让你的团队想要立刻加入进来。需要作出重要决策时，应当鼓励大家使用“Q—CAT”体系，对他们的行为负责。要不断评估自己的性格，永远保持成长，不管是个人方面或是职业方面。如果你能将这项五项关键因素应用于领导力之中，就能顺利地成为一个被优秀人才所包围的优秀领导者。

（五）提高创业者的管理技能

管理技能是指管理者行使有效管理职能所需要的知识、技能、能力和态度，主要体现在管理者的行为方面。管理技能是可发展的。通过实践和反馈管理者可以改善并不断提高他们的管理技能。为此，创业者管理员工的时候，要清楚什么事情该做。创业者应该坚持不懈去做的是：始终如一，公正、诚实，激发员工的热情，鼓励员工提出问题和独立思考，要让员工树立信心，要和员工充分地交流和沟通，主动倾听员工的呼声，要认识到个人能力的差异性，树立个人榜样并对员工的个人才干给予更多的关注。

二、人力资源管理核心

对于一些从事人力资源管理工作的新手而言，总觉得人力资源很重要，管理职能也很多，可对于如何突显人力资源的重要性这一问题，往往无从下手。其实，人力资源管理的职能虽多，但岗位（Position）管理、绩效（Performance）管理和薪酬（Pay）管理这“3P”，却占据了中心地位，成为实施科学管理的基础，成为人力资源管理的核心。

岗位管理。岗位管理如同为员工设计成长的舞台，一般分为岗位设计、岗位分析和岗位评价三个步骤。第一步是开展岗位设计，确定新企业的机构、岗位及流程。对于老企业而言，则应根据企业发展状况对现有的岗位和流程进行优化；第二步是进行岗位分析，形成岗位说明书。岗位说明书应该包含的内容有：该岗位在组织中的地位以及同其他岗位之间的工作关系，该岗位的职责、任务和工作目标，该岗位的工作环境、条件以及该岗位的入职要求等。为了使上述内容规范明了，岗位说明书一般以表格的形式表达；第三步是进行岗位评价，对各个岗位在组织中的作用、价值作出评价，为薪酬管理提供依据。岗位管理是整个企业管理的基础，其工作质量的高低决定了管理效果的好坏，因此，从业者要充分重视这项基础性工作，及早开展并不断改革创新，使其趋于完善。

绩效管理。绩效管理是人力资源管理中难度最大的一项工作。绩效考核指标的制定非常复杂、烦琐，即便是经验丰富的老手也很难在短期之内制定出一套科学、合理且操作性很强的绩效。绩效考评指标体系建立后，考评中也难免出现人为误差或系统误差。因此，绩效管理工作除了要设计一套科学、合理、操作性强的绩效考评指标体系外，还应加强对考评人员的培训，减少考评的误差，做好考评结果的沟通，减少因考评引发的矛盾。最关键的是要运用好考评的结果，使其与奖惩挂钩，与薪酬挂钩，与企业计划和战略挂钩，让绩效管理这一难度最大、耗时最长的工作，真正为企业发展提供动力。

薪酬管理。西门子全球总部人事副总裁高斯说：“我们西门子这么大的公司能凝聚在一起，它的凝聚力主要有两个原因，一是金钱，一是人力管理。”对企业而言，薪酬是企业的运营成本，成本不能超出员工创造的价值，否则企业就会亏损。企业如何进行薪酬管理，反映了决策者的价值观，如能长期积淀，还会形成特定的企业文化。由此可见，薪酬管理关系到人力资源管理的成败，难怪西门子公司会如此重视，从业者有必要在薪酬管理上多花精力、多动些脑筋。

人力资源管理中的3P，彼此紧密相关，构成一个整体。其中，岗位管理是人力资源管理的基础，是做好绩效管理和薪酬管理的前阶性工作；绩效管理是人力资源管理中的难点；薪酬管理是人力资源管理成败的关键。

（一）岗位招聘

所谓好的开始是成功的一半，通常是说，从准备到实操具备良好的统筹性。从人力规划（简单地说是企业岗位补员计划）到实际的招聘，无论是外聘还是内聘，都体现了人力资源部门与直接职能部门的密切关系，即从以往的一手包办到当前共同协作，在确认招聘人员与查对“工作说明书”及具体的初试和复试，尤其是招聘专业技术人员时，直接职能部门的主执程度更高。

人力资源部门：按直接部门提供信息检查或制作“工作说明书”，制订相关人员招聘计划；确定招聘方式及渠道进行初步挑选，向直接部门推荐入围应职者；提供考查与沟通建议项；参与确认入职人员，办理录用与入册手续。直接职能部门：通过提供岗位职责辅助进行选择，说明本部门对未来入职员工的具体需求描述相关需求明细，使人力资源部确认甄选测试；对面试应征者进行面谈，提供专业和职位资格意见，与人力资源部沟通决定录用人员情况。

人力资源部门与直接职能部门相互配合，以符合入职条件为基础，充分交换意见，达到共识。“双剑合璧”才是招聘之道。确认人选后的录用与试用期考察，同样，需要站在企业与部门使用和对入职者负责任的角度上，把握预期与实际的评鉴与反馈，顺利通过适应性的“磨合期”考察和人力开发与配置成功，从而达到控制重置成本。

许多企业用人部门对进入试用期的员工，尤其是重点岗位或基础管理人员采取不冷不热的态度，往往是造成重置成本再发生的主要因素，应注意以下几点。

第一点，作为用人部门应引领入职者从熟悉环境过程中尽快从心理上贴近该岗位的工作要求；将以过往的经验结合新岗位发挥出来。

第二点，作为人力资源部门应有“两手准备”，一是密切协助用人部门和入职者的相互适应，二是及时发现双方不符合程度，利于尽早从候任人选中选择适合者。

（二）绩效管理

企业推行绩效管理旨在提高企业经营管理效率和盈利水平，同时也旨在提高员工的综合能力和职业素质。企业若要赢在绩效，首先要落实好三方面的问题：一是管理者与员工就目标及如何达到目标需要达成共识；二是绩效管理强调沟通、辅导，而不是简单的任务管理；三是绩效管理重视达成目标的过程，不要仅仅强调结果导向。其次是企业老总要有个清醒认识。绩效管理是对具有一定素质的员工进行的考评其岗位应承担责任所达到的阶段性结果，以及在达到过程中的行为表现、能力提升，是促进员工取得优异绩效的一个闭环管理过程。但绩效管理应有所侧重：一方面，绩效管理属计划式而非判断式，着重于过程而非评价，寻求对问题的解决而非寻找错处；另一方面，绩效管理是推动性的而非威胁性的，绩效管理的根本目的在于绩效的改进与提高，需要管理者与员工双方共同努力。

（三）薪酬待遇

设计薪酬要遵循五大基本原则：公平性原则、遵守法律原则、效率优先原则、激励限度原则、适应需求原则。

1. 公平性原则。

对内公平。员工工作努力，所作贡献、取得业绩与所获得报酬对等；内部相同工作或能力相当人员之间，报酬对等。

对外公平。员工会将自己的报酬与本地区同行业的其他人或同学、亲戚相比，从而产生公平感。企业的薪酬要确保对外公平，即要有相应的竞争力。当一定时间内，员工工资待遇高于同行业其他公司时，员工会产生满意感。在这种情况下，企业有利于吸引和留住优秀人才，获得较强的人力资源竞争优势。

2. 遵守法律原则。薪酬政策必须符合国家和当地政府制定的有关法律、法规。如我国颁布的劳动法、最低工资保障法，在深圳经济特区还有《劳动合同条例》《劳动用工条例》等规定。

3. 效率优先原则。企业都希望花最少的钱，产生最大的效益。但实际操作中，许多企业就因为将问题简单化而“因加得减”“花钱买难受”。员工也会因企业操作不当而“吃肉骂娘”。

如何才能“把钱花在刀刃上”？在操作策略上要把握“恰到好处”的妙处。如充满人情味的小额福利就是一个很好的例子，花钱不多，突出个性，人情做足，效果非常理想。

4. 激励限度原则。有些财大气粗的公司，不惜成本，不讲策略地把钱给多了也会坏事，这样不仅减少了企业的利润空间，也起不到激励员工的目的。

5. 适应需求原则。马斯洛将人的需求分为五个层次，我们在制定薪酬政策时，一定要针对不同时期、不同类型的员工设定相应的薪酬。也就是说，我们要找出员工的需求点（兴奋点），然后“对症下药”，激励的效果才能最好。

三、人力资源管理的价值

首先，它的价值在于资源利用与权力分配。

所谓资源利用，就是要合理利用与调配现有的人才，即把合适的人放在合适的位置上，重点是不能浪费人才资源与组织资源。

所谓权力分配，就是要设计有效的组织架构，并依据组织架构进行人事布局，厘清业务分管与汇报关系，划分权力范围与责任归属。

其次，它的价值在于储备人才与知人善任。

所谓储备人才，是根据企业发展的战略与目标，人力资源部门应该提供多少什么样的人才与之相匹配，避免人才的数量与质量供不应求。储备人才除了外招内荐，内部培养也是其重点，进行储备人才的前提是企业有配套的职位职务体系、等级划分、晋升渠道。

所谓知人善任，是希望在人力资源部门引导下，人力资源管理人员及各级主管，要对其所用之人的想法、动态、特点、能力、优势等把握得较清楚，这样才好把这些人才任命到企业需要的地方，就不会因为错用误用而频出乱子。这也是业界所说的找对人、放对位、做对事。知人善任，可以通过能力素质模型、任职资格评估等方式来落实。

再次，它的价值在于人尽其才与核心团队。

所谓人尽其才，就是要解放人的能动性，让其发挥最佳的潜能，产生最佳的效益。人的潜能可以说是难以估量的，要驱动人才把自己的看家本领都使出来，企业需要一系列行之有效的绩效激励机制、薪酬福利机制、育才选才留才机制以及具有吸引力的企业文化。

所谓核心团队，是指企业要打造一批中流砥柱，即核心管理人才、核心技术人才、核心业务人才以及关键职位人才，有了这个稳定的核心团队，企业可以抵御风险与危机，可以快速做强做大。

然后，它的价值在于人力成本与人力价值。

所谓人力成本，即人才的取得、培养、使用、调整等成本，还有就是内耗成本。前面几种成本业界比较有共识，但内耗成本几无所涉，可它是一项难以估算却实实在在的巨大成本。

所谓人力价值，是指在人力成本的基础上，对人均创造的财务收益进行评估与核算，这个管理模式是整个人力资源管理的难点，虽然目前业界对它不是很重视（或许是没找到合适的方法)，但未来它必定是人力资源管理的重点与亮点。

接着，它的价值在于人力资源化与人力资本化。

如果一个企业的人力资源管理，把上述四大项都做实做足了，并真正体现出其价值，那么人力资源管理就可以堂而皇之地步入人力资源化与人力资本化的道路，人力资源部门不再是成本中心，它可以成为利润中心，这也就是人力资源管理的核心价值所在。

最后，它的价值在于参与运营形成三足鼎立。

实现了人力资源化与人力资本化管理，其最终目的或说最高宗旨就是参与企业运营与决策，确保企业战略与目的落地，形成三足鼎立（人、财、运营）。到了那时，人力资源部门及其管理人员就不会被口头上说很重要很重视，实际上却被企业边缘化了。

任务4 创业风险管理

任务导引

“视美乐”的失败

清华大学视美乐公司的“多媒体超大屏幕投影电视”项目曾获首届全国大学生科技创业大赛一等奖，并以此得到了上海第一百货公司250万元的风险投资。然而第二年视美乐公司并没有得到上海一百曾经许诺过的高达5000余万元的二期投资，最终公司将其技术以3000万元的价格卖给了澳柯玛集团。

在“视美乐”公司中负责管理的慕岩（清华创业者协会的创始人之一）认为，他们创办公司是符合时代发展要求的。他说，改革开放以来的创业分为三个阶段：20世纪80年代是靠勇气创业，有胆子就去办企业；90年代是靠头脑创业，起步是靠炒得火热的“点子”创业，后来是依靠经营理念创业，靠贸、工、技模式发展起来的联想集团就是典型；现在是靠知识创业，需要真正的技术实力推动企业的发展。

清华大学投资管理有限公司总经理潘福祥认为，学生办公司有他们的优势，比如有闯劲，不怕吃苦，能够不计时间报酬拼命地干。但是，他们也有缺点。那就是不懂商业运作，没有这方面的经验。竞争对手不会因为你是学生就心慈手软，消费者也不会因为你是学生就买你的产品，我们虽然认为他们的产品有前途，但并不认为一定会成功，因此，经常告诫他们要“如临深渊，如履薄冰”。他说：“我认为学生创业是一种方向，即使‘视美乐’失败了，这条路还是要走下去的。”（《光明日报》1999年8月23日）

“视美乐”的失败并非一个特例。在上海举行的一个“创业大奖赛”中获奖的20多名大学生，最终都遭遇创业“滑铁卢”。

分析讨论

1. 大学生在创业过程中都会遇到哪些风险？
2. 如何预防创业风险？

一、创业风险概述

创业风险

（一）创业过程中面临的主要风险

创业存在高风险，在创业过程和所创办的企业经营中都面临着随时被市场淘汰的风险。作为创业者，对所创企业的整个生命周期都要时时关注、处处关心。因此，增强风险意识，区分与识别风险并采取相应的风险预防措施是每一个创业企业所必然面对的课题。对创业的认识误区，会导致创业者付出的努力与回报产生严重的分歧，这就要创业者从思想上有一个理性的认识，从而提高创业成功的可能性。当创业者决定企业退出，要对企业进行充分的评估，选择恰当的时机，一方面可以减少损失，另一方面也可以使投资利益最大化。

1. 创业风险的概念。广义的风险，指的是由于客体的复杂性、主体能力与实力的有限性、环境的不确定性而导致某一事项或活动偏离预期的现象或存在偏离预期的可能性。简单地说，风险就是发生不幸事件的概率。如果从形式上将其进行划分，可以分为三类：一是必然风险，即无论如何都不能避免其发生的风险；二是潜在风险，它是否发生取决于诱发因素，即有可能发生，也有可能不发生；三是想象风险，即人们认为有可能发生，但其实并不会发生的风险。

对风险有了大体的了解后，我们这里将着重讲解创业风险。所谓创业风险，是指由于创业机会与创业企业的复杂性、创业者与创业团队能力与实力的有限性、创业环境的不确定性导致创业活动偏离预期目标的可能性。创业风险可能会给创业者的现行财产或潜在的利润带来损失。当然，这里所说的财产不仅指库存、设备等硬件设施，也指公司的人力资源、技术条件、信誉等软件。

2. 创业风险的共同特征。虽然不同的创业项目存在的风险不尽相同，但创业风险有一些共同的特征。了解这些特征有助于创业者更好地预测创业过程中存在的风险。

客观性。创业风险存在于创业活动的整个过程中，不以人的意志为转移，也没有办法完全消除，伴随着创业活动的始终。

损害性。创业风险与创业者的切身利益密切相关，风险一旦发生必然会给创业者的利益带来一定的损害。

不确定性。创业风险与时间、空间、损失程度密切相关，但是时间、空间、损失程度又是不确定的，它们是不断变化的，这就造成了创业风险的不确定性。

可预测性。对于单个的创业者或者个别的单位来讲，创业风险是随机的。但从风险的总体而言，在一定时期内某种风险发生的概率和损失率，是能够用概率论原理预测出来的。因此，通过对客观环境的观察，是能够做到对创业风险进行正确预测的。

可控性。风险是由一定的客观条件造成的，当客观条件发生变化时，风险及其带来的损失也会发生变化。因此，控制引发风险的客观条件，在一定程度上可以控制风险的发生，或将风险带来的损失降到最低。

3. 创业风险管理。创业风险管理是指创业者对各种创业风险进行认识、控制、处理和善后的主动行为。它要求创业者研究探寻创业风险背后的规律，预测风险带来的损失程度，在风险发生时，能够采取有力的控制手段，将风险带来的损失降至最低，进而确保创业项目的安全。

创业风险管理对企业的具体作用体现为：第一，使创业者有限的资金能够更安全、有效使用；第二，使新创办企业获取更有利的竞争地位；第三，有利于新创办企业的管理实现规范化。

（二）创业风险的分类

创业项目所面临的创业风险是不同的，不同性质的风险、不同条件引发的风险给企业带来的损失也是不同的。因此，大学生创业者要了解风险的分类，做好对风险的预防、识别、控制和管理。

1. 从创业风险产生的原因角度可分为两类。

主观创业风险：是指在创业时，由于创业者自身的身体与心理素质等方面的主观因素导致创业失败的可能性。

客观创业风险：是指在创业时，由于客观条件变化导致创业失败的可能性，如市场供求变动、政策法规变化、竞争对手出现、创业资金不足等。

2. 从创业风险的内容角度可分为六类。

技术风险：是指由于技术不成熟等方面的原因或其变化的不确定性而导致创业失败的可能性。

市场风险：是指由于市场环境的不确定性导致创业者创业失败或创业企业损失的可能性。

政治风险：又被称为国家风险，是指由于政治原因或订约双方所不能控制的原因，导致创业者创业失败或创业企业蒙受损失的可能性，如战争、国际关系变化、政策改变等带来的风险。

管理风险：指创业企业由于管理不善而产生损失的可能性。

生产风险：指创业企业提供的产品或服务因从小批试制到大批生产的转变而产生损失的可能性。

经济风险：指宏观经济环境发生大幅度波动或调整给创业者或创业投资者带来损失的可能性。

3. 从风险对创业投资的影响程度角度可分为三类（投资方包括专业投资者与投入自有财产的创业者）。安全性风险：是指从创业投资的安全角度来看，不仅实际收益有损失的可能性，而且专业投资者与创业者自身投入的其他财产也有损失的可能，即投资方的财产存在损失的可能性。

收益性风险：是指在创业过程中投资方的资本和其他财产不会蒙受损失，但预期实际收益会有损失的可能性。

流动性风险：是指在创业过程中投资方的资本、其他财产及预期实际收益不会蒙受损失，但是有可能资金不能按时转移或支付，由此造成资金运营的停滞，使投资方蒙受损失的可能性。

4. 从创业过程角度可分为四类。创业不可能一蹴而就，它是一个长期的过程，一般按照时间顺序可以将创业过程划分为四个阶段，即识别与评价创业机会；准备与撰写创业计划；确定并获取创业资源；新创企业管理。

机会的识别与评估风险：是指在机会的识别与评估过程中，由于各种主客观因素的影响使创业项目在最初阶段就面临着方向错误的风险，如信息的获取量不足、把握不准确或推理偏误等都有可能使创业者选择一个错误的创业项目。另外，创业者往往由于创业而放弃了原有职位，原有职位可能有广阔的发展前景，这对创业者来讲也是机会风险，同样存在于创业的最初阶段。

准备与撰写创业计划风险：是指在创业计划的准备与撰写阶段，由于客观经济政治环境变化和创业者自身的能力不足给企业带来的风险。

确定并获取资源风险：是指创业企业所需要的资源存在不足，没有办法获得创业所必需的资源，或者即使获得，但成本高出预算，这也会给企业带来风险。

新创企业管理风险：是指新创企业在管理方式、企业文化的选择、制定发展战略等方面存在的风险。

5. 从创业与市场和技术的关系角度可分为四类。

改良型风险：是指企业不开拓新的市场，不采用新的技术，而是利用现有的市场和技术创业所存在的风险。由于市场和生产经营模式的成熟，这种创业风险是最低的。但正是由于风险低，竞争者也会随之增多，创业者一方面会遭遇已有市场竞争者的排斥，另一方面不易占领市场份额，所以，收益也低。

杠杆型风险：是指利用现有的技术开拓新市场创业时所存在的风险，这种风险稍高于改良型风险。常用其来挖掘未开辟的市场，例如传统家电行业，就是用现有的技术进军农村市场。

跨越型风险：是指利用新技术进入现有市场创业时所存在的风险，这种风险较高。主要出现在企业的二次创业时期，体现在新技术的应用上。领先者能够在短时间内获得一定的市场优势，但是模仿者会马上跟上。

激进型风险：是指利用新技术新市场创业时所存在的风险，这种风险最大。如果市场需求很大，会存在巨大的商机。对于第一个进军此领域的创业者而言，竞争对手较少，容易占领市场份额。但是，市场的需求不够稳定，对知识产权的保护力度也相对薄弱，对产品性能确定的风险就很大。

（三）创业风险的来源

任何创业项目都是存在风险的，若想赢得最大的利益，就要学会规避风险。要规避风险，就要知道风险的源头在哪里，从源头上杜绝风险。创业风险的根本来源是创业环境的不确定性、创业机会与创业企业的复杂性、创业者及创业团队与创业投资者的能力与实力的差异性。具体表现为在将某一构想或技术转化为具体的产品或服务的过程中出现的几个基本的、相互联系的缺口。

1. 融资缺口。融资缺口出现在学术支持与商业支持之间，是研究基金和投资基金之间的断层。研究基金既支持概念的创建，又支持概念可行性的最初证实，它通常来自个人、公司研究机构或政府机关。投资基金的作用则是将概念转化为有市场的产品原型。通常情况下，创业者能够证明其产品或构想的市场的可行性，但是没有足够的资金将其转化为现实的商品，也很少有基金愿意帮助鼓励创业者跨越这个缺口。

2. 研究缺口。研究缺口主要出现在仅凭个人兴趣做研究判断和基于市场潜力的商业判断之间。一个创业者最初证明某种科技可以转化为商品时，他仅仅是凭借自己的兴趣爱好作出判断，其可行性论证只要自己满意即可。但在将科技真正转化为商品的过程中，只有那些有效性能高、物美价廉的商品才能在激烈的市场竞争中生存下来。因此，如想实现科技到商品的转化，需要大量复杂、耗资巨大的研究工作，这就产生了风险。

3. 信息和信任缺口。信息和信任缺口主要出现在技术专家和管理者（投资者）之间。综观整个创业过程，存在两种类型的人：一种是技术专家，一种是管理者（投资者）。这两种人由于所受教育和专长的不同，在创业过程中的角色也不同。技术专家知道哪些内容在技术层面上是可行的、哪些内容在科学领域是有用的、哪些内容是根本无法实现的。一旦创业失败，技术专家承担的风险主要表现在学术、声誉，以及资金的零回报上。而管理者（投资者）通常对市场较熟悉，了解将新产品引进市场的程序。但涉及项目的具体技术时，他们又不得不依赖技术专家。可见，在创业过程中，技术专家和管理者（投资者）是一种相互依存，以达到双赢的关系。如果双方不能充分信任对方，或者不能进行有效的沟通与交流，那么这个缺口将变大，容易给创业带来更大的风险。

4. 资源缺口。资源与创业者之间的关系就好像米与巧妇之间的关系。没有米，再巧的妇人也做不出饭来，创业也是这样。大多数情况下，创业者不可能拥有其创业所需的全部资源，这在创业过程中就形成了一个缺口。此时，如果创业者自身能力有限，不能有效地弥补资源的缺口，那么创业项目就会搁浅。即便勉强启动，也会在未来的发展中受制于人。

5. 管理缺口。并非所有的创业者都是出色的企业家，也并非所有的创业者都具备出色的管理才能，一旦创业者在这两方面的能力有欠缺，那么创业企业在管理方面就存在一个巨大的缺口。创业者进行的创业活动主要有两种：一种是创业者本人是技术型人才，利用某一高新技术进行创业，但不一定有管理才能；另一种是创业者的思维较活跃，往往在经商过程中有新鲜的点子，能够挖掘出商机，但却不善于企业的战略规划、经营管理。这两种人创业都会使企业出现管理缺口。

（四）创业过程中面临的主要风险

创业者创业的最终目的是为了盈利，无论是论证项目的可行性，还是具体的经营管理，还是活动方案的策划，都是以获得利益为基础的。但是，任何创业项目又都是成功与风险并存的。因此，为了利益的最大化，就有必要认识和规避风险，以求提高创业的成功率。要达到这个目的，主要关注以下几个方面的风险：技术风险、市场风险、环境风险、财务风险、人力资源风险、管理风险及合同风险。

1. 技术风险。技术风险是指由于技术的不确定性而带来的创业失败的可能性。企业家的创业常常是将某一新技术应用到生产实践中去，将其转化为现实的商品。那么，技术在实践中是否可行，是否能够真正地转化为生产力，在预测与现实中可能会存在偏差，这就导致了技术风险的出现。技术风险的具体表现又分为四个方面：

（1）技术上成功的不确定性。任何一项技术要想从实验室向现实的商品或服务转化，都需要经历从研发到投入市场这一商品化的过程。在这个过程中，任何一个环节出现障碍，都可能导致整个转化过程的失败，进而导致创业的失败。而技术上成功的不确定性又主要表现在两个方面。一是研发阶段的初始方案能否成功是不确定的。另外，新产品的商业化生产不是一个单独的环节，它往往需要相应的工艺创新、技术整合，以达到产品批量化生产所需要的产品制造方案、产品制造流程、产品制造系统、生产过程的技术控制方案，甚至是相应的管理方案和商业方案，这就给新技术产品的商业化生产能否成功带来很强的不确定性。

（2）技术前景的不确定性。新技术在诞生的时候都是不完善和相对粗糙的，在现有的技术水平和生产水平下，能否使新技术尽快完善起来，将其运用到生产中去，技术的研发者和企业的管理者都没有十足的把握。实验室的条件与工业化生产的条件是不可能完全相同的，工程师们如果忽视了不该忽视的各技术环节及其他制约条件，那么，一些在实验室里很好运作的技术，到了生产车间，要么很难实现，要么根本实现不了。如果企业赖以创业的技术不能转化为工业化生产，那么也将导致创业的失败。

(3) 技术效果的不确定性。创业者往往不能完全控制开发的技术所能实现的全部功能，这就给技术效果带来了不确定性。这种不确定性主要表现在三个方面：第一个方面是开发出的技术不能满足创业者要生产的产品的全部功能或工艺，这样就无法满足市场对产品的需求，会影响产品在市场上的流通，进而给企业带来困难。第二个方面是创业者需要用技术来解决问题甲，但技术却意外地解决了问题乙。第三个方面是技术虽然满足了产品的全部功能或工艺，但是却有一定的负面影响，例如，造成环境污染、耗费能源过多等，这样技术在运用到生产的过程中就有可能受到有关部门的限制，导致技术最终不能实施，给企业带来巨大的损失。

(4) 技术寿命的不确定性。随着科学技术的飞速发展，产品更新换代的速度在加快，同一产品的生命周期在缩短，高新技术产品更是如此。替代技术的出现或存在，给新创企业的技术寿命带来不确定性，这主要表现在两个方面。第一方面，替代技术的出现或存在，给新创企业带来更多的竞争对手，轻则会给新创企业带来压力，重则会使新创企业陷入困境。第二方面，随着科技的发展，原有的技术极其容易被淘汰，被新技术取代。在残酷的市场竞争中我们经常见到这样的状况，某企业为了开发某项新技术，投入了大量的人力和物力，但这项技术在某一领域保持优势的时间并不长，甚至在较短的时间里就能被新技术所取代，而且取代的具体时间是无法估算的。最残酷的情况是，更新的技术比预期提前出现，原有技术会被提前淘汰，企业将会蒙受更大的损失。所以，对于依托高新技术进行生产的企业，若想盈利，就要在高技术寿命周期内迅速实现产业化，收回技术研发的投资，并取得利润。

2. 市场风险。市场风险，主要是指在创业过程中将产品投向市场时，由市场的不确定性带来创业失败的可能性。这主要体现在四个方面：

(1) 市场需求量的不确定性。通常情况下，人们容易接受司空见惯的、依托传统技术的商品，因此，传统商品的市场需求量相对较多，所占市场份额也较大。但是新创企业通常是依托某一高新技术的，它的产品也多是新鲜的事物。当产品推出后，消费者对其性能不是十分了解，因而对其持观望态度，甚至会在买与不买之间作出错误的判断。因此，高新技术所产出的商品的市场是潜在的、不成熟的。在这种情况下，创业者对市场的接受程度和市场容量很难作出正确的判断，而商品的市场总价值往往是由商品的市场容量决定的，如果商品的市场总容量较小或者在短时间内不能被市场接受，那么，创业者的投资就会收不回来，更不用说获得利润了。

(2) 市场接受时间的不确定性。不管是市场上现有的产品，还是将要投入市场的高新技术产品，它们从投入市场到被顾客接受都需要一定的时间。如果创业企业没有足够雄厚的资金为产品进行宣传，那么产品被市场接受的周期则会更长。这样产品就会销路不畅，甚至造成积压，就会使创业企业资金周转不灵，最终可能导致创业的失败。

(3) 市场竞争能力的不确定性。任何产品，尤其是高新技术产品，很难确定它未来的市场竞争力，这也会给创业企业带来市场风险。具体讲，产品的市场竞争力包括产品价格竞争力、产品服务竞争力与产品功能优势。在价格方面，一般高新技术产品的研发成本较高，如想实现高利润，产品的售价就会较高。一旦售价超出了市场的承受能力，产品就很难被市场接受，所以，高新技术产品的价格竞争力较弱。在服务方面，一般的高新技术产品有较完善的售前、售中和售后服务，这些服务都需要财力的支持，新创的小企业一般不具备这么雄厚的财力，这会影响到产品的服务竞争力。在产品功能方面，新技术的优势是与旧产品的功能差别，为了强化这一功能，就需要不断强化新产品的功能，这在无形中增加了产品的成本，进一步弱化了产品的价格竞争力。

（4）市场战略的不确定性。无论多么优秀的高新技术产品，也无论多么优秀的商业点子，如果没有恰当的市场定位，那么就不会有正确的价格定位、用户选择、市场区域划分、上市时间，这就会给产品在市场上打开销路带来一定的困难。

3. 环境风险。环境风险是指由外部环境的变化而给企业带来的风险。对于创业者来说，这些外部环境是可变的，同时也是不可控的，要想更好地把握外部环境，就要更多地了解政策制度信息。这些政策制度信息包括国家的产业政策、投资政策、融资政策、知识产权保护政策、环境保护政策、关税与外贸政策等，它们对创业者能否创业成功有着至关重要的影响。

（1）政治法律环境风险。主要是指项目与国内外政治形势及法律、法规、方针和政策的吻合度，如果相吻合，那么创业企业将会在合法合理的范围内得到更多的优惠。因为各个国家或政府在一定时期内，根据国际国内的经济形势会制定一些相应的政策，如出口限制、税收政策、价格管制等，这些政策方针对创业企业有重要影响，甚至是决定性的影响。

（2）经济环境风险。指影响创业企业生产经营的经济因素的总和。既指供应市场、资金市场和劳动力市场等市场因素，也指消费者因素。因为地区经济的发展水平会决定消费者的收入水平、消费支出模式与消费结构，这些因素会影响社会购买力的大小。

（3）技术环境风险。如今，科技的飞速发展在给创业者带来更多的创业项目的同时，也给创业者带来了一定的风险。新技术层出不穷，且出现周期短、手段多，这就导致新技术保持优势的时间在缩短，这些都给创业者的经营和管理带来不小的影响。

（4）人口环境风险。创业项目若想盈利，必须有消费者能够为其买单。因此，消费者市场的成熟与否、消费者的购买水平必然会制约企业的发展。这里的消费者不单纯指消费者个人，也包含人口的规模、密度、地理位置、年龄、性别、家庭结构、人口流动性等因素。

（5）自然环境风险。指企业所依赖的自然资源条件的不确定性给企业带来的风险，包括自然资源、地理位置、交通等。同时，自然资源的种类、数量和可用性也会给企业带来一定的风险。

（6）社会文化环境风险。指一个国家或地区的社会风尚、风俗习惯、宗教信仰、文化教育、语言文字、伦理道德规范、价值观、审美观念、生活习惯与方式等给企业带来的影响。

4. 财务风险。财务风险是指因资金不能适时供应而给创业企业带来的风险。在创业过程中，创业者作为创业的主体，必须具备优越的个人素质，找准合适的创业项目，除此以外，资金问题也是创业者不得不重视的对创业的成败有至关重要的影响的因素。资金对创业成败的影响主要体现在以下三个方面：

第一方面：创业项目，尤其是依托高新技术进行创业的项目，本身所需的创业资金规模很大，但融资渠道相对小，如果创业者不能及时解决这一矛盾，高新技术就很难实现其产业化。随着时间的推移，其技术价值就会不断贬值，甚至很快会被后面的竞争对手赶超。那么，企业不仅不能盈利，初始的投入也完全不见回报。

第二方面：创业是一个长期而持续的过程，那么相应的资金投入也应该是长期且持续的。可是，在实际的创业过程中，资金的持续投入并不是一件容易的事情，一旦资金出现缺口，会给企业带来两个致命的影响。一是创业资金的需求量难以判定给企业带来的影响。有时企业要解决某个技术难题，预算不会花费多少资金，但项目启动后发现需要不断地投入，如果企业有周转的资金，项目则会得到持续的投入，最后，项目完成后才发现投入已经远远地超出了预算，这样就会影响企业在其他方面的投入，进而影响企业的战略部署和经营策略。二是企业在创业初期资金周转较慢，投入远远大于产出，没有持续的投资能力，会给企业的批量生产带来一定的困难。

第三方面：通货膨胀是创业财务风险中不可忽视的因素。它对企业的影响主要有三个方面：第一，发生通货膨胀的时候，政府往往会采取紧缩银根的政策，这样利率就会上升，相应地，贷款利率也会上升。这样，企业的贷款成本就会增加，导致企业资金紧张或中断。第二，通货膨胀产生后，会在各个领域产生连锁反应，企业生产所需要的原材料、设备等的成本也会上升，导致企业的生产成本增加。第三，如果企业主要是依靠国外的风投公司获取资金，那么通货膨胀引起的股市和汇率的波动也会给投资者带来一定的风险。

5. 人力资源风险。人力资源风险主要是指由于人的因素，包括创业者、创业团队中的主要成员对创业发展产生不良影响或偏离经营目标从而给企业带来的影响。这种风险主要是由两个原因造成的：一是创业团队成员不忠诚、不和谐；二是创业人员流失。具体有以下三个方面的体现：

（1）创业团队风险。创业者在创业过程中会遇到方方面面的问题，其中很多问题需要运用专业的知识去解决。一个人不可能掌握所有的专业知识，因此创业并不是一个人的单打独斗，它需要一个团队良好的沟通与合作。但是，企业在创业之初由于资金有限，很难给员工提供优厚的待遇，这样既难调动员工的积极性，又难以提高他们对企业的忠诚度。如果创业者自身又缺少组建团队的经验，那么在这种条件下组建起来的团队会存在两个影响企业发展的问题：一是团队内部沟通所需要的时间越来越长，但是效果却越来越差；二是构建的组织较混乱，不是一个团结协作的集体，团队的行动力较差。

（2）个人因素产生的风险。此类风险主要有以下三个方面：一是人的诚信方面（常称为用人风险）。此类风险主要指在员工中有他心的人有盗窃、作假甚至吃回扣的可能性。为了控制这种风险，企业要严格把关，防止人力资源选择失误而造成的风险。同时还要建立完善和严格的内部控制制度，减少风险发生的机会。二是人的能力方面。企业用人要选择那些有专长的人，水平不高能力不足的人容易耽误企业的创业良机。三是人事变动方面。企业频繁的人事变动也会给企业带来一定的风险。

（3）人员流失可能带来的风险。企业人员流失虽然是一种正常现象，但也会给企业带来不同程度的损失，它是一种流动性的风险。尤其是关键员工的流失，给企业带来的损失更大，包括有形财产和无形财产两方面的损失。它会削弱企业的核心竞争力，增加企业的招聘成本、培训费用，导致企业关键岗位在一段时间内的空缺，进而影响到企业的正常运转和发展的连续性。

6. 管理风险。管理风险主要指在创业过程中由于管理不善给企业带来的风险，此类风险的大小主要由以下四个方面决定。

（1）创业者素质。创业者不一定是全才，不一定具有创业所需的全部专业知识，也不一定是企业中最大的股东，但不可否认的是，创业者的个人素质与能力对创业成败与否有着至关重要的作用。作为创业者，首先应该具备强烈的创业意愿和创新精神，如果创业者观念保守陈旧，那么就不能适当地运用高新技术、紧跟时代脉搏作出正确决策，也就不能在激烈的市场竞争中带领企业走出一条新路。其次，创业者应该具有奉献意识和吃苦耐劳的精神，并且要勇于承担责任。因为创业是长期而持续的过程，对于企业的决策者来说还要付出更多的精力和物力，背负超出常人的心理压力，但在创业之初，常常是只见投入很难见到回报的，因此创业者要有风险意识，还要有不怕苦不怕难的精神，这样才能给员工做出表率，带领企业走向正轨。最后，创业者要有卓越的领导才能，能使企业产生强大的凝聚力，能将创业团队紧紧团结在企业中，使之和谐一致，具有强大的行动力。当今时代，创业所需的专业知识、生产经营所需的资源等都不是一己之力就能解决的，都需要团队合作去完成。但是，在整个团队中，又需要有一个人能够作为“灵魂人物”或“核心人物”来领导整个团队，在关键时刻作出正确决策，能够带领企业走向好的发展方向。否则，团队中的成员各自为战，就是一盘散沙，不能充分发挥集体的力量。因此，创业者应该具备相应的管理能力，最大限度地开创企业的创新范围，带领企业走向成功。

（2）决策风险。创业过程中由于决策失误而给企业带来的风险称为决策风险。经济学家西蒙曾说“管理就是决策”，可见决策对企业成功的重要性。一旦决策失误，会给企业带来难以估量的损失。但在创业的过程中，常见的是集权式决策与管理模式，即创业者往往是最终的决策者。因此，对于创业者来说，绝对不可以不进行科学分析，而仅凭个人经验或凭运气做决策，也不可以根据自己的喜怒哀乐或不切实际的个人偏好来做决策。

（3）组织风险。指由创业企业的组织结构不合理给企业带来的风险。创业企业在快速发展的过程中，如果不进行适时的组织结构调整，就会给企业发展带来潜在的危机。其中，管理体制是组织结构调整中最重要的一环。因此，对于新创的企业而言，创业者在创业之初就应该注意组织结构的设计、调整，人力资源的甄选、考评，薪酬的设计及学习与培训等管理。同时，要有相应的规章制度保证上述项目的顺利进行。

（4）其他创业风险。除以上三种主要风险，创业过程中还伴随着其他风险。如内部协调风险、机会风险、知识产权风险等。

内部协调风险主要指在创业过程中由于人员的流动和摩擦给企业带来的损失。随着环境和企业发展状况的变化，创业团队中每个人面临的挑战和机遇也在变，每个人对自身的价值认定也在变，这些都有可能给创业团队成员的心理带来一定的影响，进而影响其在创业过程中发挥的作用。因为创业过程是与长时间的工作、巨大的压力分不开的，一旦创业团队中的成员出现上述心理变化，轻则会影响成员之间的协调一致，重则出现创业团队解散，创业受到重创的情况。

机会风险主要指创业者既然选择了创业，要么就是放弃了自己曾经从事的职业，要么就是放弃了自己可能从事某种更好的职业的可能性，丧失了选择其他可能的机会，这就是机会成本风险。

知识产权风险是指在创业过程中由知识产权带来的风险，主要有两种：一种是侵权风险，指非知识产权拥有者以违法的手段给创业企业带来损失的可能性；另外一种是泄密风险，指因技术秘密或商业秘密的泄露给企业带来的风险。

7. 法律风险。大学生有创业的良好愿望是值得鼓励的，但是在这里必须明白中国企业生存的现状。近几年，企业或遭到重创或遭遇破产清算，甚至有些企业家还会遭遇牢狱之灾，在这些现象的背后是中国企业近来经常遭遇的法律风险。因此，大学生在关注创业带来的财富的同时，还应该了解并规避法律风险，以确保企业和自身的安全。

法律风险是指由于企业外部环境发生变化，或由于包括企业自身在内的法律主体未按照法律规定或合同约定有效行使权利、履行义务，而对企业造成负面法律后果的可能性。法律风险的具体内容又因为大学生创业组织形式选择的不同而不同。

大学生创业应该先根据自己所进入的行业、投资金额、合作伙伴等情况成立一个创业组织形式，并在工商部门登记，这就需要大学生选择适合自己的创业组织形式。一般而言包括个体工商户、个人合伙、个人独资企业、合伙企业、有限责任公司等形式。下面将分两个方面进行具体讲述。

首先，创业者对不同创业组织形式的债务承担的法律责任不同。

个体工商户、个人合伙、个人独资企业的投资者要对该组织形式的债务承担无限责任或者无限连带责任；在我国合伙企业法修改之前，合伙企业的投资者对合伙企业的债务承担无限连带责任，在 2006 年 8 月 27 日修订通过新合伙企业法后，普通合伙企业的合伙人、有限合伙企业的普通合伙人对合伙企业的债务承担无限连带责任，而有限合伙企业的有限合伙人则要以其认缴的出资额为限对合伙企业债务承担有限责任；根据公司法的规定，有限责任公司的股东也要以其认缴的出资额为限对公司债务承担有限责任。

创业者一定要认清各种组织形式所要承担的责任，因为我国目前还没有个人破产法律制度，创业者要对创业组织形式的债务承担无限或者无限连带责任，如果该组织的债务相当庞大，那么创业者不但要面临倾家荡产的困境，还有可能因为资金的不足而不能进行新的创业活动。

因此，如果创业者选择的是个体工商户、个人独资企业等组织形式，就要尽量控制该组织的资产负债率。创业者往往是企业的最终决策者，所以是能够控制负债率的；如果创业者选择的是个人合伙、普通合伙企业等组织形式，由于组织形式的相对复杂性，部分创业者不能完全控制资产负债率，则应当通过合伙协议、规章制度、参加保险等法律措施约束组织的债务规模，以达到控制和规避风险的目的；如果创业者选择的是有限合伙企业、有限责任公司等组织形式，根据规定，有限合伙企业的有限合伙人、公司股东由于对组织债务承担的是有限责任，那么创业者就不必考虑这方面的风险了。

最后，创业组织形式的选择应考虑组织运行后的管理成本风险。

按照个体工商户、个人合伙、个人独资企业、合伙企业、有限责任公司这样的顺序来看，组织运行的管理成本是递增的。最大的区别在于个体工商户、个人合伙、个人独资企业、合伙企业往往没有注册资金的要求，但有限责任公司有注册资金的要求。而且，即使在有限责任公司的两种组织形式之间，管理成本也不尽相同。因此，创业者在创业时要充分考虑自己所能承担的管理成本风险，以免给创业带来失败，甚至影响自己的正常生活。例如，在 2005 年公司法修改后，法律允许成立一人有限责任公司，也有很多人注册了这种公司。但要求一人有限责任公司的注册资金最低为 10 万元，且必须一次交齐，而一般有限责任公司只需 3 万元，超出 3 万元的可以分期缴纳。如果一人有限责任公司在运营过程中没有严格将公司与股东、家庭区分开，一旦被人识破公司的真实面目，那么股东就要对公司债务承担无限责任，一人有限责任公司也就失去了其成立的最初意义。

二、创业风险的识别与防范

（一）创业风险识别

蕴藏着大量机会的领域普遍充满风险，创业者应该把注意力、技能和资源都集中在这些领域。创业者面对机会敢作敢为就是正视创业风险，但唯有成功地向风险挑战，才会赢得明天的市场。这不仅需要合适的过程和高度的思考能力，还需要行为准则，能够让创业者在蕴藏着风险与契机的环境中找到风险与其中的机遇，这就是风险识别的根本目的。

1. 创业风险识别的概念。创业风险识别是企业依据创业活动的迹象，在各类风险事件发生前运用各种方法对风险进行的辨认和鉴别，是系统地、连续地发现风险和不确定性的过程。由于创业的特殊性，企业除了要识别如国家经济政策的调整、市场需求的变化等显性风险，还要识别某一形势变化的连锁反应所可能带来的半显性风险，同时还要识别遭遇突发事件的隐性风险。

创业风险不是一个一维的概念，没有哪一种方法能够同时达到所有的目的。在这种情况下，创业者应该充分考虑风险的两个方面，这两个方面也是创业者最关心的。一是对风险的更深刻理解，创业者必须从全局监控的角度出发采取各种办法认识风险的存在，尽力避免风险带来的未经任何抵补的损失。另一方面，创业者也应该清醒地认识：没有风险就不会有超额利润或收益，坚持零风险就等于断绝自身超额利润或收益的来源，因此发生一定的损失是不可避免的，问题的关键在于密切监视这些风险并将损失控制在事先确定的可接受范围内。风险识别的核心是使创业企业能够清楚地认识到自身所承受风险的程度，并从容地继续发展其业务。现代企业面对的营运环境急剧变化，无论社会结构、科技、经济、环保及政治等因素，使企业活动面对种种不确定因素。创业企业若要生存，必须在规避风险、寻找商机之余，要有效确保经营利益。创业风险识别的目标，也就在于如何正确发现并识别创业风险，从而为有效地控制企业风险奠定基础。

2. 创业风险识别的过程。识别创业风险是一项复杂而细致的工作，要按特定的程序、步骤，采用适当的方法逐层次地分析各现象，并实事求是地作出评估。风险可以分为三种形式：第一种是必然风险，即无论如何都不可避免要发生；第二种是潜伏风险，这种风险的发生取决于一定的诱发因素，也就是说这种风险有可能发生，也可能不发生；第三种是想象风险，即人们的假想和想象，是心理反应的产物，其实不会发生，这种风险就是假风险。

辨识创业风险的过程包括对所有可能的风险事件来源和结果进行实事求是的调查、访问，对案例进行研究，识别创业风险必须系统、持续、严格分类，并恰如其分地评价其严重程度。创业风险的识别步骤可以通过以下几个方面来进行：

（1）确定导致创业目标不确定性的客观存在。这里强调的是导致创业风险的不确定性的客观存在。因此必须辨识所要发现或推测的因素是否存在不确定性，如果所有要素是确定的，不能称之为风险。在此基础上要确定要素的不确定性本身必须是客观存在的，是事实上存在的，不以人的意志为转移，不是凭空想象和捏造的。

（2）建立创业风险因素清单。建立创业风险因素清单是识别创业风险的基础工作和前提条件。创业风险因素清单可以在创业风险机理研究的基础上构建起来。清单中应明确列出客观存在和潜在的各种风险，应该包括影响创业研究、制定、实施、控制及影响企业的生产、经营和经济效益的各种因素。可以通过理论研究成果和实际的经验进行判断。建立清单可以通过商业清单或一系列的调查表进行深入研究、分析而制定。

（3）确定重要的风险事件并对其可能的结果进行测算。根据清单中的各种重要风险来源，分析和推测各种可能性，结合创业管理的方法和手段测算对创业影响的程度、创业成本耗费和最终企业的各种创业绩效指标的变化。

（4）进行创业风险因素分类。对创业风险进行分类的目的是为了更加深入地理解创业风险的性质、特征和构成，在此基础上制定更好的管理对策。对创业风险进行分类必须结合创业风险要素的性质和可能性结果及彼此之间的关联程度，这样有利于更加确切地理解风险、预测结果。

（5）进行风险排序。风险识别的结论是对其进行归类，即根据风险分类和各种可能的影响结果按照一定的方法确定轻重缓急，并给予排序，分别列入不同的风险级别。每个风险级别都有自己的风险特征，包括不同的发生频率和严重性。

3. 创业风险识别的途径。创业者或创业企业在识别自身存在的风险时，通常从以下几个方面入手。

（1）自然环境。自然环境是最基本的风险来源，如暴雨、火灾等天灾都会引致损失。自然环境的变化，不可避免地给不少行业带来巨大损失。例如，建筑工程会因为雷雨天气影响进度。

（2）社会经济文化环境。由于人的价值观不断改变，物质享受不断升级，人类的行为及社会架构也间接成为风险来源。

（3）政治与法制环境。一般而言，创业者在面对不同的政治制度时都有不同的见解和行动，创业者往往需要审慎考虑国家政治环境转变对企业的影响。

（4）企业自身的营运环境。创业企业活动的性质对于识别创业风险的存在，确定创业风险的种类起着重要的作用。这里所指的活动包括创业企业活动的性质、企业的生产经营方式、企业的生产经营过程等，其中生产经营方式的不同决定了风险识别渠道的方法的不同。

一般来讲，对于传统的、常见的风险，创业者凭借经验和简单的风险知识便可识别。但是由于企业的经济环境不断变化，识别一些新的、潜在的风险难度较高，必须按照不同的途径，运用一定的方法来加以识别。一般而言，创业风险识别通常有两条途径：一是借助创业企业外部力量，利用外界的信息、资料识别风险；二是依靠创业企业自身力量，利用内部信息及数据识别风险。一般来讲，创业企业不可能有足够多的损失资料和风险管理能力，因此，创业企业为了较好地识别所面临的潜在风险，需要充分利用外界风险信息资料。一般可保风险这类信息资料通常由保险公司及相关的咨询机构和学术团体提供，经营风险信息资料可从各种信息网络、情报资料中获得。它们提供的信息具有一定的权威性和可靠性，对创业企业的风险识别工作有一定的指导作用。

企业风险防范

（二）创业风险防范

1. 创业前期的风险防范。

（1）谨慎选择项目，避免盲目。跟风选择既有市场需求又符合自己的创业项目，这是大学生创业者必须好好掂量的。一般来说，大学生创业者既要客观地分析自身的创业条件，更要冷静地分析创业环境，立足于技术项目，尽量选择技术含量高、自主知识产权明确的项目，并在技术创新的基础上做好产品市场化工作。在选择过程中切忌盲目跟风，还要切记一点，做熟不做生，一定要选择自己最熟悉、最擅长、最有经验、资源最丰富的行业来做。

（2）合理组建团队，避开熟人搭伙。在风险投资商看来，再出色的创业计划也具有可复制性，而团队的整体实力是难以复制的，因此他们在投资时，往往更看重有合作能力的创业团队，而非那些异想天开的单干者。团队对于创业是否成功至关重要，志同道合的搭档会是你事业成功的无价之宝。因此，组建创业团队时要考虑专业互补、能力互补、性格互补，要使组建的团队有战斗力，避免熟人搭伙。

（3）注重实践磨炼，回避准备不足。经验不足，缺乏从职业角度整合资源、实施管理的能力，将大大影响大学生创业的成功率。要成功创业，最好先经历过实践的磨炼，先利用业余时间创立一些投资少、见效快、风险小的实体，培养自立自强的创业能力、适应社会的能力，通过实践增加创业体验，熟悉社会环境，学会社会交往。同时，对创业的决策要科学，要深思熟虑，该想到的困难要想到，做到心中有数；回避准备不足，以克服决策的随意性。

2. 创业中期的风险防范。

（1）强化内部管理，培养骨干队伍。一个企业要想持久地保持活力，除了要有不断创新的意识、敏锐的市场观察能力之外，严格的管理制度也是必不可少的，在出现问题时，都应该严格按照制度处理。创业中期是管理风险集中爆发的阶段，风险解决方案的核心是骨干人才队伍的建设和培养。核心岗位人员配置时建议采用“AB岗”的方式。所谓“AB岗”是指类似“书记+厂长”的方式。这样的方式，可以充分发挥“相互帮助、相互协调、相互监督、责任共担、团结协作”的长处，增强核心岗位决策和执行的正确性，避免风险的发生。

（2）积极参与竞争，杜绝急功近利。没有春天的播种，哪来秋天的丰收。对于创业的思考来说也是一样，需要一个由小到大、由不成熟到成熟、由弱到强的过程。创业过程中，创业者要积极参与竞争，逆境中要坚韧，顺境中要冷静。作为一个大学生创业者，必须做好与风险和困难做斗争的思想准备。

创业不是一件小事情，应该克服急躁情绪，端正心态，采取稳扎稳打、步步为营、积小胜为大胜的策略。可以说，任何浮躁和急功近利的举动，对创业者都有害无益，甚至会使其前功尽弃。

（3）加强内涵建设，创立品牌形象。创业中期，创业企业要适应市场变化，采用“内抓管理，外塑形象”的策略，注重强化内涵建设，挖掘内部潜力，充分调动员工的主动性、积极性和创造性，用企业文化凝聚人心。同时，企业需要品牌来支撑企业的成长。企业品牌经营要以客户为中心，以不断创新的方式，以产品和服务来满足客户的需求，尤其是开发客户的潜在需求，并以独到的产品和服务满足客户的种种需求，这样企业的发展才有后劲。

3. 创业后期的风险防范。

（1）建立激励机制，凝聚创新人才。人才是企业发展的关键，人力资本是企业的核心资本。创业过程中，创业者与员工承担着巨大的风险，需要彼此风雨同舟、共渡难关。创业成功后，创业者关注的是未来的更大回报，而员工更关注现在的既得利益。随着企业的扩大，新员工不断加入，他们更多的是一种职业选择，创业者需要考虑建立有效的激励机制来维系企业所需的优秀员工。有效的激励机制既能保障老员工和合伙人的既得利益，又能真正凝聚创新人才，使企业得以稳步发展。

（2）尝试权力授予，完善组织架构。创业过程中，创业者主要是通过集权来实施管理。创业初步成功后，创业者应该尝试授权：一是管理问题变得又多又复杂，创业者不堪重负；二是员工渴望分享权力，希望得到更多的空间与舞台来发展自己。把一些日常性的、非核心的工作授权给中层管理人员，创业者就可以把自己从繁重的事务中解脱出来，把更多的精力集中到战略性问题的思考上。同时，创业成功后，企业为了更好地发展，必须建立一整套完善的组织架构来有效地执行决策，有计划地完成企业的既定目标。企业的组织架构需要根据企业的目标和发展阶段进行调整，创业者应该尝试围绕工作本身来完善组织，通过企业组织来实现自己的管理决策和管理理念。

（3）逐步合理扩张，健全制约机制。创业取得初步成功后，随着企业规模的扩大和实力的增强，个人追求财富的欲望膨胀，再加上市场竞争日趋激烈，创业者开始显示出脱离实际的倾向，企业行为也围绕着个人的喜好而波动，从而盲目扩张，造成企业不能与自身能力、市场需求相协调，这样是极其危险的，稍不注意就可能血本无归。因此，要有计划、有步骤、合理地扩张，建立相应的反馈机制与调控机制，健全各项规章制度，对权力进行必要的制衡，这样才能使企业稳步地成长。

任务5　财务管理

任务导引

大学生创业租奶茶店　经营3月后被“请”出店铺

三人把学费赌上，然陷入经营不善

小孙和同学是长沙某大学经济学院的学生，三人曾合伙做过电商，在学校里售卖水果类商品。大四开学期间，小孙尝试创业开一家实体商店。

“班主任老师和任课老师偶尔鼓励尝试着自己创业，本学期又设了创业培训班。”小孙称，在学校里发现一处新建的商场，“很多门店开张，装修也不错，附近商铺表示有一家奶茶店有意将店面交给别人来做。”小孙电话联系店长刘女士，之后双方签订《转租合同》，小孙得到该奶茶店一年的经营权，每月向刘女士缴纳租金11000元，按季度结算。“心想着未来的生活还挺有奔头。”小孙介绍。

“第一个月的生意还不错，后两个月营业额只能达到7000多元。”昨日下午1点半左右，在该校西园商场进门的第一个商铺，看到小孙经营的奶茶店，门店约30平方米，室内一片漆黑，水电被关停，大厅摆放着两个水桶，白纸散落在地面，玻璃门上装有两把锁。

小孙称，三人原本决定通过网上外卖来扭转奶茶店的业务量，却发现奶茶店竟未办理营业执照和卫生许可证。外卖无法进行，遇到工商所执法检查，三人便关门逃避检查，生意江河日下。

无法退还押金，或走法律程序

12月8日，一个季度时间到期，小孙三人无力支付房租费，刘女士以小孙违约为由终止合同，收回奶茶店并表示不予退还2万元押金。“我当时慌乱不已，押金是我们三人的学费凑的，现在拖欠学费也没敢和家人说。”小孙表示。

小孙介绍，校内有多处门面是学生的创业项目，包括服装店和小吃店等。注意到商场门口一份管理规定，规定第十条表示禁止私自转租和转让，一经发现自行终止门面合同。

今年9月初，刘女士向学校租得该门店，租期三年，投入20余万元做奶茶生意。她表示，允许小孙15天内处理店里的货物，根据合同扣除押金。“如果不行，就只能请律师”。

校方称商铺禁止转租第三方

该校后勤处商贸中心一名王姓科长表示，为了规范经营，学校在合同书上明确禁止商铺转租，但该奶茶店属于特殊情况，刘女士至今未收到与校方的合同书。

针对该事，红网联动律师、中华全国律师协会会员娄治斌认为，刘女士和小孙之间签订的租赁合同在法律中属于常见现象，合同具有法律效应。合同约定小孙需要租满一年，否则不予退还押金，现在小孙等人的行为违反合同，刘女士按照约定拒绝退还押金是合理行为。娄治斌说，若采取法律手段，小孙等人将处于被动地位。

不过事件发生在高校范围内，王科长称，刘女士的行为已违反学校规定，将阻止小孙等人继续转租并安排三方见面会，介入该事件进行协商。

分析讨论

1. 奶茶店破产危机的根源是什么？

2. 怎样预防企业财务危机？

一、财务管理概述

（一）财务管理的内涵

财务管理（Financial Management）是在一定的整体目标下，关于资产的购置（投资）、资本的融通（筹资）和经营中现金流量（营运资金），以及利润分配的管理。财务管理是企业管理的一个组成部分，它是根据财经法规制度，按照财务管理的原则，组织企业财务活动、处理财务关系的一项经济管理工作。简单地说，财务管理是组织企业财务活动、处理财务关系的一项经济管理工作。

企业生产经营活动的复杂性，决定了企业管理必须包括多方面的内容，如生产管理、技术管理、劳动人事管理、设备管理、销售管理、财务管理等。各项工作是互相联系、紧密配合的，同时又有科学的分工，具有各自的特点。财务管理的特点有如下几个方面：

1. 财务管理是一项综合性管理工作。企业管理在实行分工、分权的过程中形成了一系列专业管理，有的侧重于使用价值的管理，有的侧重于价值的管理，有的侧重于劳动要素的管理，有的侧重于信息的管理。社会经济的发展，要求财务管理主要是运用价值形式对经营活动实施管理。通过价值形式，把企业的一切物质条件、经营过程和经营结果都合理地加以规划和控制，达到企业效益不断提高、财富不断增加的目的。因此，财务管理既是企业管理的一个独立方面，又是一项综合性的管理工作。

2. 财务管理与企业各方面具有广泛联系。在企业中，一切涉及资金的收支活动，都与财务管理有关。事实上，企业内部各部门与资金不发生联系的现象是很少见的。因此，财务管理的触角，常常伸向企业经营的各个角落。每一个部门都会通过资金的使用与财务部门发生联系。每一个部门也都要在合理使用资金、节约资金支出等方面接受财务部门的指导，受到财务制度的约束，以此来保证企业经济效益的提高。

3. 财务管理能迅速反映企业生产经营状况。在企业管理中，决策是否得当、经营是否合理、技术是否先进、产销是否顺畅，都可迅速地在企业财务指标中得到反映。例如，如果企业生产的产品适销对路、质量优良可靠，则可带动生产发展，实现产销两旺，资金周转加快，盈利能力增强，这一切都可以通过各种财务指标迅速地反映出来。这也说明，财务管理工作既有其独立性，又受整个企业管理工作的制约。财务部门应通过自己的工作，向企业领导及时通报有关财务指标的变化情况，以便把各部门的工作都纳入到提高经济效益的轨道，努力实现财务管理的目标。

（二）财务管理的目标

企业财务管理目标（又称企业理财目标），是财务管理的一个基本理论问题，也是评价企业理财活动是否合理有效的标准。目前，我国企业理财的目标有多种，其中以产值最大化、利润最大化、股东财富最大化或企业价值最大化等目标最具有影响力和代表性。

企业财务管理目标是企业经营目标在财务上的集中和概括，是企业一切理财活动的出发点和归宿。制定财务管理目标是现代企业财务管理成功的前提，只有有了明确合理的财务管理目标，财务管理工作才有明确的方向。因此，企业应根据自身的实际情况和市场经济体制对企业财务管理的要求，科学合理地选择、确定财务管理目标。

财务管理是企业管理的一部分，是有关资金的获得和有效使用的管理工作。财务管理的目标，取决于企业的总目标。

与财务管理目标相关的基本观点以及优缺点如下。

1. 利润最大化。

基本观点：利润代表了企业新创造的财富，利润越多则说明企业的财富增加得越多，越接近企业的目标

缺点：第一是没有考虑利润取得的时间价值因素。比如，今年的100万元和明年的100万元显然不在一个时间点上，难以作出正确的判断。第二是没有考虑所获得利润和投入资本的关系。比如，用5000万元投入资本赚取的100万元利润与用6000万元投入资本赚取的100万元利润相比，如果单单看利润的话这两个对企业的贡献是一样的，但是如果考虑了投入就显然不太一样了。第三是没有考虑所获取的利润和所承担风险的关系。比如，同样投入100万元，本年获利10万元，一个企业是全部转化为现金，另一个企业则全部是应收账款，并可能发生坏账损失收不回的情况，这两个的风险显然不相同。

2. 每股盈余最大化。

基本观点：应当把企业的利润和股东投入的资本联系起来考虑，用每股盈余来概括企业的财务管理目标，从而来避免“利润最大化”目标的其中一个缺陷。

缺点：本目标仍然没有考虑每股盈余取得的时间价值因素，另外，仍然没有考虑风险。

优点：解决了“利润最大化目标”中所获取利润和资本投入的缺陷。

3. 企业财富（价值）最大化。

基本观点：增加股东财富是财务管理的目标。

优点：本目标解决了“利润最大化”目标中的所有三个缺陷。

缺点：难以计量。

（三）财务管理的任务

财务管理是利用价值形式对企业财务活动所进行的全面控制和管理。针对财务管理的不同组成部分，财务管理工作有以下具体任务。

1. 合理筹集资金，保证企业发展需要。为了保证资金的正常运转，财务管理人员要根据企业的规模、产销情况及其他相关因素，在考虑节约使用的条件下，确定各个时期企业资金的具体需要量。财务人员应该根据企业的实际情况，考虑各种制约因素，尽可能地安排好资金的来源结构，力求降低筹资成本和筹资风险，以便取得较好的筹资效益。

2. 安排资金使用，提高资金使用效率。筹集资金的目的是投入使用以便取得更大的经济效益。这就需要财务管理人员考虑各方面的情况，安排资金使用，在权衡风险和收益的前提下，有效地进行投资方式和投资组合的选择，使得资金使用效率达到最高。

3. 降低成本费用，增加企业盈利。企业盈利是收入和成本费用相抵后的差额。因此，需要增加销售收入和投资收益。降低成本和费用就是为了不断增加销售收入。财务人员要协助有关部门搞好市场调查和预测，按照市场需要组织产品生产，并通过不断增加产品品种、提高产品的质量、促销和加强售后服务等手段来增加销售收入，同时还要制定有效的收账政策，防止坏账损失。为了增加投资收益，财务人员要做好投资项目的可行性分析和盈利预测，尽量将资金投到风险因素较确定而且预期利润率较高的投资项目上去。成本费用的降低首先与生产技术紧密相关，同时也会受到企业的经营管理水平的影响。为此，财务部门应与生产、销售等部门通力合作，努力控制生产消耗和经营支出，以降低成本费用。

4. 分配企业利润，协调经济利益关系。利润分配涉及企业与国家、与其他企业、与员工等各方面的经济利益关系，因此要按照规定的利润分配顺序和提取比例合理分配，既要考虑企业的长远发展，留下一定的利润作为保留盈余，又要考虑所有者对近期利益的要求，发放一定的股利，等等。

5. 妥善处理好与财务活动有关的特殊财务问题。任何企业都有一个设立、发展、壮大的过程。市场环境是变化莫测的，因而有些企业还会出现经营失败的现象。作为企业中最重要的管理部门，财务管理部门也要参与与这些特殊活动有关的财务问题的处理。在企业开办时，财务管理部门要参与可行性研究和发展战略研究；企业实现利润后要根据国家政策和企业的决定来分配利润；在企业进行联合、收购、兼并、破产清算时，财务管理人员也要参与资产评估、资产转移及剩余资产分配等工作，并且要处理好各方面的经济利益关系。

（四） 财务管理的原则

财务管理的原则是组织调节资金运动和协调处理财务关系的基本准则，它体现了理财活动规律性的行为规范，是对财务管理的基本要求。我们在实际工作中应该重点把握以下四项财务管理原则。

1. 风险收益均衡原则。在瞬息万变的市场经济中，风险是客观存在的。财务风险主要是指企业在筹资、投资、资产管理、资产运用、收益形成和分配方面的不确定性。企业生产经营的各种风险最终都会集中地体现在企业的财务状况和财务成果中。在健全的市场机制下，风险和收益是匹配的，高风险追求高收益，高收益伴随着高风险。因此，在作出财务决策前，首先要对影响财务活动的各种可能发生的风险进行测量，通常是计算各随机事件的标准差和变异系数来衡量风险的大小程度。其次，分析该项财务活动可能给企业带来的收益（包括眼前利益和长远利益），在权衡风险和收益的前提下进行可行性分析作出最佳决策。最后，通过各种预测分析及时把握风险的变化趋势和程度，并采取有效措施，力争企业资产的安全经营。同时要注意以下问题：

风险收益的权衡——对额外的风险需要有额外的收益进行补偿。

时间价值——今天的一元钱比未来的一元钱更值钱。

价值的衡量要考虑的是现金而不是利润。

增量现金流——只有增量是相关的。

在竞争市场上没有利润特别高的项目。

有效的资本市场——市场是灵敏的，价格是合理的。

代理问题——管理人员与所有者的利益不一致。

纳税影响业务决策。

风险分为不同的类别——有些可以通过分散化消除，有些则不行。

道德行为就是要做正确的事情，而在金融业中处处存在着道德困惑。

2. 资源优化配置原则。一定时期内企业对资源的拥有总是有限的，企业要想追求价值最大化，就必须在生产经营活动中有效、合理地运用资源，从整个企业的长远利益出发，充分考虑各类资源的机会成本，不断对各种财务方案进行分析、比较和选择，对有效的资源进行合理配置，努力使资源利用效率达到最高，从而使得企业的生产经营活动取得最大经济效益。

3. 企业目标控制原则。企业的最终目标是企业价值最大化。企业的一切生产经营活动都应该从这个目标出发，以此作为控制财务管理各项具体工作的标准。为了保证企业最终目标的实现，必须制定一定时期内的过渡目标和具体措施目标，并在具体操作过程中不断修正这些目标，使企业按照预定的轨道正常运行。同时，为了适应竞争日益激烈的市场环境，企业要按照远期发展规划不断对企业资源进行整合，创造出自己的核心竞争力。

4. 系统协调统一原则。财务管理工作是一个既有分工又有统一的运动过程。财务管理工作面向企业的人财物，涉及面广，为了取得有效成果，要在统一领导的前提下，实行财务目标的归口分级管理，并要妥善处理各种财务关系，保证责权利相统一。为了提高经济效益，保证财务目标的实现，财务部门要在保证合法和不违背社会责任的前提下，本着协调统一的原则，计划性和灵活性并举。

二、财务管理的主要流程

（一）财务管理的环节

财务管理是一项综合性的管理工作，其进程可以分为五个环节，即财务预测、财务决策、财务计划、财务控制和财务分析评价。

1. 财务预测。财务预测是指财务管理主体依据各种相关信息（包括历史资料、现实情况和各方面的影响因素）对企业未来特定时期的财务活动及其结果的规模水平、变动趋势和变动速度作出科学预计和测算。预测是超前思考的过程，它能为人们展现未来各种可能的前景。财务预测可以提高企业对不确定事件的反应能力，有效地避免机会成本带来的损失，增加利用有利机会带来的收益。财务预测是进行财务决策的前提，是制订财务计划的基础，同时它也是保证财务计划贯彻实施的手段。

财务预测一般需要经过以下程序：

确定预测任务；

搜集整理资料；

选择预测模型和预测方法；

进行预测并检验预测结果；

编制预测报告。

财务预测的方法一般有定性预测法和定量预测法两大类。定性预测法又称经验推算法，它主要是运用已有资料，依靠个人的主观推断和综合分析能力，吸收各方面的意见进行分析，作出判断。定量预测法是利用历史和现实的资料，根据变量之间存在的数量关系建立数学模型来对事物未来发展趋势进行预测，包括趋势预测法和因果预测法等。定性预测法和定量预测法各有优缺点，实际工作中一般将两者结合起来使用。

2. 财务决策。财务决策是财务人员从财务管理目标出发，运用科学方法对经过预测确定的与企业未来重大生产经营问题有关的若干个财务方案进行评价和选择，从中选出最优方案的过程。一般是考察若干个可供选择的财务方案的可行性和其能为企业带来的效益大小，从中选取优化方案，并制订保证目标完成的重大措施方案和计划；财务决策是财务工作的核心，能决定企业未来财务管理工作的方向，也为进行日常财务控制和最终财务评价提供标准。

企业财务决策一般包括如下步骤：

根据财务预测的信息提出问题；

拟订各种备选方案；

拟订择优标准，对备选方案进行分析评价、对比选择；

选择最佳方案，并制订保证目标完成的重大措施方案。

对于不同类型的财务方案，财务决策所采用的方法也有所不同。对于确定性较大的可选方案，现实工作中常常采用以下方法：

一是盈亏平衡点分析法。即通过计算各方案的平衡点，绘制各方案的交叉点，分析决策变量动态变化的区间，选择不同区间内最优的财务方案。

二是线性规划法。这种方法适用于在有若干约束条件的情况下对企业人财物的决策问题。该方法根据运筹学的基本原理，用于对具有线性联系的极值问题求解，从而选择最优方案。对于风险性比较大、财务后果不明了的备选方案，可以根据其偏重的目标进行相应的选择。具体来说，最大可能性标准法、期望值评价法和不肯定性决策法是常用的方法。最大可能性标准法的决策原理是，首先选择出现概率最大的一种状态，然后在这种状态下选择收益值最大或成本最小的方案作为最优方案。期望值评价法首先通过计算备选方案的决策变量的数学期望值，然后以收益期望值最大、成本费用期望值最低的标准进行方案选优。不肯定性决策法则是指决策者在未来情况不确定、信息资料不充足又无法测算各种情况发生概率的条件下所采用的决策方法，它包括小中取大法（首先计算出各备选方案的最小收益值，然后选取各最小收益值中的最大者作为优选方案）和大中取小法（首先计算出各备选方案的最大收益值与所采取的方案收益值之差额，然后在各最大收益值中选取最小者作为优选方案）。

3. 财务计划。财务计划是指运用科学的技术手段和数学方法，对企业计划期的各种财务活动及其结果进行具体安排。它是财务决策的系统化、具体化，是企业对计划期的各种财务活动进行控制的具体依据，同时也为考核企业的财务业绩提供了标准。财务计划是财务管理活动预见性的内在要求。企业财务计划主要包括：筹资计划、固定资产投资和折旧计划、对外投资计划、营运资金计划、资金周转计划、利润及利润分配计划等。

编制财务计划，一般要经过如下程序：

第一，收集编制财务计划所需的各种资料。

第二，根据财务目标和企业自身能力，在考虑各种影响因素的前提下，测算计划期内各项财务指标应该达到的水平。

第三，做好各计划之间的协调平衡，制定出主要的财务计划指标，并填制各种计划表格。在编制财务预算时，以下几种方法是财务人员常常采用的。①比较法。即将本企业不同时期同种财务目标或同类单位同种财务指标进行比较，考虑企业自身情况，确定计划期财务指标。②因素测算法。这种方法是指在编制财务计划时以基期各种财务指标的执行结果为基础，考虑计划期内各种因素变动对各种财务目标的影响，来推算计划期的财务指标的计划数。③平衡法。即根据有关经济活动和财务活动中各种经济指标的内在联系和数量上的平衡关系确定计划指标的一种方法，但是在应用过程中要注意，具有平衡关系的每一个指标因素不能发生重复或遗漏，并且计算口径要一致。

4. 财务控制。财务控制是指在进行财务管理工作的过程中，依据事前确定的财务管理目标、财务管理原则和其他标准，利用有关信息和特定手段，对企业的财务活动进行监督、检查、分析、调节，使之按照预定目标正常运行，保证财务管理目标的实现。财务控制必须建立在建立好责任制度、信息反馈制度和考核奖惩制度的基础上。依据采取控制的时间与财务活动的前后关系，财务控制可以分为防护性控制和反馈性控制两种方法。

依据所采取的具体措施不同，财务控制可以分为：①制度控制法，它包括：第一，制定企业内部财务管理责任制度，实行财务指标的归口分级管理；第二，规范和完善各项具体财务工作的制度；第三，制定有效的财务管理基础工作制度，包括定额管理制度、原始记录制度和内部计划价格制度等。②经济杠杆控制法，即利用工资、奖金、内部利率和内部转移价格等经济杠杆来控制、调节企业的财务活动。③财务检查法，即定期或不定期对企业财务活动和财务收支的合法性和合理性进行检查和监督，及时发现问题并解决问题。

现代企业财务控制一般要做好以下几项工作：

一是制定标准。制定标准是指依照责权利相结合的原则，将财务指标实行归口分级管理，落实到每个部门以至个人。

二是执行标准。执行标准是指各部门修订各种定额，拟定财务制度，运用各种手段对财务活动进行事先控制。

三是确定差异。确定差异是指依据财务控制标准对企业财务活动的实际发生情况进行监督检查，并计算确定脱离标准的差异。

四是调整差异。调整差异是指分析差异形成的原因，提出解决问题的办法和改进工作的建议，并运用激励机制，实行奖优罚劣。

5. 财务分析评价。财务分析评价是指根据会计核算和有关信息资料，运用特定的方法，对企业财务活动的过程和结果进行评价和分析。财务分析是了解企业财务状况的工具，也是企业一定时期财务工作的总结。

财务分析涉及各种财务报表的使用，主要包括资产负债表、利润表和现金流量表。资产负债表汇总了企业在某一时点的资产、负债和所有者权益，通常在季末、年末编制。利润表汇总了企业某段时期的收入和费用，通常也在季末、年末编制。现金流量表反映了企业某一时期的现金流入与流出。使用现金流量表并参考其他两个基本财务报表所提供的信息，可以帮助财务经理评估和识别：①企业经营活动中产生的用于偿还债务、支付利息和股利的未来净现金注入量的能力；②企业向外部融资的需要；③净收益和经营活动中产生的净现金流量两者不同的原因；④现金和非现金的投资交易和筹资交易的影响。

财务分析评价的内容主要包括对企业资金需要量的分析、对企业财务状况和经营成果的分析及对企业经营风险的分析。在分析评价过程中，财务分析者需要对企业财务的“健康状况”进行多方面的“检查”，“检查工具”就是财务比率。首先，可将同一企业的目前比率和过去的、预期未来的比率进行比较。我们不必太关心某一时点的一个比率，而应关心一段时间内的比率变化。其次，也可将一个企业的比率与相似情况的企业的比率比较或是与同期的行业平均水平相比，看到企业财务状况和经营成果的相对情况，并发现企业财务比率与适用的行业平均水平比率（标准财务比率）的偏离程度。

实际工作中常常采用的财务分析评价方法主要有对比评价法和综合评价法。

第一，对比评价法，它有差异额和差异率两种表现形式。其中，对比指标在包括内容、计价尺度、计算的期间和方法上必须具有可比性，作为评价标准的可以是计划指标，也可以是历史指标，可以是行业平均指标，也可以是个别指标。

第二，综合评价法，即将各个时期财务活动的各个方面，以及反映其状况和水平的指标相互联系起来进行分析研究，综合地分析企业的财务状况和财务成果业绩。其具体方法包括因素综合分析法、杜邦体系分析法等。

除了多期财务比率分析法之外，把常规的资产负债表和利润表项目表示为百分比进行财务分析评价的方法也被经常采用。该类百分比可以通过与总额对比得到，也可以通过与基期年份对比得到。与总额比较的方法称之为结构百分比法，与基期比较的方法称之为指数分析法。前一种方法将资产负债表的各项目表示为相当于总资产的百分比，将利润表项目表示为相当于销售净额的百分比。后一种方法则是将资产负债表项目的年末数都表示为最初基期的指数。它们分别评价企业一段时期财务报表百分比的水平和趋势，从而使财务分析者能够对企业财务状况和经营成果潜在的改善和恶化有正确的认识。

财务管理的各个环节既相互联系又相互制约，共同构成一个完整的财务工作体系。在进行具体工作时，应该本着灵活性与计划性并举、系统性和实效性兼顾的思想，合理安排，统筹兼顾，实现企业的财务目标。

知识链接

决定企业财务状况的四要素

财务管理是企业管理的中心，财务状况的好坏，是企业经营好坏的“晴雨表”。那么，决定企业财务状况好坏的因素是什么？

（一）企业经营策略

从财务上说，企业经营策略决定企业的所有财务状况，它既决定企业如何去组织生产、如何控制成本、产品如何定价等直接关系到经营业绩的重要政策，也决定企业技术装备和资产周转速度等一系列财务政策，包括：企业所购设备的数量和先进性选择；企业对现金持有态度及应保持的最低数量，应收、应付所采用的信用政策，还有市场占领策略、存货策略等。不同经营策略下可能产生不同的资金占用数量、周转速度、经济效益等，企业的对外投资方针、设备更新、风险偏好、企业融资、利润分配、用人、薪金等都得讲究策略，正是因为不同经营策略的运用，同一个企业才会产生不同的财务结果。

（二）技术装备状况

企业技术装备的先进程度，往往决定企业产品性能、材料消耗、质量与产品的市场价值。企业技术装备如何与企业财务状况是息息相关的，企业技术装备先进的话，用的人可能就少，单位产品工资费用就低，材料用量也可能就少于同行，材料利用率高，人工成本又少，单位变动成本自然就会低。另外，企业技术装备先进，其生产产品一致性、稳定性一般要高于装备差的同行，在同等条件下，产品也可能较易被客户所接受。但技术装备先进，装备投入也就高，同时也带来企业较高的固定成本和较低的固定资产周转速度，因此，如果没有足够的生产规模来消化较高的固定成本，单位产品固定成本可能会高于同行。总之技术装备状况是给企业财务状况带来变化的关键因素。

（三）存货

资金是企业的命根子，资金的使用效率如何，关键在其周转速度，而资金周转速度的快慢，在很大程度上决定了企业财务状况的好坏。无论是工业企业还是商业企业，存货都占有企业大量资金。存货风险偏好、存货的多少、存货周转速度快慢，直接关系到企业资金占用量和资金周转速度。企业经营比较保守，存货量可能就大，缺货成本就可能低些，但存货周转速度肯定就慢；企业经营比较激进，存货量控制得就低，缺货成本就会高些，但存货周转速度会加快。因此存货也是流动资产中持有成本较高、管理难度较大的一项资产，企业对存货的态度与管理能力直接决定了企业财务状况。

评价企业财务状况好坏的一个重要指标是企业的资产收益率，资产收益率＝销售利润率×资产周转率，要改善企业财务状况，除了提高企业的销售利润率外，关键是提高企业的资产周转率。存货周转率是资产周转率的重要组成部分，企业要改善财务状况，无论销售利润率如何，提高存货周转率是非常好的做法之一。

（四）企业信用控制体系

企业财务状况的好坏，还有一个重要因素，就是企业的现金流量。如何在赚得了财务利润的同时保证企业有足够的现金流，使财务利润不变成一个“空数”，关键就是企业的信用控制体系。材料采购、产品销售过程中如何来控制购货款按合同及时支付，控制应收账款能及时回收，都依赖于企业的信用控制系统，这个系统直接关系到企业的现金流入与流出，关系到企业应收账款数量、坏账数额，关系到企业财务状况的好坏。

为保证企业有财务利润的同时也有足够的现金流来维系企业持续经营，只有建设一个完善的企业信用控制体系，并很好地运用这个体系以压缩企业的应收账款，减少呆、坏账的发生，不至于使企业良好的效益都放在别人的皮包里，这是影响企业财务状况的重要因素之一。

总之，企业经营过程反映到财务上就是一个资金的流动过程，从现金开始流到资产（包括固定资产和流动资产），再到现金，周而复始，不断循环。循环的好或坏，是获利还是亏损，是顺畅还是受阻，其反映的都是企业的财务状况，这都是以上四个要素共同作用的结果。

| 创业故事汇 |

调光大师陈俊村

1987 年，陈俊村创办了他的加美科技公司，这家以技术咨询为主业的公司两年内迅速成为行业第一。事实上，加美的“第一”来得颇为轻巧，因为岛内基本没有技术咨询公司，缺乏对手的陈俊村自然不战而胜。更何况，陈俊村借助了新一波的创业趋势，“当别人都向科技产品的金矿蜂拥而去时，我就是那个卖铁锹的人!”

通过给将近 500 家企业做技术咨询，陈俊村的视野迅速打开。此时的台湾已是世界照明业的重要代工基地，陈的很多客户都来自该行业。一次酒过三巡，一家照明企业的老总和陈俊村聊得兴起：“我算是入对行了，你看这地球每天不停地自转，只要有太阳落山，我就有钱赚!”这句话深深地触动了陈俊村。两年来自己虽说赚了几十万美金，但相比这些“入对行”的人，这个数字未免有些寒碜。

20 世纪 80 年代，大陆的家庭照明尚未起步，国有灯泡厂们庸庸碌碌，可市场摆在那里总要有人来填补，更何况有如此便宜的劳动力和地价。跑得快不如跑得早，陈俊村决心到大陆从事照明业！他通过外贸的形式挖到了在大陆的第一桶金。单枪匹马闯荡上海滩，陈俊村一方面要通过台湾的朋友从国外接单，一方面又要帮大陆的生产商弥补产品质量的短板。为保证订单品质，陈俊村亲自承担了产品零部件采购，于是松江、宝山一天至少要跑 7 家零件厂，根本顾不上吃饭。而他当时的交通工具，是每天 500 块包下的一台出租车。单纯做外贸毕竟不是长久之计，因为客户很有可能绕过你直接对接生产厂。即便陈俊村的外贸公司比当时的国有进出口公司效率高很多，比如国有公司从工厂提单往往要 7 天，而陈俊村却能两天搞定，可要想在这个行业持久立足，必须有自己的工厂。

1992 年 8 月 18 日，陈俊村的照明工厂在上海浦东和浙江海宁两地同时揭幕，他给自己的工厂取名比华（VIVA），在西班牙语里“VIVA”意味着胜利。在比华的浦东工厂，一条条六七十米长的流水线上，密密麻麻地坐着四五十名工人。他们身穿普通的棉布工作服，每个人手边都有一种夹具，帮助他们准确地完成组装、检测、贴标签等工作，手中的动作可以以秒计算。而在西方国家，每一条光源生产线上都配备了最先进的自动化设备，一条线上仅需要几个工人。此后 4 年，通过这种“小米加步枪”的模式，陈俊村为中国照明业创下的第一是承接了宜家在中国的第一张灯具订单，开创了这家百年家居店在中国下单的先河；浦东厂还包揽了当年美国西屋电器和家得宝在中国的灯具订单。同时，陈俊村在国内首家引进“卤钨火炬落地灯”，此类灯具在以后 8 年出口超 1 亿支，创汇 12 亿美元以上。

1994 年中国经济领域发生了一件大事：增值税新政出台。按照新税制，凡是 1994 年前成立的出口企业不能退还增值税，就是这 17%的税额扼住了比华成长的咽喉，照此算来比华将有三分之二的出口产品赔钱。一直到了 1996 年，比华的利润小于增值税，材料买不回来，订单迟迟完成不了，客户的怒火、员工的抱怨几乎把陈俊村烤煳在他的车间里。企业第一次遭遇重大危机，1996 年赫然成为比华企业史上的分水岭。

事实上，比华的焦灼也是当时照明业外贸大户们的共同焦灼：一方面外贸形势不佳，另一方面国内消费者居住在单位分来的房子，只要灯泡能亮也就心满意足，哪谈什么内需市场！陈俊村痛定思痛，一方面他被迫关掉浦东厂，另一方面开始在配套更为完善的珠三角寻找建厂机会。更为重要的解决方案是，比华开始在产品线上推行它的“舰艇计划”——“打个比方，造普通的小渔船附加值低，但半年就可收回成本；造舰艇虽然非得三五年，但产品附加值不知高到哪里去了。”

1996年，春暖花开时节，陈俊村坐在办公室里有些发愁。已经有好几位美国客户向他询问某种特殊结构的荧光灯，而这种灯却未曾在国内出现过。

“这些人关心的究竟是怎样一种灯？”陈俊村通过海外朋友一打听，原来伴随生态保护意识的提高，一种节能环保的新型光源逐渐在西方国家崭露头角，并且大有将传统光源斩落马下的态势。事实上，这种只是将白炽灯灯丝发光原理，改变为气体发光的节能灯，技术并不复杂。陈俊村隐隐感到，一个新的时代来了。1996年底，比华率先在国内生产出节能灯。

陈俊村是个有浪漫主义情结的商人，即便在枯燥的研发领域，他也能够爆发革命性的灵感。比如欧美市场的节能灯，普遍是直挺挺一根灯管外加一个硕大的镇流器——非但块头大而且长得丑。怎么办？把镇流器压到灯头里，再把灯管弯成螺旋形不就行了？一个创意设计，三年技术攻关，1999年比华全球首创的节能螺旋灯应势而生。“诸如台灯等小型灯具，以前只装得了白炽灯泡，现在螺旋节能灯做得和它一样大小，那么你选择谁？”陈俊村的这一步跨得波澜壮阔，正如把台式电脑压缩成笔记本，节能灯全面取代白炽灯的最后一道壁垒由此打破。

一步领先，步步领先。2007年当节能灯领域的竞争者越来越多的时候，陈俊村再次摆出了新Pose：让节能灯更节能。比华打破了只有白炽灯才能调光的魔咒，推出可以根据心情四段调光的节能灯。2008年，比华年出口额突破26亿元人民币。

从产业发展趋势看，近年来为遏制全球温室效应进一步蔓延，世界各国相继立法强制性禁用白炽灯，全面启用节能灯。根据《京都议定书》，自2009年起到2013年全球将陆续强制性禁用白炽灯，全面启用节能灯。在国内，节能降耗、环境保护已经成为我国一项基本国策，被写入《国民经济和社会发展的十一五规划》。2008年，财政部和国家发改委共同部署了“高效照明产业推广项目”（又称“绿照工程”），通过财政补贴方式，在“十一五”期间，向全国消费者、企业提供和推广1.5亿只节能照明设备。我国政府推广照明行业节能减排的力度进一步加大。国家政策的推动、大众环保意识的提高及国内外市场的进一步扩大，都为我国节能灯产业发展带来了极好的契机，绿色照明行业进入新的发展纪元。

二十多年来，从白炽灯到节能灯，再到可以调光的节能灯，陈俊村随着照明行业的历史浪潮一路悲欢，而此刻他的个人理想更多地体现为一种行业使命感：让可以节能再节能的照明产品真正成为市场主流，让照明艺术照亮寻常百姓的生活之路。

分析讨论

1. 企业管理具体指什么？
2. 什么是人力资源管理？
3. 创业过程中可能会出现哪些风险？
4. 什么是财务管理的内涵和目标？什么是财务管理的原则和方法？

项目9

创业实务

名言点津

压力是躲不掉的。一个企业家要耐得住寂寞，耐得住诱惑，还要耐得住压力，耐得住冤枉。外练一层皮，内练一口气，这很重要。武林高手比的是经历了多少磨难，而不是取得过多少成功。

——马云

起点导航

合伙企业财产的处置

2004年4月，小梁、小郝和小孙合伙在校外开办了一家冷饮店。该合伙冷饮店购买了一套冷饮制作设备。同年6月，小范加入合伙。2008年3月，冷饮店由于经营管理不善而宣告停业。合伙人小郝主张将冷饮制作设备出售给第三人，各合伙人均同意，但是因为没有买主而未做处理。此后，第三人找到小范商议出售冷饮制作设备事宜。小范要求小郝提供购买手续，小郝未交付，但是同意卖设备，并且两人用电话通知了小梁。小梁对出售共有财产并未表示异议，仅表示自己所有的一份不卖。2008年10月，小郝作为小孙的代理人、小范作为小梁的代理人与第三人签订了转卖合同。在合同签订后，第三人曾电话询问小范是否决定出售其所有设备份额，而小梁未对出售设备作出否定的意思表示。后小郝和小范将出售设备款项私分。小梁在得知合伙冷饮店的设备已经出售后，要求分割设备款，但是小郝和小范总是以各种理由拒绝分割设备款。小梁认为，设备出售因未经其允许而无效，遂向法院提起诉讼。

合伙企业财产包括合伙人的出资以及在合伙企业存续期间所有以合伙企业名义取得的收益。合伙企业的财产由全体合伙人共同管理和使用。我国《民法通则》规定，合伙经营累积的财产，归合伙人共有。在本案例中，冷饮制作设备是以该合伙企业的名义购买的，因此属于各合伙人共同所有。

合伙企业虽然被冠以企业的名称，但是在我国《民法通则》中却被列入自然人一章。可见，在某种意义上合伙企业仍是自然人的抽象集合，因此，每个合伙人都享有业务执行权也就容易理解了。合伙企业财产为合伙人共有财产，由合伙人根据合伙协议的规定按照一定的比例进行分割，而不能将其据为私有。

分析讨论

1. 什么是合伙企业？
2. 合伙企业财产应该如何处置？
3. 案例中谁的做法不对，错在哪里？
4. 说说在创业初期怎样应对类似的问题。

任务1 新创企业的法律形式

任务导引

个人独资企业出资人的无限责任

小何是一名计算机专业大四学生，2007年2月成立了一家名为“晶华”的销售电脑配件和电脑维修服务为主营范围的个人独资企业。由于初次创业缺乏经验，经营不善，2008年5月，小何决定解散晶华。小何转让本企业现有资产获现金6万元，此时，晶华到期债务达10万元。因创业初期享受大学生创业优惠政策，小何从银行贷了5万元，从朋友小姜处借了3万元。小何向银行偿还了5万元之后，将剩余的1万元还给了小姜，同时以债务人是晶华县全部资产已用来抵偿债务为由，拒绝向小姜清偿剩余的2万元债务。随后，小姜向小何企业所在地法院提起诉讼，要求小何清偿他本人的债权。

本案例是一起个人独资企业解散清偿案。小何将剩余的1万元偿还给小姜后，以债务人是晶华企业，且晶华企业全部资产已用来抵偿债务为由，拒绝向小姜清偿剩余的2万元债务，是没有法律依据的。小何应以其个人财产向小姜偿还债务。

本案例的关键在于明确个人独资企业的责任形式。个人独资企业是依法设立、由一个自然人投资、财产为投资人个人所有、投资人以其个人财产对企业债务承担无限责任的经营实体。个人独资企业只由一个人投资且企业财产为投资人所有，这就决定了个人独资企业不具有独立的法律人格，不能完全独立地享有权利、承担义务。这样，即使在个人独资企业存续期间，是以企业名义与他人订立合同、形成债权债务关系，也不能以此为由排除投资人对企业债务所承担的无限责任。因此，小何以债务人是晶华且晶华全部资产已用来抵偿债务为由，拒绝向小姜清偿剩余的2万元债务，是不符合《中华人民共和国个人独资企业法》规定的。

从法律规定来看，根据个人独资企业法的相关规定，小何应用本人资产偿还晶华存续期间对小姜的债务。如个人独资企业法第2条规定：个人独资企业的投资人以其个人财产对其企业的债务承担无限责任。第28条规定：个人独资企业解散后，原投资人对个人独资企业存续期间的债务仍应承担相应偿还责任。第31条规定：个人独资企业财产不足以清偿债务的，投资人应当以其个人的其他财产予以清偿。

大学生创业因受资金限制，大多数成立个人独资企业，对于这种企业法律形式，大学生在准备创业时应了解个人独资企业投资人对企业债务的无限责任。同时，在清楚无限责任的基础上，选择创业形式时，还应理解个人财产与家庭财产关系、是否为共同财产、是否存在转移或隐匿财产、是否存在担保、债权是否已过除斥期间，等等。大学生创业本来就存在很多不可预知的风险，熟知《中华人民共和国个人独资企业法》和《个人独资企业登记管理办法》，对避免创业后期的法律纠纷非常有帮助。

分析讨论

1. 什么是个人独资企业？

2. 创业之初，如何选择企业的法律形式？

一、个人独资企业

个人独资企业，又称个人业主制企业或个体工商户，是指依法设立，由一个自然人投资，财产为投资者个人所有，企业名称不能使用“有限”“有限责任”或“公司”字样，并以其个人全部财产（包括家庭财产）对企业债务承担无限责任的经营实体。

个人独资企业往往规模较小，可从事的行业有工业、交通运输业、建筑业、小型加工、商业、饮食服务业、修理业、科技咨询以及文化娱乐等。

（一）个人独资企业的法律特征

1. 个人独资企业的出资人是一个自然人，并且具备权利能力和行为能力。我国法律、行政法规禁止从事营利性活动的人不能作为独资企业的出资人，如国家公务员等。

2. 个人独资企业在法律上是非法人企业，不具备法人资格，因而又可称为自然人企业。

3. 企业主对企业享有全部权利，企业主个人就代表企业，对企业的财产拥有所有权并可直接控制支配。企业主负责企业的全部生产经营活动，其他人不能干涉企业经营，体现了所有权、控制权、管理权的完全合一。

4. 企业主对企业债务承担无限责任，不仅要以投入企业的财产为企业清偿债务，而且还要以个人的其他财产为企业清偿债务。企业主个人的信用就是企业的信用，风险较大。

（二）个人独资企业的优点

1. 企业设立、转让和解散等行为手续非常简便，仅应向登记机关登记即可。

2. 企业主独资经营，制约因素较少，经营方式灵活，能迅速对市场变化作出反应。

3. 利润归企业主所有，不需要与其他人分享。

4. 在技术和经营方面易于保密，利于保护其在市场中的竞争地位。

5. 若企业主因其个人努力而使企业获得成功，则可以满足个人的成就感。

（三）个人独资企业的缺点

1. 当个人独资企业财产不足以清偿债务时，企业主将依法承担无限责任，必须以其个人的其他财产予以清偿，因此经营风险较大。

2. 个人独资企业受信用限制不易从外部获得资本，如果企业主资本有限或者经营能力不强，则企业经营规模难以扩大。

3. 如果企业主发生意外事故或者犯罪、转业、破产，则个人独资企业也随之不复存在。

（四）成立个人独资企业应提交的材料

个人独资企业的设立、变更、注销，应当依照《中华人民共和国个人独资企业法》和《个人独资企业登记管理办法》的规定，在所在地的工商行政管理部门办理企业登记。个人独资企业经登记机关核准登记，领取营业执照后，方可从事经营活动。

大学生登记应提交的材料有：

1. 大学生本人签署的个人独资企业设立申请书；

2. 大学生身份证明，即大学生本人身份证和学生证；

3. 企业住所证明。大学生创业多以租房为主，如果租房，注册登记时须向工商部门出示租房合同、房主身份证、房主的房产证。

如果新创企业从事的业务（如烟酒经营、书报刊经营等）是我国法律、行政法规规定须报经有关部门审批的，则应提交有关部门的批准文件，即“前置审批”。

如果委托代理人申请设立登记，应提交大学生投资人的委托书和代理人的身份证明或者资格证明。

（五）个人独资企业的利润分配、风险承担和纳税管理

个人独资企业可以采取两种形式管理企业事务：(1) 投资人自行管理企业事务；(2) 委托或者聘用其他具有民事行为能力的人管理企业事务。这两种形式获取的利润都由投资人自己拥有。

投资人委托或者聘用其他人管理企业事务的，应当与受托人或者被聘用人签订书面合同，明确委托的具体内容和授予的权利范围及薪酬。受托人或被聘用人应当按照所签订的合同负责管理企业事务。

我国税务机关对个人独资企业会计核算要求不高，税款一般是按照定期定额的方式征收，实际税负也不高。所谓“定期定额”税收方式，就是无论企业营业额多少，都按规定的一个额度征收，此种形式非常适用于个人独资企业。目前，我国对大学生创业提供了税收优惠政策。国家税务总局关于转发《财政部、国家发展改革委关于对从事个体经营的下岗失业人员和高校毕业生实行收费优惠政策的通知》（国税函〔2006〕233号文件）规定：高校毕业生从事个体经营的，且在工商部门注册登记日期在其毕业后两年以内的，自其在工商部门登记注册之日起3年内免交有关登记类、证照类和管理类收费。

不过，个人独资企业也有许多显而易见的缺陷，如规模小、贷款难、信誉难有保证、缺少社会认同感等。

二、合伙制企业

（一）合伙企业法律特征和事务执行

1. 合伙企业法律特征。

合伙企业是指依法设立，由两个或两个以上合伙人订立合伙协议，共同出资、合伙经营、共享收益、共担风险，并且对合伙企业债务承担无限连带责任的营利性组织。

(1) 合伙企业必须有两个以上具有完全民事行为能力的合伙人，并且都是依法承担无限责任者，我国法律、行政法规禁止从事营利性活动的人（如国家公务员等），不能作为合伙企业的合伙人。

(2) 合伙协议是合伙企业成立的基础。合伙人可以根据他们之间的协商，在合伙协议中规定各自的权利与义务关系。合伙企业利润分配和亏损承担的比例、货币外出资的评估作价、合伙决议的表决方法、退伙人的财产退还办法等都可以由合伙人在合伙协议中自行约定，只

有在合伙协议没有约定或约定不明的情况下，才使用合伙企业法中的规定。

（3）合伙企业不具有法人资格，具有典型的人合性特点。其人合性表现为：合伙人都有平等参与生产经营的权利，合伙企业在进行重大决策时，合伙人意见必须一致，合伙企业的生产与发展依赖于合伙人之间的信任关系；当合伙人需要退出投资时，易受到资金的限制，不能很快退出，不像公司的股票销售或转让即可；而合伙人想增加投资更麻烦，需要得到全体合伙人的同意，因此，国外有学者称之为“投资冻结”。

（4）合伙企业合伙人的投资方式具有多样性。合伙企业因不具有法人资格，且合伙人要负连带责任，故法律对它并无注册资本的要求。依照我国合伙企业法的规定，合伙人可以用货币、实物、土地使用权、知识产权或者其他财产权利出资，经全体合伙人协商一致，合伙人也可以用劳务出资。在现实中，有的合伙人还存在以时间、技术或个人信用作为对企业出资的情况，但在利润、风险承担、经营管理决策上，享受的权利与义务有差别。

（5）合伙企业的合伙人对企业债务承担无限连带责任，合伙企业结束或清理时，合伙企业财产不足以抵偿企业债务，合伙人应以其在合伙企业出资以外的财产清偿企业债务；每一个合伙人对企业的债务都有清偿的义务，企业债权人可以合伙企业财产不足为理由，向任何一个合伙人要求偿还债务。

2. 合伙企业的事务执行。

小规模的合伙企业共同执行企业事务，规模较大的合伙企业则因合伙人较多难以共同执行企业事务，因此，法律许可其经全体合伙人同意可委托少数合伙人执行企业事务，受委托执行合伙事务的合伙人称为执行事务合伙人。执行事务合伙人产生后，其他合伙人不再执行合伙企业事务，但有权监督检查执行合伙事务的情况。执行事务合伙人不得自营或者同他人合作经营与本企业相竞争的业务。执行事务合伙人如有损害合伙企业或全体合伙人利益的行为，其他合伙人有权撤销其委托。

合伙人依法或者按照合伙协议对合伙企业有关事项做出决议时，除法律另有规定或合伙协议另有约定外，一般实行一人一票的表决方法。合伙企业的下列事务须经全体合伙人同意：处分合伙企业的财产；改变合伙企业名称；转让或者处分合伙企业的知识产权和其他财产权利；以合伙企业名义为他人提供担保；向企业登记机关申请办理变更登记手续；聘任合伙人。

（二）成立合伙企业应提交的材料

依照合伙企业法规定，合伙企业的设立、变更、注销，都需要到所在地工商局（所）办理手续。大学生成立合伙企业需要向工商局（所）提交以下材料：

合伙企业设立登记申请表［去工商局（所）领取；或在工商局（所）网站下载］。

合伙人登记表。

住所、经营场所证明。

全体合伙人和执行合伙企业事务的合伙人名单。

合伙企业设立登记审核意见表。

合伙企业合伙协议。

合伙人身份证复印件。

产权证明复印件。

（三）合伙企业的利润分配、风险承担和纳税管理

1. 利润分配。按照合伙企业法第 11 条规定，合伙人可以用货币、实物、土地使用权、

知识产权或者其他财产权利出资；上述出资应当是合伙人的合法财产及财产权利。

对货币以外的出资需要评估作价的，可以由全体合伙人协商确定，也可以由全体合伙人委托法定评估机构进行评估。经全体合伙人协商一致，合伙人也可以用劳务出资，其评估办法由全体合伙人协商确定。

合伙企业的利润和亏损，由合伙人依照合伙协议约定的比例分配和分担，合伙协议并未约定利润分配和亏损分担比例的，由各合伙人平均分配和分担。

2. 风险承担。按照合伙企业法规定，合伙企业解散后应当进行清算，并通知和公告债权人，清算人由全体合伙人担任；未能由全体合伙人担任清算人的，经全体合伙人过半数同意，可以自合伙企业解散后15日内指定一名或者数名合伙人，或者委托第三人，担任清算人。15日内未确定清算人的，合伙人或者其他利害关系人可以申请人民法院指定清算人。

清算人在清算期间执行下列事务：清理合伙企业财产，分别编制资产负债表和财产清单；处理与清算有关的合伙企业未了结的事务；清缴所欠税款；清理债权、债务；处理合伙企业清偿债务后的剩余财产；代表合伙企业参与民事诉讼活动。

合伙企业财产在支付清算费用后，按下列顺序清偿：合伙企业所欠的职工工资和劳动保险费用；合伙企业所欠税款；合伙企业的债务；返还合伙人的出资。

合伙企业财产按上述顺序清偿后仍有剩余的，由合伙人依照合伙协议约定的比例分配；合伙协议未约定利润分配的，由各合伙人平均分配和分担。

合伙企业清算时，其全部财产不足清偿其债务的，由合伙人依照合伙协议约定的比例承担清偿责任，合伙协议未约定亏损分担比例的，按照各合伙人平均分担的办法，用其在合伙企业出资以外的财产承担清偿责任。合伙人由于承担连带责任，所清偿数额超过其应当承担的数额时，有权向其他合伙人追偿。

合伙企业解散后，原合伙人对合伙企业存续期间的债务仍应承担连带责任，但债权人在5年内未向债务人提出偿债要求的，该责任消失。

3. 纳税管理。根据我国的具体情况，我国从2000年1月1日起，对合伙企业停止征收企业所得税，而是根据每个合伙人的投资所得，比照个人独资企业的生产、经营所得征收个人所得税。

合伙企业不征收企业所得税，不存在所得税的重复征税的问题；合伙企业所得税的征收方式为先分后税，如果投资人多，势必降低个人所得税适用税率。合伙企业的合伙税收负担的高低取决于分得红利的金额大小，金额大，适用的税率就高。

三、公司制企业

（一）有限责任公司

1. 有限责任公司的法律特征。

有限责任公司是由股东共同出资设立的法人组织，股东以其全部出资额作为公司全部资产，对公司承担全部责任，股东人数在2~50人。一般适合于中小企业。

有限责任公司不能清偿到期债务，就要依法宣布破产。这就从制度上保护了投资者、经营者和债权人的合法权益，在分担风险的同时，加速了资本集中。

有限责任公司实行“资本三原则”，即资本确定原则、资本维持原则和资本不变原则。资本确定原则是指公司在设立时，必须在章程中对公司资本额作出明确规定，并由全部股东认可，否则公司不能登记成立。我国公司法规定，有限责任公司的注册资本为在工商局登记的全体股东实缴的出资额。科技开发、咨询、服务性公司的注册资本不少于人民币10万元；以商业零售为主的公司不少于30万元；以商业批发或以生产经营为主的公司不少于50万元。资本维持原则是指公司在存续过程中，应经常保持与其资本额相当的财产，以防止资本的实质减少，保护债权人的利益，同时也防止股东对盈利分配提出过高要求，确保公司业务活动的正常开展。资本不变原则是指公司的资本一经确定，就不得随意改变，如要增减，必须严格按照法规程序进行；资本金投入不能像企业贷款那样到期还本付息，只能通过利润分配形式取得回报。

有限责任公司不能公开募集股份、发行股票，而且不能采取募集设立方式，只能采取发起设立方式。但由于有限责任公司是以出资人的出资额为限承担公司的经营风险，这就促使投资人敢于分散投资，通过优化投资组合取得最佳的投资回报；从公司的角度而言，也可以吸引多个投资人，促使资本的有效集中，而且产权主体多元化，必然促使公司形成有效的公司治理结构，促使决策科学化、民主化。有限责任公司由股东选举和更换董事，由董事会聘任或解聘公司经理。公司财产所有权和经营权的分离，有利于公司经营稳定，有利于企业扩张。

有限责任公司当然也有劣势，首先是双重纳税，即公司盈利要上交企业所得税；当利润作为股息派发给股东后，股东还要上交企业或投资的所得税或个人所得税。由于不能公开发行股票，筹集资金的范围和规模一般不会很大，难以适应大规模的生产经营需要；由于产权不能充分流动，企业的资产运作也受到限制。

2. 有限责任公司的设立条件和登记程序。

（1）设立条件。

根据公司法第23条的规定，设立有限责任公司，应当具备下列条件：

股东符合法定人数（1~50人）。

股东出资达到法定资本最低限额。

股东共同制定公司章程。

有公司名称，建立符合有限责任公司要求的组织机构。

有公司住所。

上述条件具体如下：

第一，股东条件。

我国公司法规定，有限责任公司由50个以下股东出资设立，取消了原有限责任公司股东最少二人的下限，允许设立一人公司。

第二，财产条件。

一是最低注册资本限额。我国公司法规定，有限责任公司注册资本的最低限额为人民币3万元。如果一人成立有限责任公司，需要一次性缴足出资额，二人以上成立有限责任公司的注册资本可以分期缴纳。

二是注册资本的首次出资额和期限。我国公司法规定，有限责任公司的注册资本为在工商局登记的全体股东认缴的出资额。公司全体股东的首次出资额不得低于注册资本的20%，也不得低于法定的注册资本最低限额，其余部分由股东自公司成立之日起两年内缴足；其中，投资公司可以在5年内缴足。目前许多省市针对大学生创业注册公司，提供注册资本低门槛准入支持。如2009年2月10日，上海市工商行政管理局出台了大学生创业注册资本“零首付”政策。毕业两年内的高校毕业生投资设立注册资本50万元以下的有限责任公司可“零首付”注册，自公司成立之日起两年内缴足注册资本。

a. 缴纳注册资本的出资形式。我国公司法对股东出资的形式做了规定。股东可以用货币出资，也可以用货币估价形式出资，例如：用实物、知识产权、土地使用权等估价出资，还可以用依法转让的非货币财产作价，作价不得高估或低估。我国公司法还规定，全体股东的货币出资额不得低于有限责任公司注册资本的30%。

b. 注册资本的缴纳方式。股东应当按期足额缴纳公司章程中规定的各自所认缴的出资额。股东出资缴纳方式随出资形式而定，以货币出资的，应当将货币出资足额存入有限责任公司在银行开设的账户；以非货币财产出资的，应当依法办理其财产权的转移手续。该转移手续一般应当在6个月内办理完毕。

三是不按照规定出资的责任。股东不按照规定缴纳出资的，除应当向公司足额缴纳外，还应当向已按期足额缴纳出资的股东承担违约责任。有限责任公司成立后，发现作为设立公司出资的非货币财产的实际价额显著低于公司章程所定价额的，应当由交付该出资的股东补足其差额；公司设立时的其他股东承担连带责任。发起人股东的资本充实责任是法定责任，不得以发起人协议的约定、公司章程规定或股东会议决议免除。

第三，组织条件。

组织条件包括公司名称、住所、章程以及依法建立的组织机构等。

公司章程是由设立公司的股东共同制定，对公司、股东、董事、监事、高级管理人员具有约束力的调整公司内部关系和经营行为的公司规范性文件。公司章程是一个法定性的文件，是公司设立的必备条件之一；同时也是一个体现公司自治规则和自治手段的文件。公司章程是一个公开性的文件：

一是公司章程的制定和修改。根据我国公司法规定，设立有限责任公司必须由股东共同依法制定公司章程，一人有限责任公司章程由股东制定。根据我国公司法规定，公司章程的修改必须经过股东会，并且应当经过代表2/3以上表决权的股东通过。

二是公司章程的内容。公司章程记载内容分为三类，即绝对必要记载事项、相对必要记载事项、选择性记载事项或任意记载事项。绝对必要记载事项是公司立法规定章程必须具备的内容，如有缺少便导致章程无效。相对必要记载事项是公司立法规定应当在章程中载明的内容，但如未加载明，可由法律规定推定其内容，不影响整个章程的效力。选择性记载事项或者任意记载事项是公司立法无强制性记载规定但股东认为应当记载于章程之中的内容。

根据我国公司法规定，有限责任公司章程应当载明下列事项：

a. 公司名称和住所。

b. 公司经营范围。

c. 公司注册资本。

d. 股东姓名或者名称。

e. 股东的出资方式、出资额和出资时间。

f. 公司的机构及其产生办法、职权、议事规则。

g. 公司法定代表人。

h. 股东会会议认为需要规定的其他事项。

（2）设立程序。

一是公告。登记主管机关核准登记后，应当发布公司登记公告。公告内容一般包括公司名称、住所、法人代表、公司类型、注册资本、经营范围和经营方式、注册号等。公告后，公司设立程序即为完成。公司登记的事项可以对抗第三人。公司未登记的事项，不得对抗第三人。

二是公司成立后，股东不得抽逃出资。有限责任公司成立后，应当向股东签发出资证明书。出资证明书是确认股东出资的凭证，应当载明下列事项：公司名称、公司成立日期、公司注册资本、股东的姓名或者名称、缴纳的出资额和出资日期、出资证明书的编号和核发日期。出资证明书由公司盖章。

三是股东名册。有限责任公司应当置备股东名册。股东名册是公司为记载股东情况及其出资事项而设置的簿册，应记载下列事项：股东的姓名或者名称及住所、股东的出资额、出资证明书编号。记载于股东名册的股东，可以依股东名册主张行使股东权利。

3. 有限责任公司的组织机构。

公司组织机构是代表公司活动，行使相应职权的权力机关、决策机关、监督机关和执行机关所组成的公司机关。公司组织机构是公司规定的，具有强制性，也是公司得以设立的必要条件。有限责任公司的组织机构包括股东会、董事会、监事会及高级管理人员。

（1）股东会。有限责任公司股东会由全体股东组成，股东会是公司的权力机构。根据我国公司法规定，股东会行使下列职权：决定公司的经营方针和投资计划；选举和更换非由职工代表担任的董事、监事，决定有关董事、监事的报酬事项；审议批准董事会或者执行董事的报告；审议批准监事会或者监事的报告；审议批准公司的年度财务预算方案、决算方案；审议批准公司的利润分配方案和弥补亏损方案；对公司增加或者减少注册资本作出决议；对发行公司债券作出决议；对公司合并、分立、变更公司形式、解散和清算等事项作出决议；修改公司章程；公司章程规定的其他职权。对上述事项，股东以书面形式一致表示同意的，可以不召开股东会会议，直接作出决定，并由全体股东在决定文件上签名、盖章。

（2）股东会会议。股东会会议分为定期会议和临时会议。定期会议是指依照法律和公司章程的规定，在一定时间内必须召开的股东会议。有限责任公司的定期会议一般在每个会计年度结束之后召开，每年召开一次。临时会议是指在定期会议之外必要的时间，由于法定事由或者根据法定人员、机构的提议召开的股东会议。根据公司法的有关规定，代表 1/10 以上表决权的股东，1/3 以上的董事、监事会或者不设监事会的公司的监事提议召开临时会议的，应当在两个月内召开临时股东会议。

第一，股东会的召集。

首次股东会会议由出资最多的股东召集和主持，依法行使职权。以后的股东会会议，公司设立董事会的，由董事会召集，董事长主持；董事长不能或者不履行职务的，由副董事长主持；副董事长不能或者不履行职务的，由半数以上董事共同推举一名董事主持。公司不设董事会的，股东会会议由执行董事召集和主持。董事会或者执行董事不能或者不履行召集股东会会议职责的，由监事会或者不设监事会的公司的监事召集和主持；监事会或者监事不召集和主持的，代表 1/10 以上表决权的股东可以自行召集和主持。

召开股东会会议的，应当于会议召开 15 日以前通知全体股东，但公司章程另有规定或者全体股东另有约定的除外。股东会应当对所议事项的决定做成会议记录，出席会议的股东应当在会议记录上签名。

第二，股东会决议。

根据公司法的规定，股东会作出修改公司章程、增加或者减少注册资本的决议，以及公司合并、分立、解散或者变更公司形式的决议，必须经代表2/3以上表决权的股东通过，这也称之为特别决议；股东会会议作出的其他决议，经出席会议代表1/2以上表决权的股东通过，这称为普通决议。

第三，股东会决议的无效和撤销。

根据我国公司法第22条的规定，股东会的决议内容违反法律、行政法规的无效。股东会的会议召集程序、表决方式违反法律、行政法规或者公司章程，或者决议内容违反公司章程的，股东可以自决议作出之日起60日内，请求人民法院撤销。股东向人民法院提起诉讼，请求撤销的，人民法院可以应公司的请求，要求股东提供相应担保。如果公司依据股东会议决议办理变更登记的，人民法院宣告该决议无效或者撤销该决议后，公司应当向公司登记机关申请撤销变更登记。

（3）董事会。董事会是依法由股东选举产生的董事组成，代表公司并行使经营决策的常设机关。董事会是公司的决策机关。

董事任期由公司章程规定，但每届任期不得超过3年。董事任期届满，连选可以连任。

董事会对股东会负责。

（4）监事会。监事会是由依法产生的监事组成、对董事和经理的经营管理行为以及公司财务进行监督的常设机构。它代表全体股东对公司经营管理进行监督，行使监督职能，是公司的监督机构。

监事任期每届为3年，监事任期届满，连选可以连任。

监事会，或不设监事会的监事的职能主要是监督企业经营管理活动。

（5）经营管理机关。经营管理机关是指由董事会聘任的负责公司日常经营管理活动的公司常设业务执行机关。这里是指公司的经理。与董事会、监事会不同的是，经理不是以会议形式形成决议的机关，而是以自己最终意志为准的执行机关。

根据公司法第50条规定："有限责任公司可以设经理，由董事会决定聘任或者解聘。"据此规定，在有限责任公司中，经理不再是必设机构而称为选设机构。公司章程可以规定不设经理，而设总裁、首席执行官等职务，行使公司管理职权。

（二）股份有限公司

1. 股份有限公司的设立。

（1）设立条件。按照我国公司法第77条规定，设立股份有限公司，应当具备下列条件：

第一，发起人条件。

我国公司法规定，发起人为2人以上200人以下，其中须有半数以上的发起人在中国境内有住所。

第二，财产条件。

股份有限公司注册资本的最低限额为人民币500万元。

股份有限公司采取发起设立方式设立的，注册资本为在公司登记机关的全体发起人认购的股本总额。公司全体发起人可以一次缴足，也可以分期缴纳。分期缴纳的，首次出资额不得低于注册资本的20%，其余部分由发起人自公司成立之日起两年内缴足。股份有限公司采取募集方式设立的，注册资本为在公司登记机关登记的股本总额。以募集方式设立股份有限公司的，发起人认购的股份有限公司的股份不得少于公司股份总额的35%。

第三，组织条件。

股份有限公司的设立需要有相应的名称、住所，这与设立有限责任公司的要求相同。

（2）设立方式。根据我国公司法规定，股份有限公司可以采取发起设立或者募集设立方式设立。

（3）设立程序。根据股份有限公司设立方式的不同，程序略有不同，即募集设立还需要经过向社会公开招募股份等相关程序，其他程序与发起设立方式相同。

a. 签订人发起协议；

b. 报经有关部门批准；

c. 申请名称预先核准、制定公司章程；

d. 认购股份；

e. 选举董事会和监事会，由董事会依法向公司登记机关申请设立登记；

f. 公告。

个人独资企业的法律特征特点和缺点

2. 股份有限公司的组织机构。

股份有限公司的组织机构与有限责任公司的组织机构基本相同。

该部分主要讨论新创企业法律形式的选择。企业组织经营的形态和方式反映了企业的性质、地位、作用和行为方式。大学生投资创办经济实体可选择的法律形式有：个人独资企业、合伙企业或公司企业。

在决定创办企业的法律形式时，需要了解每种法律形式的法律特征、设立条件、利润分配、风险承担和纳税管理等。

大学生创业者可以选择个人独资企业、合伙企业、有限责任公司或股份有限公司等法律形式。大学生创业因受资金限制，大多成立个人独资企业或合伙企业，这两种法律形式要求创业者承担无限责任。目前，国家对大学生创业提供优惠政策，准许零资本创立有限责任公司，所以有限责任公司越来越受大学生创业者的欢迎。由于股份有限公司对注册资本要求较高，且其设立手续复杂，不常为大学生创业者所采用。

我国法律规定，个人独资企业和合伙企业不具有法人地位，公司是独立的法人。不论何种企业，确立其法律地位和合法经营资格，都需要在工商行政部门注册登记。

任务2　工商税务知识

任务导引

企业开办的工商税务知识

王友鹏、张力、王阳和李丽所学专业为计算机、信息通信技术，即将硕士毕业。他们在读书期间极其重视自身能力的积累和素质的提高，边学习边实践，在软件公司兼职，积累了一定开发硬件和软件的经验，并且一直对市场需求进行跟踪调研。几个志同道合的朋友计划创办一家公司，现已筹集到人民币10万元，公司名称初定为“××市创华伟业信息技术股份有限公司”，而且已决定在王友鹏家附近选择注册地址。于是，他们到辖区的工商分局咨询，得到的答复是，存在名称不符合要求和选址尽量不在本辖区两个问题。

创立公司，公司名称要符合企业名称的命名要求，由于股份有限公司注册资本的最低限额为人民币500万元，而他们筹集10万元，不符合股份有限公司对注册资本的要求；另外，由于他们所从事的行业为高新技术领域，可以在高新区注册，享受国家税收优惠政策，而王友鹏家所在的辖区不在高新区，不享受税收优惠。所以，得到了上述答复。

分析讨论

1. 案例中王友鹏等人违反了哪些规定？

2. 企业开办的工商税务知识包括哪些方面？

一、工商登记

（一）工商登记的程序

1. 登记具备的条件。

个体工商户申请开业登记应具备的条件：

（1）申请者必须是有经营能力的国家政策允许的各类人员。

（2）申请者可以是个人独立经营，可以是家庭经营，也可以带学徒帮手，但所带的从业人数必须在7人以内。如果达到8人以上，则应申请企业登记。

（3）除流动服务项目外，申请者必须有开展生产经营活动的固定场所或地点。

（4）申请者必须拥有与其经营规模相适应的自有资金。生产经营资金不足时，可以申请贷款，但必须主要靠自有资金开业经营，不能主要靠国家贷款。

（5）申请者必须实行长年经营，季节性经营的时间必须在3个月以上。

（6）申请者必须有明确的、符合国家规定的生产经营范围。

私人企业申请开业登记应具备的条件：

（1）与生产经营或者服务规模相适应的资金和从业人员；

（2）固定的经营场所和必要的设施；

（3）符合国家法律法规和政策规定的经营范围；

（4）符合国家规定的企业名称。

2. 工商登记应提供的材料。

（1）申请开办一般性行业的非公司企业的，申请者只应交验本人的户籍证明，但对申请经营需要具备特定条件或应经行业主管部门批准的，除交验申请者的户籍证明外，还应按照不同行业交验特别证明。例如：申请建筑修缮业的，要进行资格审查，并交验经当地城建管理部门审核批准的证明；申请经营饮食业、食品加工的，应向食品卫生监督机关领取卫生许可证，从业人员中从事食品生产或经营的人员还必须进行健康检查，取得健康证明。对不符合条件的工商行政管理机关将作出不予核准或暂缓登记的答复。

（2）申请开办公司的，应当提交开办公司的申请报告。申请报告应写明开办公司的宗旨以及公司的名称、地址、组建负责人的姓名、公司的性质、生产经营范围、生产经营方式、公司资金总额、职工人数、筹建日期以及其他需要写入的内容。

公司申请开业登记，还应向工商行政管理机关提供以下文件和证件：组建负责人签署的登记申请书；主管部门或审批机关的批准文件；公司章程；资金信用证明、验资证明或资金担保；企业主要负责人的身份证明；住宿和经营场所使用证明；其他有关文件、证件。

3. 公司登记的程序。

登记程序包括受理审查、核准、发照、公告四个环节。

企业设立时，凡国家有专项规定要求其办理审批手续在先、申请登记在后的，应先按专项规定办理专项审批手续，然后再按照登记程序提出申请。

申请登记单位应按照法律法规，将申请登记报告和应提交的文件、证件和填报的登记注册书送交登记主管机关。登记主管机关对其进行初审，对提交文件、证件齐备的予以受理，否则不予受理。

受理后，工作人员在登记注册书有关栏目中签署予以受理的意见和受理时间。

登记主管机关对申请单位填报的登记注册书和提交的有关文件、证件进行全面的审查、检查。审查内容包括：

（1）对申请登记单位提交的申请报告和有关文件、证件进行审查，看其是否符合登记管理法规的规定。

（2）审查其真实性、完整性、合法性和有效性；

（3）审查主管部门或审批机关是否具有审批资格；

（4）企业章程是否符合国家法律法规及政策规定，是否经过主管部门批准；

（5）企业名称是否符合有关规定，是否与已登记注册的名称相同和近似；

（6）企业法定代表人或负责人是否符合国家有关规定；

（7）经营场所和设施是否与经营范围相适应；

（8）经营范围是否符合国家有关规定，是否与其经营能力相适应，经营范围用语是否规范等。

登记主管机关应在规定的期限内作出准予登记或不予核准登记的决定，并及时通知申请单位。对于核准登记的申请登记单位，登记主管机关颁发企业法人营业执照或营业执照。登记主管机关对执照编制注册号，并通知法定代表人或者负责人领取执照，办理法定代表人、负责人签字备案手续。

申请登记单位领取执照后，凭执照刻制公章，开立银行账户，并向登记主管机关办备案，按照核准的登记事项从事生产经营活动。登记主管机关将有关登记材料及时建立企业登记档案。

（二）工商登记的内容

生产经营者工商登记的主要内容有：

1. 字号名称。字号名称不仅有标志作用，而且有法律意义：一是名称一经核准登记，便在一定范围内享有专用权，受法律保护，不允许他人假用、混用；二是名称一经核准登记，即具有排他性，同一地区的其他同行企业不能再使用这个名称字号；三是名称一经核准登记，即具有相对的稳定性，不能随意改变，若需要改变，须经工商行政管理机关核准同意；四是字号经工商行政管理机关批准，可以转让、出卖。

2. 经营场所名称。

3. 经营者住所。

4. 从业人数。

5. 资金数额。资金数额必须与生产经营活动的规模相适应；凡进行较大规模生产经营的，申请登记时所填报的资金数额必须有资信证明。

6. 经营范围。按照规定，现阶段允许生产经营者经营的范围包括：工业、手工业、建筑业、交通运输业、商业、饮食业、服务业、修理业及其他行业。

7. 经营方式。生产经营者的经营方式包括：自产自销、代销、代购、来料加工、零售、批零兼营、客运服务、货运服务、代客储运、代客装卸、修理服务、培训服务、咨询服务等。此外，国家允许的经营方式还有贩运、摆摊设点、流动服务等。

8. 经营场所。经营场所分为固定与流动两种，凡固定从事生产经营活动的，要明确固定的地址；凡流动从事生产经营活动的，如小零售商贩、饮食摊点等，也要明确在本辖区流动经营的范围，以便合理布点、协同管理。须跨地区长期从事流动经营的，可凭营业执照到经营地工商部门办理手续，经核准后经营。

二、税务登记

（一）税务登记的范围

1. 开业登记。企业在外地设立的分支机构和从事生产、经营的场所，个体工商户和从事生产经营的事业单位，应在领取营业执照之日起 30 日内，持有关证件到税务机关进行税务登记。税务机关应当自收到申报之日起 30 日内审核并发给税务登记证。税务登记证应当载明纳税人名称、统一代码、法定代表人或负责人、详细地址、经济性质（或经济类型）、经营方式、经营范围、经营期限和证件有效期限等。

2. 变更登记。从事生产、经营的纳税人，税务登记内容发生变化的，应当向原登记的税务机关申报办理变更税务登记。对需要在工商行政管理机关办理变更登记的从事生产、经营的纳税人，应当自工商行政管理机关办理变更登记之日起 30 日内，持有关证件到原登记的税务机关申报办理变更税务登记。

3. 停业、复业登记。从事生产经营的纳税人，经确定实行定期定额缴纳方式的，其在营业执照核准的经营期限内需要停业的，应当向税务机关提出停业登记，说明停业的理由、时间，以及停业前的纳税情况和发票的领、用、存情况，并如实填写申请停业登记表。税务机关经过审核或实地审查后，可责成申请停业的纳税人结清税款并收回其税务登记证件、发票领购簿和发票，办理停业登记。

4. 注销登记。从事生产、经营的纳税人发生解散、破产、撤销以及其他情形，依法终止纳税义务的，应当在向工商行政管理机关办理注销登记之前，持有关证件向原登记的税务管理机关申报办理注销税务登记。

5. 外出经营报验登记。从事生产、经营的纳税人到外县（市）进行生产经营的，应当向主管税务机关申请开具外出经营活动税务管理证明。主管税务机关对纳税人的申请进行审核后，按照一地（县、市）一证的原则，核发外出经营活动税收管理证明。

（二）税务登记的内容

税务登记的内容主要包括：工商户的名称、地址、经济性质、主管部门、生产经营范围、经营方式、资金状况、工商行政管理部门的工商登记证照号码、开户银行及账号等。

1. 申报办理税务登记时应该提供的证件或资料。

生产经营者即纳税人在申报办理税务登记时，应根据不同情况，提供下列有关证件或资料：

（1）营业执照；

（2）有关合同、章程、协议书；

（3）银行账号证明；

（4）居民身份证、护照或者其他合法证件；

（5）税务机关要求提供的其他合法证件和资料。

2. 税务登记程序。

（1）申请办理税务登记。由纳税人向所在地税务机关提出申请登记报告，并出示工商行政管理机关核发的公司营业执照和有关证件，领取统一印制的税务登记表（一式三份），如实填写有关内容，经加盖印章后作为登记申报，报送主管税务机关。税务登记表的内容主要包括：单位名称；业主姓名及其居民身份证、护照或者其他合法证件号码；住所、经营地点；经营性质；核算方式；生产经营范围、经营方式；注册资金、开户银行及账号；生产经营年限、从业人数、营业执照号码；其他有关事项。

（2）审核税务登记表，填写税务登记证。税务机关对纳税人的申请报告、税务登记表、工商营业执照及有关证件审核后，即可准予登记，并发给纳税人税务登记证。

（3）生产经营者在领到税务登记证之后，应悬挂在营业场所，亮证经营。生产经营活动须到外县（市）进行的，必须持所在地税务机关填发的外出经营活动税务管理证明，向营业地税务机关报验登记，接受税务管理。

由于税务机关对税务登记证件实行定期验证和换证制度，生产经营者必须在规定的期限内持有关证件到主管税务机关办理验证或换证手续。

另外，根据税收征管法和《税收征管法实施细则》的规定，依照税收法律、行政法规规定，负有代扣代缴税款义务的生产经营者，除应依法进行税务登记外，还应当自义务发生之日起 30 日内，向所在地税务机关申报办理代扣（收）税务登记，领取代扣代缴或代收代缴凭证。

3. 纳税申报。

办理了税务登记后，生产经营者还应进行纳税申报。纳税申报是纳税人为了正确地履行纳税义务、扣缴义务，为了正确履行代扣代缴、代收代缴义务，将发生的纳税事项或者代扣代缴、代收代缴事项向税务机关提出书面申报的一项法定手续。也就是说，企业领到营业执照开始生产经营活动之后，在一定期限内应向税务机关申报。

（1）纳税申报的基本程序。税法规定，纳税人无论有无应税收入和所得，扣缴义务无论有无代扣代缴、代收代缴税款，都必须在税收法律、行政法规规定的期限内，在当地主管税务机关办理纳税申报，按规定报送有关材料。

（2）纳税申报的主要内容。纳税申报的主要内容在纳税申报表或者代扣代缴、代收代缴税款报告表中载明，包括：税种、税目；应纳税项目或者应代扣代缴、代收代缴税款项目；适用税率或单位税额；计税依据；扣除项目及标准；应纳税额或者应代扣代缴、代收代缴税额；税款所属期限；其他。

（3）应提交的有关证件、资料。企业办理纳税申报时，还应根据不同情况，相应提交下列有关证件、资料：财务会计报表及其说明材料；与纳税有关的合同、协议书；外出经营活动的税收管理证明；境内境外公证机构出具的有关证明文件；税务机关规定应当报送的其他证件、资料。

（4）纳税申报的期限。纳税人、扣缴义务人办理纳税申报的期限要求由税收实体法律、行政法规的规定确定，不同的税种有不同的纳税申报期限要求。

4. 几个主要税种简介。

（1）增值税。增值税是以商品生产流通和劳动服务各个环节的增值额为征税对象的一种流转税。增值是指一个纳税人在其生产、经营活动中所创造的新增价值或商品的附加值。即纳税人在一定时期内销售产品或提供服务所取得的收入大于购进商品或取得劳务所支付的金额。增值税的基本税率为17%。

（2）营业税。营业税是以工商盈利单位和个人商品的销售收入额、提供劳务取得的营业额为课税对象的税收。不同行业的营业税税率不同，下面介绍几种现行的营业税种及税率：

交通运输业	税率是3%
建筑业	税率是3%
金融业	税率是3%
邮电通信业	税率是3%
文化体育业	税率是3%
娱乐业	税率是5%~20%
服务业	税率是5%
转让无形资产	税率是5%
销售不动产	税率是5%

工商税务知识

（3）消费税。消费税是以消费品的流转额作为课税对象的税种，在我国境内生产、委托加工和进口规定的消费品，即应税消费品的单位和个人，是消费税的纳税义务人。征税的产品大体可分为四大类：烟、酒、鞭炮、焰火等过度消费会对人类健康、社会秩序、生态环境等方面造成危害的特殊消费品；非生活必需品；小轿车、摩托车、汽车轮胎等高能耗及高档消费品；汽油、柴油等不可再生和替代的石油类消费品。

（4）企业所得税。企业所得税是以企业所得为课税对象，向取得所得的纳税人征收的。企业所得税按纯收益征收，而且是对企业法人征收的累进税。企业所得税采用的比例税率为33%，纳税人应纳税额按应纳税所得额计算。

知识链接

“三证合一”登记制度改革

国办发〔2015〕50号

各省、自治区、直辖市人民政府，国务院各部委、各直属机构：

为加快推进“三证合一”登记制度改革，经国务院同意，现提出如下意见。

一、充分认识推行“三证合一”登记制度改革的重要意义

“三证合一”登记制度是指将企业登记时依次申请，分别由工商行政管理部门核发工商营业执照、质量技术监督部门核发组织机构代码证、税务部门核发税务登记证，改为一次申请、由工商行政管理部门核发一个营业执照的登记制度。全面推行“三证合一”登记制度改革，是贯彻党的十八大和十八届二中、三中、四中全会精神，落实国务院决策部署，深化商

事登记制度改革的重要举措。加快推进这一改革，可以进一步便利企业注册，持续推动形成大众创业、万众创新热潮。这是维护交易安全、消除监管盲区的有效途径，是推进简政放权、建设服务型政府的必然选择，对于提高国家治理体系和治理能力现代化水平，使市场在资源配置中起决定性作用和更好发挥政府作用，具有十分重要的意义。各地区、各部门要站在全局高度充分认识这一改革的重要意义，提高思想认识，加强协调配合，确保这一利国利民的改革举措顺利实施。

二、改革目标和基本原则

（一）改革目标。

通过“一窗受理、互联互通、信息共享”，将由工商行政管理、质量技术监督、税务三个部门分别核发不同证照，改为由工商行政管理部门核发一个加载法人和其他组织统一社会信用代码的营业执照，即“一照一码”登记模式。

（二）基本原则。

1. 便捷高效。要按照程序简便、办照高效的要求，优化审批流程，创新服务方式，提高登记效率，方便企业准入。

2. 规范统一。要按照优化、整合、一体化的原则，科学制定“三证合一”登记流程，实行统一的“三证合一”登记程序和登记要求，规范登记条件、登记材料。

3. 统筹推进。大力推行一窗受理、一站式服务工作机制，将“三证合一”登记制度改革与全程电子化登记管理、企业法人国家信息资源库建设、企业信用信息公示系统建设、政务信息共享平台建设、统一社会信用代码制度建设等工作统筹考虑、协同推进。

三、改革步骤和基本要求

（一）改革步骤。

现阶段，已试行“一窗受理、并联审批、三证统发”登记模式改革和“一窗受理、并联审批、核发一照、一照三号”登记模式改革的省、自治区、直辖市可继续试点；支持上海、广东、天津、福建自贸试验区率先推行“一照一码”登记模式改革试点。各地区要积极推进“三证合一”登记制度改革各项工作，做好实施“一照一码”登记模式改革各项准备工作，待统一社会信用代码实施后，2015 年底前在全国全面推行“一照一码”登记模式。

（二）基本要求。

1. 统一申请条件和文书规范。要以方便企业办事、简化登记手续、降低行政成本为出发点，按照企业不重复填报登记申请文书内容和不重复提交登记材料的原则，依法梳理申请事项，统一明确申请条件，整合简化文书规范，实行“一套材料”和“一表登记”申请，并在“一窗受理”窗口公示申请条件和示范文本。

2. 规范申请登记审批流程。按照“三证合一”登记制度改革的新要求，整合优化申请、受理、审查、核准、公示、发照等程序，缩短登记审批时限。“一个窗口”统一受理企业申请并审核后，申请材料和审核信息在部门间共享，实现数据交换、档案互认。电子登记档案与纸质登记档案具有同等法律效力。各地区要结合本地区实际，制定简明易懂的“三证合一”登记办事指南，明确企业设立（开业）登记、变更登记、注销登记等各个环节的操作流程。

3. 优化登记管理服务方式。适应实行“三证合一”登记制度改革的需要，加快推进“一个窗口”对外统一受理模式，方便申请人办理。要坚持公开办理、限时办理、透明办理，坚持条件公开、流程公开、结果公开。除涉及国家秘密、商业秘密或个人隐私外，要及时公开登记企业的基础信息。各相关部门要切实履行对申请人的告知义务，及时提供咨询服务，强化内部督查和社会监督，提高登记审批效率。

4. 建立跨部门信息传递与数据共享的保障机制。要加大信息化投入，按照统一规范和标准，改造升级各相关业务信息管理系统，实现互联互通、信息共享。充分利用统一的信用信息共享交换平台，推动企业基础信息和相关信用信息在政府部门间广泛共享和有效应用。积极推进“三证合一”申请、受理、审查、核准、公示、发照等全程电子化登记管理，最终实现“三证合一”网上办理。

5. 实现改革成果共享应用。实行“三证合一”登记制度改革后，企业的组织机构代码证和税务登记证不再发放。企业原需要使用组织机构代码证、税务登记证办理相关事务的，一律改为使用“三证合一”后的营业执照办理。实行更多证照合一的，只要与本意见的原则和要求相一致，都可以先行先试。各地区、各部门、各单位都要予以认可和应用。

四、保障措施

（一）加强组织领导。县级以上地方各级人民政府要建立“三证合一”登记制度改革领导机制，切实加强组织领导和协调，落实工作责任，为顺利实施“三证合一”登记制度改革提供必要的人员、场所、设施和经费保障。要加强对“三证合一”登记制度改革的跟踪了解和检查指导，加大统筹和督查力度，及时协调解决改革中出现的重大问题。

（二）加强协同推进。“三证合一”登记制度改革涉及工商行政管理、质量技术监督、税务及其他相关职能部门，各地区、各部门要建立协同推进工作机制，加强信息化保障，形成工作合力。有序做好已登记企业（包括已试点“三证合一”登记制度改革的企业）原发证照换发工作，与统一社会信用代码的过渡期相衔接，变更换证不能收费。过渡期内，原发证照（包括各地探索试点的“一照三号”营业执照、“一照一号”营业执照）继续有效，过渡期结束后一律使用加载统一社会信用代码的营业执照，原发证照不再有效。强化法制保障，认真梳理“三证合一”登记制度改革涉及营业执照、组织机构代码证、税务登记证的法律、法规、规章及规范性文件，及时进行修订和完善，努力使“三证合一”涉及的各个环节衔接顺畅，保证“三证合一”登记制度改革顺利实施。

（三）加强宣传引导。要充分利用各种新闻媒介，加大对“三证合一”登记制度改革的宣传解读力度，及时解答和回应社会关注的热点问题，在全社会形成关心改革、支持改革、参与改革的良好氛围。

国务院办公厅

2015 年 6 月 23 日

企业注册流程

任务3 金融保险知识

任务导引

刘博文的融资决策

刘博文作为国内某知名高校的高才生，在计算机编程方面颇有天赋。他在大学期间就研究开发了一套电脑内存的优化软件，能够较好地对计算机内存进行管理，优化电脑的使用性能，而且其开发的软件使用便捷，占用电脑空间较小。于是，刘博文便以此软件为契机着手参加了全国创业计划大赛。在大赛进行过程中，刘博文的软件得到了很多人的好评。有家软件公司主动找上门拟以一个较高的价格购买其软件，但刘毅然拒绝了，因为他看到了其中的商机，想自己创办企业将项目付诸实施。刘在参赛过程中结识的一位风险投资商愿意出80万元资金资助其创办企业，但是要求拥有企业30%的股权，刘觉得该投资商想占的股份过多，正在其犹豫不决时，另一位看到创业大赛信息的投资商也找上门来，愿意出50万元的资金，但只要求占15%的股份。刘觉得后者的出资与所占的股权比例较前者相比具有明显的优势，而且如果公司发展，另外15%的股份价值肯定会超过30万元，于是就选择了后者作为自己的风险投资商。

但接下来出现的情况却不像刘想象的那样顺利：投资商初期投入的50万元资金很快就在广告宣传和相关产品研发方面消耗殆尽，产品初期的销售状况又不太乐观，资金回流不像想象中的那样多。尽管企业的前景依然不错，公司的日常运营也依旧良好，但在企业资金濒于断流的情况下筹集资金却比原来难了许多，而且刘也很难在较短的时间内再找到愿意合作的合作者，企业只好在开业的半年之后解散。

从本案例可以看出，刘博文在进行融资决策时，主要考虑了控制权问题，而忽略了融资决策过程中需要考虑的其他因素，如企业需要的资金数目、资金的可得性、资本的积累速度等。

第一，刘博文在筹集资金时未充分考虑到企业所需的资金数量。由于刘过分相信自己的发明和经营能力，对企业创建初期遇到的困难和营运前支出的数目估计严重不足，所以，在面临两个投资商投资时选择了投资较少的后者，导致开业后经营现金流的短缺。

第二，刘博文对企业资金筹集的难度估计不足。由于未创办企业之时就有两家投资商主动找上门来向企业投资，使刘博文对企业筹资的相关问题未进行充分的调查和论证，在其不了解中小企业筹资困难的前提下，其所进行的选择也就顺理成章。

第三，刘博文对企业经营过程中资金的积累速度过于乐观，缺乏应有的谨慎。企业在经营初期，由于市场开拓的不足及缺乏相关的经营经验，经营活动中的现金流量一般为负数，即净的现金流出，这就意味着在开业初期的相当长一段时间内，企业内部不会形成资金的积累，相反，还需要投资者继续追加投资，直到资金能够收支平衡的时候。但本案中的刘博文显然对此问题不是十分在行，盲目地估计了创业初期的资金积累状况，致使企业的现金出现断流，影响到项目的进一步发展。

第四，关于企业的控制权。一般来说，自己辛苦创办的企业，谁也不愿失去对企业的控制权。但是值得说明的是，股权比例在50%以上的投资者便拥有绝对的控股权，所以，第一家风险投资商 30% 的股权比例仍然可以接受；另外，控制权的行使须以企业的持续经营为前提，只有企业能够持续经营下去，能够实现可持续发展，投资者的控制权才有意义。因此，在只有放弃控制权才能够吸引更多的投资使企业经营下去的情况下，作为创业者应该很好地在控制权和企业持续发展之间进行权衡，先将企业的生产经营持续下去，以后再寻求增加控制权的途径，而不是紧紧握住控制权不放，影响了企业的发展。当然，如果不放弃控制权也可以筹集到足够资金的话，控制权对创业者依然是最主要的考虑因素。

第五，宏观的理财环境。创业者在选择筹资方式和投资商时还应考虑当时的理财环境。如果宏观经济处于繁荣期，则取得债权资金比较容易，不仅各家金融机构乐于放贷，其他债权人也对经济发展较为乐观，此时利率会处于较高水平且有继续上升的可能性，社会平均利润率较高，通货膨胀率也会相对较高。使用债权资金可以收到杠杆效益且能够分散通货膨胀风险，而且最好使用长期的债权资金，避免利率进一步上升可能增加的资金成本；而如果经济处于衰退期，则借款筹资相对困难，只能采用股权融资的方式筹集资金，或者借政府拉动经济发展的机会，尽量投资于政府支持的项目，获得政府资金的支持。

分析讨论

1. 为避免以上局面的出现，刘博文在进行筹资决策时还应该考虑哪些方面的问题？
2. 掌握金融保险知识对开办企业有什么作用？

一、银行开户结算与贷款

（一）开户和结算

企业在获得了营业执照后，应选择当地一家银行或信用社开户。

1. 企业经营者贷款，首先要根据企业特点，选择一家适合自己的银行。“天时、地利、人和”是成就事业的重要决定因素，企业要通过银行贷款获得最大利益，也要从“天时、地利、人和”的角度去选择银行。

（1）选择较近的银行。俗话说“远亲不如近邻”，地理位置上的相近，给企业带来许多好处，如可以降低企业与银行在沟通上的成本费用、信息灵通、结算方便等。因此，企业在选择银行时切记不要舍近求远。

（2）选择关系融洽的银行。除了地理位置因素外，企业选择银行的一个重要因素是“人和”，看是否有相熟的银行职工、管理人员，当然最好是银行的高级管理人员。有了“人缘”关系，企业更容易了解到贷款规定、程序、优惠条件等重要情况，有助于缩短银企沟通的距离，提高贷款效率。

（3）选择乐于向中小企业贷款的银行。一般来讲，四大国有商业银行喜欢贷款的批发业务，即倾向于集中各地资金投向一些大型的企业或项目，进行大额资金的贷款，对大企业会给予更多的优惠条件和优质服务，中小企业则会被忽视。地方性金融机构，如农村信用社、城市商业银行则以中小企业贷款业务为主，因此对中小企业会相当重视，会积极、用心、快捷地办理每一笔中小企业贷款，同时中小企业也有可能成为这些银行的黄金客户，享受到贷款之外的帮助。

（4）选择贷款效率高的银行。中小企业资金需求普遍具有“急”的特性，银行是否能够及时放款是中小企业要考虑的重要因素，许多中小企业也许可以容忍贷款利率高些，但很难忍受贷款审批时间太长的煎熬。因此，在选择银行时，比较各家银行的贷款效率是非常重要的。

2. 办理开户手续。生产经营者可以持工商行政机关核发的营业执照到当地银行或信用社提交申请表，在申请表中完整填写企业名称、企业负责人、企业性质、企业地址、经营范围等。待批准后，还要填写印鉴卡片，作为银行、信用社审查结算凭证合法性的依据。印鉴卡片应载明开户企业名称、开户账号、企业地址、企业负责人和财会人员，同时，印鉴卡片上必须盖有权鉴证人私章和企业公章，并且注明盖几枚方有效。这样，开户才算真正完成。

3. 通过银行结算。在日常生产经营活动中，经常要进行结算，比如出售商品后收取买方的货款、购买原料需要支付卖方价款等。这些活动在金融行业中称为结算。结算有两种，一种是现金结算；另一种是非现金结算，也叫转账结算或票据结算。由于成交额大，支付大量现金既不方便，又不安全，因此，企业往往委托银行把货款从买方账户转到卖方账户，完成付款行为。

（二）贷款

1. 银行贷款的一般原则。生产经营者在生产经营活动中，当资金周转不足或临时需要时，可以向开户银行申请贷款。一般来说，银行贷款是按照下列原则进行的：

（1）申请贷款的生产经营者在生产经营活动中应以自有资金为主、银行贷款为辅。银行本着这条原则，对资金周转暂有困难又具备放贷条件的生产经营者给予贷款。

（2）信用第一，谁借谁还，按期清偿本息。对不讲信用、不按期还贷的生产经营者，依合同给予惩罚，并且不再发放新贷款。

（3）贷款主要用于生产经营所需的流动资金，或用于购买必要的设备、器具等经营设施。

（4）区别对待，有选择地扶持。对产品适销对路，原材料有保证，能利用当地优势，生产名、优、特、新产品和出口创汇产品予以优先支持。

（5）坚持借款自愿、贷款自主，不受任何单位和个人干预。银行提供贷款主要用于生产经营过程中所需的流动资金，而不得挪作他用。借款人未经银行同意擅自改变贷款用途，或把贷款用于垫交税金或管理费，或转借给他人的，均为挪用。挪用贷款要受到银行处罚。

2. 银行发放贷款的条件。根据有关规定，向银行贷款可用于工业、手工业、建筑业、交通运输业、商业、饮食业、服务业、修理业、科技咨询、旅游等行业的经营。所以，从事以上行业的生产经营者在资金不足时，可以向银行申请贷款。取得银行的贷款，必须具备一些基本条件：

（1）借款人所投资的项目符合国家经济发展方针、方向和政策，并有相关的经营业务计划，符合规定比例的资金数额；要有一定的经济效益，能按期偿还贷款本息；要符合抵押、担保贷款的条件。

（2）工商企业、个体经营户、私营企业等都要有工商行政部门颁发的营业执照或筹建许可证，以及有银行开户的基本账户。

3. 贷款的种类和期限。所谓贷款种类，是指按照不同用途、不同对象和不同管理办法对贷款分类归并的名称。贷款期限则是银行对贷款从发放到收回所规定的最长时间。

银行的贷款分为下列五种形式：

（1）流动资金贷款。这是用于解决生产经营中流动资金合理需要的贷款。贷款期限按生产经营周期确定，原则上不超过12个月。

（2）固定资产贷款。按生产建设项目性质又可分为技术改造贷款和基本建设贷款。技术改造贷款期限一般不超过3年；基本建设贷款期限一般不超过5年。

（3）专项贷款，如特种贷款、扶贫贴息贷款等。

（4）贴现。对持有未到期承兑汇票的生产经营者，因急需资金，可依据票面金额而给予贴现资金，贴现期限一般不超过6个月，最长不超过9个月。

（5）委托贷款。这是银行根据委托人确定的对象、用途、金额、期限、利率等要求而代理发行的贷款。

4. 向银行申请贷款的方式和程序。贷款方式是银行向贷款对象发放贷款时所采取的方法和形式之一，一般有抵押贷款、担保贷款和信用贷款三种。在实际工作中，贷款方式一般由银行对贷款人和项目进行综合评价后决定。向银行申请贷款的程序主要有如下几项：

（1）申请人向银行提交申请书，说明申请理由，提交必要的证件。

（2）银行依照贷款条件逐条对申请进行可行性审查，并依照审批程序作出裁定。

（3）签订借款合同。银行同意贷款后，必须由贷款人与银行签订书面合同，内容包括借款用途、付款日期、还款期限、贷款利率、违约责任及借贷双方的权利与义务，有必要的话有条件的还要经公证机关公证。

（4）借款人根据借款合同的规定，向银行出具借款借据，银行按借据提供具体贷款。借款人要求办理结算时，银行按借据办理，将贷款转入借款人账户；不需要办理转账结算时，可以直接支取现金。

5. 中小企业申请贷款。亚洲首富李嘉诚认为：谈任何一笔生意，必须站在对方的角度去想问题，多考虑对方的利益，生意就容易成功。

中小企业向银行申请贷款，先要下足功夫，一要清楚银行对中小企业贷款的态度，二要了解各家银行贷款的异同。中小企业要站在银行的角度去分析问题，多替银行考虑问题，这就能缩小企业与银行的距离，加快沟通的时间，增加获得贷款的机会。

目前，银行仍是我国中小企业获得资金的主要渠道。中小企业贷款具有要得急、频率高、数量少、风险大、管理成本高、缺乏抵押的特点，因此，银行对中小企业贷款风险较大，且对中小企业贷款的管理成本平均为大型企业的5倍左右，导致银行对中小企业普遍“惜贷”。

但在实际情况中，也有许多中小企业很容易从银行获得贷款，这是因为这些企业符合银行的贷款条件。那么，银行究竟对哪类中小企业不“惜贷”呢？每家银行都有其贷款支持的重点。现在以某一商业银行的标准为例，可将小企业分为三类：重点支持类、适度支持类、禁止贷款类。

（1）重点支持类中小企业必须符合以下六项条件：信用等级在AA以上；能够按时还本付息；经营获得产生的净现金流量大于零；资产负债率小于60%；年度财务报表须经过会计事务所审计；无重大经济纠纷。

（2）适度支持类中小企业必须符合以下六项条件：信用等级在BBB以上；经营有盈利；不欠息；资产负债率小于70%；年度财务报表须经过会计事务所审计；无重大经济纠纷。

（3）出现以下情况之一者属于禁止贷款类：欠息，无偿还债务能力；贷款用途不大；不守信誉；企业管理混乱；经营无固定场所；企业经营不符合国家产业政策；一般性加工企业的基建项目；信用等级在BB以下。

二、中小企业融资

（一）典当融资

典当是以实物为抵押、以实物所有权转移的形式取得临时性贷款的一种融资方式。其优势在于：对中小企业的信用要求几乎为零，只注重典当物品是否货真价实，动产与不动产质押二者兼可；典当物品的起点低，千元、百元的物品都可以当；典当融资手续简便，大多立等可取，即使是不动产抵押，也比银行要便捷许多；不问贷款用途，钱使用起来十分自由；周而复始，可大大提高资金使用率。归结起来，比较适合资金需求不很大但要得又很急的企业融资。

（二）无形资产抵押

1. 无形资产抵押关键在于其无可替代性。无形资产的独占性、垄断性决定了企业由于使用无形资产而形成市场垄断，然后，通过垄断价格实现垄断利润。例如，世界上第一家生产圆珠笔的企业，在生产初期，正是通过独占圆珠笔生产工艺的专有权，垄断圆珠笔市场，通过垄断价格，获取丰厚的利润。我们知道可口可乐的商标为该公司创造了神奇的效益，其独一无二的神秘配方以及全球消费者的普遍认可，即使可口可乐倒了，其神秘配方也不会随之消失；相反，它会使那些早就被其惊人利润烧得眼红的饮料商趋之若鹜。为什么？就是因为一旦谁拿到这笔独一无二的无形资产，谁就会取代可口可乐而成为世界饮料业的老大。同样，人们没有理由不相信，独树一帜的无形资产必然会受到青睐：微软公司的软件、迪士尼公司的影视作品等，在世界任何一家银行都会得到最爽快的贷款，原因是什么？无可替代才是无形资产的最大优势。只有无形资产的无可替代，才能使无形资产在进行抵押的时候会被债权人所认可。

2. 无形资产要不断地进行技术更新，使其价值不会随着社会生产力的发展而贬值或一文不值。一项新技术、新工艺在企业里推广的面越大，给企业所带来的经济效益也就越大，该项新技术、新工艺就越有价值，其功能就能在更大规模上发挥作用。但是在科学技术日新月异的今天，一种新技术取代一种陈旧的技术，一种新工艺替代一种老工艺，一步一个台阶，承上启下地替代与更新，是社会发展的必然。新与旧的不断位移和变化，从而决定了一项无形资产的寿命是有限的，这种经济寿命的长短主要取决于该领域内的技术进步的速度和无形资产创新的竞争。技术进步的速度越快，创新的竞争越激烈，该领域内的无形资产的经济寿命就越短，其未来所产生的经济效益就越少，甚至会一文不值。所以要加大对无形资产的更新换代，使其从本质上不断地保值、增值，也就大大提高了银行贷款的信用程度，对企业的生产经营发挥长期的经济作用。

3. 进行无形资产抵押贷款更要注重资金的合理使用，以免对无形资产抵押造成负面影响。资金筹措当然是企业财务管理的重要内容，但信贷资金对企业的发展来说仅仅是一种“输血”功能，它可以解决企业一时的资金难题。企业的长期稳定发展，必须依靠形成一种来自企业经营活动的良性“造血”功能机制，唯有如此，企业的持续发展才有持续的财务资源做支持。而“造血”功能的形成只能依靠对企业资产合理而有效地利用，以保证现金流入与流出在时间、数量和速度上的协调一致。由此可见，唯有形成财务资源的可持续支持，无形资产才可以与资金信贷联姻，银行才可以向企业“输血”，“输血”可以激励“造血”功能，企业才可以发展。

（三）创新融资租赁

融资租赁的主要功能为融资、促销、理财等，中国租赁界传统的做法比较注重融资，而忽视促销、理财等功能。创新融资租赁（简称“创新租赁”）则主要是将租赁的基本原理及国际通行的惯例、做法与中国具体实际情况结合起来为目标客户进行表外融资，优化企业财务结构，通过加速折旧和委托租赁合理节税，通过与金融、担保等机构的信用叠加，为高端或优秀或具有前景的客户提供理财或融资服务的租赁模式，注重租赁的理财、促销功能，以融资为辅。

创新租赁模式的主要内容和功能为：

1. 为客户提供表外融资服务。按照租赁会计准则，租赁分为融资租赁和经营租赁，而经营租赁对客户而言是表外融资，即经营租赁资产不体现在客户的资产负债表上，又由于资产的使用产生收益，因而对客户的资产负债率、收益率等具有美化作用。这个功能银行是不具备的，银行给客户的任何一笔贷款都会体现为客户的负债。租赁的表外融资功能对高端客户，特别是上市类公司非常需要而且有用。

2. 优化企业财务结构。经营租赁的表外融资当然可以优化企业财务结构。除此之外，通过售后回租，可以增强企业资产的流动性、速动性等，如果是经营性的回租，还可以帮客户实现表外融资，降低企业的负债率。

3. 通过加速折旧延迟纳税，增强企业的发展动力。企业通过银行或信托贷款购买设备不能进行加速折旧，而如果企业采用融资租赁的方式，则可以按设备法定折旧年限与租期相比的原则确定，按其中“短的”一种确定为折旧期限。这样可以使企业延迟纳税，这对新企业尤其重要。通过售后回租，可以让客户已买回来的设备合理合法地享受加速折旧的政策。

4. 通过委托租赁，解决企业关联交易问题或为企业节税。如果一个企业集团将自己的资产按一般的租赁方式租给它的上市子公司，则该上市公司与该集团存在关联交易和转移利润的嫌疑，而且租金的税负较高。如果该集团委托融资租赁公司将它的资产租给上市公司，则在解除关联交易的同时，该集团的租金税负也可降低。

5. 通过委托租赁，帮助银行等金融机构处理不良资产。

（1）银行对不良资产的处置习惯上采用分期付款形式，这样银行就必然承担一定的风险。如采用委托租赁形式，一方面，委托人在承租人付清全部租金前，始终对租赁资产享有所有权；另一方面，承租人在租赁期间如不再对租赁资产有使用要求时，在不欠租的前提下，可要求终止合同，归还租赁资产，银行也就避免了资产搁置风险。

（2）税负较低：委托租赁属于融资租赁的一种，因而享受租金差额纳税的优惠，只对租金中资产价值以外部分纳税，因此不对委托人、承租人产生额外的负担（并且通过委托租赁，委托人可以减轻部分由出售资产产生的所得税税负）。

（3）收益较好：通过将存量资产以委托租赁形式出租，委托人除了收回资产原价值以外，还可以收回一定的租息。

6. “租赁+银行保理”，增大租赁公司的资金放大效应。对于高端项目，如果租赁公司将自己的应收租金转让给银行，即办理银行保理业务，则可以滚动办理更多的租赁业务。

7. “租赁+银行保函”，发挥金融信用的叠加效应。对于异地项目，由于当地银行对当地项目的了解度远高于外地的租赁公司，如果项目公司为银行提供反担保，银行出具保函，则该项目可顺利实施，同时该项目公司在该银行开户，又增加了当地银行存款率。这就是信用的叠加效应。

8. “租赁+担保+个人无限信用”，为中小企业融资。中小企业的资产小，银行信用低，不容易融资，这已成为世界性的难题。针对优秀的中小企业与项目，我们与中国经济技术担保公司上海分公司联合，创造了“租赁+政策担保+老板个人信用无限担保”的中小企业融资模式。在实践中，效果良好。

9. 为设备制造商提供促销服务。设备厂商将自己的设备卖给购货方，在资金的收付方面总是存在矛盾。如果租赁公司介入，购买设备并租给客户，则既促销了设备，同时又满足了客户的需要。

这里强调一下，上述创新租赁的主体机构需要具备融资租赁资质，针对的项目和客户需要优秀。涉及资金的，需要有相应的担保。

（四）动产托管

对于大量生产型和贸易型企业而言，没有合适的不动产做抵押物，有的企业厂房是租来的，土地是租来的，苦于无抵押物而难以融资，对这类企业，现在可通过社会资产评估、托管公司托管的办法获取银行贷款。

例如可接受企业委托，对企业的季节性库存原料、成品库进行评估、托管，然后以此物价值为基础，再为企业提供相应价值的担保，这样既解决了企业贷款担保难的矛盾，又使企业暂时的“死”资产盘活，加速了资金流动，提高了资产回报率。

（五）生产用设备按揭贷款

由大众保险公司为主开拓的此项品种，开辟了保险公司介入企业融资的新形式。其主要形式是生产用机械设备按揭，一方面促进生产型设备销售的增长，解决企业新置和更新设备资金不足的矛盾，为新置和更新设备的中小企业扩大生产规模、提升产品档次和竞争力提供了一条融资通道。

操作上一般以不超过500万元为限，时间6~24个月。按揭申请人向设备销售商提出购买设备申请，同时向银行提出贷款申请。银行审查合格后交保险公司审核，保险公司出具保险单给银行和申请人，申请人在银行办理设备抵押手续，再由银行将贷款划交经销商，经销商将设备交给申请人。对借款企业的好处是：找到了贷款担保人——保险公司；买到了低价设备——事先经销商的承诺。

（六）国际市场开拓资金

中小企业开拓国际市场，可申请国际市场开拓资金，它是由中央财政和地方财政共同安排的专门用于支持中小企业开拓国际市场的专项资金。上海市外经贸委和地方财政是国际市场开拓资金的主管部门。外经贸委负责市场开拓资金的业务管理，财政部门负责市场开拓资金的预算、拨付、监管等。

市场开拓资金优先支持的对象是：重点面向拉美、非洲、中东、东欧、东南亚等新兴国际市场的拓展活动；重点支持高新技术和机电产品出口企业拓展国际市场活动；支持外向型中小企业取得质量管理体系认证、环境管理体系认证和产品认证等国际认证；支持拥有自主知识产权的名优产品出口；支持已获质量管理体系认证、环境管理体系认证和产品认证的中小企业的国际市场拓展活动，如参加境外展览会、贸易洽谈会、境外投（议）标等。

该资金支持方式采取无偿支持和风险支持两种。凡上年出口总额在1500万美元以下。具有企业法人资格和进出口经营权的企业可于每年7月向有关部门提出申请。

三、保险

保险是用被保险人所交付的一种保险基金，补偿企事业单位及个人遭受自然灾害或意外事故所造成的经济损失。保险人与被保险人通过签订合同建立保险关系，被保险人按合同规定向保险人交付保险费，保险人则按合同规定赔偿被保险人所受的损失。

保险种类繁多，可以按照不同标准加以分类。一般按其性质来分，可以分为以营利为目的的商业保险和不以营利为目的的社会保险两大类。

（一）商业保险

商业保险又称金融保险，是相对于社会保险而言的。商业保险组织根据保险合同约定，向投保人收取保险费，建立保险基金，对于合同约定的财产损失承担赔偿责任；或当被保险人死亡、伤残、疾病或者达到合同约定的年龄、期限时，承担给付保险金责任。其具有如下特征：

1. 商业保险的经营主体是商业保险公司。商业保险的对象可以是人和物（包括有形的和无形的），具体标的有人的生命和身体、财产以及与财产有关的利益、责任、信用等。

2. 商业保险按保险责任可分为三类：一是单一责任保险，即只承担一项风险，如火灾保险、雪灾保险等；二是混合责任保险，指承担两项以上风险；三是一切责任保险，指承担各主要风险，如承保农作物的旱、涝、风、雹、病虫害风险等，但不泛指一切风险的承保。

3. 按保险实施的形式又可分为强制保险和自愿保险。前者是以法律为手段实施的保险，不管被保险人是否愿意，都必须保险，如铁路旅客意外伤害保险等；后者以自愿为原则，是保险双方通过签订保险合同而实施的保险。

（二）社会保险

社会保险是指国家通过立法强制实行的，由劳动者、企业（雇主）或社区以及国家三方共同筹建，建立保险基金，对劳动者因年老、工伤、疾病、生育、残疾、失业、死亡等原因丧失劳动能力或暂时失去工作时，给予劳动者本人或供养直系亲属物质帮助的一种社会保障制度。它具有保障劳动者基本生活、维护社会安定和促进经济发展的作用。其具有如下特征：

保障性：保障劳动者的基本生活。

普遍性：社会保险覆盖所有社会劳动者。

互助性：利用参加保险者的合力，帮助某个遇到风险的人，互助互济，满足急需。

强制性：由国家立法限定，强制用人单位和职工参加。

福利性：社会保险是一种政府行为，不以营利为目的。社会保险与上述商业保险有很大的区别，它是通过强制手段对国民收入进行再分配而形成的社会保障基金，保障劳动者在特殊情况下的基本生活需要，有利于维护和促进社会生产，保证社会安定。

根据保险内容的不同，保险可分为养老保险、失业保险、医疗保险、生育保险、工伤保险等。这里主要介绍社会养老保险、失业保险和医疗保险。

养老保险是社会保障制度的重要组成部分。所谓养老保险（或养老保险制度）是国家和社会根据一定的法律和法规，为解决劳动者在达到国家规定的解除劳动义务的劳动年龄界限，或因年老丧失劳动能力退出劳动岗位后的基本生活而建立的一种社会保险制度。

根据《社会保险费征缴暂行条例》规定，用人单位应当在成立之日起30日内，持营业执照或者登记证书等有关证件，到当地社会保险经办机构申请办理社会保险登记。社会保险经办机构审核后，发给社会保险登记证件。用人单位的社会保险登记事项发生变更或者用人单位依法终止的，应当自变更或者终止之日起30日内，到社会保险经办机构办理变更或者注销社会保险登记手续。用人单位必须按月向社会保险经办机构申报应缴纳的社会保险费数额，经社会保险经办机构审核后，在规定的期限内缴纳社会保险费。职工个人应当缴纳的社会保险费，由所在单位从其本人工资中代扣代缴。社会保险经办机构应当按规定建立和记录个人账户。

缴费数额计算方法：企业缴费额=核定的企业职工工资总额×20%；职工个人缴费额=核定缴费基数×8%（目前为8%）=职工工资总额×（60%~300%）×8%。

失业保险是指国家通过立法强制实行、由社会集中建立基金、对因失业而暂时中断生活来源的劳动者提供物质帮助的制度。它是社会保障体系的重要组成部分。

《失业保险条例》所指失业人员只限定为，在法定劳动年龄内有劳动能力的就业转失业的人员。根据有关规定，我国目前的法定劳动年龄是16~60岁，体育、文艺和特种工艺单位按照国家规定履行审批程序后可以招用未满16周岁的未成年人。对企业中男年满60周岁、女年满50周岁的职工和机关事业单位中男年满60周岁、女年满55周岁的职工实行退休制度，对从事有毒、有害工作和符合条件的患病、因工致残职工可以降低退休年龄。

所谓有劳动能力，是指失业人员具有从事正常社会劳动的行为能力。在法定劳动年龄内的人员，若不具备相应的劳动能力，也不能视为失业人员，如精神病人、完全伤残不能从事任何社会性劳动的人员等。目前无工作并以某种方式寻找工作，是指失业人员有工作要求，但受客观因素的制约尚未实现就业。对那些目前虽无工作，但没有工作要求的人不能视为失业人员。这部分人自愿放弃就业权利，已经退出了劳动力的队伍，不属于劳动力，也就不存在失业问题。

造成失业的原因是多方面的，具体到不同国家或一个国家的不同时期，其主导因素并不完全相同。国际上一般将失业原因分为如下几类：摩擦性失业，由于求职的劳动者与需要提供的岗位之间存在着时间上的差异而导致的失业，如新生劳动力找不到工作、工人想转换工作岗位时出现的工作中断等；季节性失业，由于某些行业生产条件或产品受气候条件、社会风俗或购买习惯的影响，使生产对劳动力的需求出现季节性变化而导致的失业；技术性失业，由于使用新机器设备和材料，采用新的生产工艺和新的生产管理方式，出现社会局部劳动力过剩而导致的失业；结构性失业，由于经济、产业结构变化以及生产形式、规模的变化，促使劳动力结构进行相应调整而导致的失业；周期性失业，市场经济国家由于经济的周期性萎缩而导致的失业。

医疗保险是为补偿疾病所带来的医疗费用的一种保险。职工患有疾病、负伤、生育时，由社会或企业提供必要的医疗服务或物质帮助的社会保险。如中国的公费医疗、劳保医疗。中国职工的医疗费用由国家、单位和个人共同负担，以减轻企业负担，避免浪费。

任务4　商业计划书

任务导引

悠闲居有限责任公司创业计划书

一、执行总结

1.1　公司宗旨

在悠闲中放松心情，忘却烦恼，享受快乐人生；

在悠闲中调适心态，感怀真情，感悟人生真谛。

1.2　公司简介

悠闲居有限责任公司是一家拟议中的集餐饮、休闲、娱乐为一体的综合性服务公司。公司将提供一系列健康时尚饮料和食品，同时举办各类趣味性活动，帮助顾客排解压力，休憩身心，同时开展面对面的交流，弥补当代青年人过分依赖网络社交方式所造成的远离现实社会的不足，增强人们的语言表达能力和人际沟通水平。不论顾客是“乐天派”还是“严肃派”，不管他们是喜欢融身于热闹的人群中，还是喜欢坐在安静的角落里，都可以找到属于自己的那份快乐！

我们希望悠闲居成为青年人在工作学习之余驱赶疲惫、放松心情的聚集地。

1.3　场地与设施

公司非常重视店面的选择，选择店址时我们重点考虑的问题有：

交通问题：交通一定不能太偏远且一定要便利，店面附近要有方便停车的地方。

环境问题：周边环境不能太嘈杂，街道干净卫生，环境优美。

根据自身对于目标客户群体的定位，以就近原则进行选择。

公司总部设在淮河路步行街附近，同时在磨店乡职教基地、大学城区开设分店。

1.4　产品与服务

1.4.1　多样化的餐饮

提供各种具有特色的、时尚的食品及饮品。其中包括合肥本地和国内、国外具有代表性的各种特色食品、饮品。同时，为会员提供预订服务。

1.4.2　DIY 服务

提供 DIY 服务，顾客可自己选择材料，自己动手做各种饮品和食品，如水果、沙拉、蛋糕、巧克力等，也可自己动手做小饰品，同时顾客做的小饰品可放在本店进行销售。会员可预订制作食品、饮品、小饰品的原材料。

1.4.3　倾诉服务

聘请专业心理咨询师，开展各类倾诉活动，让顾客的真情实感在优雅宁静的氛围中得到充分倾诉，缓解心理压力，调适心理状态，让顾客轻松面对工作和学习。

1.4.4　音乐空间

提供各种音乐器材，设置表演舞台，给顾客一个展示才艺的机会。如顾客愿意组建自己的乐队，本公司将无偿提供器材，但仅限在本公司经营场所范围内使用。

1.4.5 迷你书屋

在享受休闲时光的同时，为顾客提供一些休闲类书籍，让顾客听着优美舒适的音乐，喝着可口的饮品，让自己的身心完全放松。同时，为顾客提供把自己的作品展示给大家的一个平台。优秀的作品，经投票认可，公司将给予一定的物质奖励。

1.4.6 桌面游戏

公司为顾客提供桌面游戏，一方面可以游戏娱乐，训练人的思考力、记忆力、联想力、判断力，另一方面，也可以依据游戏的成绩，对顾客进行一定的物质奖励。

1.4.7 发泄小屋

设置专门的小屋，提供盘子、橡皮人等道具，供客户摔打，以舒缓情绪、疏解心情。

1.5 公司组织结构

总经理：主要负责制定公司的经营战略和实施策略，协调各方面的管理工作，推行公司的经营理念，使本公司全体员工有一致而且是认同的目标。

副总经理：主要负责配合总经理制定本公司发展战略以及配合各部门策划工作、广告宣传等。

研发部：负责新活动和服务的开发。为公司增加无形资产，全面把握设计趋势及潮流，对设计人员开展常规培训。

市场部：负责公司的市场推广以及市场信息的收集反馈工作。

人事部：负责公司人事管理工作，制定有效的考评和激励机制，负责对人员的招聘、培训及后勤工作。

采购部：负责采购食品、设备以及装饰品等。

财务部：对本公司的财务进行管理。

二、市场分析

2.1 行业背景

近几年来，中国餐饮业快速发展。2010 年，国家餐饮业的总收入 17，636 亿元，同比增长 18.0%，占社会消费品零售总额的 11.4%；2011 年，餐饮业总收入 20543 亿元，同比增长 16.9%。商务部发布数据表明，“十二五” 期间中国餐饮业将保持 16%的增长速度。

目前，合肥市各种类型的餐饮企业约有 5000 家，但大都局限于纯餐饮经营，集餐饮、休闲与放松为一体的休闲餐饮经营，在合肥地区几乎没有。

随着人们生活水平的提高，广大市民休闲意识逐步增强，消费需求旺盛，从而形成了休闲与餐饮业相结合的休闲餐饮业。本公司在这样的大背景下，力求打造一个舒适、优美、宽松的环境，让在喧闹的城市中奔波而疲倦的人们得到一个充满音乐、书香、宁静的场所，从而使其身体和精神获得休憩。

2.2 目标市场

我们第一期的连锁店选址为合肥淮河路步行街、磨店乡职教城和大学城区。

市场一：位于合肥淮河路步行街附近。我们的选址区附近人流量大，经过该地点的公交路线多达近 30 条。该店的目标客户主要为都市白领和青年大学生。他们或是工作压力大或是学习压力大，需要在工作学习之余放松身心，参与休闲活动。另外我们店内的消费定位为中等消费水平，这对于白领来说自然没有顾虑，而对学生而言可凭学生证享受一定的折扣，这对暂时没有固定收入的学生也具有较大的吸引力。

市场二：位于磨店乡职教基地。该地区较封闭，还处在开发阶段。各校区周围基础设施尚未齐全，更不用说娱乐休闲场所。鉴于该地区在将来会有多所大学进驻，学生总数大约有15万。大学附近的娱乐休闲场所本来就比较吃香，再加上这里租金便宜，目标客户集中，方便宣传，竞争对手较少，可以大大降低管理费用和营销费用。

市场三：位于大学城区。该分店较磨店乡各方面费用会高一点，但可观的消费者数对我们公司的发展也是有利的。

2.3 竞争分析

经过调查分析，本公司主要竞争对手是各类餐饮店、休闲会所、俱乐部、健身房等，它们大都提供单一的产品和服务，或是餐饮、或是娱乐、或是健身、或是休闲。基于此，本公司将采取集餐饮、休闲与放松为一体的休闲餐饮经营模式，推出个性化、多样化的服务。而且，公司将根据客户的需要提供服务，聘请知名的心理咨询师，用优质的服务吸引顾客，为公司带来良好的口碑，促使创业能够成功。

经过市场调研我们了解到，公司三个门店所在位置的休闲娱乐场所总共没有几间，而且环境卫生较差，服务比较单调，没有特点。而我们的公司正是克服了这些缺点，再加上新兴的娱乐项目、经营模式及独特的室内布置，还有针对学生的合理价格，我们相信公司具有较强的市场竞争力。

三、风险分析及对策

3.1 市场风险及对策

3.1.1 市场风险

市场风险主要是顾客认可并适应我们公司推出的服务和活动需要有一个过程。另外，随着潜在进入者与行业内现有竞争对手的增加，这两种竞争力量将逐步增强。各公司肯定都会采取更好的服务和价格策略打击对手，因而引起公司产品和服务价格波动，进而影响公司收益。

3.1.2 对策

进一步做大本公司的宣传并提高服务质量、降低成本，提高综合服务竞争力，增强服务适应市场变化的能力；增强市场应变能力，丰富和深化服务的种类；建立一套完善的市场信息网络体系，制定合理的销售价格，增强公司盈利能力；寻求相关产业链同盟的支持；实施品牌战略。

3.2 财务风险及对策

3.2.1 财务风险

公司在发展初期，财务风险主要体现为资金短缺风险，即资金不能满足公司快速发展的需要。公司前期投入主要来自场地租金、装修费用、设施和设备购买的费用以及宣传费用等。

3.2.2 对策

加强对公司资金运行情况的监控力度，最大限度地提高资金使用率；实施财务监管和预算制度；聘请高素质人才进行有效的管理。

3.3 管理风险及对策

3.3.1 管理风险

随着公司规模的扩大，公司的组织结构、管理方法和思想可能不适应不断变化的内外环境。公司的自主研发团队所开发的产品和服务不能跟上消费者需求变化的脚步。

3.3.2 对策

推行目标成本管理，加强成本控制；采取内部培训、外部培训等多种措施，提高管理团队的整体素质；倡导组织创新、思维创新，以适应不断变化的外部环境。

3.4 盈利模式风险及对策

3.4.1 盈利模式风险

悠闲居主要是在节假日以及周末有比较可观的收入，在其余的大部分时间，如何吸引更多的客户来增加收入，也是考虑的重点。

3.4.2 对策

用优质的服务吸引客户，培养公司的忠诚客户群，同时吸引潜在的消费者，以此获得更大的经济效益。另外还要加强新型产品和服务的延伸，以扩大市场。

四、市场与销售

4.1 市场开拓

本店将采取会员制、VIP 服务、市场营销、网络推销等方式来促进店面运营。与此同时，我们将通过杂志、报纸、海报、网络、自印宣传单、与社团联谊等方式，开拓市场业务。

4.2 营销策略

开业首日开展各种优惠折扣活动。

在节日开展系列主题活动。

通过网络进行宣传，如投递电子版宣传册或在各种热门网站刊登广告等。

对于桌面游戏，提供新手入门指导的服务。

自主开发新食品、饮品、服务、活动。

设置消费者反馈系统，提高公司服务水平，切实做到顾客是上帝。

针对老顾客定期给予馈赠，表达我们对其支持的感谢，同时推进顾客由新变老的转变。

针对学生开展夏令营活动，针对白领开展系列沙龙活动。

4.3 定价策略

我店所采用的定价原则是根据类似餐饮、休闲、娱乐服务的市场价格、客户价值、成本和毛利目标来确定。

基本价格

A. 餐饮和 DIY 人均消费 45 元左右。

B. 各项服务。

投资结构表

	周一到周五				周六到周日			
	普通价		会员价		普通价		会员价	
心理辅导服务	180元/小时		160元/小时		200元/小时		180元/小时	
	周一到周四		周五		周六		周日	
桌面游戏	普通价	会员价	普通价	会员价	普通价	会员价	普通价	会员价
12：00~18：00	8	5	10	8	10	8	10	8
18：00~23：00	10	8	12	10	15	12	15	12
8：00~12：00	24	15	30	24	30	24	30	24
13：00~18：00	32	20	40	32	40	32	40	32
发泄小屋	普通价	会员价	普通价	会员价	普通价	会员价	普通价	会员价
8：00~12：00	35	30	40	35	40	35	40	35
13：00~00：00	40	35	45	40	50	40	50	40

注：

1. 音乐空间针对学生桌面游戏按小时收费，发泄小屋按15分钟收费。
2. 生日当天持本人身份证打5折并赠送精美小礼品一份，其他人8.5折。
3. 付款方式：个人付款可直接到吧台缴纳，会员持充值会员卡持卡消费，只要每次到吧台刷卡一次。
4. 夏令营：平均1500元/人左右，时间为一周左右，一月2期。

4.4 市场联络

为了让顾客了解本公司的服务和活动，根据不同群体信息来源，我们决定采取以下方式：

对象	方式	媒介	具体措施
学生	网络	各学校百度贴吧、校内网、腾讯、QQ、飞信等	发帖介绍本公司各项服务和活动。创建公司讨论组、QQ群。创建本公司主页
	宣传单	各校内外及周边地区等	分发宣传单、小册子以优惠券等
	海报	学校宣传栏等可贴地带	制作精美个性、有特色的海报并张贴
	赞助学生活动	校级院级主办的比赛和活动以及社团活动	为比赛活动提供经费以店名冠名。为比赛提供优惠券、会员卡等作为奖品
白领	电视广播	合肥电视台、公交车视频等	制作小段视频展示公司服务活动
	报纸	合肥晚报、日报	登广告做店面介绍
	网络	各热门网站	登广告、发帖介绍本公司
	宣传单	白领聚居区、大型商场、酒吧、KTV、高级休闲场所等	分发宣传单、小册以及优惠券等

五、财务分析

5.1 投资结构表

公司投资结构表如下：

投资结构表

序号	项目名称	投资金额（元）		
1.1	固定资产	数量	单价	合计
(1)	餐桌	400	100	40000
(2)	餐椅	1000	60	60000
(3)	其他设备	100000		
(4)	初始装修费	240000		
1.2	无形资产	410000		
	小计	850000		
1.3	流动资产	2591400		
1.4	初始投资	3441400		

5.2 成本计算

设计年运营收入约为5131680元，固定资产金额440000元、房屋租金（年付）1104000元。预计固定资产使用5年，固定资产折旧采用平均年限法计算（7、8月除外）。具体见下表：

每月运营成本构成表

成本项目	金额（元）	合计金额（元）
设备折旧	7333.33	7333.33
库存商品	16500	16500
摊销费用	6833.33	6833.33
水电费	9000	9000
人员工资	79200	79200
房屋租金	92000	92000
营业费	16666.67	16666.67
合计	227533.33	227533.33

5.3 销售额

公司销售额见下表：

销售额预测表

项目	地区	
	消遥津	磨店、大学城
	销售额	
餐饮、DIY、小饰品	周六和周末顾客达 300 人次/日，周一到周五为 150 人次/日，则周销售额为（300×2×1505）×45＝60750，则月销售额为 243000 元	周六周日顾客达 250 人次/日，周一到周五为 100 人次/日，则周售额为（250×2+100×5）×20＝20000，则月销售额为 80000 元
心理咨询	每周 8 人，每人 1.5 小时，人均 180 元/时，则周销售额为 2160 元，则月销售额为 8640 元	每周 15 人，每人 1.5 小时，人均 20 元/时，则周销售额为 450 元，则月销售额为 1800 元
桌面游戏	周六周日顾客达 100 人次/日，周一到周五为 50 人次/日，则周销售额为 10800 元，则月销售额为 43200 元	周六周日顾客达 100 人次/日，周一到周五为 20 人/日，则周销售额为 9000 元，则月销售额为 36000 元
发泄小屋	周六周日顾客达 30 人次/日，周一到周五为 15 人次/日，则周销售额为 5400 元，则月销售额为 21600 元	周六周日顾客达 40 人次/日，周一到周五为 25 人次/日，则周销售额为 8200 元，则月销售额 32800 元

A. 初始装修费用中 40%为固定资产，60%作为待摊费用，末期无残值，因此初始装修费的年折扣旧额为：装修费用×40%/5。每年的摊销额为：待摊费用×60%/5。

B. 根据国家优惠政策公司前三年的借款不收取利息。

5.4 利润表

公司利润表如下：

利润表

编制单位：悠闲居有限责任公司　　　　年度：2012 年　　　　单位：元

项目	本年累计数
一、营业收入	5131680
减：营业成本	1352000
营业税金及附加	157550
销售费用	200000
管理费用	1058400
二、营业利润	2363730
三、利润总额	236730
减：所得税费用	590933
四、净利润	1772797

5.5 资产负债表

资产负债表各个项目预测方法：

由于不需要建厂，且店面通过经营租赁的方法取得，所以固定资产仅为初始装修时置办的家具、装饰品及厨房用品及每年末购置的各个设备、设施，折旧期限为5年。

公司与出租房主签订合约，取得房屋的租赁权。这里假设公司在每年初先提交租金，租赁权的价值为每年的租金，租赁权确认为无形资产。

存货为经营过程中所购进的原材料、库存商品、周转材料和生产成本等。在经营过程中费用化为主营业务成本。

应收账款。经营过程中全部为现金交易，不允许赊账，所以此项为零。

现金费用。经营过程中需要有足够的现金为每天预期消费找零，假设第一年淮河路现金余额为5000元，磨店、大学城现金余额为4000元。随着业务的增长和营业额的增长，现金余额同比增长。

应付账款。应付账款=付现成本×应付账款回收期/360。其中应付账款回收期为15天。

资产负债表

2012年12月31日　　　　单位：元

流动资产			流动负债		
现金	9000	9000	短期借款	500000	500000
银行存款	2421000	4563797	流动负债合计	500000	500000
存货	220000	220000	非流动负债		
流动资产合计	2650000	4594797	长期借款	1000000	1000000
非流动资产			非流动负债合计	1000000	1000000
固定资产	440000	440000	负债合计	1500000	1500000
减：累计折旧		88000	所有者权益		
无形资产	410000	410000	实收资本	2000000	2000000
减：累计摊销		84000	未分配利润		1772797
非流动资产合计	850000	678000	所有者权益合计	20000000	3772797
资产合计	3500000	5272797	负债及所有者权益合计	3500000	5272797

编制单位：悠闲居有限责任公司

5.6　现金流量表预测

现金流量表

年度：2012 年　　单位：元

	周一到周五				周六到周日			
	普通价		会员价		普通价		会员价	
心理咨询服务	180 元/小时		160 元/小时		200 元/小时		180 元/小时	
	周一到周四		周五		周六		周日	
桌面游戏	普通价	会员价	普通价	会员价	普通价	会员价	普通价	会员价
12：00~18：00	8	5	10	8	10	8	10	8
18：00~23：00	10	8	12	10	15	12	15	12
8：00~12：00 时段	24	15	30	24	30	24	30	24
13：00~18：00 时段	32	20	40	32	40	32	40	32
发泄小屋	普通价	会员价	普通价	会员价	普通价	会员价	普通价	会员价
8：00~12：00 时段	35	30	45	30	45	30	45	30
13：00~00：00 时段	45	35	45	40	50	40	50	40

编制单位：悠闲居有限责任公司

5.7　收益预测表

随着经济的发展和人们生活水平的提高，更多的人尤其是青年人注重追究休闲娱乐。在这个大背景下相信悠闲居很快就能在市场上站住脚，再加上悠闲居自身的成长和发展，以及市场对“悠闲居”品牌的认知，市场会在稳步中得到发展。

公司的收益预测年表如下：

收益预测表（年表）

年份	2012	2013	2014	2015	2016
净利润（元）	1772797	2636398	3954597	5931896	8897844

六、公司发展战略

6.1　公司战略

餐饮绿色健康多样化战略：严格保证食品卫生，把好质量关，让顾客吃得放心、吃得舒心；提供国外食品订购服务、DIY 服务。

创业计划书的内容

	日期	金额（元）	权益比例	资金来源
自有储备金	2012年1月	2000000	57%	创办人
第一期	2012年1月	1000000	29%	风险投资
	2012年1月	500000	14%	银行贷款

更新与服务多样性战略：不断开发和引进新的活动和服务，始终保持公司的竞争力。

文化普及战略：在发展初期广泛宣传我们公司的文化，提升公司的知名度，以及在消费者心中树立我们公司的地位。

资本运营战略：最有效地利用资本，使之产生最大的效益。

6.2 未来规划

第一期：2012—2017年，本公司的文化广泛传播，发展入门级客户，培养忠实消费者。

第二期：从2017年起实施扩张政策，在全省各地开设分店，力争使公司成为安徽地区休闲娱乐综合性场所的主要市场领导者。

分析讨论

1. 案例中的创业计划书有什么优缺点？
2. 如何制订一出色的创业计划书？

一、商业计划书的概念

商业计划书是具体说明投资意向的书面文件。在计划中必须探讨企业的现状、预测企业的需要以及这个新企业的结果。企业的方方面面都需要包含在其中：项目方案、市场营销、研发、生产制造、管理、主要风险、财务以及时间表。通过完整地描述这些方面，一幅企业的画面便清晰呈现出来了，能够清楚地告诉人们企业的性质、目标以及为达到这个目标所选择的方式。商业计划是企业家建立成功企业的路线图。

在一些专业领域，商业计划书指的是风险计划、借贷方案或投资招股书。不管名称是什么，商业计划都是获得任何资金来源的最基本的文件。商业计划带领企业家进入了投资阶段。尽管企业成立后，商业计划又成为工作文件，但其主要用途仍然是将项目的战略发展通过详尽的文件表现出来，供外界的投资者阅读和理解。商业计划向投资者和其他资金来源描述了影响企业的各种因素。对于企业的不同预期行为，都要通过列举收益和支出进行细化，清楚地说明计划成立的各种假设条件。比如，在新创企业起步阶段可能遇到市场的扩大或缩小、经济的增长或下滑等。企业在最终实施措施的时候，也要强调商业计划的重要性。换句话说，不仅制订一个有效的商业计划很重要，如何将该计划转化成为一个成功的企业也很重要。

一个完整的商业计划过程需要企业家分析企业的方方面面，并为处理各种不同确定情况准备好有效策略。因此，一个商业计划可以帮助企业家避免一个注定失败的项目。对于企业家来说，自行准备商业计划是十分重要的。如果是一个企业家团队，那么所有的主要成员都要参与到计划的制订过程中，在这种情况下，团队领导就要充分了解每一个成员的贡献。如果有咨询人士来帮忙制订商业计划，企业家仍然应当是计划幕后的主要动力。企业家应该能够广泛地接纳外界专业人士的建议和支持，但是更要对商业计划的方方面面做到心中有数，因为毕竟是企业家负责审查资金的来源。因此，商业计划是企业家对于企业的描述和预测，必须被企业家加以保护。简而言之，这是企业家的责任所在。

二、商业计划书的拟订

商业计划书是公司、企业或项目单位为了达到招商融资和其他发展目标之目的，在前期对项目科学地调研、分析、搜集与整理有关资料的基础上，根据一定的格式和内容的具体要求而编辑整理的一个向读者全面展示公司和项目目前状况、未来发展潜力的书面材料。

商业计划书是一份全方位的项目计划，其主要意图是递交给投资商，以便于他们能对企业或项目作出评判，从而使企业获得融资。你的融资项目要获得投资商的青睐，良好的融资策划和财务包装，是融资过程中必不可少的环节，其中最重要的是应做好符合国际惯例的高质量的商业计划书。商业计划书的起草与创业本身一样是一个复杂的系统工程，不但要对行业、市场进行充分的研究，而且还要有很好的文字功底。对于一个发展中的企业，专业的商业计划书既是寻找投资的必备材料，也是企业对自身的现状及未来发展战略全面思索和重新定位的过程。商业计划书包括企业筹资、融资、企业战略规划与执行等一切经营活动的蓝图与指南，也是企业的行动纲领和执行方案，其目的在于为投资者提供一份创业的项目介绍，向他们展现创业的潜力和价值，并说服他们对项目进行投资。

商业计划书，应该是凝聚着创业者智慧的成功钥匙，更应该成为创业者向投资者展示自我的绝佳机会，想让别人为你的构想掏钱，你一定要有一份具备足够说服力的商业计划书。一份详细的商业计划书通常包括10个部分，计划书的理想长度是40~50页，当然根据对细节的不同需求，计划总页数可能达到100页（包括附录）。图9-1即是一份典型计划的大纲。

第一章 执行概要
第二章 企业描述
2.1 企业概述
2.2 行业背景
2.3 企业潜力、目标及时间表
2.4 商品或服务的独特性
第三章 市场营销
3.1 研究与分析
3.1.1 确定目标市场（顾客群）
3.1.2 市场规模和趋势
3.1.3 竞争
3.1.4 预计市场份额
3.2 营销方案
3.2.1 营销策略——销售与分销
3.2.2 定价
3.2.3 广告和促销
第四章 营运
4.1 确定地点
4.1.1 优点
4.1.2 区域
4.1.3 税收
4.2 供应商相邻程度
4.3 交通运输通道
第五章 管理
5.1 管理团队——核心人才
5.2 法律结构——股票协议、雇佣协议、所有权
5.3 董事、顾问、咨询团队
第六章 财务
6.1 财务预测（损益、现金流量、盈亏平衡分析、成本控制、预算编制）
第七章 主要风险
7.1 潜在问题
7.2 阻碍和风险
7.3 备选行动方案
第八章 收获策略
8.1 资本转移
8.2 商业策略连续性
8.3 确定继承人
第九章 进度计划
9.1 时间和目标
9.2 期限与进度表
9.3 事件之间的关系
第十章 附录和参考资料

图 9-1 商业计划书目录

（一）执行摘要

摘要是全部计划书的核心所在，是创业计划的精髓。摘要简要介绍了计划内容，将所有的信息置于不同的视角之下，总长度不能超过2~3页。摘要通常在整个商业计划完成后开始撰写，这样才能够将每一章节的特点部分包括到摘要中。由于摘要是人们阅读计划的第一步，甚至可能是阅读的唯一部分，因此它必须展现出整个计划的质量水平，必须是整个计划的完美缩影。

摘要部分的陈述内容要简单介绍企业自身、市场机会、财务需求、未来预测和企业相关的特殊研究或技术，要符合评估者或投资者的阅读习惯。如果这些信息阐述得不够简洁、充分，或只是简单地总结该计划，读者也许会将整个计划置于一旁而并不给予资金。

（二）企业描述

首先，要确定具有特殊意义的企业名称（如家族名称或技术名称等）。其次，要通过企业现状和未来发展趋势来展现行业背景。再次，要详尽地阐述这个新创企业，预测其潜力。所有的重要方面都要加以定义并使其可理解，图表等材料也要包括在其中。最后，深入讨论这一新创企业在竞争中的潜在优势，包括专利、版权和商标，以及特殊技术和市场优势等。

（三）市场营销

这部分内容里面，你必须证明市场是存在的，预计的销售量是能够达到的，企业最终会在竞争中取胜。这一部分通常是商业计划中最难的部分，同时它也是最重要的，此后的各部分都要根据这部分的销售计划制定。基于市场研究和分析的销售水平预测直接影响到生产运营规模、市场营销计划、债务额和股权资本等。进行任何研究、设计和发展规划工作都是根据成本、时间和该部分采用的特定测试方法，投资者需要了解项目现状，包括原型分析、实验测试和行程安排等。同样的重要工作还有确定项目的设计和发展，深入探讨可能存在的困难，以防推迟或改变项目。下面从5个小方面来对整个营销计划细节化。

1. 市场利基和市场份额。市场利基指市场利基者通过专业化经营而获取的更多的利润。利基市场指市场中通常为大企业忽略的某些细分市场；利基市场战略指企业通过专业化经营来占领这些市场，从而最大限度地获取收益所采取的策略。实施利基战略的重要意义在于：进行市场利基的公司事实上已经充分了解了目标顾客群，因而能够比其他公司更好、更完善地满足消费者的需求。并且，市场利基者可以依据其所提供的附加价值收取更多的利润额。总之，市场利基者获得的是“高边际收益”，而密集市场营销者获得的只是“高总量收益”。

其次，要列出已经表示对产品或服务感兴趣的潜在顾客，并分析他们的兴趣所在。阐述市场的整体潜力是十分重要的，至少要预计三年的销量，要包括其他一些影响市场扩大（行业趋势、社会经济趋势、政府政策和人口变化）的因素。此外，还应当回顾以前的市场走向，分析过去的年度增长率与预计年度增长率之间的不同。

2. 竞争力分析。企业家应该分析其竞争的产品或服务的优缺点。用于评估竞争的任何资料都要标明来源。基于竞争产品或服务的定价、市场表现、服务、保障和其他相关特点，简要探讨目前竞争产品多和服务的优缺点，分析它们为什么不能满足客户需求。要综述一下竞争公司，讨论各个竞争公司的市场份额、销售和分销情况以及生产能力，尤其要注意竞争对手的盈利能力和利润趋向。

3. 营销策略。营销策略部分要大致确定公司的总体营销理念和方式。营销策略指的是公司在广义上对其产品和服务进行市场营销，从而构成了制订营销计划的基础。营销研究则是系统地收集、分析、整合与公司的市场、顾客和竞争对手相关的信息，其目的是更好地制定营销决策。市场研究则是收集和评估顾客对于产品和服务的偏好的信息，同样也是营销研究的一个组成部分。营销理念和方式应当通过市场研究和评估数据得出。

4. 定价政策。价格必须能够保证公司进入市场并获得一定市场地位，从而产生利润。在讨论定价政策的过程中，企业家会考察多种定价策略，并最终确定一种有说服力的。定价政策要与主要竞争对手的定价政策相比较。同时，还要考虑到生产和最终销售之间的毛利空间，看这个空间是否达到能够满足分销、销售、保障和服务支出，满足发展中的摊销和设备损耗，并最终产生利润。

5. 广告计划。对于生产型商品来说，企业家要准备好产品的样板、宣传材料，参与贸易展的计划、贸易杂志广告、直邮宣传或使用广告代理。对于其他普遍的产品和服务来说，企业家要讨论介绍产品的广告和促销模式，还应当包括销售援助计划等。

（四）营运

这一部分通常以说明新创企业所在地位开端。新创企业的选址应当参考劳动力可利用率、薪酬水平、与供应商的邻近程度以及顾客社会支持度等因素。此外，地方赋税以及当地的一些优惠政策也应当考虑。其他特定的需求则包括新创企业营运所需要的设施（厂房、仓库和办公室）和设备（特殊工具、机器、电脑和运输工具）。

同时，还要考虑到原料运输过程中供应商（数量和邻近程度）和运输成本两个因素。当然，劳动力支持、薪酬水平和所需要的技术岗位也要体现出来。

最后要标出的是与所有营运因素相关的支出数据。这一部分所使用的财务信息将用于此后的财务预测。

（五）管理

这部分明确的是核心人才及其职责，以及使他们胜任各自角色的职业生涯经验。管理团队中的每个成员都要提供电子简历。同时，企业家在该企业中所扮演的角色也要在这一部分被清楚地界定。最后确定和探讨的是顾问、咨询团队和董事会成员。

在这一部分中，要清楚地阐述薪酬结构和所有权结构（股权协议、咨询费用等）。总之，经过探讨要呈现给投资者的主要因素有以下几点：组织结构；管理团队和关键人才；人才的经验和技能；所有权结构和补偿协议；董事会和外界顾问、咨询人员。

（六）财务

商业计划的财务部分展示了这项事业的潜在活力。在这一部分，有三种基本财务报表需要呈现：预计资产负债表、利润表和现金流量表。

1. 预计资产负债表。预计资产负债表是依据当前的实际资产负债表和全面预算中的其他预算所提供的资料编制而成的，反映企业预算期末财务状况的总括性预算。预计资产负债表可以为企业管理当局提供会计期末企业预期财务状况的信息，它有助于管理当局预测未来期间的经营状况，并采取适当的改进措施。

预计利润表是以货币为单位、全面综合地表现预算期内经营成果的利润计划。该表既可以按季编制，也可以按年编制，是全面预算的综合体现。它是利用本期期初资产负债表，根据销售、生产、资本等预算的有关数据加以调整编制的。编制预计资产负债表的目的，在于判断预算反映的财务状况的稳定性和流动性。通过对预计资产负债表的分析，发现某些财务比率不佳，必要时可修改有关预算，以改善财务状况。

2. 利润表。利润表是反映企业一定会计期间（如月度、季度、半年度或年度）生产经营成果的会计报表。企业一定会计期间的经营成果既可能表现为盈利，也可能表现为亏损，因此，利润表也被称为损益表。它全面揭示了企业在某一特定时期实现的各种收入，发生的各种费用、成本或支出，以及企业实现的利润或发生的亏损情况。

利润表是根据“收入-费用=利润”的基本关系来编制的，其具体内容取决于收入、费用、利润等会计要素及其内容，利润表项目是收入、费用和利润要素内容的具体体现。从反映企业经营资金运动的角度看，它是一种反映企业经营资金动态表现的报表，主要提供有关企业经营成果方面的信息，属于动态会计报表。

3. 现金流量表。现金流量表是反映一定时期内（如月度、季度或年度）企业经营活动、投资活动和筹资活动对其现金及现金等价物所产生影响的财务报表。这份报告显示资产负债表（Balance Sheet）及损益表（Income Statement/Profit and Loss Account）如何影响现金和等同现金，以及根据公司的经营，从投资和融资角度作出分析。作为一个分析的工具，现金流量表的主要作用是决定公司短期生存能力，特别是缴付账单的能力。

现金流量表是反映一家公司在一定时期现金流入和现金流出动态状况的报表，其组成内容与资产负债表和损益表相一致。通过现金流量表，可以概括反映经营活动、投资活动和筹资活动对企业现金流入流出的影响，对于评价企业的实现利润、财务状况及财务管理，要比传统的损益表提供更好的基础。

（七）主要风险

这部分主要讨论以下几种潜在风险：行业发展不顺利带来的影响；预料之外的设计或生产成本；购买部件或原料时遇到的延时困难；预料之外的新竞争等。

要解决这些问题，有效的方法就是进行假设。例如，如果竞争对手降价了怎么办？行业走下坡路怎么办？市场预测错误怎么办？销售预测完不成怎么办？

最后，在这一部分列出可供选择的解决方案。显然，这些风险都有可能发生，阅读商业计划书的人想知道的是企业家是否意识到了这些风险，以及为这些主要风险做好了哪些准备？

（八）收获策略

每一份商业计划书都要深入探讨未来的收获策略。随着企业的发展壮大，企业家规划出有秩序的转变是十分重要的。这一部分要处理的就是有关管理层继任和投资者策略的问题。此外，不要考虑到改变管理层，即当企业所有权改变时有序地转变公司资产；在转变过程中保证商业策略的连续性；当管理团队发生改变时任命运作业务的关键人员。因此，制订一份书面的企业承接计划十分必要。

（九）项目进度表时间检查点

在制订项目进度计划时，在进度时间表上设立一些重要的时间检查点，这样一来，就可以在项目执行过程中利用这些重要的时间检查点来对项目的进程进行检查和控制。这些重要的时间检查点被称作项目进度表时间检查点。

这种方法在管理层中用得最多，主要是列出项目的关键节点以及这些节点完成或开始的日期。编制进度以前，根据项目特点编制项目进度表时间检查点，并以该项目进度作为编制项目进度计划的依据。编制进度计划后，根据项目特点及进度计划项目确定进度表时间检查点，并以此作为项目进度计划的主要依据。项目进度一般是项目中完成阶段性工作的标志，标志着上一个阶段结束、下一个阶段开始，将一个过程性的任务用一个结论性的标志来描述，明确任务的起止点。一系列的起止点就构成了引导整个项目进展的项目进度表。

（十）附录和参考资料

商业计划书的最后一部分并不是强制要求的，但这一部分可以展示一些不适合编入计划主体部分的内容，包括图表、蓝图、财务数据、管理团队成员简历，以及其他任何部分的支撑材料。具体编写哪些内容的决定权在企业家手中。但是，所有的内容都必须与材料相关或支撑其他材料。

三、商业计划书的评估

一份优秀的商业计划书，必须符合以下标准：

（一）完整的格式

创业计划书中各个章节排列都按照严格的顺序。给人的第一印象就可以反映出作者是一位经过严格训练、头脑清楚、办事严谨、条理清晰、具有真正管理能力的企业家，或者是具有优秀企业家素质的人。

（二）明确的针对性

不同的投资者兴趣不同，侧重面不同，文化背景也不同。在写创业计划书之前，创业者一定要对投资者的背景及相关情况有明确的了解。要针对具体的投资者写出具体的创业计划书，投其所好。

（三）言简意赅的语言

整个创业计划书的书写和编排要言简意赅。整篇报告要直观性强，有强烈的视觉效果，使整篇报告让人易于抓住重点。报告中可尽量使用直观性强的图表。

（四）适宜的长度篇幅

一定要做到长短适中，既要把该说的情况全部阐述清楚，又不能烦琐。英文的创业计划书一般以 30~50 页为宜，中文的创业计划书以 20~35 页为宜。写得太短，难以把内容说清楚；写得太长，投资者会失去耐心。

（五）适中的写作风格

写作风格要掌握适中，恰到好处。既不要太平淡无奇，也不要太花哨，过于煽情。计划书要有冲击力，能抓住投资者的心。创业计划书既不是动员报告，也不是文艺作品，而是一篇实实在在的说明书。

（六）严密的逻辑性和严谨的科学证据

介绍技术时，要用科学事实和必要的数据，阐明技术的先进性和实用性。介绍设想时，更需要有充分的市场调研结果，阐述想法的合理性，证明这个想法是切实可行的。分析市场时，要对未来 3~7 年的市场前景有合情合理的分析，言之有据。对产品的市场分析一定要有充分的证据。如果由于条件的限制，没有第一手材料，也一定要提供可以类比的产品的资料。另外，写作时，切忌漫无边际，更忌讳提供虚假的数据和不实的材料。

知识链接

商业计划书的写作要素“8C”法

Company（公司/团队）

介绍创业企业和创业团队的详细情况。通过详细介绍使读者了解并信任你的公司和创业团队。

Concept（概念）

介绍公司的核心产品，让读者能快速、准确地了解公司要卖的是什么。

Customer（顾客/市场）

告诉读者顾客是谁、顾客的范围是什么。进行详细的市场分析，让读者明白市场需求、市场规模和市场前景，进而明确投资回报情况。

Competition（竞争）

让读者明白你的竞争对手是谁、他们有什么优势劣势。与之相比，你的竞争能力如何，有没有竞争获胜的法宝。

Capabilities（能力）

对产品的把握是否到位，技术是否纯熟，能力是否足够?

Capital（资本）

创业项目投资总额是多少，有多少自有资本，资金来源和融资渠道有哪些，所得投资将主要用于哪些方面?

Conduct（经营/管理）

介绍企业的经营策略、营销战略、管理体制等相关内容。

Continuation（后续经营）

当事业赢得开局后，后续的计划如何，短、中、长期的发展规划分别是什么?

| 创业故事汇 |

创业全靠自己的天赋和努力

年轻的傅章强用行动写下了两项“上海之最”：第一位成功创业的大学生，第一位入驻浦东软件园的“知本家”。

不熟悉他的人会觉得他令人讶异：一个从福建南平考到上海来的大学生，没有任何背景和依靠，只是靠着自己的天赋和努力，还在大学三年级时，便在市科委负责一个攻关项目的开发，研究生一年级便以负责人身份向市科委申请到了另一个“九五”项目，这在一般教授都未必能做到。而熟知傅章强的人却不觉讶异：一进海运学院计算机系，傅章强便表现出了突出的才能和特别的努力。那时候的他，一清早便钻进机房，中午啃两个面包，直至次日凌晨一两点钟满天星斗时才钻出来。日日如此，且这样的工作热情一直保持至今。天才加上勤奋，出成绩是必然的。

真正开始创业，只是起源于一个念头：市科委的项目做出来以后，同行评价都非常高，认为达到了国内先进水平，但接下来的命运却是“高束焉，庋藏焉”，产业化根本没做好。

傅章强心中很觉可惜：科研成果只要适当包装、完善，完全可大范围推广，产生巨大的社会价值。基于此，他决定：自己开公司！

1998年初，傅章强在学校附近租了一套两室一厅的房子，投资2万余元，置办了三台电脑，为创业开始磨刀霍霍了。到当年年中，他拟定了一个吸引风险投资的计划书，融得一笔100万元人民币的风险资金。年底，“必特软件”正式注册。“必特”，在英文中即是“bit”，代表计算机中的二进制，而二进制是计算机的基础，暗含办企业要从基础做起的理念；同时，“bit”和“micro”一样，都有微小、微粒的含义，但“bit”比“micro”数量级稍大一些，其中，蕴藏着傅章强的“野心”。

当时，作为申城第一家在校大学生办的企业，“必特软件”似乎还有着违反校规的嫌疑。一开始，傅章强只能瞒着学校偷偷干。

困难似乎也在意料之中。开业几个月，傅章强没有谈成一笔业务。有时有客户谈得已经很投机了，跑过来一看他的“两室一厅”，业务便就此“夭折”。傅章强一直记得第一笔业务的成交。那是一个朋友介绍他承接上海新华律师事务所的一个项目，有40多万产值，同时另有一家单位也在争取这个项目。那段时间，傅章强一有空就往事务所跑，义务帮他们解决电脑方面的小问题，提供业务咨询，甚至编些小程序。“走出门，让客户了解自己，这很重要。我认认真真地做，并且把事情做好了。这样他们才会来买你的东西。”凭着这一点“小花招”，感动了市场，傅章强赢得了自己创业生涯的第一笔业务。

客户间的口口相传有时比自己上门推销要有效得多。第一笔业务让傅章强兴奋的同时，也充满着压力。他对自己的要求是不能松懈，永远要做得更好。他的客户也如滚雪球般，有了良性上升的趋势。1999年下半年，在校学生创业得到政府的鼓励和提倡，傅章强的公司名正言顺地“公开化”，甚至他还把自己的导师和学校的一些教授吸引而来。白天，傅章强去上导师的课，晚上，导师来协助公司做业务。1999年，他招聘了第一批专职的员工，从原来三四个人的“小作坊”向规模化、正规化过渡。

一个偶然的机会，傅章强了解到位于张江高科技园区内的浦东软件园开始招商。这个由上海市和信息产业部联合创建的国家软件产业基地，政府对入驻软件园的企业给予一系列极其优惠的政策扶持，最现实的便是三年内办公楼租金免费。傅章强当场拍板签下了协议书，成为第一个入驻浦东软件园的“知本家”。

如今，“必特软件”已成为软件园的五家骨干企业之一，被信息产业部认定为国内第一批“软件企业”，并获国家高新技术企业称号。在张江，“必特”也是第一个拿到科技部设立的科技创新基金的企业。公司从入驻张江时的40多人，发展到现在超过80人，产值与客户数都呈良好的上升趋势。傅章强没有自满，他一直记得江总书记前来视察的那一天。那一刻的感觉是无比的兴奋，兴奋之后又是沉甸甸的压力。“不过我是一个善于化解压力的人，化压力为动力，一天天做得更好！”傅章强的话掷地有声。

分析讨论

1. 企业有哪些法律形式？
2. 企业工商登记的内容有什么？
3. 银行的贷款分为哪几种形式？
4. 如何撰写商业计划书？

参考文献

[1]侯文华．大学生创新创业教育教程[M]．北京:科学出版社,2017.

[2]汤锐华．大学生创新创业基础[M]．北京:高等教育出版社,2016.

[3]陈永奎．大学生创新创业基础教程[M]．北京:经济管理出版社,2015.

[4]吴勇,张荣烈．大学生创新创业教育[M]．北京:北京师范大学出版社,2017.

[5]张溪,张富强．大学生创新创业教程[M]．北京:人民邮电出版社,2016.

[6]黄燕飞,秦艳霞,王鑫明．大学生创业教育理论与实践[M]．上海:上海交通大学出版社,2015.

[7]高超．大学生素质教育十八讲[M]．北京:人民出版社,2010.

[8]张淑娟,程逊．就业指导与创业教育[M]．北京:人民邮电出版社,2009.

[9]王培俊．职业规划与创业体验[M]．北京:高等教育出版社,2011.

[10]高超．创业之路[M]．北京:希望出版社,2011.

[11]仝玲,王杰法．职业生涯与发展规划[M]．北京:人民军医出版社,2012.

[12]李莉丽,龙希利．我国大学生创业教育运行机制研究[M]．济南:山东大学出版社,2009.

[13]谭一平,叶坤妮．职校生创业指导[M]．北京:清华大学出版社,2011.

[14]傅兆麟,谢红霞,兰希秀．普通高校大学生创业与成功教育教程[M]．北京:中国科学技术大学出版社,2009.

[15]石国亮．大学生创新创业教育[M]．北京:研究出版社,2011.

[16]葛玉会,李肖鸣,申舒萌．大学生创业测评[M]．北京:北京大学出版社,2010.